Rudolf Schock

»Ach, ich hab in meinem Herzen ...«

Rudolf Schock

»Ach, ich hab in meinem Herzen...«

Erinnerungen

Aufgezeichnet von Rolf Ulrici

Mit 54 Fotos

sowie Rollen-, Schallplatten-, Rundfunk-, Fernseh- und Filmverzeichnissen

Herbig

Bildnachweis

Bayreuther Festspiele: 39; Foto Blumenthal, Garmisch-Partenkirchen: 52; Marlies Bosch, Amsterdam: 53; Conti-Press Heinz Fremke, Hamburg: 38; Foto Fayer, Wien: 21, 36; Herzog-Film: 32; Elfi Hess, Düsseldorf: 28; Huster/Carlton-Constantin-Film: 35; Heinz Köster, Berlin: 27, 37; Presse-Photo Kühn, Meersbusch: 47; Fritz Lang, Vach/Fürth: 46; Horst Maack, Berlin: 44; Mario Mack, Berlin: 31; Fritz Peyer, Hamburg: 41; Neue Revue/Rainer Schwanke: 54; Chris Nowotny, München: 48; Foto Schmidt, Westerland: 49; Archiv Rudolf Schock: 1–20, 22–26, 29, 30, 33, 34, 40, 50, 51; Bruno Völkel, Wien: 43; Kurt G. Weber, Massenhausen: 45; Willott, Berlin: 42

Schutzumschlag-Rückseite: Horst Maack (links oben), Fayer (rechts oben), Carlton-Film (unten)

4. Auflage

Schutzumschlaggestaltung: Christel Aumann, München
(Foto: Androkles-Film)
Lektorat: Bernhard Struckmeyer
Herstellung: Franz Nellissen
Reproduktion des Bildteils: Graphisches Atelier
Richard Krah GmbH, München
Satz: Filmsatz Schröter GmbH, München
Gesetzt aus: 10.5/13 ITC Garamond auf Linotron 202
Druck und Binden: Ebner Ulm
Printed in Germany 1986
ISBN: 3-7766-1363-7

Meinem Publikum gewidmet,
das mir seit Jahrzehnten die Treue hält.

Freiheit ist nur in dem Reich der Träume,
und das Schöne blüht nur im Gesang.

SCHILLER

Inhalt

Anhang

»Ich erinnere mich gern«

Mein Debüt als Showmaster

Stille herrscht im Saal.
Langsam wird auf der Bühne das Licht eingezogen, die Scheinwerfer richten sich auf mich.
Lautlos, ganz zwanglos, stellen die Tölzer Sängerknaben sich mir links und rechts zur Seite.
Zart, leise beginnt das Vorspiel zu

»Ach, ich hab' in meinem Herzen
da drinnen einen wundersamen Schmerz...«

Dieses Lied von Norbert Schultze war nun die nächste Darbietung, die in meiner Fernsehshow *Ich erinnere mich gern* folgen sollte.
Bis jetzt war alles sehr gut gelaufen. Auch die vorangegangenen Proben hatten in einer aufgelockerten Atmosphäre stattgefunden. Meine Kollegen, die seit Jahren meinen Bühnenweg begleitet hatten und denen ich zum Teil freundschaftlich verbunden bin, hatten mir in jeder Beziehung hilfreich und mit guten Ratschlägen zur Seite gestanden. Ich spürte, wie sehr sie daran interessiert waren, daß mir mein Debüt als Moderator gelingen würde. Aber auch allen anderen, die an der Show beteiligt waren, merkte ich an, daß sie voll und ganz hinter mir standen.
Für einen Augenblick schweifen meine Gedanken zurück:
Weihnachten 1937 wurde am damaligen Landestheater Braunschweig die Oper *Schwarzer Peter* von Norbert Schultze aufgeführt. Man hatte mir die Rolle des Roderich anvertraut. So wurde ich zum ersten Mal von dieser Melodie beeindruckt:

»Ach, ich hab' in meinem Herzen...«

Ich war jung, hatte meine ersten Erfolge und war verliebt in eine Tänzerin – eine Liebe, die bis heute gehalten hat. Es war eine glückliche Zeit, damals.

Später, 1955 in Berlin: Dieses Lied wird der größte Erfolg in meinem Film *Der fröhliche Wanderer.*

Ich muß es immer und immer wieder singen.

Ich singe es zu Hause, ich singe es mit meiner Tochter Isolde als Duett. Wir sangen es bei vielen Gelegenheiten, auch bei einer Wohltätigkeitsveranstaltung 1971 in der Kirche von Imst in Tirol. Isolde hatte einen schönen warmen Mezzosopran, der sich gut mit meiner Stimme vereinigte.

Die Zuhörer waren begeistert. Einige schämten sich ihrer Tränen nicht. Über den Erfolg an der Seite ihres Vaters war Isolde an diesem Abend so glücklich gewesen!

Und nun ist sie für immer von uns gegangen, ihre Stimme ist auf ewig verstummt.

Das Vorspiel ist zu Ende. Die Sängerknaben haben mit ihren hellen Stimmen eingesetzt. Und hier, zwischen den fröhlichen Kindern, denke ich an den Tod meiner Tochter, an ihr Sterben, das meine Frau Gisela und ich miterleben mußten.

Der Schmerz ist auf einmal nicht mehr »wundersam«.

Zudem packt mich die Angst.

Tränen verschleiern mir den Blick.

Nun kommt mein Einsatz. Ich muß mich gewaltsam zusammennehmen, daß ich ihn nicht verpasse. Ich spüre ein eiskaltes Gefühl in mir aufsteigen, meine Kehle wird trocken. Alles verschwimmt im Nebel.

Ich weiß nicht, wie ich die ersten Sätze herausgebracht habe. Da blicke ich auf einmal in die strahlenden Gesichter der Knaben. Vorher, bei den Proben, hatte ich ihnen gesagt: »Kinder, seid fröhlich, natürlich, schaut mich an. So macht ihr es mir viel leichter, und wir haben alle mehr Freude daran.«

Ich muß an meine sieben Enkel denken, über die ich glücklich bin und die meiner Frau und mir trotz unseres schmerzenden Verlustes das Leben immer wieder lebenswert erscheinen lassen. Die größeren Enkelkinder sitzen sogar im Saal und starren mich aufgeregt an...

Die Beklemmung weicht.

Ich kann das Lied zu Ende singen, und es gelingt.

Es gelingt über jede Erwartung hinaus.

Ohne Zwischenfall läuft meine Sendung weiter.

Zum Schluß bewies der Applaus in der Saarlandhalle, daß ich »angekommen« war. Mehr als das: die Begeisterung steigerte sich zu anhaltendem Jubel.

Ich bekam so viele Blumensträuße, daß ich sie gar nicht mehr halten konnte. Ich legte sie auf die Erde, wo sie sich allmählich zu einem Berg aufhäuften. Meine Enkelkinder machten sich den Spaß, die Sträuße zu zählen. Es waren genau einhundertunddrei.

Nach dem langen Programm war ich natürlich erschöpft. Aber daß mich große Freude über mein gelungenes Debüt als Moderator erfüllte, wird man gewiß verstehen. Der Regisseur, Ekkehard Böhmer, war der erste, der mir in der Garderobe gratulierte. Es war ein Glücksfall für mich, daß er die Regie übernommen hatte, weil ich wußte, daß er mit Oper und Operette von Haus aus vertraut war. Er stammte aus einer Sängerfamilie. So wie er die Arie des Cavaradossi inszenierte, hätte ich es mir immer auf der Bühne gewünscht.

Der nächste Gratulant war der Drehbuchautor Dr. Wolfgang Franke, auch er ein begeisterter Musikliebhaber, der nach langen und eingehenden Gesprächen mit mir das Drehbuch für die Sendung so einfühlsam verfaßte, daß alles auf Anhieb stimmte. Und bei den Bühnenbildern von Gerd Krauss hatte ich wirklich das Gefühl, er hätte sie auch stimmungsmäßig ganz nach meinem Geschmack gestaltet. Sie wurden dem weitgespannten Programm von der Oper bis zum Volkslied gerecht.

Nach der Veranstaltung freute ich mich auf die übliche Nachfeier.

Was mich im Restaurant der Saarlandhalle jedoch empfing, übertraf alle meine Erwartungen. Sämtliche Mitwirkenden standen spontan auf und klatschten minutenlang.
Da standen sie alle, die Techniker, das Kamerateam, Beleuchter, Requisiteure, Bühnenarbeiter und alle, die das Publikum nie sieht. Dazu die Kollegen Birgit Nilsson, Erika Köth, Renate Holm, Sylvia Geszty, Melanie Holliday, die Herren René Kollo, Josef Metternich, Karl Ridderbusch und Ludwig Baumann. Jeder von ihnen selbst ein weltberühmter Sänger.
Jetzt feierten sie mich. Ich gestehe, daß ich mehr als überrascht war.

»... ein wundersamer Schmerz!«

Ich suchte nach Worten. Ich sprach ganz einfach. So wie es mir in den Sinn kam:
»Der Empfang hier, liebe Kollegen und Freunde, rührt mich zutiefst. Das will schon was heißen, denn ihr wißt, ich bin ein alter Hase, der im nächsten Jahr fünfzig Jahre auf den Brettern steht, die die Welt bedeuten.
Es war auch für euch, liebe Kollegen, etwas völlig Neues, von mir conferiert zu werden. Ich habe es die ganze Zeit gespürt, wie ihr mitgingt, auf mich eingingt, wie ihr mir zugetan wart. Von ganzem Herzen danke ich euch allen!
Noch einmal: Es war ja für mich nicht leicht. Lieber hätte ich zehn Opern hintereinander gesungen!«
Und ich schloß mit den Worten von Hans Sachs aus den *Meistersingern*:

»Euch wird es leicht, mir macht ihr's schwer,
gebt ihr mir Armen zuviel Ehr'...«

Triumphe wie diese waren mir nicht an der Wiege gesungen worden.

Schockschwerenot

Mein Elternhaus –
Erste Eindrücke

Nein, es ist mir wahrhaftig nicht an der Wiege gesungen worden, daß Künstler der Weltelite für mich singen würden, geschweige denn, daß ich selber einmal Kammersänger werden sollte.
Und wenn es mir einer hätte singen wollen, ein Märchenprophet, so wäre es schon daran gescheitert, daß es in unserer Wohnung, Duisburg-Wanheimerort, Im Baumhof 10, keine Wiege gab.
Ich lag in einem Waschkorb. Meine Eltern waren arm, sehr arm. Zudem herrschte am Tag meiner Geburt – dem 4. September 1915 – seit über einem Jahr Krieg. Schon meine älteren Geschwister, Helmut, Alwin und Elfriede, hatten sich mit dem Waschkorb begnügen müssen. Als letzter sollte ihm mein Bruder Gerhard entsteigen.
Mein Vater war an der Front, und meine Mutter hatte mit zunächst »nur« vier kleinen Schocks ihre »Schockschwerenot«.
Aber es ist ihr eine »liebe Not« gewesen. Ich habe sie bis in ihr hohes Alter hinein niemals klagen hören.
Es ist ein Wunder meiner mit Wundern nicht gesegneten Jugend, daß wir Kinder uns keines Elends bewußt waren. Wir bildeten eine fröhliche Familie mit ausgeprägtem Sinn für Zusammenhalt. Als mein Vater Fronturlaub hatte, waren wir bereits mit unserer kärglichen Habe nach Duisburg-Hochfeld in die Wörthstraße 38 gezogen. Es war im Sommer 1918 (als die Oberste Heeresleitung noch nicht an einen Zusammenbruch glaubte).
Ich sehe meinen Vater in seiner Felduniform, als wäre es gestern gewesen. Er trug den braunen Helm, den langen Karabiner und

einen alten Tornister. (Damals mußten viele Urlauber ihr »Zeug« mit sich herumschleppen. Sogar das Gewehr!) Ich – der noch nicht Dreijährige – staunte über den fremden, ernsten Mann, der in seinen Knobelbechern durch unsere kleine Wohnung stapfte. Ich hörte ihn ächzen, als er sich die ungefügen Treter auszog. Meine Mutter brachte ihm schäbige Filzpantoffeln. Aber wußte ich, daß sie schäbig waren?

Als er mich auf den Schoß nahm, blickte ich in vergnügte Augen. Er freute sich über seinen kleinen Rudi. Er sang mir ein Liedchen vor:

»Weißt du, wieviel Sternlein stehen – an dem blauen Himmelszelt?«

Was er sang – und wie er es sang –, das drang mir für immer ins Gemüt.

Mein Vater hatte eine wohltönende Tenorstimme. Und wieder mag es wie ein Wunder anmuten, daß ein einfacher Arbeiter Freude am Singen fand und er diese Freude auf alle seine Kinder übertrug. Ganz allgemein ist die Gesangspflege im seinerzeit so trostlosen Ruhrgebiet seit vielen Generationen verbürgt. Das beweisen die Gründungsdaten der zahlreichen Vereine. Fiel ein Mitglied aus, sprang ein neues in die Bresche.

Singen und Musizieren war das einzige, was die Kumpel aus dem schweren Alltag heraushob. Das – und der Sport. Jedermann weiß, daß der »Ruhrpott« eine der Wiegen des Deutschen Fußballs ist. Und noch heute wundert man sich über die vielen Schwimmvereine mit den frühen Gründungsdaten. Sportarten, die nichts kosteten, die man auf einem Hinterhof, einer Wiese oder in einem Weiher, in einem Seitenkanal oder im Rhein ausüben konnte, waren Trumpf. Mein erster Fußball sollte ein Gebilde aus Lappen und alten Strümpfen sein ...

Übrigens war mein Vater von Geburt kein »Ruhrpottler«. Er stammte aus Westpreußen, aus dem kleinen Ort Nieder-Sommerkau in der Nähe von Dirschau. Man sagt, schon sein Großvater hätte eine Bombenstimme gehabt. An Sonntagabenden soll er

unter der Dorflinde gesungen haben. Und es beschäftigte meine Phantasie immer sehr, den Schock-Ahnherrn dort stehen zu sehen, ihn sich vorzustellen. Ein Riese – natürlich, wie konnte es anders sein? Und da stand er – unter einem riesigen Baum – und sang und sang. Die Leute, jung und alt, horchten auf und strömten zu der Linde hin, um dem Sänger zu lauschen.
Der singende Ahnherr ist verbürgt – und er hat sein Vermögen reich an seine Kindeskinder vererbt. Ein materielles Vermögen gab es nicht, auch nicht in der Familie meiner Mutter, die aus Danzig kam. Im Jahre 1908 übersiedelten viele junge Leute aus den deutschen Ostgebieten in das westdeutsche Kohlenrevier, voller Hoffnung, sich dort eine Existenz aufzubauen.
Meine Mutter, eine geborene Rick, hatte dreizehn Geschwister. Zwei ihrer Schwestern heirateten zwei Brüder meines Vaters. Bevor es den »Einwanderern« gelang, eine menschenwürdige Lebenslage zu erreichen, kam der Krieg.
Von all dem wußte der kleine Rudi nichts, als er dem Urlauber lauschte. Es machte dem Vater Spaß, mit uns Kindern zu singen. Einmal übte er mit den Geschwistern ein mehrstimmiges Lied ein. Das war dem winzigen Rudi, der nur zuhören durfte, zu langweilig. Er krähte dazwischen – und wurde einmal von der Schwester höchst unsanft in die Ecke gesetzt. Dort wagte er sich nicht heraus, obwohl er ein sehr bewegliches, kletter- und springfreudiges Kleinkind war. Sang der Vater allein, verflog sein Unmut sofort. Meine Mutter erzählte später oft, wie gebannt, ja geradezu verklärt ich gelauscht haben soll.
Der Urlaub meines Vaters hat sich mir tief eingeprägt.

Die Vokabeln »Krieg« und »Feinde«, die in den erregten Zeiten ein übereinstimmender Begriff waren, kümmerten uns weniger als »Suppe« und »Brot«. Trotzdem drang einiges an mein Ohr, von »Zeppelinen«, »Flugmaschinen«: Dingern, die durch die Luft schwebten und surrten, Granaten abwarfen und

sich sogar in der Luft bekämpften. Das war damals – auch für Erwachsene im Hinterland der Fronten – eine unvorstellbare Sache.
Im Gegensatz zum Zweiten Weltkrieg merkte die Zivilbevölkerung wenig vom Kriegsgeschehen. Um so erstaunlicher war es, als plötzlich auf einem Stoppelfeld hinter unserem Hause ein britischer Doppeldecker eine Notlandung machte. Ich erinnere mich noch genau an das stoffbespannte, von Drähten starrende Ding. Wo heute alles dicht besiedelt ist, war nichts als freies Feld. Im Geist sehe ich dort immer noch das beschädigte Flugzeug. Ich höre das Geschrei der Leute, die sich erst nur zögernd, dann aber immer neugieriger um die Absturzstelle scharten. Endlich kamen Polizisten geradelt, der Pilot und sein Beobachter wurden abgeführt. Es war eine richtige Prozession.
Später rumpelte ein rostiger Lastwagen heran. Alte, traurig blikkende, wortkarge Soldaten luden die Trümmer des Flugzeugs auf. Ich fragte mich (oder sagte es Helmut zu Alwin?): »Ob die das Ding wieder zusammenbauen wollen, um selber damit zu fliegen?«
Noch Tage später ging ich, wenn das Wetter klar war, hinters Haus und blickte zum Himmel, in der hoffnungsvoll-bangen Erwartung des nächsten Flugzeugs und einer zweiten Bruchlandung. Aus irgendeinem, für mich nicht mehr ersichtlichen Grunde glaubte ich, mein Vater könnte auf diesem Wege nach Hause kommen.

Nun, mein Vater kehrte zurück, wenn auch nicht durch die Luft, und ich war froh, daß er nun für immer bei uns bleiben würde. Für immer! Ihm war nur eine Frist von wenigen Jahren gegönnt. Inzwischen waren wir fünf Geschwister, denn mein Bruder Gerhard war noch hinzugekommen. Er sollte der letzte bleiben. Mit meinem privaten »Kriegsschauplatz«, dem Feld hinter dem Hause, verbindet mich noch eine andere Erinnerung.
Der Pächter hatte auf einem entlegenen Teil der Fläche Erbsen

angebaut. Da die Lebensmittelknappheit dem nahezu totalen Mangel an Eßbarem gewichen war, trieb meine Brüder und mich der Hunger dort hin. Wer kann sich in satten Zeiten, in denen Übergewichtsprobleme bei jungen Leuten schon ein Dauerthema sind, überhaupt vorstellen, wie weh der Hunger tut – ja, was Hungern bedeutet und wie es das Sinnen und Trachten eines Menschen beherrscht? Kurz, Helmut, Alwin und ich klauten Schoten, öffneten sie gierig und verschlangen die köstlich süßen Früchte auf der Stelle.

Da aber – Donnerschlag! – kam der Pächter mit Gebrüll. Er schrie, als sei er um Hab und Gut gebracht. (So schreit heutzutage kaum einer, dem sein Luxusauto gestohlen wurde!) In der einen Hand einen Knüppel, die andere drohend zur Faust geballt, nahte er in grotesken Sprüngen. »Lumpen, Strolche!« schrie er. »Macht, daß ihr fortkommt! Wehe, ich erwische euch!«

Meine Brüder hätten ihm leicht entweichen können, nicht aber ich. So nahmen sie mich in die Mitte, packten mich an den Händen und rannten mit mir wie um ihr Leben. Meine Füße verloren die Berührung mit dem Boden, ich flog nur so zwischen den beiden über das Feld auf das Häusergewirr zu.

Grollende Verwünschungen ausstoßend, blieb der Pächter mit seinem Knüppel zurück.

Helmut und Alwin atmeten auf. Sie hatten mich aus der Gefahrenzone gerettet. Später brachten sie mich auf ähnliche Weise noch aus mancher Gefahr in Sicherheit. Ich habe ihnen das niemals vergessen ...

Die Flucht über das Feld war der erste, traurige Abgang aus einer Episode meines kleinen Lebens.

Mein erster »Bühnenabgang«, nicht weniger traurig, folgte in der Schule.

Ich wurde schon mit fünfeinhalb Jahren eingeschult, denn damals begann ein Schuljahr zu Ostern. Also besuchte ich ab Frühjahr 1921 die unterste Klasse. Ich war der Jüngste – und ich blieb in jeder Klasse immer der Jüngste bis zum Schulabgang.

Zu Weihnachten sollte ich während der Schulfeiern ein Gedicht aufsagen. Die Wahl war auf mich gefallen, weil ich bei einer Probe in der Klasse das Gedicht am schnellsten auswendig gelernt und wohl recht gut vorgetragen hatte. Diese Fähigkeiten sollten mir später in meinem Beruf noch oft zugute kommen.

Nichts leichter als das – dachte ich! Ich murmelte die Strophen selbstsicher und übermütig vor mich hin, wenn ich zur Schule trabte oder auf dem Heimweg war.

Der große Tag kam heran. Aus allen Klassen hatte man junge »Künstler« aufgeboten, Jungen und Mädchen. Einige trugen Texte vor, andere sangen oder spielten schlecht und recht auf Zither, Flöte oder Mundharmonika. Irgendwo war ich in das Programm eingebaut worden.

Mein Auftritt erschien mir selbstverständlich als der wichtigste Moment, als Höhepunkt aller Darbietungen.

Nun stand ich da und sollte beginnen.

Das gastgebende Lehrerkollegium, die Mitwirkenden, alle übrigen Schüler und die versammelte Elternschaft verstummten, als jemand feierlich meinen Namen und den Titel des darzubietenden Gedichts angesagt hatte.

Ich sah die erwartungsvollen Gesichter, vor meinen Augen schien sich ihre Zahl auf geheimnisvolle Weise zu vervielfachen.

»Von drauß vom Walde komm ich her«,

begann ich,

»ich muß euch sagen, es weihnachtet
– es weihnachtet – weihnachtet ...«

Dann fing ich an zu weinen.

Der Text des Gedichtes sauste mir durch den Kopf, doch meine Lippen blieben geschlossen. Ich preßte sie immer fester aufeinander, schluchzte jammervoll, dachte: Jetzt ist alles aus.

Lehrer und ältere Schüler trösteten mich. Sie waren freundlich, voller Mitleid. Freundlich reagierten auch die versammelten Eltern, Tanten, Onkels, Opas und Omas. Einige klatschten sogar. Tränenblind setzte ich mich zu den übrigen Mitwirkenden.

Das Programm ging weiter. Ein Mädchen aus meiner Klasse sprang für mich ein. Es leierte das Gedicht mit tonloser Stimme einfach so herunter.
Ach, wie ich mich ärgerte! Wieviel Ausdruck hätte ich in die Worte gelegt, wie hätte ich den Text vorgetragen, wenn – ja, wenn ich nicht steckengeblieben wäre. Zu meinem Leidwesen erhielt das Mädchen auch noch großen Beifall. Ich war gewiß ein fleißiges Kind, aber kein Musterknabe, ein ganz normales Kind mit guten und schlechten Eigenschaften. Die schlechte war mein Jähzorn. Auch damit sollte ich meine Erfahrung machen.

An schönen Sonntagen wanderte der Vater mit uns zur Wedau, wo heute die Kanu- und Ruderregatten stattfinden. Ein beliebtes Ziel war auch der herrliche Buchenwald jenseits der Bahnlinie Duisburg-Düsseldorf.
Oft fanden auch ganze Sippenausflüge statt. Onkel, Tanten, Vettern und Kusinen nahmen daran teil, es wurden Picknicks und Spiele veranstaltet, die Erwachsenen hielten auch dann und wann ein Nickerchen, während wir Kinder nicht aufhörten, uns zwischen den Bäumen zu tummeln. Für mich besaßen diese Ausflüge aber noch einen besonderen Reiz: den Reiz des Zauberstabs.
Mein Vater, arm an persönlichem Eigentum, war sehr stolz auf seinen Spazierstock. Er war nicht wie ein normaler Spazierstock braun, sondern komischerweise grün und bestückt mit ovalen, gebogenen Zierplaketten, sogenannten Stocknagelschildern. Jedenfalls war der Stock, was Gegenstände betraf, sein ein und alles.
Gerade aber darauf hatte der kleine Rudi sein Auge geworfen. Unterwegs bettelte ich meinem Vater das geheiligte Stück immer ab, und er war auch gutmütig genug, es mir zu überlassen.
Ach, wie stolzierte ich nun durch den Wald, erhobenen Hauptes, durchrieselt von Glücksgefühlen: Schaut her, ich bin's! Der

große, kleine Rudi mit Papas grünem Stock und den schönen Plaketten!
Einmal aber wurde mir das Stolzieren zu langweilig. Während des Wanderns packte ich den Stock am Griff und schlenkerte ihn hin und her. Das machte Spaß. Noch schöner war es, dem Ding einen Schwung zu geben und es hoch in die Bäume sausen zu lassen. Mit Jubelschreien suchte ich es wieder aufzufangen.
»Nun ist's gut«, sagte der Vater, zunächst noch freundlich. »Nimm den Stock in die Hand und geh vernünftig!«
Doch ich hörte nicht. Immer wieder wirbelte ich den grünen Spazierstock durch die Luft zu den Zweigen empor.
»Rudi!« mahnte der Vater nun schon ein wenig strenger. »Ich habe gesagt, du sollst das lassen!«
Er warnte mich noch einige Male – vergeblich!
Der Spielteufel hatte mich gepackt, das Stockwerfen riß mich einfach mit. Es machte doch so großen Spaß!
Plötzlich aber – krach! Vaters Lieblingsstock knallte besonders heftig gegen einen Ast – und kam in zwei Teilen herunter.
Vater fackelte nicht lange, er nahm die eine Hälfte, legte mich übers Knie und vertrimmte mich.
Ich begriff unter Schreien und Zappeln, was eine Mahnung, eine Warnung und deren Folgen bedeuten.
Doch ich wollte es nicht wahrhaben.
Verbockt und vertrotzt blieb ich hinter der abwandernden Gesellschaft zurück.
»Ruuudiii!« rief mein Vater. »Stell dich nicht an. Komm her! Meinst du, wir wollen alle fünfzig Schritte auf dich warten?«
Ich setzte mich widerwillig in Bewegung, dachte aber: Ich zeig's dir schon. Von wegen, mich verhauen, nur weil der dumme Stock kaputtgegangen ist! Nach einer Weile blieb ich wieder stehen.
»Ruuudiii!« grollte der Vater. »Was habe ich dir gesagt ...?«
So ging das noch einige Male hin und her: stehenbleiben, Verwarnung, stehenbleiben, Verwarnung ...
Aber plötzlich, ei – weh!, war mein Vater heran. Eins, fix, drei

wurde ich wieder übers Knie gelegt und neuerlich mit einer Stockhälfte verdroschen.

Da warf ich mich in den Straßenstaub, strampelte mit den Füßen, hämmerte mit den Fäusten auf den Boden und heulte und schrie.

Aber nun ging das Ganze erst richtig los. Mein Vater war nicht der Mann, sich von einem seiner fünf Kinder tyrannisieren zu lassen:

Ich wurde im Handumdrehen wieder der »liebe kleine Rudi« und marschierte brav an der Seite meines Vaters nach Hause. Aber die »Ecke der Einsicht« in Duisburg-Hochfeld, Wörth/ Heerstraße, werde ich in meinem Leben nicht vergessen.

Abgesehen von diesem schmerzhaften Erlebnis habe ich die Ausflüge mit dem Vater in freundlichster Erinnerung.

Besonderen Spaß machte es, wenn er mit uns fünf Geschwistern – Gerd auf den Schultern – singend durch die Wälder zog. Nicht nur das Singen, auch die Wanderlust verdanke ich meinem Vater:

»Mein Vater war ein Wandersmann,
und mir steckt's auch im Blut...«,

ist ein Lied, zu dem ich eine ganz besondere Beziehung habe. Ich sang es nie, ohne mit Rührung an meinen Vater zu denken. Er hat mir und meinen Geschwistern den Sinn für die Natur eröffnet. Er kannte Feld und Flur, Gräser und Pflanzen, Sträucher, Bäume und alles, was da kreuchte und fleuchte. Im Herbst führte er uns »in die Pilze«, lehrte uns, die giftigen von den ungiftigen, die eßbaren von den besonders schmackhaften zu unterscheiden, und wir sammelten voller Eifer die ebenso kostenlose wie wertvolle Ergänzung der häuslichen Mahlzeiten.

Eines Sonntags spielten Helmut, Alwin und ich noch vor dem Spazierengehen am Rhein, bei der Niederrheinischen Hütte. Da kam Elfriede gelaufen. Ich sehe die kleine Gestalt mit ihrem bändergeschmückten Strohhut, als sei es gestern gewesen.

»Helmut... Alwin... Rudi...! Ihr sollt«, rief Elfriede im Laufen,

»ihr sollt sofort nach Hause kom –«, dabei übersah sie, daß auf der Verladebrücke zwei Planken fehlten. Mit einem Schrei verschwand sie wie in einer Versenkung. Wir hörten nur noch einen Platsch im Wasser unter der Brücke, auf der wir standen.
»Hiiilfee!« ertönte es verzweifelt.
Schreckerstarrt blickten wir uns an.
»Warte . . .!« schrie Helmut, als ob Elfriede hätte warten können.
Er und Alwin warfen sich der Länge nach auf die Bretter, lugten in die Tiefe und angelten mit den Armen.
»Halt dich doch, Elfriede!« brüllte Alwin. Es klang hohl. Und von der Schwester kam kein Echo.
Ich stand wie angewurzelt. Während die Brüder mit den Köpfen über dem Bretterrand hingen, sah ich Elfriede, wild um sich schlagend, flußabwärts treiben. Ich brachte immer noch kein Wort heraus.
Es war Sonntag, an den Kais und auf den Werksgeländen rührte sich nichts. Nur ein einsamer Spaziergänger wanderte mit seinem Schäferhund am Ufer entlang: Er handelte schnell. Ohne zu zögern sprang er in den Rhein, kraulte mit kräftigen Schwimmzügen meiner Schwester nach, packte sie und zog sie heraus. Triefend und jammernd kam sie gelaufen. Helmut und Alwin rannten ihr entgegen.
Ich stand noch immer wie angewurzelt. Als Elfriede in Sicherheit war, machte ich mir große Sorge, daß ihr Hut rheinabwärts trieb. Der schöne Sonntagshut mit den bunten Bändern! »Der Hut, der Hut!« brüllte ich aus vollem Halse.
Daraufhin setzte der durchnäßte Spaziergänger seine Rettungsaktion fort. Diesmal galt sie dem Hut, und hierbei trat der Hund in Aktion. Der Mann warf einen Stein ins Wasser, um die Aufmerksamkeit des Hundes auf den Hut zu lenken, und dieser sprang tapfer in die Flut. Mit dem Hut in der Schnauze kam er zurückgepaddelt, schüttelte sich, daß die Tropfen in der Morgensonne blinkten, und ließ sich von seinem Herrchen zum Dank liebkosen.

Elfriede bekam ihr gutes Stück zurück, aber wir Brüder waren so beschäftigt, sie zu trösten, daß wir den Retter und seinen vierbeinigen Helfer vergaßen. Als wir nach den beiden Ausschau hielten, sahen wir sie in der Ferne um ein Lagerhaus biegen. So hatten wir uns nicht einmal bedankt. Und ich wünschte, wir könnten es hiermit nachholen!

Als unser Vater von der Sache erfuhr – und das war ja nicht zu umgehen –, machte er kurzen Prozeß. Er arbeitete damals in der Fabrik Curtius, die direkt am Rhein lag und wo es eine wunderschöne Badestelle gab. Dorthin bestellte er uns in seiner Mittagspause, um uns auf seine Weise das Schwimmen zu lehren. Er stand schon tatendurstig bereit. Elfriede bibberte in ihrem dünnen Trikot, und die Brüder mußten in Badehosen ins Wasser, denn sie konnten schon schwimmen. Ich durfte – vorläufig noch – zusehen.

»Aufgepaßt«, rief Papa. Er packte Elfriede wie eine junge Katze und warf sie den Brüdern zu. Gurgelnd und wild paddelnd erschien die Schwester an der Wasseroberfläche. Sie ging noch ein paarmal unter, und mir schien, als wollte sie den ganzen Rhein ausspucken. Doch auf einmal wurden ihre Bewegungen ruhiger. Sie konnte schwimmen, ungeschickt noch, aber sie sackte wenigstens nicht mehr weg.

Das war Vaters Methode, seinen Kindern das Schwimmen beizubringen. Mit Helmut und Alwin war er ebenso verfahren.

Eines Tages kam ich dann an die Reihe. Platsch! Auch mich schmiß er einfach ins Wasser. Ich spüre noch den Aufprall. Dann kam ich hoch: »Hilfe ...!«

Ich versank wieder. Zuerst schienen sich meine Arme und Beine zu vervielfachen, ohne daß das etwas half. Ich schraubte mich regelrecht unter die Wasseroberfläche. Doch auf einmal – o Wunder – lag ich ruhig und konnte mich ein Stück treiben lassen.

Jubel im Herzen, schrie ich: »Papa! Ich kann schwimmen ...«

»Wurde auch höchste Zeit«, erwiderte mein Vater. Er drehte

sich um und stapfte zu seiner Arbeitsstelle zurück. Die Brüder grinsten überlegen.
Ob die Kurzprozedur unseres Vaters allgemein zu empfehlen ist, bezweifle ich. Uns hat sie nicht geschadet, aber das mag wohl auch an dem Vertrauen liegen, das wir Papa entgegenbrachten.

An Sonntagen, die wegen schlechten Wetters »wanderfrei« blieben, fand in unserer Wohnung oder bei einer der vielen Tanten ein Familientreffen statt. Unter der häuslichen Enge litt die Fröhlichkeit nicht. Im Gegenteil. Familientag – Kuchentag! Meistens gab es Rodon- und Räderkuchen. Darauf waren wir Kinder besonders scharf, und wenn Mama nicht hinsah, stibitzten wir uns ein Stück.
Am frühen Sonntagnachmittag erschienen dann die Verwandten mit munteren Begrüßungsrufen. Die Tanten brachten ihrerseits Kuchen mit, jede gab ihr Quentchen Bohnenkaffee ab – und dann wurde geschmaust, getrunken und geschwatzt. Die Onkel stopften sich ihre Tabakspfeifen und waren zufrieden mit sich und der Welt.
Wir Kinder langweilten uns überhaupt nicht. Wir sperrten nur unsere Ohren auf, um etwas zum Lachen zu haben. Meist fragten wir uns: Wird Tante Auguste wieder singen?
Und Tante Auguste sang!
Es dauerte nicht lange, bis zum Kartenspiel nach dem Essen – die Männer spielten in der Küche, die Frauen im Zimmer – ein Lied ertönte. Tante Auguste gab den Ton an. Sie verfügte über einen sehr durchschlagskräftigen Alt, der uns Kindern wie eine Männerstimme vorkam. Es klang wie durchs Kanalrohr gesungen, tief, hallend, schwarz-dunkel ... und laut! Wir Kinder hätten am liebsten vor Freude kopfgestanden. Aber von Tante Auguste muß eine unerhörte Faszination ausgegangen sein. Ihre Autorität riß die anderen Frauen mit, und schließlich sangen sie alle. Tante Augustes Stimme schwebte majestätisch über dem ganzen Chor.
In der Küche saß mein Vater mit seinen Schwagern beim Karten-

spiel. Ab und zu stärkten sich die Männer mit einem Gläschen Schnaps. Das war der billigste Fusel, wie man sich wohl vorstellen kann. Die Pulle stand unter dem laufenden Wasserhahn, damit sie schön kalt blieb, denn den Luxus eines Eiskastens konnte sich keiner leisten.

Einmal sah ich, daß die Flasche schon halb leer war. Das tat mir leid, und ich beschloß, dem Vater und den Onkeln eine Freude zu machen. Der Schnaps war sowieso weiß wie Wasser, und einem Kind stieg der Schnapsgeruch nur unangenehm in die Nase. Etwas Wasser drauf, dachte ich, kann nichts schaden. Dann ist der Gestank weg und die Flasche wieder voll!

Ich nahm also den Korken heraus, vermischte das Feuerwasser mit Leitungswasser und brachte die gefüllte Pulle, strahlend vor Stolz, an den Tisch: »Sieh mal, Papa, hier! Ich hab sie wieder vollgemacht!«

Der Blick des Vaters war keineswegs erfreut. Auch die Augen der Onkels verdüsterten sich jäh. Ich hatte ihnen nicht nur den Schnaps, sondern auch die Freude vergällt.

Wütend warf mein Vater die Karten hin, nahm seinen Bauchriemen ab und legte mich kurzerhand übers Knie. Klatsch ... Klatsch ... Klatsch, sauste der Riemen auf meinen Hosenboden, und mein »Aua, aua, aua« mischte sich in das herüberdringende »Lalla, lalla, la ...« der Tante Auguste.

Das selbstgenügsame Sonntagsglück mit den eher lustigen Vorkommnissen kann allein das Leben der Eltern nicht kennzeichnen. Die Kuchentage waren seltene Höhepunkte. Den Alltag beherrschten Not und Sorge.

Mein Vater hatte körperliche Schwerstarbeit zu leisten. Gelegentlich hörte ich meine Mutter seufzen: »Mein Gott, diese Woche hat er wieder 84 Stunden Akkord gearbeitet ...«

84 Stunden, dazu noch Schwerstarbeit – das ist heute unvorstellbar. Aber sechzig Stunden galten als ganz normal. Diese Schinderei ist wohl auch mit ein Grund dafür gewesen, daß er keine Abwehrkräfte mehr hatte, als er Magenkrebs bekam ...

Außer den geschilderten Abwechslungen gab es nichts, was die Arbeiter beschäftigt hätte: Fernsehen, Autos, Wochenendfahrten oder Reisen nach Mallorca – das alles lag außerhalb jeder Vorstellungskraft. So suchten sie oft genug Zerstreuung und Betäubung in der Kneipe, in der ja auch der örtliche Gesangverein zusammenkam.

Unter seinen Kollegen war mein Vater sehr beliebt. Er war eben der »echte Kumpel Rudolf Schock«, und als solcher natürlich kein Freund von Traurigkeit.

»Heute ist Freitag«, sagte Mama manchmal. »Hoffentlich wird es nicht wieder ein langer Freitag!«

Der »lange Freitag« bedeutete dann einen ausgiebigen Aufenthalt in der Kneipe, bei den Sangesbrüdern. Er bedeutete aber auch eine ramponierte Lohntüte. Das brachte meine Mutter gelegentlich an den Rand der Verzweiflung.

Einmal beauftragte sie Helmut, Alwin und mich: »Geht mal hin, Jungens! Seht zu, daß ihr Papa da raus kriegen könnt! Der sitzt wieder bei Rosskothen. Ihr wißt ja, Wanheimerstraße.«

Wir trabten also zu dritt in den feuchten Verein.

Als wir die Kneipe betraten, bemerkte uns der Vater gleich. Er war schon ein bißchen angeheitert, aber er freute sich sehr, uns zu sehen. Ein verschmitztes Lächeln glitt über sein Gesicht. Er winkte uns lebhaft heran. Dann stand er auf und führte uns in den hinteren Saal, wo der Gesangverein seine Probe abhielt. »So, Freunde«, sagte er, »nun hört mal zu! Jetzt werde ich euch zeigen, wie schön ich meinen Jungens dieses Lied einstudiert habe!«

Er gab uns kurze Anweisungen, stimmte den Ton an – und wir setzten ein. Selten habe ich das Gefühl begeisterten Singens so empfunden wie an diesem Abend. Ich möchte behaupten, daß das Erlebnis unter den Augen und Ohren des Vaters und seiner Freunde die Lust am Losschmettern für mein ganzes Leben bestimmte. Ich sang, als ginge es um Sein oder Nichtsein. Und ich ahnte: So würde ich fortan immer singen.

Die Versammelten klatschten, und viele ermunterten uns, noch

mehr vorzutragen. Aber da griff der Vorsitzende ein. Er meinte, das sei ja sehr schön gewesen, eine hübsche Abwechslung, doch schließlich sei man hier nicht in einem Kinderchor. Und damit schob er uns sanft aber bestimmt aus dem Saal hinaus.
Für uns war es ein siegreicher Abgang, wir konnten Papa mit nach Hause nehmen. Die Suppe, mit der die Mutter so lange gewartet hatte, schmeckte danach besonders gut ...
Alle Arbeiter tranken ab und zu mal einen über den Durst. Das wurde notgedrungen hingenommen, führte aber zu Vorwürfen, gelegentlich sogar zu ernsthaftem Streit.
Auch in einem anderen Punkte waren meine Eltern uneins, und der betraf die Politik. Mein Vater war der kommunistischen Partei beigetreten. Er glaubte den Verheißungen der Nachkriegszeit, die ihm und seinesgleichen ein Arbeiterparadies versprachen. Er war ein friedlicher, ständig überarbeiteter, dazu auch noch ein kranker Mensch, dem Zeit und Kraft für politische Aktivitäten fehlten. Überdies waren seine Tage gezählt, er sollte nicht mehr lange leben, aber das kam keinem von uns in den Sinn.
Der Vater hatte uns Geschwister in eine kommunistische Kindergruppe gesteckt. Das mißfiel unserer Mutter. Hier fürchtete sie Radikalität. Allerdings war ihre Sorge unbegründet, denn dort wurde wirklich nur gespielt, gesungen und Sport getrieben. Von politischer Beeinflussung war nichts zu spüren.
Trotzdem sollte diese harmlose Kindergarten-Zugehörigkeit später unangenehme Folgen für mich haben.

»Ist's dem Floh im Hemd zu kalt ...«

Als »Pflegekind« in Thüringen – Veränderungen

Als mein Vater immer häufiger ins Krankenhaus mußte, war die Not für uns Kinder nicht mehr zu übersehen. Es kamen Tage, an denen Mama ständig zwischen Krankenhaus und Wohnung, zwischen Wohnung und Krankenhaus unterwegs war.
Wenn wir von der Schule heimkehrten, fanden wir den Herd oft kalt und die Brottrommel leer. Wollten wir uns eine Mehlsuppe kochen, mangelte es an Heizmaterial.
Im Herbst 1922, ich war damals gerade sieben Jahre alt, sagte Alwin zu mir: »Paß auf, Rudi, wir machen der Mama eine Freude. Wenn sie heut abend nach Hause kommt, ist die Küche warm.« Er entwickelte mir seinen Plan.
Kurz und gut, wir nahmen je zwei altersschwache Tragetaschen und eilten zum Cultushafen, wo mein Vater arbeitete, wenn er nicht krank war. Wie die Indianer schlichen wir an den Kohleverlade-Kais herum.
»Immer auf die Werkspolizisten achten!« ermahnte mich Alwin. »Los, die Gelegenheit ist günstig!« zischte er mir zu. »Packen wir schnell die Taschen voll!«
Ich raffte soviel Briketts, wie es mir in der Eile und mit meiner Ungeschicklichkeit möglich war.
»Nur Ruhe, Ruhe!« mahnte Alwin. »Wir sind gut gedeckt, die Wache ist weit.«
Doch Alwin irrte sich. Dampf- und Nebelschwaden hatten die Sicht minutenlang getrübt: für uns, aber nicht für die Wächter! Einer mit einem riesigen Schnauzbart war uns längst auf der

Spur. Als wir die Taschen gefüllt hatten und abhauen wollten, ertönte hinter uns ein donnerndes »Halt!«

Wir fuhren herum und sahen uns dem schnauzbärtigen Riesen gegenüber.

»Diebe!« brüllte er. »Kohlendiebe!« Triumphierend fügte er hinzu: »Hab ich euch erwischt...?!«

Das war gar keine Frage. Es fehlte nur, daß er eine Waffe auf uns Knirpse gerichtet hätte. Statt dessen zog er eine Trillerpfeife und alarmierte seinen Kollegen. Der kam schwer atmend herbei.

»Bitte, wir wollten doch nur...«, begann Alwin.

Doch der Schnauzbärtige unterbrach ihn rauh: »Nichts da! Vorwärts! Nehmt die Taschen auf – und dann: Marsch, zur Wachbaracke!«

Wir ertappten Sünder schlichen nun mit hängenden Armen und Köpfen auf das Holzgebäude zu, in den Händen den Beweis unserer Schuld, in den Herzen Traurigkeit, Jammer und Scham. Die selbstgerechten Wächter ließen keinen Zweifel an der Art dieser Prozession.

Aber sie hatten nicht mit den Kumpels gerechnet. Der Pfiff aus der Trillerpfeife hatte einige aufmerken lassen. Sie blickten zu uns herüber und stießen sich gegenseitig an: »Mensch, sind das nicht die Kinder von dem kranken Rudolf?« – »He, ihr Wachhunde, wo wollt ihr mit den beiden hin?« – »Alwin, Rudi, was ist los?« – »Habt ihr geklaut?«

Der Schnauzbärtige rief den Arbeitern zu: »Das geht euch einen Dreck an. Kümmert euch um euren Akkord! Die Diebe sind unsere Sache.«

Wir wurden in die Wachbaracke gestupst. Dort stellte man unsere Taschen als Beweismaterial hinter die Holzbarriere, und dann begann die Einvernahme: »Wie heißt ihr? Wohnung? Wer hat euch geschickt? Wie oft habt ihr das schon gemacht?«

Alwin blieb ruhig. Ich erinnere mich nur, daß er leichenblaß war. Er verteidigte sich standhaft. Ich aber hatte einen blutroten Kopf und heulte Rotz und Wasser. Mir war es schrecklich, daß man uns

geschnappt hatte und daß wir der Mutter nun keine Freude mehr mit einer warmen Stube machen konnten.
Inzwischen sahen die Arbeiter durch die Fenster herein. Es waren ja Freunde des kranken Kumpels Rudolf Schock, der gegenwärtig hilflos im Krankenhaus lag.
Schließlich öffnete sich die Barackentür, und einige kamen uns zu Hilfe. Zuerst suchten sie nur zu vermitteln. »Hört mal«, sagte der Sprecher zu den Wachmännern, »laßt doch die armen Kinder laufen. Ihr Vater ist schwer krank, und die Mutter weiß nicht, wie sie durchkommen soll.«
Die anderen Kumpel pflichteten ihm murmelnd bei.
Die Wachmänner blieben stur. Der mit dem Schnauzbart erklärte barsch: »Wir sind hier nicht auf dem Wohlfahrtsamt, wir müssen ein Diebstahlprotokoll aufnehmen und den Namen der Täter weiterleiten. Eltern haften für ihre Kinder, und das bedeutet eine Geldstrafe oder eine Verwarnung. Ordnung muß sein!«
Da schoben sich die Kumpel näher heran, nahmen eine drohende Haltung an und redeten leise, aber bestimmt auf sie ein. Und siehe da, sie ließen sich erweichen.
»Na ja«, murmelten sie, »wir sind keine Unmenschen. Ihr dürft nicht denken, wir hätten kein Herz. Wir tun ja nur unsere Pflicht...«, und sie gelangten eilig zu dem Schluß: »Erledigt. Für diesmal kein Protokoll. Haut ab! Aber laßt euch nie wieder blicken!«
Im Schutz der Kumpel verließen Alwin und ich die Baracke. Aber noch vor der Tür wandte ich mich um: »Unsere Kohlen! Wir müssen doch der Mutter was zum Heizen bringen!«
Das aber war zuviel verlangt, wie mir der Wächter mit dem Schnauzbart lautstark klarmachte: »Nun haut aber ab, Bengels...!«
Wir mußten die vollen Taschen schweren Herzens zurücklassen.
»Na ja, wenigstens ist es noch mal gutgegangen«, meinte Alwin erleichtert.
»Wieso gut...?« weinte ich. »Und womit heizt Mama den Herd?«

Unser Vater wurde nach einiger Zeit wieder aus dem Krankenhaus entlassen. Ich gab mich der Hoffnung hin, er könne eines Tages gesund werden, und alles, was die Leute gesagt hatten, sei gar nicht wahr.

Mit Hilfe von Verwandten und Arbeitskollegen kamen wir über den Winter. Im Frühjahr 1923 lachte mir und meinen drei älteren Geschwistern eine herrliche Zukunft: es hieß, wir dürften auf längere Zeit verreisen. Helmut und Alwin sollten auf einen Bauernhof in Pommern, Elfriede und ich nach Thüringen.

Verreisen: Ein Begriff, der in meinem Wortschatz noch nicht vorgekommen war. Und nach Thüringen! War das ein fremdes Land? Vielleicht gar Ausland?

Darüber zerbrachen wir uns die Köpfe. Aber der Lehrer hatte ja gesagt, Thüringen sei Teil des Deutschen Reiches, und die Mutter hatte es lachend bestätigt: »Aus der Welt seid ihr nicht!«

Die Reise in unser Ferienparadies begann bei prächtigem Frühlingswetter am 1. Mai 1923. Dreißig, vierzig Kinder, die Ärmsten der Armen, wurden von der Arbeiterwohlfahrt verschickt, um aufgepäppelt zu werden und um die Eltern zu entlasten. Wir mußten uns morgens an der Straßenbahnhaltestelle am Parkhaus Grunewald versammeln. Gerüchte und Vermutungen schwirrten durch die Luft: »Nach Thüringen? Dorthin fährt man doch nicht mit der Straßenbahn, sondern mit ner richtigen schwarzen Lok und in Eisenbahnwagen. Paßt auf, die haben uns angeschmiert...«

Mir schlug die Ungewißheit auf die Verdauung. Als das allgemeine Einsteigen begann, rannte ich schnell noch einmal hinter eine Hecke, um mich zu erleichtern. Doch, o Schreck! Ein scharfes »Bim, bim!« – die Bahn mit dem Ferientransport setzte sich in Bewegung. Ich hatte kaum die Hosen wieder hochgezogen. Nun stand ich da und sah meine Felle wegschwimmen!

Zum Glück schrie meine Schwester wie am Spieß, andere fielen ein, und schließlich war die ganze Straßenbahn ein einziges Gebrüll: »Halt, haaalt...! Der Rudi fehlt...!«

Der Wagenführer bremste. Ich rannte wie besessen. Viele Stimmen spornten mich an: »Schneller! Schneller...!«
Hilfreiche Hände streckten sich mir entgegen. Keuchend, aber im doppelten Sinne erleichtert, war ich der Gruppe wiedergegeben.
Später sollte ich solche Hetzjagden öfter erleben, wenn auch aus anderen Gründen und mit anderen Zielen.
Die Straßenbahn brachte uns nach Düsseldorf, wo wir in einen knatternden alten Bus umstiegen. Es hieß: »Der fährt uns nun nach Wuppertal.«
Der Grund für die umständliche Anfahrt waren die Folgen des Ersten Weltkriegs. Düsseldorf und Duisburg gehörten zur französisch-belgischen Besatzungszone. Von dort aus war jeder Zugverkehr ins übrige Reich unterbrochen. Erst von Wuppertal aus – an der Demarkationslinie – funktionierte der Zugverkehr ungehindert.
In Wuppertal stieg ich zum ersten Mal in meinem Leben in einen Eisenbahnzug mit einer richtigen schwarzen, zischenden Lok und einer endlosen Reihe von Waggons. Im Abteil sicherte ich mir gleich einen Schlafplatz, und zwar über den Sitzbänken auf der Gepäckablage (die damals noch aus Gepäcknetzen bestand). Die ganze Nacht hindurch würde der Zug fahren, hatte der Transportleiter gesagt – nun, dann mußte die Reise um die halbe Welt gehen. Ich träumte von Thüringen, als sei es ein anderer Erdteil. Ich glaube, ich habe mich später nie mehr auf eine Reise so gefreut.
Unser Kindertransport langte am folgenden Morgen im thüringischen Mühlhausen an. »Aussteigen, aussteigen, wir sind da...!«
Erwartungsvoll versammelten wir uns auf dem Bahnsteig. Dort standen viele Leute, meist Ehepaare, die sich bereit erklärt hatten, uns für ein halbes Jahr als »Pflegekinder« aufzunehmen. Rückblickend darf ich scherzhaft sagen, es ging ein bißchen zu wie bei einer Sklavenverteilung, aber damit meine ich nun

wirklich nur den äußeren Ablauf: »Der und der kommt zu denen und jenen... Die und die wird von Herrn und Frau sowieso genommen...«
Ich kam zu einer Familie Hildebrandt, Mönchgasse 6, und es stellte sich bald heraus, daß ich es sehr gut getroffen hatte. Mich faszinierte besonders der eingefaßte, munter plätschernde Bach vor dem Hildebrandtschen Hause. Dort hängte ich meine Füße hinein, planschte – und sang.
Wahrhaftig, Thüringen war schön! Afrika – oder die Prärie mit ihren Indianern – hätten nicht herrlicher sein können. Wo Wasser war, und sei's nur ein Bach, ein kleiner See, habe ich mich immer wohlgefühlt. Das Wasser zog mich an, es lockte mich immer zum Hineinspringen, und ich bin ein begeisterter und guter Schwimmer geworden...
Meine Pflegeeltern müssen sich über den kleinen Jungen aus dem »Ruhrpott« amüsiert haben. Ich durfte sie alles fragen und bekam auf alles eine Antwort. Mir fiel es nicht weiter auf, daß sie sich erkundigten: »Wo hast du so schön singen gelernt?« Sicher entsprach meine helle, klare Stimme nicht den Vorstellungen, die sie sich von bedrückten, notleidenden Ruhrpottkindern gemacht hatten. Aber mir war das Singen eine ganz selbstverständliche Gemütsäußerung.
Die Hildebrandts behandelten mich mehr und mehr wie ihr eigenes Kind. Der Mann brachte auf seinem Fahrrad einen kleinen Vordersitz für mich an, und an den Sonntagen fuhr er mit mir in den Thüringer Wald. Wälder kannte ich ja auch aus meiner Heimat, doch hier, in der Umgebung von Mühlhausen, schienen mir die Bäume höher, mächtiger und grüner zu sein. Wenn ich den Kopf hob, sah ich zwischen den Wipfeln blaue Himmelsausschnitte über mich hinfliegen... ich fühlte mich, als sei ich in ein Märchen hineingeraten...
Ich sprach anfangs scherzhaft von »Sklavenverteilung«. Auf mich und die übrigen Ferienkinder traf das gewiß nicht zu. Mit einer Ausnahme – und die war ausgerechnet meine Schwester Elfriede.

Elfriede war bei einem Lumpensammler gelandet. Während ich verwöhnt wurde, während die Hildebrandts eifrig darauf achteten, daß ich zu essen und zu trinken bekam, viel an der frischen Luft war, um mich zu erholen – und zwar ohne jede Gegenleistung –, mußte sie arbeiten.

Der Lumpensammler spannte meine Schwester in seine Stadt- und Landgänge ein, ließ sie stundenlang neben seinem Karren hertraben, schmutzige Säcke, schmierige Flaschen und abgenagte Knochen sortieren. Als wir uns einmal trafen, tauschten wir unsere Erlebnisse aus. Ich schwärmte in den höchsten Tönen von dem Hildebrandtschen Paradies.

Elfriede staunte: »Duuu hast's gut! Ich muß Lumpen sammeln und kriege immer nur Suppe.«

Da sie das keineswegs weinerlich hervorbrachte, lachte ich. Sie lachte mit. Und dann gab sie mir eine kleine Probe, die jedem Theater Ehre gemacht hätte. Sie spielte mir eine Lumpenhändlerin vor und imitierte den monotonen Singsang:

»Lumpen und Knochen, Alteisen, Papier –
eiserne Bettstellen, altes Klavier –
zahle die höchsten Preise dafür:
Andreas Fiedler, Bastmarkt Numero vier!«

Das sangen wir dann im Duett.

Meiner Schwester war jedoch nicht komisch zumute, und auch die Hildebrandts und andere Pflegeeltern, die von der kleinen Lumpensammler-Gehilfin erfuhren, fanden nichts Komisches daran. Die Ruhrpottkinder waren zur Erholung hier, zu nichts anderem. Es war sogar ausdrücklich verboten, sie Dienstleistungen verrichten zu lassen oder gewerblich auszunutzen.

Irgend jemand protestierte beim Bürgermeister. Schließlich kam dann auch meine Schwester zu netten Pflegeltern. Jahre später würde sie von lieblicheren Dingen singen, als von Lumpen, Flaschen, Papier ... als gefeierte Operettendiva der Bühnen in Erfurt, Colmar, Weimar und Hannover.

Meine Hildebrandts besaßen vor der Stadt einen kleinen Garten. Dort trafen sie gelegentlich an schönen Nachmittagen mit Verwandten und Bekannten zusammen. Es gab Quarkkuchen und süßen Gerstenkaffee, die Männer tranken Bier. Es war eine muntere, harmlose Gesellschaft, der jedes kleine Vergnügen recht war. Die Leute wußten längst, daß ich singen konnte, immer wieder forderten sie mich auf, etwas zum besten zu geben. Mein Repertoire war bald erschöpft.
Da erinnerte ich mich an ein paar Verse, die ich in Duisburg auf der Straße aufgeschnappt hatte – zu irgendeiner gängigen Melodie. Ahnungslos begann ich mit meinem Vortrag:

»Ist's dem Floh im Hemd zu kalt,
macht er einen Satz in den Böhmerwald...
Ho, ho, ho, du armer Floh,
hast sechs Beine – und du hopst noch so.«

Ich begriff nicht, warum die Zuhörer vor Lachen fast von den Stühlen fielen. Mit bravem Gesicht, so engelsrein wie möglich, sang ich weiter:

»Ist im Hemd Gewitter und Sturm,
macht er einen Salto auf dem Wasserturm...«

Schließlich gebot Frau Hildebrandt der Sache Einhalt, und ich guckte verstört umher. Erst zehn Jahre später, als ich mit meinem Freund Bernhard Rabe auf einer Radtour durch Thüringen die Hildebrandts wieder besuchte, konnte ich ihnen sagen: »Jetzt weiß ich, warum ihr damals so gelacht habt...«
Aber zurück ins Jahr 1923. Meine Schwester besuchte mich wieder einmal und erzählte mir strahlend von ihren neuen Pflegeeltern. Wir spielten auf einem sonnigen Gelände gegenüber dem Hildebrandtschen Hause. Plötzlich rief uns Frau Hildebrandt. Elfriede und ich liefen freudig zu ihr, denn wir glaubten, sie wolle uns Semmeln oder Marmeladenbrote geben, wie sie es öfter tat. Aber sie hielt nur einen Brief in der Hand. Ihr Gesicht war ernst. Sie hatte feuchte Augen, und sie schien nicht zu wissen, wie sie uns beibringen sollte, was sie zu sagen hatte.

Wir starrten sie an.
»Nun, Kinder«, begann sie zögernd, »ihr wißt, daß euer Vater sehr, sehr krank war...«
»Ja!« rief ich. »Aber nun ist er wieder zu Hause. Er ist wieder gesund, nicht wahr?«
»Nein«, sagte die gute Frau. Sie wandte sich an Elfriede: »Es ist besser, ich rede nicht lange drumherum ... euer Vater ist gestorben.«
Ich hatte wohl gehört, was Frau Hildebrandt gesagt hatte, doch ich konnte die Nachricht gar nicht in eine Tatsache umsetzen. Ich kapierte einfach nicht. Mein Vater stand mir sehr lebendig vor Augen, wie diese Person, die da über ihn sprach. Und überhaupt – sie kannte meinen Vater nicht! Woher also wollte sie etwas über ihn wissen? Den Brief in ihrer Hand brachte ich in keinen Zusammenhang mit ihren Worten.
Plötzlich sah ich das aufgelöste, in Tränen schwimmende Gesicht meiner Schwester. Und hier setzt meine Erinnerung ganz klar ein. Meine Reaktion war Verwunderung. Ja, was heulte Elfriede, warum heulte sie auf einmal los...?
Jedenfalls lachte ich schrecklich. Ich lachte meine Schwester richtig aus. Das steigerte ihren Kummer noch. Hinzu kam ihre Wut auf mich. Sie jammerte – und sie beschimpfte mich. Mir ist noch heute nicht klar, weshalb die Todesnachricht glatt an mir vorbeiging. Daß der Vater auf einmal nicht mehr da sein sollte, entzog sich mit all den damit verbundenen Konsequenzen gewiß dem Vorstellungsvermögen eines Siebenjährigen. Andererseits war ich ja nicht dumm (und meine Schwester war nur wenig älter). Ich glaube, ich habe mich gegen die schreckliche Wahrheit gesträubt, in der simplen Hoffnung, sie dadurch ungeschehen zu machen.
Ein Leben ohne meinen Vater konnte ich mir nicht vorstellen. Die folgenden Tage – oder waren es Wochen? – verbrachte ich in einem merkwürdig seelischen Schwebezustand. Alle Menschen waren besonders freundlich zu mir, auch meine Spielgefährten.

Frau Hildebrandt schrieb an meine Mutter, und ich hoffte insgeheim, es würde wieder ein Brief aus Duisburg kommen – und darin würde stehen, daß alles ein Irrtum gewesen sei, und daß mein Vater lebte ...

Ich tummelte mich wieder mit anderen Kindern auf dem Gelände gegenüber, das zu einer Fabrik gehörte. Der Besitzer, ein Mann ohne Familie, hatte seinen Spaß an dem fröhlichen Geschrei.

Frau Hildebrandt kannte den Fabrikbesitzer. Er hatte ihr ja auch gesagt, daß wir auf seinem Gelände spielen dürften. Die Erwachsenen sprachen öfter über die Ferienkinder aus dem »Pott«. In meinem Falle aber – das erfuhr ich nach einigen Wochen – mußten die Hildebrandts und der Fabrikchef sehr viel Ernsteres und Weiterreichendes besprochen haben. Zwischen ihm und meiner Mutter gingen Briefe hin und her, und schließlich eröffnete mir Frau Hildebrandt, daß der Mann mich adoptieren wolle.

Sie erklärte mir den Begriff »adoptieren« auf eine für mich verständliche Weise: »Dann kannst du immer hierbleiben, er wird dein neuer Vater sein – und du wirst es besser bei ihm haben, als du es bisher in Duisburg je gehabt hast. Und dir wird später einmal diese große, schöne Fabrik gehören!«

Sie las mir einen Brief meiner Mutter vor:

»Mein lieber Rudi, Du hast gehört, worum es geht. Auch ich habe mir alles ernsthaft überlegt. Ich möchte Dich nicht drängen, Du sollst alles ganz allein entscheiden.

Wenn Du dort bleibst, bekommst Du besser zu essen, endlich einmal einen neuen Anzug und passende Schuhe und ein Zimmer für Dich allein. Für eine gute Schule wird gesorgt sein, später kommst Du vielleicht aufs Gymnasium. Du wirst mich und Deine Geschwister natürlich von Zeit zu Zeit besuchen dürfen. Du weißt, wir lieben Dich alle sehr, und ich brauche Dir nicht zu sagen, daß wir Dich schrecklich vermissen werden. Du weißt aber auch, daß wir sehr arm sind, noch ärmer als vor

Papas Tod, daß die Zeiten schlecht sind – und daß Du zu Hause oft nichts anderes zu erwarten hast als trockenes Brot ...«
Ich hörte mir das alles an. Die Vorstellung, für immer hierbleiben zu müssen, trieb mir die Tränen in die Augen, und ich stammelte weinend: »Ich will keine Fabrik, ich will lieber nach Hause, auch wenn ich trockenes Brot essen muß.«
Mein Entschluß wurde der Mutter mitgeteilt, und ich glaube, sie hatte auch nichts anderes erwartet.
Unsere Sonderferien in Thüringen dauerten ein halbes Jahr. Als der Tag der Heimreise gekommen war, verabschiedeten wir uns schweren Herzens von unseren Pflegeeltern. Aber, wie Kinder sind, freuten wir uns auf die Fahrt und auf unser Zuhause.
Der nette Fabrikbesitzer war zwar enttäuscht, aber er hat mir trotzdem einen neuen Anzug, ein Paar neue Schuhe und einige Spielsachen mit auf den Weg gegeben.
Wenn ich mich damals anders entschieden hätte, wäre ich wahrscheinlich kein Sänger geworden, sondern Fabrikbesitzer. Allerdings nur bis 1945 – durch die Ereignisse hätte ich meinen Besitz ja wieder verloren ...

Nun stand meine Mutter da, mit fünf unmündigen Schocks: Helmut, Alwin, Elfriede, Rudi – und Gerd! Was sollte sie tun? Die kleine Witwenrente reichte nicht annähernd. So mußte sie auf Arbeitssuche gehen und war froh, als sie eine Putzfrauenstelle fand. Nach heutigen Maßstäben lebten wir unter dem Existenzminimum.
Kleidung bekamen wir durch Kreuz- und Quertausch von Verwandten. Die sechs Söhne von Onkel Julius und Tante Auguste waren nur wenig älter als wir. Paßte dem ältesten Vetter ein Mantel nicht mehr, wanderte das gebrauchte Stück zunächst zu uns herüber. Es verließ uns wieder, sobald der nächstgrößte Vetter es benötigte. War dann auch er herausgewachsen, kam der strapazierte Mantel wieder an uns. Wenn das Zeug an mich gelangte, war es von einem halben Dutzend Vorgängern getragen

worden und entsprechend abgewetzt. Um so mehr freute ich mich über meinen neuen Anzug aus Thüringen.
Der Vater war tot. Und das erste, was meine Mutter tat, war, daß sie uns aus der kommunistischen Kindergruppe herausnahm. Da sie den ganzen Tag arbeiten mußte, erschien es ihr wohl richtiger – damit wir uns nicht allein überlassen blieben –, uns in der Kindergruppe der sozialistischen Jugend anzumelden.
Als die Inflation mit ihrem Billionen- und Milliarden-Irrsinn vorüber war, verdiente meine Mutter zu ihrer schmalen Witwenrente monatlich ganze 17,00 Reichsmark hinzu, »harte« Mark, die wieder kaufkräftig war – aber auch das bedeutete nicht einmal den vielzitierten Tropfen auf den heißen Stein.
Der gute Geist, der sowieso unter uns Geschwistern herrschte, verhinderte ein Auseinanderstreben der Familie. Wir hatten ein ausgeprägtes Gefühl dafür, wie schwer es Mama hatte, und was sie alles für uns tat. Besonders Helmut, unser ältester Bruder, wies uns in seiner ruhigen, lenkenden Art immer wieder darauf hin. In ganz selbstverständlicher Weise vertrat er nun die Vaterstelle. Alwin, problemlos und gutartig, half ihm dabei. Elfriede nahm sich des Nesthäkchens an, unseres Gerd, der ja den Vater am frühesten verloren hatte, woraus denn auch später manche inneren Nachteile für ihn entstehen sollten.
Ja, und ich? Ich fühlte mich im Kreise meiner Geschwister glücklich und zufrieden. Im Grunde waren wir alle – und trotz allem! – optimistisch und immer bereit, unserem Elend eine humoristische Seite abzugewinnen.
Aber bei der Beschaffung eines Christbaumes zum Weihnachtsfest 1925 ist uns der Humor beinahe vergangen.
Am 24. Dezember, nach dem Mittagessen, sagte unsere Mutter: »So, Rudi und Alwin, ihr geht jetzt los und besorgt einen Baum, aber kauft nicht den ersten besten, sondern wartet so lange wie möglich. Je später es wird, desto billiger geben die Händler die Bäume her.«
Aber in diesem Jahr irrte sich Muttchen! Schon an den ersten

Verkaufsplätzen war kein Baum mehr zu sehen. Das beunruhigte uns vorläufig noch nicht. Als jedoch auch an anderen Stellen alle Bäume ausverkauft waren, ergriff uns Ratlosigkeit. Wir beschleunigten unser Tempo. Im Laufschritt verließen wir Hochfeld und streiften das Gebiet von Neudorf: auch hier das gleiche Bild!

Nun gerieten wir in Panik, bis Alwin sagte: »Es gibt nur noch eine Hoffnung. Auf nach Wanheimerort!«

Wer Duisburg kennt, weiß, wie viele Kilometer wir an diesem Tag zurückgelegt haben. Alwin, der vier Jahre älter war, lief so schnell, daß ich große Mühe hatte, mitzukommen.

Als wir auch in Wanheimerort kein Glück hatten, überfiel uns Verzweiflung: was nun?

Da trafen wir unseren Onkel Paul Linke, dem wir unseren Kummer erzählten. Er tröstete uns: »Geht mal jetzt nach Haus. Vielleicht findet ihr auf dem Heimweg noch einen Baum.«

Was wir fanden, waren nur noch lose Tannenzweige, die wir aufsammelten, um wenigstens etwas heimzubringen.

Zu Hause versuchten wir, in einen alten Besenstiel Löcher zu bohren, um die Zweige hineinzustecken. So würden wir einen Ersatz-Weihnachtsbaum haben. Fast hatten wir uns schon an den Gedanken gewöhnt, als es anhaltend klopfte.

Wer marschierte triumphierend herein? Onkel Paul mit einem schönen Tannenbaum! Das Weihnachtsfest war gerettet.

Ich konnte mir niemals ein Weihnachten ohne Christbaum vorstellen, und so ist es bis heute geblieben ...

Mutter holte eine Flasche Schnaps aus dem Küchenschrank, die sie für besondere Gelegenheiten sorgfältig verwahrte. Sie schenkte Onkel Paul ein, zwei und sogar ein drittes Gläschen ein. Beschwingt erhob er sich endlich, denn er mußte nach Hause, weil er ja auch Weihnachten feiern wollte.

Gegenüber unserer Wohnungstür ging es in den Keller. Onkel Paul muß die Kellertür mit dem Ausgang verwechselt haben. Plötzlich hörten wir einen furchtbaren Schrei. Wir rasten hinterher und sahen ihn als dunkles Bündel im Keller liegen.

»Mama, Onkel Paul ist tot!« schrie ich.
Mutter kam mit einer Lampe. Da lag er nun bewegungslos. Zum Glück hatte er sich nicht verletzt, er war nur starr vor Schreck. Wir hoben ihn mit vereinten Kräften auf. Onkel Paul fand schnell seine gute Laune wieder und verabschiedete sich.
Was ihn dann von seiner Frau erwartete, weil er so spät nach Hause kam, das haben wir nie erfahren.

Im Winter gingen wir, wie alle anderen Kinder, mit unserem Schlitten zum Rodeln. Ich sage »Schlitten«: Für uns – in unserer Anspruchslosigkeit – war es ein Schlitten. Doch die fremden Kinder dachten darüber anders. Sie besaßen ja alle gekaufte oder ererbte Schlitten, wir dagegen hatten nur ein aus Holzkisten schlecht und recht gebasteltes Ding.
Mit diesem Eigenbau zogen wir zu den beiden Senken neben dem Cultushafen, wo wir seinerzeit Kohlen geklaut hatten. Diese Senken, eigentlich nur zwei große Löcher, wurden »Todesangst« genannt – warum, wußte kein Mensch. Wenn wir also mit unserem Kistenschlitten oder unserer Schlittenkiste dort auftauchten, lachten die übrigen Rodler. Ihr Lachen steigerte sich jedesmal zum Hohngeschrei, weil unser Fahrzeug nicht gerade sehr flott war. Auf halber Schräge blieb es wegen seines stumpfen Bodens immer stecken. Da schrien die anderen im Chor:

»Schocks Schusterkästen
sind die besten ...!«

»Na, wartet!« sagte Helmut grimmig. »Euch werd ichs schon noch zeigen!«
Helmut bewahrte den Schwur in seinem Herzen. Als er in die Schlosserlehre kam, eignete er sich ganz nebenbei auch die nötigen Fertigkeiten an, einen richtigen, stabilen, ganz und gar zünftigen Schlitten zu bauen. Der stand dann eines Heiligabends unter dem Weihnachtsbaum – und war schnittiger als die schönsten Rodelschlitten der anderen.
Nun sangen *wir*:

»Schocks Schusterkästen
sind die besten ...!«

Und triumphierend überholten wir jede Konkurrenz.

Doch selbst solche Freuden konnten mich nicht darüber hinwegtäuschen, daß mein Leben ärmer geworden war. Der Tod des Vaters hinterließ in meiner Kindheit und Jugend eine bleibende Lücke.

»Der Rudi muß mit!«

Singen – schwimmen – wandern –
Meine allererste Tonaufnahme

Die Schule nahm keine Rücksicht auf den Kummer des einzelnen. Sie stellte ihre Anforderungen. Ich mußte vor den Lehrern bestehen und mich den Mitschülern gegenüber behaupten. Mein natürliches Selbstbewußtsein wurde stärker. Als ich einmal nur eine 2 im Gesangsfach auf meinem Zeugnis erblickte, ging ich stracks zum Lehrer und sagte zu meiner eigenen Verblüffung: »Hier steht eine 2, Herr Erloff. Das ist ungerecht. Ich habe eine 1 verdient!«

»So, so«, erwiderte er ruhig. »Du bist mit einer 2 nicht zufrieden? Aber eine 2 ist doch keine schlechte Note.«

»Trotzdem!« beharrte ich. »Eine 1 ist besser, und die hab ich verdient!«

»Verdient«, lächelte er, »verdient...« Aber dann gab er sich einen Ruck und entschied: »Na, schön. Wenn du meinst? Dann sing mir mal was vor!«

Plötzlich war ich wieder in meinem Element. Ohne Zögern legte ich los, vergaß die Schule, den Lehrer, den Anlaß, sang und sang – ich glaube, es waren sechs Strophen.

Als ich geendet hatte, strich sich Herr Erloff das Kinn und sah mich unverwandt an. »Tatsächlich...«, murmelte er. Wieder gab er sich einen Ruck und sagte: »Du hast recht, du hast eine 1 verdient. Ich lege dem Schulleiter das Zeugnis zur Änderung vor.«

Rückblickend staune ich über die Fairneß dieses Lehrers, der sich keineswegs schämte, sich von einem Dreikäsehoch eines Besseren belehren zu lassen.

Kurze Zeit später kam ein Mann zu uns in die Schule, dem die Behörde gestattet hatte, zur Bereicherung des Unterrichts einen technischen Vortrag zu halten. Er war Amerikaner, und er brachte einen ganz besonders geheimnisvollen Apparat mit: »Was ihr da seht, ist eine Edison-Walze. Diese Walze nimmt Schallwellen, die durch den Trichter auf eine Nadel wirken, in Form von ›Erschütterungen‹, ›Einkerbungen‹ auf. Sie hält also Töne, Geigen- und Klaviermusik, vor allem aber die menschliche Stimme fest. Dreht man die Walze nach der Aufnahme zurück, so gibt der Schalltrichter Töne oder Worte laut wieder.«

Einige Jungen und Mädchen reckten die Hälse. Sie starrten auf den riesigen Trichter, als müsse da gleich eine Taube oder ein Kaninchen herauskommen.

»Nur Geduld«, mahnte unser Musiklehrer – der im übrigen genauso gespannt war wie wir Kinder. »Es wird schon etwas herauskommen, aber etwas anderes als ihr erwartet.«

Endlich war es so weit. Herr Erloff befahl: »Rudi, du mit deiner 1, du wirst ein Lied in den Trichter singen. Bereite dich darauf vor, damit du dich nicht vor Aufregung verschluckst!«

Aber der Lehrer war selber aufgeregt. Er spielte ein Stück auf seiner Geige, wobei er den Atem anhielt, bis er fast zu platzen schien. Ein Mädchen folgte mit einer Klavierübung, ein anderes sprach ein Gedicht.

Dann kam ich an die Reihe. Ich sang voller Inbrunst in den Trichter hinein und war gar nicht aufgeregt:

»Mädels, flink auf, den Kranz!
Kommet zum Maientanz!
Hört ihr die Fiedel, hell?
Mädels, seid schnell!«

Daran knüpften sich viele »La, lala, la's«.

Als alles aufgenommen war, saßen wir gespannt und warteten, was aus dem Apparat herauskommen würde. Die Geige hörte sich gut an, ebenso das Klavier. Der piepsende Vortrag des einen Mädchens ging noch so eben. Doch ach, dann kam mein Lied! Ich

dachte, ich müßte in den Boden versinken, so schauerlich tönte mir das Jaulen, Jammern und Krächzen in den Ohren. Das sollte meine Stimme sein ...?
Der Lehrer und die Mitschüler erkannten sie offenbar, denn sie bewunderten meinen Beitrag sehr. Wahrscheinlich bestaunten sie eher das Wunderwerk des vorsintflutlichen Apparats.
Das war meine aller-allererste Tonaufnahme, und ich ahnte selbstverständlich nicht im entferntesten, daß ihr dereinst einmal unzählige folgen sollten – dann aber auf technisch vollendeten Geräten, von denen die Fachwelt damals nicht einmal träumte.

Meine erste Bekanntschaft mit einem (damals) modernen Plattenspieler, einem Grammophon mit Federwerk und Kurbel zum Aufziehen, machte ich bei meiner Tante Emma. Tante Emma war besser gestellt als wir und konnte sich etwas mehr leisten. Während eines Besuchs bei ihr ging einer der Gäste ins Nebenzimmer und legte eine Schallplatte auf. Gesang erscholl.
»Oh, Richard Tauber ...!« schwärmte meine Tante.
Tante Emma war, so würde man heute sagen, ein Tauber-Fan. Magisch angezogen folgte ich ins Nebenzimmer.
Es hätte Tante Emmas schwärmerischer Bemerkung nicht bedurft. Meine jungen Ohren hörten auch ohne Nachhilfe, daß da etwas Unglaubliches im Gange war. Ich erinnere mich, daß mir zumute war, als ob mich aus dem Lautsprecher etwas Geheimnisvolles riefe, das weniger mit den gesungenen Worten, als mit dem Stimmklang zusammenhing.
Nie, niemals hatte ich solchen Klang gehört ...

> »Schlaf' ein, schlafe ein
> mein blond' Engelein,
> o, schlafe mein Kind und träum' süß ...«

Es war meine erste Begegnung mit einem großen, einzigartigen Tenor – und bis dahin mein nachhaltigstes Gesangserlebnis. Daß Richard Tauber in meiner Laufbahn einen besonderen

Stellenwert einnehmen sollte, konnte ich zu dem Zeitpunkt noch nicht ahnen.

Im Theaterspielen tat ich mich eifrig hervor, nach dem Unterricht, im Kinderhort, den ich mit meinem jüngeren Bruder Gerd besuchte. Die Leiterin, eine pädagogisch aufgeschlossene, regsame Person – sie hieß Grete Baumann –, wußte die Kinder einfacher Leute für künstlerische Dinge zu begeistern. In Anbetracht der herrschenden Armut (und des wirren Zeithintergrunds) ist das gar nicht hoch genug zu bewerten.

So sagte sie etwa: »Nehmen wir an, dort, vor der Wand, ist jetzt die Bühne. Jeder denkt sich rasch eine Rolle aus und spielt sie uns anderen vor.«

Das war ein Heidenspaß!

Ich verwandelte mich in alle möglichen Märchengestalten, dann aber auch in solche, die mir aus der Umwelt bekannt waren: Lumpensammler, Straßenbahner, Zeitungsausrufer und Flußschiffer.

Die besten Improvisationen hielt Grete Baumann fest. Sie machte ein Theaterstück – eher eine Art Kabarett – daraus, das vor Elternpublikum aufgeführt wurde. Darsteller und Zuschauer hatten ihr Vergnügen daran.

Übrigens hatte die Leiterin eine kleine Schwester. Die war in meinem Alter, vielleicht ein bißchen jünger, ein sehr hübsches, schwarzhaariges Mädchen. Ich verliebte mich in sie, himmelte sie heimlich an. Wenn sie mit mir sprach, war ich sehr glücklich. Sie mochte mich wohl auch. (Aber sie hat mich später nicht erhört, zu einer Verlobung oder Heirat kam es nicht. Davon wird noch die Rede sein...)

Was ich nicht wissen konnte, war, daß die Erzieher meine Begabung beobachteten und sich über meine weitere Entwicklung Gedanken machten.

In der Schule war ich fleißig und brachte gute Zeugnisse mit nach Hause. Der Klassenlehrer bestellte meine Mutter zu sich und riet ihr, mich auf ein Gymnasium vorbereiten zu lassen.

»Ihr Rudi ist in allen Fächern ›sehr gut‹ und ›gut‹, jedenfalls immer der Beste. Und das, werte Frau Schock, ist ein Vorsprung, den man nutzen sollte. Er muß auf die höhere Schule!«
Meine Mutter fragte: »Aber wovon...? Ein Gymnasium kostet Geld! Und dorthin kann er nicht barfuß gehen.« (Um Schuhe zu schonen, mußten wir Geschwister von März bis November barfuß laufen.)
»Aber könnte Rudi dann nicht wenigstens auf die Mittelschule gehen?« drängte der Lehrer.
Meine Mutter erzählte mir später, sie habe bedrückt geantwortet: »Ich will es mir überlegen!«
Und ich weiß, daß sie es sich sehr, sehr gründlich überlegt hat. Sie wußte ja nicht einmal, ob sie die kärglich bezahlte Putzfrauenstelle behalten würde. Auch für die Mittelschule würde ich Bücher brauchen, die man ja damals noch selber bezahlen mußte.
Schweren Herzens verkündete sie mir ihren Entschluß.
Mir selber erschien das alles unwichtig. Ohne zu begreifen, daß es um meine Zukunft ging, tröstete ich sie: »Ich schaff es auch ohne Gymnasium und ohne Mittelschule!«
Noch war es ja nicht so weit, und ich war mit meinem Los, nur die Volksschule besuchen zu können, sehr zufrieden. Der Unterricht machte mir Spaß, besonders aber hatte es mir der Sport angetan. Da ich auch hier mit ganzem Herzen dabei war, brachte ich es bald zum Spielführer beim Schlagball, Handball und Fußball.
Ich erinnere mich an mein schönstes Tor. Wir spielten gegenüber der Schule auf dem Platz vom »Duisburger Fußballverein 08«. Mein Freund Ernst Lauterfeld gab mir von links eine Flanke, ich stand an der richtigen Stelle und schmetterte das Leder mit einer Art »Fallrückzieher« unhaltbar in die linke Torecke.
Noch heute sehe ich das dumme Gesicht des Torhüters, als er sich hochrappelte und um sich blickte. Er wußte gar nicht, wo der Ball geblieben war!

Meine Mutter hatte sich für den weiten Weg zu ihrer Arbeitsstätte bei der DEMAG ein altes Fahrrad angeschafft. Eines Tages passierte es, daß sie mit dem Rad stürzte und sich dabei ein Bein brach. Mehrere Wochen mußte sie ins Krankenhaus.
Da wir Geschwister uns nicht so lange Zeit allein versorgen konnten, wurden wir über die ganze Verwandtschaft verteilt. Ich hatte Glück und kam zu Tante Auguste (das war die mit der tiefen Altstimme). Bei ihr fühlte ich mich wohl, da sie selber sechs Jungen hatte, darunter einen – den Willi –, der in meinem Alter war.
Gleich um die Ecke war ein Fahrradverleih, bei dem es auch Kinderfahrräder zu vermieten gab. Da wir kein Geld hatten, schauten wir gewöhnlich zu, wie sich andere vergnügten.
Eines Tages aber sagte Willis Bekannter, ein größerer Junge, zu mir: »Ich leihe mir ein Rad, du darfst auch damit fahren, aber du mußt dafür den Leihschein unterschreiben.«
Ich dachte mir, den kleinen Gefallen kannst du ihm tun, denn ich war der Meinung, er geniere sich vielleicht wegen seiner schlechten Schrift.
Der Bursche bekam das Rad, ließ mich auch zweimal um den Häuserblock fahren, dann stieg er wieder auf und blieb samt Fahrrad verschwunden.
O Schreck: der Inhaber des Verleihgeschäfts kam nun mit dem Leihschein zu mir und wollte die Gebühr, schlimmstenfalls sogar Ersatz! Als er mein Jammergesicht sah, begriff er wohl meine mangelnde Rechtsfähigkeit und war sogar so nett, keine Forderungen an mich zu stellen.
Am Abend wurde das Rad irgendwo gefunden. Der ungetreue Mieter hatte sich ohne Bezahlung davongemacht. Ich aber hatte meine Lehre weg: Von Stund an zögerte ich, irgend etwas zu unterschreiben, ohne es mir genau, aber ganz genau, vorher angesehen zu haben.
Solche Erlebnisse haben sich für mich immer als sehr nachhaltig erwiesen. Aber ich glaube, jedermann passiert ähnliches; es liegt nur an ihm, etwas daraus zu folgern.

Längst gehörte ich einem Schwimmverein an. Wann immer es die Jahreszeit zuließ, tummelte ich mich im Wasser – in der Wedau, in der Wambach oder im Rhein, der damals noch sauber war.
Oft spazierten wir Geschwister über die Rheinbrücke nach Rheinhausen zu den herrlich grünen Rheinwiesen, wo wir uns ins Gras legten und im Rhein nach Herzenslust baden und schwimmen konnten.
Manchmal reisten wir auch als blinde Passagiere mit den Schleppzügen flußaufwärts: Schlotend schaufelten sich die großen Raddampfer heran, hinter sich mehrere schwarze Lastkähne an gestrafften Stahltrossen. Wie die Robben schwammen wir auf die mächtigen Kähne zu, kletterten mühsam an Deck, legten uns in die Sonne und fuhren kostenlos den Strom hinauf, manchmal sogar bis nach Kaiserswerth.
Doch wir mußten auf der Hut sein, denn die Flußschiffer liebten uns »nasse Nassauer« nicht. Wer weiß, was sie für Erfahrungen gemacht hatten, etwa mit Dieben. Jedenfalls wurden sie wütend, wenn sie uns erspähten. Es gab ein wildes Gerenne, und am Ende blieb nur eins: Ein kühner Sprung, und weg waren wir!
Zurück ließen wir uns einfach stromabwärts treiben. Ganz ungefährlich war das natürlich nicht, denn der Rhein hat ja viele Strudel, Schnellen und steinige Untiefen – abgesehen von den Brückenpfeilern, gegen die man prallen konnte.
Wenn ich an die Unbekümmertheit jener Tage denke, sehe ich immer die grünen Rheinwiesen vor mir, und ich fühle das prickelnde Flußwasser auf der Haut, das uns wohltat, erfrischte und von Kopf bis Fuß vom Kohlenstaub säuberte. Damals war nicht daran zu denken, daß man den Rhein einmal eine Kloake nennen würde.
Singen – schwimmen – wandern: mit meinem Vater war ich gewandert. Auch Grete Baumann war mit dem Kinderhort ins Freie gezogen, manchmal über mehrere Tage, von einer Jugendherberge zur anderen. Sie erschloß uns unsere Heimat, die gewiß auch ihre Schönheiten hat. Und in der Schule war es der

Lehrer Erloff, der größere Fahrtenpläne durchführte: in die Eifel, ins Sauerland, in den Teutoburger Wald. Doch ach, hier scheiterte meine Teilnahme am Geld!
Für die erste Wanderfahrt – sie ging in den Teutoburger Wald – mußte jeder Schüler 15 Mark aufbringen. Mir war das ganz unmöglich, und so blieb ich schweren Herzens zu Hause.
Beim nächstenmal – es war eine Wanderung durch die Eifel vorgesehen – meuterte die Klasse. Ohne mich, »ihren Rudi«, wollte sie erst gar nicht losziehen. Einhellig hieß es: »Der Rudi muß mit uns!«
Auch unterwegs wurde ja gesungen, es wurden Spiele veranstaltet, es gab immer allerlei Allotria, falls einer verstand, die Stimmung zu beflügeln. Und dieser eine, diese treibende Kraft, war für die Klasse eben immer der Rudi.
Das rührt mich noch heute, und ich erklärte mir meine spätere Beliebtheit als Bühnen- und Mediensänger durch eine glückliche Naturveranlagung, wie sie sich schon damals bemerkbar machte...
Der Rudi sollte also unbedingt mit.
Nun nahm mich der wanderfreudige Lehrer beiseite: »Das Ganze kostet 20 Reichsmark. Wirst du die aufbringen können?«
Er wußte ja selbst, daß ich es nicht konnte. Danach kam er zu uns nach Hause und sprach mit meiner Mutter.
Die beiden überlegten hin und her, ob man nicht vielleicht die Hälfte der Kosten irgendwie zusammenkratzen könnte.
Nein, selbst die Hälfte der Reisesumme war für unsere Familie unentbehrlich.
Der Lehrer machte das meinen Mitschülern klar, doch damit gaben sich die Kinder nicht zufrieden. Sie bewegten ihre Eltern, zusätzlich »für Rudi« etwas herauszurücken, und sie baten und bettelten so lange, bis sie das Geld für mich zusammen hatten.
Auch der Lehrer gab etwas dazu, und endlich stand es fest: »Diesmal kann Rudi mit!«
Ich war überglücklich. Unsere Herberge auf dieser Eifelfahrt war

ein Bauernhof. Den habe ich nach vierzig Jahren wiedergesehen, nun aber nicht mehr als almosenbedürftiger Schüler, sondern als wandersporttreibender Kammersänger. Dort war ich dem Bauern (damals noch ein Kind) in gutem Gedächtnis. Er konnte sich genau erinnern, daß ich besonders eifrig auf dem Feld bei der Ernte mitgeholfen hatte...

Als im Frühjahr 1929 meine Zeit an der Volksschule zu Ende ging, war ich, im Gegensatz zu anderen Mitschülern, die froh waren, die Schule hinter sich zu haben, recht traurig. Ich hatte das dunkle Gefühl, daß der Ernst des Lebens nun erst richtig begann. Und darin sollte ich mich nicht täuschen.

Mein Ziel, das ich heftig ersehnte, war eine kaufmännische Lehrstelle. Ich war flink im Rechnen, man hatte mir Aufgeschlossenheit und Lernwilligkeit bescheinigt. So bewarb ich mich mit meinem hervorragenden Abgangszeugnis beim Duisburger Arbeitsamt.

Als Bewerber für eine kaufmännische Laufbahn mußte ich auf dem Arbeitsamt eine besondere Eignungsprüfung ablegen. Ich hatte mich unter 600 Ausbildungsanwärtern zu bewähren.

Ich bestand die Prüfung nicht nur, ich ging als absolut Bester daraus hervor.

Der Leiter des Arbeitsamtes hatte sich schon früher für die Familie Schock eingesetzt. Helmut hatte er im Schlosserhandwerk untergebracht, Elfriede bei einer Schneiderin. Jetzt bemühte er sich sehr um mich: »Ein Junge mit sechs Einsen gehört ins Büro. Er kann nebenher Sprachen lernen, begabt genug ist er dazu!«

Und zu mir meinte er: »Wenns nicht gleich so klappt, nicht aufbrausen, nie dazwischenschlagen wollen, immer die Faust in der Tasche behalten!«

Wenn ich es mir so recht überlege, scheint es mir, daß dieser Dr. Quabisch meine Mutter sehr mochte. Sie war ja eine stattliche Frau – und durchaus eine Persönlichkeit.

Doch wie dem auch sei: er wies mir einige Firmen nach, bei denen ich mich als Anwärter auf die Kaufmannslehre vorstellen sollte. In Begleitung meiner Mutter wandte ich mich an eine der angegebenen Adressen.
Der Personalchef war höchst angetan von der Empfehlung des Arbeitsamtes, noch mehr von meinem Zeugnis: »Sechs Einsen. Das ist ja fabelhaft!« Und er scherzte ermunternd: »Junge – du bist unser Mann!«
Er fragte dies, er fragte das, er bat uns, Platz zu nehmen, seine Freundlichkeit steigerte sich. Immer wieder blickte er auf mein Abgangszeugnis: »Eine vielversprechende Begabung, hm. Wir werden es mit ihm versuchen, Frau ... Frau Schock. Geschenkt wird ihm natürlich auch hier nichts! Aber wenn er sich ranhält, wenn er die Lehre so gut bewältigt wie die Schule ...« Plötzlich brach seine schwungvolle Rede ab. Er stutzte und starrte zum wiederholten Male auf das Zeugnis.
Ich aber strahlte schon. Und meine Mutter hatte aufgeatmet. Zu früh, wie sich gleich zeigen sollte.
Sehr viel sachlicher fragte der Personalchef: »Was steht denn hier für ein Vermerk vor dem Wort ›Schule‹? Ich lese hier die Abkürzung ›B‹ – ›K‹ – ›F‹ – ›R‹! Was bedeutet das?«
»Bkfr. Schule« stand auf dem Zeugniskopf.
»Das heißt bekenntnisfrei. Bekenntnisfreie Schule!« erläuterte ich arglos.
»Be – bekenntnisfrei?« Verständnislos sah er uns an. Seine Leutseligkeit war verflogen: »Ja, wieso denn das? Weshalb bekenntnisfrei?«
Meine Mutter sagte: »Das hat nichts weiter zu bedeuten. Die Schule ist staatlich anerkannt. Sie gehört zu den besten, wenn Sie sich erkundigen wollen ...«
Dazu schien der Personalchef wenig Lust zu haben. Plötzlich kümmerten ihn meine sechs Einsen überhaupt nicht mehr. Erst hatte er mich wohlwollend, beinahe mit Hochachtung gemustert. Jetzt blickte er irritiert, ja mißtrauisch. Und er reichte meiner

Mutter das Zeugnis und Dr. Quabischs Empfehlungsschreiben zurück, als hege er Falschgeld-Verdacht.
Wir waren aufgestanden. Er hatte es eilig mit der Verabschiedung, murmelte: »Wie ich gerade sehe, ist da noch ein Bewerber. Es tut mir leid, daß Sie sich mit dem Jungen umsonst herbemüht haben. Nun, vielleicht ein andermal ...«
Damit waren wir entlassen.
In anderen Firmen erging es uns nicht besser: Immer erst die achtungsvolle Zurkenntnisnahme der guten Noten, dann das Stutzen bei dem Vermerk: »Bkfr.« Was halfen da alle Beteuerungen meiner Mutter.
So gut sie es konnte, versuchte sie zu erklären, daß die Schule sich auf reine Lehrfächer beschränkte und lediglich keinen Religionsunterricht erteilte. Das ständig von ihr versicherte »staatlich anerkannt ... staatlich anerkannt!« hallt mir noch heute in den Ohren.
Die Wahl des Grundschultyps war den Bürgern freigestellt. Genau wie es nach wie vor rein kirchlich geleitete Schulen gab, gab es eben seit der Gründung der Republik auch »rein weltliche« Lehranstalten.
Weiß der Himmel, was sich die Leute in den Kontoren unter einer Bekenntnisfreien Schule sonst noch alles vorstellen mochten. Ihren Ausflüchten entnahm man nichts: »Tja, wissen Sie, liebe Frau Schock ... Tja ... Ein offenbar sehr intelligenter Junge, Ihr Rudi. Wie geschaffen für eine kaufmännische Laufbahn. Nur ... augenblicklich ... leider nicht bei uns ... Wir sind gewiß, er wird es in einer anderen Firma weit bringen, o doch, sehr weit ... Alles Gute, mein Junge, alles Gute ...«
Schließlich mußten wir begreifen, daß dem jungen Rudi jede Bürokarriere verschlossen war. Ihm öffnete sich keine Tür.

Der Barbier von Duisburg

Lehrjahre

Da stand ich nun mit meinen sechs Einsen – und war eine Null! Eine bittere Erfahrung für den Dreizehneinhalbjährigen, die selbst sein späteres, gefeiertes und umjubeltes Ich auch in den Zeiten des Ruhms nicht vergessen hat.
Ich stammte, wie man so sagte, aus einer »armen, aber reinlichen und fleißigen Familie«. Meinen Vater hatte ich geehrt und auch gefürchtet. Meine Mutter liebte und achtete ich über alles, ohne je ein Wort darüber zu verlieren. In der Familie ging ich auf. Ein Leben ohne Hilfe und Gegenhilfe unter uns fünf Geschwistern konnte ich mir nicht vorstellen.
Ich war kein Einzelgänger, kein den praktischen Dingen hilflos ausgesetzter Musterknabe. Wenn ich mir die Lage heute vor Augen führe, kann ich sagen, daß ich ein anspruchsloser Junge war, bereit, es jedermann recht zu machen. Es entsprach nicht Schockscher Art, hoch hinaus zu wollen. Eine schlichte Bürolaufbahn erschien mir als das Erstrebenswerteste.
Ich achte jede Tätigkeit. Jeden, der seine Arbeit, ganz gleich welche, gewissenhaft verrichtet. Gewiß hätte ich mich in meinem Wunschberuf genauso bewährt wie zigtausende meiner Mitbürger. Wie gern hätte ich damals mit dem Ausleeren von Papierkörben, der Erledigung eiliger Botengänge, dem Reinigen von Schreibmaschinen angefangen. Und ich gestehe, daß ich die Intoleranz dieser kleinlichen Menschen noch immer nicht begreife, die einen Jungen nur deshalb nicht wollten, weil sie auf einem Leistungsnachweis das Fach Religion vermißten.

Was konnte ich, was konnte meine arme Mutter dafür, daß mein Vater darauf bestanden hatte, mich eine Bekenntnisfreie Schule besuchen zu lassen! Eine Rückfrage hätte jeden meiner verhinderten Lehrherren darüber aufklären können, daß dort keine Gottlosigkeit und keine Verwerfung der Zehn Gebote in irgendeiner Form das Pensum bestimmten. Ein Informationsgespräch mit mir, dem Dreizehneinhalbjährigen, konnte Aufschluß geben.

Es nahm sich niemand die Mühe, mit mir zu reden.

Ich war zutiefst niedergeschlagen.

Nicht so meine Mutter.

Meine Mutter hatte viele Rückschläge und Demütigungen hinnehmen müssen. Ungerechtigkeiten bestärkten sie in ihrem Widerstandsgeist und mobilisierten ungeahnte Energien. (Es sollte eine Weile dauern, bis ich merkte, daß ich viel davon geerbt hatte.) »Keine Bange, Rudi« tröstete sie mich. »Wir werden schon etwas für dich finden!«

Und eines Tages erklärte sie: »Es hat geklappt! Es gibt eine Lehrstelle für dich. Da kannst du am nächsten Ersten anfangen. Der Meister hat dein Zeugnis gesehen, die Bekenntnisfreie Schule kümmert ihn nicht.«

»Wo ist das Büro?« jubelte ich, bereit, sofort dorthin zu rennen.

»Kein Büro«, erwiderte meine Mutter. »Es ist ... nun, es ist ein Laden.«

»Laden?« fragte ich rauh. Mein Jubel war mir jäh in den Hals zurückgeschlagen. »Verkauft der wenigstens Fahrräder – oder so was?«

»Es ist ein angesehener Friseur in der Hauptgeschäftsstraße«, sagte meine Mutter. »Ich habe mir das genau überlegt. Du erlernst dort einen sauberen, ordentlichen Beruf, der Zukunftsaussichten hat.«

Aus schmerzlicher Erfahrung hatte ich ein getrübtes Verhältnis zum Haareschneiden. In armen, kinderreichen Familien war der Gang zum Berufsfriseur ein unerschwinglicher Luxus. Also

schnitt und schor man sich die Haare entweder gegenseitig – oder jemand aus der Sippe erledigte das pauschal.
In unserem Fall war das der Großvater mütterlicherseits. Er bediente sich einer Haarschneidemaschine, der etliche Zacken fehlten. Wir Kinder hatten einen Mordsrespekt vor diesem Ding, zumal der Großvater nicht gerade zimperlich damit umging. Schrie einer »Aua« oder »Es ziept!«, bekam er einen Klaps und die wortkarge Weisung: »Hab dich nicht so!« Aber, nun gut! »Ein angesehener Friseur in der Hauptgeschäftsstraße«, hatte meine Mutter erklärt.
Als ich einem Freund von meiner zukünftigen Lehrstelle erzählte, meinte er neidisch: »Du hasts gut! Und ich? Ich muß bei jedem Wetter auf den Bau. Du stehst geschniegelt und gebügelt im Trockenen. Und wenn mal nichts los ist, kannst du dich in einen Sessel flezen und ne Zigarette rauchen!«
Ich begann meine bevorstehende Karriere in rosigerem Licht zu sehen. Mir blieb ja auch keine andere Wahl, denn ich wollte ja meine Mutter nicht enttäuschen.

Respektvoll, beinahe ehrfürchtig, betrat ich meine zukünftige Wirkungsstätte. Artig sagte ich mein eingelerntes Sprüchlein her. Der Meister schenkte mir kaum einen Blick. Er murrte nur: »Sechs Einsen auf dem Zeugnis! Die wirst du hier vergessen.«
Doch er sorgte selber dafür, daß ich sie nicht vergaß: Er hielt sie mir immer vor, wenn mir Anfänger eine Ungeschicklichkeit unterlief. Und auch die Frau des Meisters, eine hübsche, aber kaltherzige Person, tat von Anfang an nichts, um mich zu ermuntern.
Ich konnte mir noch so große Mühe geben, nichts machte ich den beiden recht. Hatte ich Staub gewischt, hatte ich mich bemüht, mit Lappen und Wedel in den letzten Winkel, in die äußerste Ecke vorzudringen, fand die Meisterin noch immer etwas. Wo sie den Staub nur hernahm, um ihn mir unter die Nase zu reiben, war mir oft ein Rätsel. Doch ich war unbekümmert und dachte, sie sei nur

streng; und daß sich Lehrlinge manchmal sonderbaren Erziehungsmethoden ausgeliefert sahen, hatte ich gehört.
Aber dann mußte ich beobachten, daß die beiden auch anders sein konnten: Einem Lehrling im dritten Jahr, einem tüchtigen, für das Friseurhandwerk äußerst begabten Jungen, ließen sie eine vorzügliche Behandlung angedeihen. Das verletzte mich tief. Natürlich war er für den Meister finanziell ergiebiger, denn er ersetzte schon einen vollwertigen Gesellen. Er durfte in der Damenabteilung zur Hand gehen, während ich die Herren – und die Kinder – bedienen mußte.
Ich war eifrig bestrebt, es meinem Kollegen gleichzutun, um Gnade vor den Augen des Meisters und seiner Frau zu erlangen. Aber wie ich mich auch bemühte – und ich bemühte mich bis zur Verzweiflung: die beiden fanden kein einziges gutes Wort für mich.
»Sechs Einsen auf dem Zeugnis und nicht mal fähig, Haarwasserflaschen einzuordnen!« bekam ich zu hören. Oder: »Noch nicht mal mit einem Staubsauger kann der umgehen!«
Dann sollte ich einen Föhn reparieren, obwohl ich keine Ahnung hatte, wie so ein Ding funktionierte. Ich schraubte es auf und fingerte darin herum. Aber ich hatte vergessen, den Stecker aus dem Netzanschluß zu ziehen. Ich bekam einen elektrischen Schlag und blieb so lange schreiend an dem Föhn kleben, bis der Meister die Hauptsicherung abschaltete. Den Schreck hatte ich weg, aber ich war wieder der Blamierte. Immerhin, der Meister hatte mir das Leben gerettet!
Noch lange nach Ladenschluß mußte ich mit einem Bohnerbesen (aber ohne Bohnerwachs) das Linoleum wienern. Meist dauerte der Arbeitstag mehr als zwölf Stunden. Das Allerschlimmste für uns Lehrlinge war, daß wir uns niemals hinsetzen durften. Ein auch noch so kurzes Ausruhen auf der Stuhlkante war streng verboten, auch wenn sich kein Kunde im Laden befand. Wir mußten stehen, stehen, stehen. Ich begriff, was es hieß, »sich die Füße in den Leib zu stehen«.

Daß ich der Meisterin auch im Privathaushalt helfen mußte, hätte mich nicht gekränkt. Aber dazu kamen die Wäschetage im Keller. Da wurde mir alles mögliche zugeworfen: Kittel, Frisiertücher, Rasierlätze, Handtücher, aber auch Tischdecken, Hemden, Unterwäsche und Socken. Ich rubbelte das Zeug über ein Brett. Danach mußte ich die Körbe mit der nassen Wäsche zum Aufhängen auf den Trockenspeicher tragen. Auf diesem Speicher – und vorher, im Keller – habe ich manche Träne verdrückt.

Ein einziges freundliches Wort hätte mir für Tage und Wochen Mut gemacht. Es blieb aus, es blieb jahrelang aus ...

Warum ich nicht weglief?

Oft genug war ich drauf und dran, alles hinzuwerfen und einfach aus dem Laden zu rennen. Doch dann dachte ich an meine Mutter, die ich um alles in der Welt mit meinem Kummer verschonen wollte.

Die Friseurlehre – und der Rußlandfeldzug – verfolgen mich noch heute in meinen Alpträumen.

Und wenn ich gegenwärtig dauernd höre, daß die 35-Stunden-Woche propagiert wird, drängt sich mir automatisch der Gedanke auf: Als dreizehneinhalbjähriges Kind hätte ich eine 60-Stunden-Woche als Erleichterung empfunden.

Urlaub gab es in den ganzen vier Lehrjahren nicht, einen kargen Verdienst erst in den beiden letzten Jahren. Die einzige Freizeit fiel auf den Sonntagnachmittag, denn an den Sonntagvormittagen schnitt ich den Geschwistern, Verwandten und Bekannten die Haare, um ein bißchen Taschengeld zu ergattern.

Mein Lohn im Geschäft bestand lediglich aus freiem Mittagessen. Das aber war noch erbärmlicher, als ich es von daheim aus unserer armen Küche gewohnt war.

Wehe, man hatte einen Kunden nicht zufriedengestellt, dann war noch tagelang der Teufel los. Dann hatte man von früh bis spät noch mehr herunterzuwürgen als das Übliche – und als den täglichen Fraß.

Um so dankbarer war ich für gelegentliche Freundlichkeiten einzelner Kunden.

Da war zum Beispiel eine Frau Riesemann, die jedesmal hereingerauscht kam, als wollte sie den ganzen Laden kaufen. Sie besaß ein Wettannahme-Büro und warf nur so mit dem Geld um sich. Sie sprach rauh, laut und leutselig, war, wie man so sagt, mächtig aufgedonnert und legte wenig Wert auf damenhaftes Benehmen. Doch sobald sie eintrat, ging eine blitzartige Veränderung im Verhalten des Meisters und der Meisterin vor: »Gnädige Frau beehren uns ... Bitte, gern, bitte gleich ... Sehr wohl, die Dame ... Aber für Sie doch immer ...! Wie ist das werte Befinden?«

Es war der typische Fall von »Gnädige Frau hinten, gnädige Frau vorn ...«

»Gnä' Frau sehen wieder blendend aus ...«, heuchelte die Meisterin. Ihre Stimme klang zuckersüß, und sie wiegte sich vor lauter Servilität, als sei sie imstande, einen Hofknicks zu vollführen: Ja, ich sehe das so deutlich, als sei es gestern gewesen. Und wenn ich das damals nicht formulieren konnte, behielt ich es doch wie ein Bühnenspiel.

Der Platz, an dem die Madame frisiert und manikürt wurde, verwandelte sich in einen Fürstenthron, der uns Stifte ausschloß. Trotzdem standen wir auf der Lauer, denn es gab ja Handreichungen zu leisten. Da hatten wir auf Pfiff der Chefs zu spuren. Ein zweiter Grund hielt uns in Habacht-Stellung: Auch wir wußten, daß das Wettgeschäft der Dame viel einbrachte, daß sie nicht geizig war und daß von ihrem Geldsegen selbst für uns jämmerliche Stifte etwas abfallen konnte. Denn fürs Zigarettenholen gab es eine ganze Mark Trinkgeld. Also spitzten wir die Ohren und harrten sprungbereit ihrer Sonderwünsche, denn wir wußten, daß gleich ihr Ruf erklingen würde: »Jungs! Hol mir mal ener ne Schachtel Zigarette!«

Wenn einer von uns nicht gerade einen Kunden bedienen mußte, hatte er Glück. Einmal aber waren wir beide frei. Da ertönte wieder der Ruf, und wir beide sausten aus verschiedenen Rich-

tungen blindlings los, prallten aber prompt am Ziel aufeinander und gingen neben ihrem Sessel zu Boden.
Meister und Meisterin zogen schiefe Gesichter, laut wagten sie uns vor der »Goldmadame« nicht zu rügen. Die Kundin aber lachte laut auf. Ich höre noch das schallende »Hahaha . . .!« ihrer verräucherten Männerstimme. Sie amüsierte sich köstlich. Da sie wußte, worauf wir aus waren, gab sie jedem von uns eine Mark.

Die Wirtschaftskrise zwang den Meister, sein Geschäft in eine Seitenstraße zu verlegen. Einige anspruchsvolle Stammkunden und manche Gelegenheitskundschaft blieben uns treu. Dazu kam neues Publikum aus der Nachbarschaft. An der Straßenecke befand sich eine Großbankfiliale, deren Leiter in der zweiten Etage über den Schalterräumen wohnte. Dieser Herr ließ sich nur zu Hause bedienen.
»Morgen früh, punkt halb acht, gehst du mit tadellos sauberem Rasierzeug zu Herrn Bankdirektor«, befahl mir der Meister, »und wehe, wenn mir Klagen kommen!«
Ich war glücklich über den Auftrag.
Wie befohlen, fand ich mich anderentags im Hause des Kunden ein, und zum ersten Mal in meinem Leben betrat ich eine prachtvoll eingerichtete, hochherrschaftliche Wohnung.
Mir stockte der Atem.
So kostbare Möbel und Teppiche hatte ich noch nie gesehen.
Der Hausherr empfing mich in einem Ankleideraum mit geblümten Wänden. Er saß auf einem bequemen Stuhl mit Seitenlehnen vor einem großen Spiegel, nickte mir freundlich zu und sagte: »Stellen Sie bitte erst einmal das Radio da auf der Kommode an. Vor acht gibt's meist ein bißchen Musik.«
Das Radio war ein Lautsprecher-Apparat, eins von den tollen Dingern, die es noch nicht lange gab.
Ich stellte meine Utensilien auf die Ablage des Waschbeckens, prüfte die Temperatur des Wassers aus dem Hahn und begann den Rasierschaum zu schlagen.

Mit Eifer und mit großer Sorgfalt rasierte ich den wichtigen Kunden, von dem der Meister »keine Klagen« hören wollte. Doch der Mann machte kein griesgrämiges Gesicht (wie so manche, die sich dann wunderten, wenn sie einen Kratzer in ihren Unmutsfalten davontrugen), und so verlief die Arbeit wie geschmiert. Als ich dabei war, ihm die letzten Seifenflöckchen unter der Nase wegzutupfen und zur Rasierwasserflasche griff, ertönte plötzlich Gesang aus dem Radio-Lautsprecher:

»Mädchen, mein Mädchen,
wie lieb' ich dich ...!
Wie leuchtet dein Auge,
wie liebst du mich ...«

Es war mir, als bräche ganz unverhofft die Stimme einer anderen Welt in den Raum herein, ein sonniger Jubel, der alles um mich herum viel heller machte. Ich lauschte wie gebannt, die Rasierwasserflasche in der Hand... Die Stimme des Sängers, diese herrliche, unvergleichliche Stimme! Bei meiner Tante hatte ich sie bereits auf einer Schallplatte gehört...

Der Kunde räusperte sich – und ich bediente ihn ein wenig erschrocken weiter. Doch er sagte munter: »Herrlich, was?«

»Richard Tauber«, entgegnete ich, »das war Richard Tauber!«

Der Bankdirektor ließ sich das Handtuch reichen und fuhr damit über Wangen und Kinn. Dann gab er es mir wieder. »Sie haben aber ein gutes Gehör, junger Mann. Alle Achtung!«

»Nun, ja«, gestand ich. »Ich habe Tauber-Platten bei einer Tante gehört und seine Art ein bißchen geübt. Ich ... ich singe selber, wenn auch nur zum Spaß ...«

Der Direktor stand auf: »Zum Spaß? Wenn Sie so musikalisch sind, sollten Sie es im Ernst betreiben. Jedenfalls freue ich mich, daß mir Ihr Meister einen so musischen Lehrling geschickt hat. Sagen Sie ihm, ich möchte künftig nur noch von Ihnen rasiert werden!« Er gab mir fünfzig Pfennig Trinkgeld (wie erwähnt, ein fürstliches Geschenk), und ich trabte mit stolzem Herzen in den Friseurladen zurück.

Nicht alle bessergestellten Kunden waren so nett wie mein Bankdirektor. Ab und zu beehrte uns auch der Generaldirektor eines Industrieunternehmens. Wenn der an der Tür auftauchte, hätten wir Lehrlinge uns am liebsten verkrochen. Dem Mann war überhaupt nichts recht zu machen. Einmal schien ihm die Schere zu stumpf, die Bürste zu kratzig, ein andermal regte er sich auf, als hätte man ihn verunstaltet. Mein Kollege versuchte es mit seinen sensiblen »Damenhänden«. Vergeblich! »Wollen Sie ein Pferd striegeln?« polterte der hohe Herr. Sofort war der Meister zur Stelle, warf dem Lehrling einen giftigen Blick zu und bediente den Meckerfritzen weiter. Die Geldbörse ist kein Gradmesser für das Seelenklima eines Menschen. Wir Lehrlinge erfuhren es bitter.

Wie anders der arme, kleine Flickschneider, der ab und zu kam, um seinen Bart stutzen zu lassen. Zufällig hörte ich einmal: »Da ist der kleine Jude wieder!«

Ich nahm die Bemerkung nicht als abwertend oder verächtlich. Noch weniger begriff ich die Bedrohung, die sich landesweit in der Politik anbahnte.

Der Flickschneider war ein bescheidener, höflicher Mann, der stets ein freundliches Wort für den Lehrling übrig hatte. Nie vergaß er, sich zu bedanken. Sooft ich ihn rasierte, er beklagte sich kein einziges Mal.

Aber das Unglück wollte, daß er einen schrecklich harten Bart besaß, fast schon eine Drahtbürste. Den zu bearbeiten, besonders, wenn er ihn eine Weile hatte ins Kraut schießen lassen, war ein kleines Dschungelabenteuer. Mit einer Machete oder einer Gartenschere ginge es besser, seufzte ich manchmal innerlich. Für eine Rasur brauchte man drei Messer!

Einmal bewegte er den Kopf, das Messer verfing sich in dem Gestrüpp, und eh ich's mich versah, floß Blut. Es floß in Strömen.

Das halbe Kinn ist weg! Ich hab ihm das halbe Kinn abgeschnitten! glaubte ich im ersten Schreck. Ich sprang in Panik um das

Opfer herum. Ich griff nach allem, was ich erreichen konnte, Tupfern, Tüchern, Saugfolien…
Das Kinn des Mannes blutete und blutete! Schon war der Boden vor dem Frisierstuhl ein Tropfenmeer.
Das einzige Glück im Unglück war die Abwesenheit des Meisters und seiner Frau. Ich stammelte und jammerte, rief schließlich meinen Kollegen, der hilfsbereit herbeigeschossen kam.
Nun bemühten wir uns zu zweit um das Kinn des Opfers. Wir waren beide furchtbar aufgeregt. Mein Lehrlings-Kollege versuchte es mit Alaunstein, dann mit blutstillender Watte. Endlich verklebten wir die Wunde mit allerlei Zeug aus dem Erste-Hilfe-Kasten.
Die ganze Zeit saß der kleine Flickschneider gottergeben da. Er legte nur den Kopf etwas schief, um Kittel und Hose zu schonen. Als wir ihn verarztet hatten, hielt er sein Taschentuch als Tropfenfänger vor den Bart. Kein Donnerwetter, kein Schimpfwort kam über seine Lippen. Er lächelte mich an und tröstete mich: »Aber das kann doch mal vorkommen. Das kann ja jedem einmal passieren…«
Er verpetzte mich nicht beim Meister, er mied auch fortan unseren Laden nicht. Beim nächsten Mal – allerdings erst nach Wochen – ließ er sich wieder von mir den Bart stutzen, als sei nichts gewesen.
Weniger sanftmütig und geduldig waren die Kinder eines bekannten Frauenarztes aus der Nachbarschaft. Die beiden, ein Junge und ein Mädchen, wurden natürlich immer mir aufgebrummt. Wenn man weiß, was es heißt, ungezogenen Kindern die Haare schneiden zu müssen, wird man meine Not nachempfinden. Nie hielten sie die Köpfe still. Sie drehten sich so fix, daß ich die Schere dauernd zurückziehen mußte, um ihre Gesichter nicht zu verletzen.
Zur Ordnung rufen durfte ich die beiden kleinen Teufel nicht. Hätte ich ihnen etwa die Hälse zurechtgebogen, so hätten sie es sicher mit wütenden Schreien im ganzen Laden bemerkbar

gemacht. Schon ein ärgerliches »Nun halt endlich still!« würde den Meister auf den Plan gerufen haben, und ich hätte einen Rausschmiß riskiert. Dagegen handelte ich mir manchen Tritt gegen die Beine ein – und mußte schweigen.

Trotzdem lohnte sich geduldig durchstandener Ärger, denn der Mißklang mit den Kindern führte wieder in die Gefilde des Singens: Die Mutter der beiden bestellte mich einmal mit meinen Utensilien in die Wohnung, und ich machte mich schon auf eine verschärfte Tortur gefaßt. Das Dienstmädchen führte mich in den Salon und hieß mich warten. Plötzlich klang aus dem Nebenraum Klaviermusik. Offenbar spielten geübte Hände jemandem etwas recht Einfaches vor.

Gleichgültig: es war Musik!

Ich vergaß meine Umgebung und lauschte.

Ich muß wohl einen recht seltsamen Anblick geboten haben. Eine erstaunte Frage riß mich aus meiner Andacht. Ich fuhr herum und sah die Dame des Hauses. Sie musterte mich befremdet: »Was stehen Sie denn da so – mit schiefem Kopf? Tut Ihnen etwas weh? Haben Sie vielleicht Zahnschmerzen?«

»Ich ... ich ... habe nur auf die Musik gehorcht«, stotterte ich.

Die Dame lachte: »Ach so. Ein Konzert ist das wohl sicher nicht. Meine Kinder bekommen Klavierunterricht. Das ist alles.«

»Alles?« murmelte ich. »Ich würde auch gern Klavier spielen können.«

»Sie? Wozu brauchen Sie das in Ihrem Beruf? Ich meine, genügt für die Freizeit kein einfacheres Instrument?«

»Nein. Weil ...« Ich wußte nicht, was ich sagen sollte. Es würde ja doch nur das ewige »Ich singe gern, ich habe eine gute Stimme« sein. Hier muß ich einflechten, daß mir der sogenannte Stimmbruch nie zu schaffen machte. Mein kindlicher Sopran war ganz allmählich »zum Mann« geworden. An Höhe und Geschmeidigkeit hatte die Stimme nicht verloren. Ich schaffte mühelos das hohe C, das D, ja, sogar das F.

Schließlich war es doch heraus, daß ich gern sang, für mein Leben gern.
Die Arztfrau erklärte: »Das interessiert mich. Ich möchte etwas hören. Gleich!«
Sie öffnete die Schiebetür, stellte mich der Klavierlehrerin vor und äußerte ihren Wunsch noch einmal. Diesmal waren die Kinder artig, eine solche Abwechslung kam ihnen sicher wie gerufen. Nach kurzer Absprache mit der Klavierlehrerin wählte ich ein bekanntes Lied, das auch ihr geläufig war und von dem ich meinte, die Kinder würden es verstehen:

»Wenn früh oder spät
dein Schatz von dir geht,
deine Mutter bleibt immer bei dir...«

Die ersten Akkorde erklangen, ich setzte ein, legte los, war auf einmal ohne jede Hemmung, ich konzentrierte mich nur auf das Singen.
Die Frau hatte sich in einen Sessel gesetzt, sie sah mich fassungslos an. Bei den letzten Takten:

»...deine Mutter bleibt immer bei dir...«

füllten sich ihre Augen mit Tränen. Als ich geendet hatte, stand sie auf, nahm mich in die Arme und küßte mich spontan auf die Wangen.
Die Klavierlehrerin lächelte anerkennend. Die Kinder sperrten Mund und Nase auf. Die Dame aber suchte nach Worten: »Das... das hätte ich nicht gedacht. Eine schöne, eine herrliche Stimme! Junger Mann, Sie haben den falschen Beruf. Sie müssen sich ausbilden lassen!«
Ich erwiderte, das hätte man mir schon oft gesagt: »Bloß, eine Ausbildung ist teuer. Ich habe kein Geld.«
»Ja, kann ich Ihnen irgendwie helfen?«
»Womit denn?« entgegnete ich ratlos. »Es ist sehr nett von Ihnen, aber –«
»Kein aber!« unterbrach sie mich. »Ich will Ihnen helfen. Wenigstens bei den ersten Schritten! Also, was kann ich für Sie tun?«

Ich nahm meinen ganzen Mut zusammen und wiederholte, was mir gleich anfangs über die Lippen gerutscht war: »Ich würde auch gern Klavierunterricht bekommen.«
»Das sollen Sie, das sollen Sie«, sagte die Dame sofort. Sie sprach mit der Klavierlehrerin (einer Lehrkraft vom Duisburger Konservatorium), und diese erklärte sich bereit, mich in Musiktheorie und Klavierlehre zu unterrichten. So konnte ich mir die für mich so nötigen Grundbegriffe aneignen.
Der Frau des Arztes bin ich ewig dankbar – und den Kindern trage ich ihre Zappelei beim Haarschneiden nicht nach...

Dunkle Zeiten, helle Töne

Wir Straßenmusikanten –
Ein offizielles Vorsingen

Gebildete Leute, Leute mit musischem Sinn hatten dem Sänger in mir wieder Mut gemacht. Aber vorläufig war an eine methodische Ausbildung nicht zu denken. Ich war jetzt sechzehn, immer noch in der Lehre, und unsere Familie brauchte das Trinkgeld, das ich mit nach Hause brachte, mehr denn je.

Sonnabends war im Laden viel zu tun. Von der Samstagskundschaft lebte das ganze Friseurgeschäft, denn die Masse derer, die sich den Gang zum Friseur damals leisten konnten, hatte nur am Wochenende Zeit. Meist wurde dann bis zehn Uhr abends – und länger – bedient. Wenn ich mit meiner Neuerrungenschaft, einem klapprigen Fahrrad, nach Hause gestrampelt war, hielt ich mich wach und wartete auf die Mutter. Meine Schwester Elfriede, aus ihrer Schneiderei heimgekehrt, leistete mir Gesellschaft.

Mama hatte inzwischen die Stelle gewechselt und arbeitete am Duisburger Stadttheater – vormittags als Putzfrau und abends als Garderobiere. Ihr Dienst an der Theatergarderobe dauerte ja noch länger.

Sobald Mama heimgekommen war, legten wir alle drei sehr stolz unsere Trinkgelder – die der Garderobenfrau, des Friseurs und der Schneiderin – auf den Küchentisch und zählten zusammen, wer von uns am meisten verdient hatte: Mama, Elfriede oder ich. Das machte uns Spaß. Und wir freuten uns natürlich, wenn es recht viel war.

Dann erst ging's zu Bett. In unserer Wohnung, die aus Küche, Wohn- und Schlafzimmer bestand, herrschte natürlich eine beengte Schlafordnung: Muttchen und Elfriede schliefen zusammen in einem Bett, Alwin und Gerd teilten ein Lager, wie auch ich mit Helmut.

Die Trinkgelder waren für uns lebenswichtig, besonders seit die älteren Brüder Helmut und Alwin keine Arbeit mehr hatten. Die schlimmste Weltwirtschaftskrise, die es jemals gegeben hatte, war in Deutschland immer stärker fühlbar geworden. Die Schlagzeilen meldeten von Monat zu Monat höhere Arbeitslosenzahlen.

Und trotzdem spielten die Opernhäuser, trotzdem kam in Berlin eine Operette nach der anderen heraus, die ersten Gesangsfilme eroberten die Kinos, jede neue Tauber-Schallplatte fand ihre Käufer.

Im Ruhrpott liebte man nach wie vor den »hausgemachten Gesang«. Wenn ich also singen wollte, mußte ich jede Gelegenheit ergreifen, die sich mir bot. Und was lag da für mich näher, als in den gemischten Gesangverein »Morgenrot« einzutreten, dem meine Eltern bereits angehört hatten und wo wir seinerzeit im Kinderchor gesungen hatten?

Anläßlich eines Konzerts im Saal der Gastwirtschaft Meiring am Brückenplatz stellte man mich alsbald als Solisten heraus. Der Saal war voll und das fachkundige Publikum begeistert.

Ein anderer Männergesangverein mit dem treuherzigen Namen »Erholung« lud meine Brüder und mich daraufhin als Zuhörer in eines seiner eigenen Konzerte ein. »Wir haben auch einen prima Tenor«, sagte der Vorstand zu uns. »Den hört euch mal an!«

Dieser Tenor war für mich ein unvergeßliches Erlebnis. Er hieß Willi Klinkenberg und war bei der Eisenbahn in Weidenau-Wedau beschäftigt, in einer Umgebung, in der das Pfeifen und Schnaufen der Loks, das Krachen von Puffer auf Puffer alltags in seinen Ohren gellte.

Dieser Eisenbahner sang so einfühlsam, so sicher und strahlend, daß ich gebannt war:

»Dein ist mein ganzes Herz ...«

Das Paradelied Richard Taubers! Der Eisenbahner Klinkenberg brachte es derart vollendet, daß man meinte, selbst der große Tauber könnte es nicht besser.
Klinkenbergs Stimme hält in meiner Erinnerung mit vielen Großen der Opernbühne, die ich später kennenlernte, durchaus mit. Sie hat sich dem empfindsamen Ohr des sechzehnjährigen Rudi Schock fürs Leben eingeprägt. Doch ist der singende Eisenbahner einflußreichen Fachleuten niemals aufgefallen, er hatte nicht das Glück, für die Welt entdeckt und gefördert zu werden. Er hätte eine große Karriere gemacht.
Und wenn heute Intendanten und Konzertagenten sagen, es gäbe keine deutschen Sänger mehr, kann ich ihnen nur empfehlen: »Hört euch mal in den deutschen Gesangvereinen um, da gibt es Stimmen, die auszubilden sich lohnt!«
Klinkenberg selbst hatte leider kein Glück, dafür brachte er es uns. Er sagte zu Helmut und Alwin: »Ich mache euch einen Vorschlag, tretet in den MGV ›Erholung‹ ein!«
Wir folgten seiner Anregung, und es gefiel uns so gut, daß wir dort zu bleiben gedachten.
Klinkenberg wußte, daß Helmut und Alwin arbeitslos waren. Er kam mit dem nächsten Vorschlag: »Wenn ihr auch in den ›Eisenbahner-Gesangverein Weidenau-Wedau‹ eintreten würdet, könnte ich euch Arbeit verschaffen. Aber ihr müßtet euren Rudi mitbringen!«
Auch wenn die Lockung mit der Arbeit für die Brüder nicht gewesen wäre, hätte ein besonderer Sympathiebeweis den Ausschlag gegeben: Eines Nachts wurden wir gegen zwei Uhr sanft aus dem Schlaf geweckt. Ein Männerquartett mit einem wunderschönen, schwebenden Tenor sang im Hof unseres Arbeiterhauses das Löns-Lied »Rosemarie«. Die Burschen waren vielleicht etwas angeheitert, sonst hätten sie sich das bestimmt nicht getraut. Nach und nach öffneten sich die Fenster, aber niemand beschwerte sich über die nächtliche Ruhestörung, so schön war der Gesang. Als die Vier – sie waren Mitglieder des »Eisenbahner-

Gesangvereins Weidenau-Wedau« – geendet hatten, verschwanden sie so leise, wie sie gekommen waren.
Wenn es samstags nicht allzu spät im Friseurladen wurde, strampelte ich nun auf meinem alten Stahlroß so schnell wie möglich in Richtung Wedauer Stadion über den Kalkweg nach Duisburg-Wedau hinaus. Hinter dem Stadion stand damals so gut wie nichts, nur an das alte Schützenhaus kann ich mich erinnern. Ich radelte durch dunklen, manchmal stockdunklen Wald.
Als ich zum ersten Mal im Vereinslokal des Eisenbahner-Gesangvereins ankam, hatten die Sangesbrüder die Hälfte der Probe schon hinter sich. In der Pause kam Helmut mit dem Dirigenten auf mich zu und sagte: »Das ist der Rudi!«
»Na, junger Mann«, begrüßte mich Herr Massin – so hieß er –, »man hat mir einiges über Ihre Stimme erzählt. Dann wollen wir mal.«
Herr Massin war selbst Opernsänger gewesen, hatte aber wegen einer schweren Kriegsverletzung seine Bühnenlaufbahn aufgeben müssen. Sein linker Arm war verkrüppelt.
»Singen Sie mir nach!« befahl er – und gab mir ein paar Töne an.
»Nicht schlecht!«
Nun sang er mir mit seiner imponierenden Stimme ein paar Phrasen vor, die über das hohe C hinausgingen. Ich sang sie ihm nach.
»Das gibt's doch gar nicht!« rief er. »Das ist ja ein Wunder...!«
Ich sang weiter, drehte groß auf.
Er horchte sehr genau hin. Endlich rief er begeistert: »Eine Stimme hat der Junge! Eine Stimme. So was können wir in unserem Verein noch gut gebrauchen!«
Die anderen klatschten neidlos Beifall. Die uneingeschränkte Bewunderung tat mir wohl. Ich merkte ihnen an, daß sie sich freuten, mich als Verstärkung ihres Chores gewonnen zu haben.
Im Verein gab es auch Mitglieder, die in führenden Positionen bei der Eisenbahn waren und denen es finanziell gutging. Diese

Herren luden uns drei Brüder nach der Probe zu einem reichlichen Essen ein. Das konnte ich weiß Gott gebrauchen! Meinen Gesang hatte mein knurrender Magen fortwährend begleitet, auch wenn es der Dirigent nicht gemerkt hatte.
Die Samstagabende im Kreise der Sangesbrüder waren für mich herrlich. Noch nie war mir ein so gleichbleibendes ermutigendes Wohlwollen zuteil geworden.
Der Ex-Opernsänger nahm sich meiner geradezu rührend an. Er begleitete alle meine Übungen und Vorträge trotz seiner Behinderung virtuos auf dem Klavier. Dabei hielt er die linke Hand verkehrt herum, er spielte also nicht mit den Finger*spitzen*, sondern mit den Finger*nägeln* – und hätte man das nicht gesehen, man hätte es nicht für möglich gehalten.
Wenn das Wetter es zuließ, erholten wir uns nach anstrengender Probe im Garten des Vereinslokals bei kühlem Bier. Einmal, es war an einem warmen Sommerabend, fragte mich Herr Massin: »Wie wär's jetzt mit einem Lied, Rudi?«
Er setzte sich ans Klavier, stimmte die ersten Takte an, und ich begann:

»Wenn es Abend wird
und die Sonne sinkt ...«

Nicht immer treffen eigene Disposition und Aufgeschlossenheit des Publikums aufeinander. An diesem Abend paßte alles, die Stimmung unter dem Sternenhimmel konnte einfach nicht besser sein. Und sooft ich »Grüß mir mein Wien ...« später sang, mußte ich an diese Sommernacht denken.

Leider waren meine Brüder bald wieder arbeitslos geworden.
Auf dem Arbeitsamt in Duisburg holte sich Helmut seine Arbeitslosenunterstützung ab. Meistens mußte er in einer Schlange warten. Dabei traf ihn ein Leidensgenosse, der Helmut vom Gesangverein her kannte. Der Kumpel wußte, daß Helmut eine schöne Stimme hatte. Er schlug ihm vor, mit ihm »schallern«, also auf den Straßen singen zu gehen.

»Helmut, so wie du singen kannst…, Junge! Das wär ein Geschäft! Sollst mal sehen, wie dann die Groschen fliegen!«
Die Not war groß. Helmut und Alwin litten sehr darunter, meiner Mutter nichts beisteuern zu können. Also machten sich zunächst Helmut, später auch Alwin mit dem cleveren »Impresario« auf. Die drei sangen in Duisburg und Umgebung, in Krefeld, Oberhausen und Homburg, und sie brachten ganz ansehnliche Sümmchen heim. Meiner Mutter erklärten sie, sie hätten da und dort Aushilfsarbeit geleistet.
Das Geschäft blühte dennoch nicht so, wie der pfiffige Kumpel sich's erträumt hatte. Da ging er einen Schritt weiter: »Helmut, da ist doch noch dein Bruder, der Rudi. Kannst du den nicht auch noch mitbringen?«
Jeder wird verstehen, daß das Angebot in dieser armen Zeit, in der Millionen Menschen Hunger leiden mußten, mehr als verlokkend war. Aber gleichzeitig dachte ich an meine Friseurlehre – den Trinkgeldverdienst durfte ich keinesfalls gefährden! Ich spielte also zusätzlich ein riskantes Spiel, und einmal wäre es mir fast an den Kragen gegangen.
Schorsch Kammann, unser »Manager«, plante für den nächsten Sonntag – ich hatte ja nur an diesem Tag Zeit – mein erstes Auftreten.
Für mich war das ein herrliches Abenteuer. Vom Bahnhof Duisburg-Hochfeld fuhren wir mit dem Zug nach Krefeld. Um neun Uhr langten wir dort an, und dann ging's los!
Mit unserer Gitarre zogen wir von Straße zu Straße, von Hof zu Hof und faszinierten die Leute mit unserem Gesang. Ich weiß es noch wie heute: Manche glaubten tatsächlich, ihren Ohren nicht zu trauen. Da standen ein paar junge Menschen und jubelten aus voller Kehle, sangen mit Begeisterung, Innigkeit und Schwung altbekannte Volkslieder, sangen sie so wunderschön, daß den Frauen die Tränen kamen.
Bald wurden wir umringt, angestarrt, alles mögliche gefragt – und immer wieder gebeten: »Singt weiter! Singt noch mehr…!«

Solche Straßensänger hatte man noch nicht erlebt.
Der Schorsch brauchte nun nicht mehr mitzusingen – er wagte es auch gar nicht. Er lief nur eifrig mit der Mütze umher und sammelte die Münzen ein – klingenden Lohn für unsere klingende Mühe.
Wir eilten von Hof zu Hof, von Straße zu Straße. An dem zufriedenen Gesicht unseres Managers Schorsch sahen wir, daß das Geschäft nicht schlecht ging. Vor einem bestimmten Haus befahl er: »Rudi, hier singst du das Wolgalied.«
Er hatte dafür einen guten Grund. Der Auftritt fand vor einer Parterrewohnung statt, in der eine Hochzeit gefeiert wurde.
Eifrig sang ich:

»... in dunkler Nacht, allein und fern ...«

Da gab es Unruhe am Fenster.
Mit der Stimmuntermalung meiner Brüder – sogar Schorsch durfte mitsummen – kam ich nun zum anrührendsten Teil des Liedes:

»Hast du dort droben vergessen auf mich?
Es sehnt doch mein Herz nach Liebe sich!
Du hast im Himmel viel Engel bei dir,
schick doch einen davon auch zu mir ...«

Der Bräutigam, gefolgt von den Hochzeitsgästen, kam auf die Straße geeilt. Man umringte uns, sprach auf uns ein: »Bravo! Großartig! Herrlich, wunderbar ...! Kommt rein, singt weiter!«
Ich war ein bißchen benommen.
Unsere Kleidung paßte ja nun gerade nicht auf eine Hochzeit. Aber daran nahm niemand Anstoß. Helmut und Alwin erweckten mit ihrer höflichen Art sofort Vertrauen.
Helmut bekam eine Geflügelkeule in die Hand gedrückt, Alwin und unserem Manager wurden Bratenstücke gereicht. Mir stopfte der Bräutigam den Mund voller Kuchen.
Als wir uns reichlich an Speise und Trank gelabt hatten, bat man uns, weiterzusingen. Daraus wurde ein regelrechtes Wunschkonzert.

Wir erfüllten die Liederwünsche der Anwesenden, wobei auf mich der Hauptanteil entfiel. Am Abend hatte ich nahezu acht Stunden hintereinander in den höchsten Tönen gesungen. Es ist mir heute noch unbegreiflich, wie ich das mit meinen sechzehn Jahren – und mit ungeschulter Stimme! – fertigbrachte, ohne zu ermüden.

Das Brautpaar hätte uns am liebsten bis Mitternacht dabehalten. Doch Helmut drängte zum Aufbruch, weil ich ja am folgenden Tag wieder in den Friseurladen mußte.

Auf der Heimfahrt im Zug machte Schorsch Kasse. Voller Stolz verkündete er: »Jungs, 36 Mark!«

Das war damals für uns ein Vermögen! (Wenn man bedenkt, daß ein Pfund Butter 1,50 Mark kostete.)

»Ich wußte ja, es würde sich lohnen!« fügte Schorsch selbstbewußt hinzu.

Das beflügelte unsere Stimmung. Wir sangen weiter, jetzt nur noch zum eigenen Spaß – wie wir meinten.

Mitten in unserem Gesang verschwand unser Schorsch. An der nächsten Station kam er hereingestürzt: »Aussteigen, schnell, schnell! Umsteigen! Ich hab im Nachbarabteil schon vorab kassiert!«

Wir waren baff über soviel Geschäftstüchtigkeit. Aber dieses Mal streikten wir und blieben sitzen.

An einem der folgenden Sonntage, als Mama mit Elfriede, Alwin und meinem jüngsten Bruder Gerd bei Verwandten war, kam unser Impresario wieder. Doch er traf nur Helmut und mich an.

»Nee, heute nicht«, krächzte Helmut, »bin erkältet, das hörst du doch. Ich krieg keinen Ton heraus.«

»Gib dir einen Ruck, Junge! Mensch! Rudi, sei kein Frosch! Komm allein mit!«

Ohne den Schutz meiner getreuen Brüder hatte ich noch nie auf Straßen und Höfen gesungen, aber schließlich ließ ich mich breitschlagen, auch wenn mir nicht ganz wohl dabei war.

»Daß du mir nur gut auf Rudi achtgibst«, mahnte Helmut den Impresario. Der versicherte dem besorgten Bruder hoch und heilig, er würde mich hüten wie einen Augapfel.
Und so zogen wir denn los...
Wir fuhren nach Uerdingen. Dort begann ich auf einem Platz zwischen drei großen Mietshäusern zu singen. Ich schmetterte selbstvergessen los. Wieder öffneten die Leute die Fenster, wieder kamen manche aus den Türen. Ich trällerte und trällerte, während der Kumpel eilfertig kassierte.
Plötzlich aber fühlte ich mich am Arm gepackt und fortgezogen. Ich endete vor Schreck mit einem »Heuler« und starrte den Kumpel an, der mit mir das Weite suchen wollte. Mitten im Lied!
»Was ist denn los?« stammelte ich verdattert.
»Die Leute haben genug gehört für ihr Geld!« zischte mein »Reiseleiter«. »Los, woandershin! Die Zeit ist kostbar!«
Mir aber war der Vortrag »kostbarer«, und es war mir furchtbar peinlich, das »zahlende Publikum« um den halben Genuß geprellt zu sehen. Ich wollte doch wenigstens was bieten für den Erlös!
Aber da kannte mein Mentor keine Gnade. Wie ein starker Fährtenhund seinen schwachen Herrn, so zerrte er mich mit sich. Hatte er eine neue Bühne, das heißt ein günstig gelegenes Haus mit vielen Fenstern, entdeckt, hieß er mich wieder schmettern – und das Spiel mit eiligem Sammeln und vorschnellem Abbruch begann von neuem.
Diese Tour war weniger begeisternd, obwohl ich eine hübsche Handvoll Münzen nach Hause bringen konnte.
Das nächste Mal waren wir wieder zu viert, Helmut, Alwin, der Kumpel und ich. Im Triumph eroberten wir viele Herzen in Duisburg-Hamborn. Ich glänzte aufs neue mit einem Lehárschen Paradestück:

»Von Apfelblüten einen Kranz, ah, ah, ah, ah...
leg' ich beseligt dir zu Füßen
in einer Mondnacht im April! Ah, ah, ah, ah...«

Helmut und Alwin, deren schöne Stimmen die Untermalung bildeten, brachen plötzlich ab. Unser Kumpel schwatzte aufgeregt auf sie ein und zeigte hastig zur Ecke. Ich aber sang arglos weiter.

»Ein Lied will ich von Seligkeiten singen ...«

Aber da war's aus mit den Seligkeiten! Unser Impresario nahm fluchtartig Reißaus, und mir klingt es noch heute in den Ohren, als hätte er »Rette sich, wer kann!« gerufen. Der Situation würde das nur zu sehr entsprochen haben: Zwei Polizisten waren wie aus dem Boden gewachsen aufgetaucht und steuerten mit Riesenschritten auf uns zu. Und nun stürzte auch ich aus meinen »Apfelblüten« auf den Asphalt der grauen Wirklichkeit.

Straßensingen, bei uns im Ruhrpott »Schallern« genannt, fiel einerseits ins Ressort »Gewerbe«, andererseits (nicht angemeldet und nicht genehmigt) unter »Bettelei und Hausieren«. Jeder kennt die entsprechenden Schilder – und den Zusatz: »... wird strafrechtlich verfolgt!« Letzteres hieß Geldstrafe oder Knast!

Helmut und Alwin deckten mich sofort ab.

Helmut befahl mir: »Lauf! Lauf, was du kannst! Kratz irgendwo die Kurve, verdrück dich in eine Seitenstraße! Wir lenken sie ab!«

Ich rannte wie um mein Leben. Mir war sofort klar, daß die Polizisten mich als letzten erwischen durften. Ich war nicht erwerbslos wie meine Brüder oder der pfiffige Kumpel. Wenn sie mich schnappten, konnte das einen Rausschmiß aus dem Friseurgeschäft und damit Arbeits- und Berufsverlust zur Folge haben.

Keuchend erreichte ich eine schmale Gasse, die nach links abging. Mit fliegenden Lungen stolperte ich über das Kopfsteinpflaster, jeden Moment gewärtig, eine Polizistenhand im Nacken zu spüren.

Viele Jahre später wurde ich wegen meines Gesanges nicht von der Polizei verfolgt, sondern geschützt, vor allzu großem Andrang des Publikums abgeschirmt ...

Jedenfalls kam ich dank der Aufopferung meiner Brüder ungeschoren davon.

Helmut und Alwin aber mußten drei Tage brummen, weil sie die Geldstrafe nicht bezahlen konnten.
Unsere Mama war natürlich entsetzt, als sie davon erfuhr. Gesetzliche Konflikte (noch dazu in der schandbaren Nähe der Bettelei) waren ihrer schlichten, aber stolzen Natur zuwider. Dennoch sagte sie: »Das ist nicht recht, ja. Aber ist es recht, daß eine Witwe und ihr Zweitjüngster die Familie ernähren? Schließlich haben meine Ältesten etwas gelernt. Es ist nicht ihre Schuld, daß sie keine Arbeit finden.«
Von Montagfrüh bis Samstagabend hörte ich dann im Friseurgeschäft wieder andere, nüchterne Töne.
Es war dort zwar immer noch kein Honigschlecken, aber da ich mittlerweile eine vollwertige Kraft geworden war, hatte ich es nicht mehr so schwer. Auch mußte ich mich auf die Gesellenprüfung vorbereiten.
Es gelang mir aber, an den Sonnabenden wenigstens ab und zu eine Stunde früher fertig zu sein.

Eines Tages schrieb das Duisburger Stadttheater Vakanzen für Chorsänger aus. Gesucht wurden Sopranistinnen und Tenöre. Meine Schwester und ich, wir waren Feuer und Flamme.
Elfriede bestürmte meine Mutter: »Mama, da will ich hin!«
»Das ist eine einmalige Chance!« rief ich.
Unsere Mutter war trotz ihrer bescheidenen Stellung sehr beliebt bei ihren Brotgebern im Theater. Mit der ihr eigenen, höflichen Forschheit ließ sie sich beim Chordirektor melden. (Es war noch immer jener Herr Hillenbrand, der uns vor Jahren in den Kinderchor des *Wildschütz* hineingenommen hatte.) Sie hat uns das Gespräch oft erzählt.
»Nun, liebe Frau Schock, wo brennt's?« fragte Direktor Hillenbrand.
»Ich komme wegen der Chorstellen«, erwiderte Mama.
»Wollen Sie sich bewerben?« fragte Hillenbrand scherzhaft.
»Ja...!« sagte meine Mutter prompt.

Direktor Hillenbrand sah auf.
»Für zwei meiner Kinder«, fuhr Mama entschlossen fort. »Sie hatten sie ja schon mal in einer Inszenierung ...«
»Vor Jahren, vor Jahren«, erinnerte sich der Chordirektor.
»Mittlerweile sind sie herangewachsen. Ihre Stimmen haben sich entwickelt. Ich spreche jetzt von Elfriede und Rudi. Die beiden singen sehr schön!«
»So, so ...« Direktor Hillenbrand überlegte, und Mama sagte später, sie habe ihm angemerkt, daß er sie nicht verletzen, nicht gleich abweisen wollte. Zögernd fragte er: »Was ... äh ... für Berufe üben die beiden zur Zeit aus? Verstehen Sie mich recht. Es spielt keine Rolle, falls sie nebenher studiert haben ...«
»Rudi ist Friseur und Elfriede Schneiderin«, erklärte Mama wahrheitsgemäß.
»Hm. Ich sagte ja, das spielt keine Rolle. Aber wie steht's mit dem Musik- und Gesangsstudium? Sie sind lange genug im Hause, liebe Frau Schock. Sie wissen, daß wir nur ausgebildete Kandidaten zulassen können. Ein Chor besteht aus Fachkräften!«
Mama ließ sich nicht beirren: »Regelrecht studiert haben Elfriede und Rudi nicht. Aber sie haben wirklich ganz hervorragende Stimmen. Sie müßten sie einmal hören, Herr Direktor.«
Herr Hillenbrand wollte Mama nicht kränken. Er lehnte ihren Wunsch nicht ab, sondern sagte: »Gut, Frau Schock. Ich bin einverstanden. Anhören werde ich mir Ihre zwei. Aber versprechen kann ich Ihnen nichts!«
»Aber *ich* verspreche Ihnen, daß ich Ihnen nicht zuviel erzählt habe!« entgegnete meine Mutter siegesgewiß. Trotzdem hat sie gespürt, Herr Hillenbrand handelte aus Freundlichkeit, ohne an eine Eignung der gepriesenen Geschwister zu glauben.
Meine Mutter glaubte um so mehr. Und, wie sich zeigen sollte, halbwegs zu recht ...
Der Prüfungstermin lag mitten in meiner Arbeitswoche, aber, was günstig war, genau in der Mittagszeit. Da konnten mich Meister und Meisterin am ehesten entbehren. Weniger günstig

war die Umgebung, in der ich unvorbereitet dem Vorsingen entgegenzitterte.

Stimmübungen konnte ich im Friseurladen nicht machen. Es war hier unmöglich, die Tonleiter auf und ab zu wandern, während ich einen Kunden rasierte. Auch konnte ich die Chefs nicht wie in einem Singspiel anhimmeln:

»Herr Meister und Frau Meisterin,
Gewährt es mir – und laßt mich ziehn!
Gönnt mir die Probe auf das Glück!
Ein Stündchen, und ich bin zurück . . .!«

Ich fand eine nüchterne Ausrede: »Muß zum Arzt ... dauert bestimmt nicht lange . . .« Weiß der Himmel, was ich gesagt habe. Jedenfalls hetzte ich zum Theater und kam dort atemlos an. Mir war, als hinge mir die Zunge zum Halse heraus.

Die Eindrücke dieser Chorprüfung verwischen sich in meiner Erinnerung. Es war alles furchtbar hektisch. Eh ich's mich versah, stand ich auf der Bühne und blinzelte benommen in die Scheinwerfer. Aus dem Dunkel des Zuschauerraums tönte Direktor Hillenbrand: »Nun, Herr Schock? Wie wär's mit der ersten Tenorstimme aus Wagners *Tannhäuser*-Chor: ›Einzug der Gäste auf Wartburg‹?«

Ich schwieg betreten.

Wieder tönte Herr Hillenbrand: »Tja, junger Freund. Das ist eine sehr, sehr wichtige Chorpartie – und auf die lege ich Wert! Dann singen Sie etwas anderes. Meinetwegen was Sie wollen!«

Ich sang. Aber ich gestehe heute ehrlich: Ich hatte bereits gepaßt, innerlich das Handtuch geworfen. Die Atmosphäre war die des Routineablaufs in einem Theater, also ganz normal. Mir schien sie eisig. Hier war kein jubelndes Vereinspublikum. Hier galt ich nicht als der »Wunderknabe mit der Engelsstimme«. Keiner applaudierte. Welche Leistung wollte man von einem jungen Mann erwarten, der direkt aus der verbrauchten Luft im Friseurgeschäft hierher »gewetzt« war?

Meine Kehle gab nur glanzlose Töne von sich . . .

»Danke!« hieß es höflich. »Danke schön. Leider haben wir im Augenblick keine Verwendung für Sie.«
Chordirektor Hillenbrand tröstete mich: »Kommen Sie im nächsten Jahr wieder, Herr Schock. Vielleicht klappt es dann!«
Ich war gerichtet, vernichtet.
Nicht so meine Schwester. Was Elfriede betraf, sollte Mama wahrhaftig nicht zuviel erzählt haben. Elfriede war an diesem Tag prächtig bei Stimme. Sie sah auch gut aus. Längst hatte sie sich von der kindlichen Bohnenstange zu einer bildschönen jungen Dame gemausert. Und obwohl auch sie keinerlei Ausbildung besaß, wurde sie, von zahlreichen Bewerbern, als Erste Sopranistin für den Chor engagiert. Ihr Gesang überzeugte ohne jede Einschränkung.
Ich gönnte es ihr von Herzen, machte sie ja doch meine Blamage vor den Ohren und Augen der gestrengen Prüfer wieder wett.
Für mich hieß es: Zurück in den Laden, zurück in den Friseurberuf. Ich konnte mich nicht einmal der Enttäuschung hingeben, denn der Meister geizte mit jeder Minute. Innerlich völlig leer, nahm ich Kamm und Schere wieder in die Hände.
Das Singen, so glaubte ich, war mir ein für allemal vergangen. Ich wußte ja nicht, daß man den großen Richard Tauber, dem die Welt zu Füßen lag, einst noch schlimmer abgefertigt hatte: »Der Bursche hat eine Stimme wie ein Zwirnsfaden, der sich nie entwickeln wird...«
Ja, das hatte ein Kammersänger Leopold Demuth von der Wiener Hofoper gesagt, ein mächtiger Herr in der Welt des Gesangs – und... er hatte sich geirrt!
Der Friseurmeister musterte mich forschend. Ich versuchte zu lächeln, obwohl mein Herz gefroren war. Doch:

»... wie's da drin aussieht,
geht niemand was an!«

Vorhang auf!

Das erste Engagement
und sogleich »Held des Tages«

Im Reich hatte inzwischen ein Regierungswechsel stattgefunden: die folgenschwere, berüchtigte Machtergreifung durch Hitler.
Seit meiner Geburt hatte es eine ununterbrochene Kette von politischen und wirtschaftlichen Erschütterungen und Veränderungen gegeben: Untergang des Kaiserreichs, Hungerblockade, Aufstände, Konstituierung der Weimarer Republik, Ruhrbesetzung, Inflation, Wirtschaftskrise, den Staatsstreich »von oben« gegen die preußische Regierung ... Unruhen, Unsicherheiten, Unbilden, die unsere Familie nur dort berühren konnten, wo es ihr direkt an die Existenz ging.
Alle Klippen hatte unsere vaterlose Arche umschifft. Nun aber beherrschten die Braunen Bataillone, wie sie sich in ihren Kampfliedern nannten, nicht nur die Straße, sie durchsetzten die Zivil- und Polizeibehörden, ja, die Bevölkerung mit ihrem denunziatorischen System.
»Das geht vorbei, wie alles vorbeigegangen ist«, meinten manche.
Mama und meine Brüder Helmut und Alwin begriffen schnell, daß Bedrohliches auf uns zukam. Bald sollte auch ich es erfahren.
Unser Vater war seit zehn Jahren tot. Für mich, der ich noch nicht das achtzehnte Lebensjahr vollendet hatte, war das eine unglaublich lange Zeitspanne, mochte mir mein Vater auch noch so gegenwärtig sein. Daß er Mitglied der KPD gewesen war (wie so viele Kumpel im Ruhrpott), stellte für mich nichts Ungewöhnliches dar. Ich hielt es nicht einmal für erwähnenswert. Aber nun

gab es fortwährend Papiere auszufüllen. In denen lebte der längst Verblichene auf makabre Weise wieder auf – wenigstens für die neuen Machthaber, und sie legten ihn als ungehörigen Schatten über unsere Familie.

Hinzu kam, daß ich noch als Schuljunge der SAJ beigetreten war, der sozialistischen Arbeiterjugend, wenn auch ohne jede politische Zielsetzung: Aus dieser Zeit hatte ich nichts anderes in Erinnerung als Wandern, Singen, Sport und Spiele, also das, was meiner Lebensart entsprach. Die Verbindung zur SAJ war längst eingeschlafen. Mein Beruf und meine Gesangsleidenschaft nahmen mich seit Jahr und Tag in Anspruch, und zwar ausschließlich. Dennoch tauchten eines Tages Uniformierte in unserem Arbeiter-Wohnblock auf, um mich abzuholen.

Was man sich unter dieser »Abholung« vorzustellen hatte, war unklar. Man war völlig darauf angewiesen, was die Leute munkelten: Der Sowieso ist abgeholt worden, zur Umerziehung, heißt es...

Oft kam der Sowieso nach einiger Zeit zurück, recht schweigsam, wenigstens aber beruhigte das die Umgebung. Andere blieben länger aus, einige für immer, doch das wußte man noch nicht und beschwichtigte einander, der oder der sei ja auch entlassen worden.

Die Uniformierten wollten also »einen gewissen Rudolf Schock« abholen, nur mal eben, nach vorliegenden Informationen einstiges Mitglied einer neuerdings verbotenen Organisation. Mithin ein »unsicheres Element«.

In unserem Wohnblock hausten etwa dreißig Familien aller politischen Schattierungen. Es gab aber auch entschiedene Nazis darunter. Und gerade die traten für mich ein: »Der Rudi? Da irren Sie sich aber! Der ist'n anständiger Kerl. Tut keinem was. Immer fröhlich, immer hilfsbereit... Was? Plakate geklebt, Parolen an Wände geschmiert? Der doch nicht! Der singt wie ›alle Vögel sind schon da!‹ Staatsfeindlich? Bei *der* Mutter? Nee, nee, die Schocks sind in Ordnung. Alle!«

Trotzdem waren wir den neuen Machthabern höchst verdächtig. Man legte uns nahe: »Einer von euch sollte in die Hitler-Jugend oder SA eintreten.«

Die Arbeiterfamilien, ob »rot«, ob »schwarz«, ob »braun« oder ob sonstwas, hielten trotz des »Aufbruchs der Nation« zusammen, das lag ihnen im Blut, es gab zuviel Gemeinsames: Wir Kinder (Kinder eines KPD-Mitglieds) hatten mit den Kindern der Nazis gespielt, wir waren als »Barfüßler« aufgewachsen wie sie, unsere Freuden waren ihre Freuden, ihre Not war unsere Not gewesen.

Das einzige unbeschriebene Blatt, also der, von dem man ganz und gar nicht annehmen konnte, sein KPD-Vater hätte ihn womöglich beeinflußt, war unser jüngster Bruder Gerhard.

Wir Geschwister entschieden: »Gerd, du mußt in die Hitler-Jugend eintreten!«

»Ich soll für euch den Lückenbüßer spielen!« rief Gerd. »Immer ich! Ich bin sowieso so'n Pechvogel!«

Der »Pechvogel« war eine Anspielung auf seine ebenso herbe wie kurze Erfahrung als Bäckerlehrling. Sein Meister hatte ihn schon am ersten Morgen rausgeschmissen, weil dem armen Jungen ein Korb voller Brötchen auf die Straße gekullert war.

»Du mußt unser Aushängeschild sein«, erklärten wir ihm. »Uns Größere haben sie auf dem Kieker. Und wenn hier nicht wenigstens einer die Fahne schwingt, können wir bald alle betteln gehen. Einschließlich Mama!«

Das war bitterernst. Die ersten Beispiele in der Umgebung hatten es bereits gezeigt. Rückblickend gesehen: es gibt genug Literatur darüber, daß gefährdete Familien in jenen Tagen mindestens einen Renommier-Nazi brauchten.

Gerd sah das schließlich ein und trat der HJ bei.

Elfriede sagte: »Das erste Mal, daß uns der Bengel etwas nützt!« Aber das war nicht böse gemeint.

Gerd, unser schwarzes, na, sagen wir vorläufig besser: graues Schäfchen, besaß ein sonniges Gemüt aber zwei (manchmal allzu) leichte Schultern. Wo er auch immer auftrat, war er im Handumdrehen beliebt. Besonders bei den Mädchen. Das sollte zu so mancher Kalamität führen... Auch ihm hatte der Himmel eine goldene Stimme mitgegeben. Vorläufig mußte er aber noch, im Interesse unserer Familie, mit den Wölfen heulen.

Daß die politische Lage für manche Leute sehr ernst war, hatte meine Mutter schon früh gewußt. Nach der braunen Machtergreifung traf ich verschüchterte Gestalten bei uns an, die ganz offensichtlich »auf dem Sprunge« waren und sich selbst von Familienmitgliedern nicht sehen lassen wollten. Meine Mutter schob mich dann ins Wohnzimmer und schloß die Küchentür. Bevor sie die Männer auf Nimmerwiedersehen in die Dunkelheit entließ, gab sie ihnen zu essen.

Anfangs war ich sehr naiv, ich glaubte nur, es seien Arbeitslose, denen Mama aus Mitleid etwas von unserer kargen Kost abgab. Das wunderte mich. Wir waren ja auch nicht gerade auf Rosinen gebettet.

Später hörte ich, daß es sich um kleine Antinazis aus Arbeiterkreisen gehandelt hatte, die sich der berüchtigten Abholung entziehen wollten. Wie weit sie gekommen sind, erfuhren wir allerdings nie...

Auch in der Familie meiner ehemaligen Kinderhort-Leiterin spielte sich Düsteres ab. Ich ließ mich hin und wieder bei ihr blicken, denn ich mochte ja ihre reizende, kleine Schwester Trudi sehr. Die Kinderhort-Leiterin war mit einem kommunistischen Redakteur verheiratet: Franz Doll, dem jüngsten Reichstagsabgeordneten Deutschlands. Er lebte jetzt im sogenannten Untergrund. Als ich ihn zum letzten Mal sah, sagte er zu mir: »Wir werden uns nicht wiedersehen, Rudi. Es ist einfach zu riskant für die Familie, für Freunde und Bekannte. Vor allem natürlich für mich. Ich muß weg. Für immer. Ich will versuchen, mich nach Sowjetrußland durchzuschlagen...«

Franz Doll ist nicht zurückgekommen. Soviel ich weiß, hat man auch nie wieder etwas von ihm gehört.

Das war Ende 1933.
Ich hegte eine Abneigung gegen das neue System, noch bevor ich seine ganze Grausamkeit erkannte.

Nach der ersten Schlappe am Duisburger Theater wandte ich mich schließlich doch wieder meinem Opernsänger-Dirigenten vom EGV Weidenau zu. Massin war mein Duzfreund geworden, und er nahm sich ganz selbstverständlich meiner an. Chordirektor Hillenbrand hatte tröstend gesagt: »Na, vielleicht klappt's im nächsten Jahr!« Daran erinnerte ich mich und hatte mich wieder gefangen. Nun bereitete mich mein väterlicher Freund auf den zweiten Anlauf vor. Er übte mir einige Arien ein, versorgte mich mit Partituren. (Inzwischen hatte mir die Lehrerin vom Konservatorium etwas Klavierspielen beigebracht, und auf einstimmigen Beschluß unseres Familienrats wurde ein billiges, altes Klavier erstanden.) Ich sang und spielte nun auch zu Hause.
Meinen Dienst im Friseurladen durfte ich aber darüber nicht vernachlässigen. Nach wie vor war ich auf die späten Samstagabende und auf die Sonntage angewiesen, wenn ich mich weiterbilden wollte.
Zu meinem Gönner sagte ich: »Beim Vorsingen haben sie die erste Tenorstimme aus dem Chor ›Einzug der Gäste‹ verlangt, das werden sie wieder verlangen, und ich will, daß das sitzt!«
Natürlich wußte mein EGV-Freund, wie's mir beim ersten Mal ergangen war. Bevor er begann, mir die Chorpartie einzustudieren, sagte er: »Das ist eine verdammt schwere Sache, Rudi. Konzentrier dich und mach nie den Fehler, sie zu unterschätzen!«
Was ich brauchte, war Übung. Die Schwierigkeit empfand ich nicht. Ich sang diesen Tenorpart frisch, fromm, fröhlich, frei drauflos, und ich fand, daß er mir großartig lag.
Das nächste Jahr kam heran und mit ihm der entscheidende Termin.
Ich war gewappnet!

Gewitzigt durch die schlimme Erfahrung des Vorjahres, stellte ich es diesmal schlauer an. Ich hatte ja erlebt, daß es unmöglich war, nach stundenlanger Arbeit in schlechter Luft eine saubere Gesangsleistung zu erbringen.
So meldete ich mich bei Meister und Meisterin vorsorglich krank. Es war dies das erste und einzige Mal in meiner gesamten Friseurzeit, daß ich einen Tag unter einem Vorwand versäumte.
Ich setzte mich daheim in aller Frühe ans Klavier und übte den ganzen Morgen. Ich sang mich richtig ein ...
Das Duisburger Stadttheater suchte in diesem Jahr, 1934, zwei Erste Chortenöre. Als ich die Stätte betrat, auf der sich mein Leben entscheiden sollte, traf ich auf etwa vierzig Mitbewerber. Manche kamen aus Chören der Opernhäuser benachbarter Städte: Essen, Oberhausen, Düsseldorf, Krefeld, Köln und Aachen, aber auch von weiter her. Sie alle trachteten danach, ihre Chorstellung zu verbessern. Es gab aber auch fertige Hochschulabsolventen, die nicht (oder noch nicht) für das Solofach geeignet waren.
Ich sah mich also einer überwältigenden Konkurrenz gegenüber. Einer im Durchschnitt noch besseren als im Vorjahr, in dem ich so kläglich »abgeschmettert« worden war. Und es blieb mir gar nichts anderes übrig, als die Leistungen meiner Mitbewerber anzuhören.
Ich hörte fast alle vierzig – denn ich kam so ziemlich als letzter dran.
Ich stellte fest: Die sind alle gut. Schöne Chorstimmen, kein Versager!
Aber ich ließ mich nicht entmutigen. Ich nahm mir vor: laß deine Stimme sprechen, sing! Sing, als gäb's keine Mitbewerber!
Und dann war ich dran ...!
»Also, Herr Schock, singen Sie uns den ›Einzug der Gäste‹ aus dem *Tannhäuser* vor!« sagte Hillenbrand.
Ich setzte ein – mit ganzer Stimme, aus voller Kehle, aus ganzer Seele:

»Freudig begrüßen wir die edle Halle,
wo Kunst und Frieden immer nur verweil',
wo lange noch der frohe Ruf erschalle:
Thüringens Fürsten, Landgraf Hermann, heil…«

Man ließ mich den schwierigen Part durchsingen. Als ich geendet hatte, herrschte Stille. Mir schien, als ob die »Richter« einander befremdet ansahen.

Jetzt schwand meine Selbstsicherheit. Ja, lieber Himmel, was hatte ich falsch gemacht? Was hatten die an meinem Vortrag auszusetzen? Ich hatte es doch bis in die Zehenspitzen gespürt, wie gut disponiert ich gewesen war.

Kühl klang es von vorne: »Danke. Das genügt.«

Ich stand erstarrt. Einige Prüflinge hatten zwei oder drei Proben erbringen dürfen. Den »Einzug der Gäste«, wie ich eben, dazu aber noch ein Lied oder eine Arie.

Ich rief: »Kann ich nicht auch noch etwas singen? Vielleicht Puccini, *La Bohème*, die große Arie mit dem hohen C: ›Wie eiskalt ist dies Händchen‹?« Ich hatte zwei »eiskalte Händchen« – und ein Herz, das zum Eisklumpen gefroren schien: Mich fertigten sie nach *einer* Probeaufgabe ab!

»Nein, nein«, sagte eines der »hohen Tiere«, es war der Intendant, sehr ruhig. »Sie brauchen nichts weiter zu singen. Sie sind engagiert!«

»Wie…???«

»Sie sind engagiert!«

Wenn ich nun sagen würde: »Ein Stein fiel mir vom Herzen«, wäre das eine maßlose Untertreibung.

Ich war engagiert…!!!

Mit *Tannhäuser*, dem *Sängerkrieg auf Wartburg*, hatte ich meinen höchstpersönlichen Sängerkrieg erst einmal gewonnen. Mit dem »Einzug der Gäste« würde ich Einzug in meinen eigentlichen Beruf halten!

Die Freude, die mich erfüllte, ist nicht zu schildern.

Mama, meine heimliche Intendantin, und Elfriede, die bereits etablierte Chorsängerin, aber auch meine Brüder nahmen teil an dieser Freude. Und wir wünschten alle nur, der Vater hätte das noch erlebt.

Vor das Inkrafttreten meines Chorvertrages hatte die braune Diktatur eine Barriere gezogen. Diese Barriere war nur mit bestimmten Papieren zu überwinden. Eins davon war das »Politische Führungszeugnis«.
Mit diesem traurigen Zeitdokument erschien ich vor dem Betriebsratsvorsitzenden Karl Schüßler, der selbst Chorsänger und außerdem nationalsozialistischer Betriebsobmann war. Noch dazu gehörte er der SS an. In seinen Augen wirkte mein politisches Führungszeugnis natürlich verheerend. Vater: Mitglied der KPD. Sohn Rudolf Schock: Mitglied der kommunistischen Kindergruppe und anschließend Mitglied der sozialistischen Arbeiterjugend.
Der Obmann starrte auf das Papier, als läse er ein Todesurteil.
Völlig fassungslos murmelte er: »Das ist ja ... eine Katastrophe ...«
Ich stammelte: »Aber mein Vater ist seit elf Jahren tot. In die Kindergruppe hat er mich gesteckt, als ich klein war. Das war doch nichts anderes als ein Kindergarten! Und in die Arbeiterjugend kam ich auch schon als Kind. Während meiner Lehrzeit hab ich da überhaupt nicht mehr mitgemacht!«
Der Betriebsobmann sah mich lange nachdenklich an. Er schien mit sich zu kämpfen. Auf der einen Seite war er ein überzeugter Nationalsozialist, auf der anderen konnte er beurteilen, wie wertvoll ich für den Opernchor sein würde. Er kannte auch seit vielen Jahren unsere Mutter und wußte, unter welch schweren Bedingungen sie uns großgezogen hatte.
»Wie sieht es denn mit Ihrem polizeilichen Führungszeugnis aus?« fragte er schließlich.
Eifrig erwiderte ich: »Das ist völlig in Ordnung!«
Er entließ mich mit den Worten: »Es tut mir leid, aber ich glaube, ich kann da nichts für Sie tun.«

Ich schlich aus dem Theater, hoffnungslos, innerlich zusammengebrochen.
Inzwischen hatte sich aber, für mich gänzlich unvermutet, die Lage geändert. Der Betriebsratsvorsitzende schätzte meine Chorqualitäten doch höher ein als mein politisches Führungszeugnis, und wenn er sich nicht getraut hatte, mich freizusprechen, so wandte er sich doch mit meinem Problem an den Intendanten.
Der Intendant handelte souverän.
Ein Telefongespräch mit höheren Instanzen, ein Machtwort dem Obmann gegenüber – das politische Führungszeugnis verschwand – und ich war gerettet! Nun stand meiner Laufbahn als Chortenor nichts mehr im Wege.

Mein Vertrag mit dem Duisburger Stadttheater als Erster Tenor im Opernchor begann am 1. September 1934. Die Proben fingen allerdings erst am 4. September an, genau an meinem 19. Geburtstag. Bis zum 31. August war ich als Gehilfe noch bei meinem Friseurmeister verpflichtet. Ich hätte also drei Tage Zeit gehabt, mich auszuruhen und auf meine neue Tätigkeit umzustellen. Aber das mir eingeimpfte Pflichtbewußtsein ließ den Leerlauf einfach nicht zu.
Ich arbeitete bis zum 3. September im Frisiersalon – sozusagen als Doppelverdiener, denn ich stand ja schon im Solde des Theaters, andererseits hatte ich Anspruch auf den restlichen Gehilfenlohn, und in meiner Lage waren die paar Pfennige nicht zu verachten.
Den 4. September, meinen 19. Geburtstag, an dem ich das Theater zum ersten Male nicht als Galeriebesucher oder als Prüfling, sondern als Mitglied, als Dazugehöriger betrat, vergesse ich in meinem ganzen Leben nicht. Aus einem mir verleideten Beruf heraus kam ich nun in eine Welt, die ich für unerreichbar gehalten hatte.
Demutsvoll stand ich vor dem Musentempel und nahm noch

einmal die Inschrift über dem Portal in mich auf, die ich schon von früheren Besuchen fast auswendig kannte:

Mit allen seinen Tiefen, seinen Höhen
rollt sich das Leben ab vor Deinem Blick.
Wenn Du das große Spiel der Welt gesehen,
so kehrst Du reicher in Dich selbst zurück.

Feierlichkeit erfüllte mich. Es war, als beträte ich eine Kirche, ein Heiligtum. Ich war schüchtern, scheu, gehemmt...

Doch die Kollegen nahmen mir die Befangenheit schnell. Sie behandelten mich freundlich und taten auch in der Folge alles, um mir die Eingewöhnung leicht zu machen.

Trotzdem – und auch das war eine völlig unverhoffte Erfahrung – schuf ich mir sehr schnell Feinde: Nicht wegen meiner Art, sondern wegen meiner schönen Stimme. Das war mir noch nie passiert, und damit hatte ich in meiner Naivität nicht gerechnet. An einem Theater, so glaubte ich, ginge es nur um sachliche Gesichtspunkte.

In der Duisburger *Fidelio*-Aufführung vertraute man mir, dem Choranfänger, den Ersten Gefangenen an. Mit strähnigen Haaren, bleich gepudertem Gesicht, in Lumpen gehüllt, an meine Mitgefangenen gekettet, schwankte ich im ersten Aufzug aus dem Kerkerdunkel ans Tageslicht des Bühnen-Gefängnishofes.

Es machte mir keine Mühe, mich in die Seelennot des Häftlings hineinzuversetzen. Ich sang voller Inbrunst, aber völlig natürlich, was mich in meiner Rolle bewegte:

»Wir wollen mit Vertrauen
auf Gottes Hilfe bauen!
Die Hoffnung flüstert sanft mir zu:
Wir werden frei, wir finden Ruh'!«

Am folgenden Tage kam ich zu einer angesetzten Chor-Besprechung ins Theater, ohne auf eine Überraschung gefaßt zu sein.

Zu meinem Erstaunen sah ich die Blicke einiger Kollegen auf mich gerichtet, teils bewundernd, teils mißgelaunt. Der andere kleine Solopart, der Zweite Gefangene – ich hatte ihn ja auch

gehört, und ich fand ihn gut –, wandte sich sogar ab, als hätte ich ihn persönlich beleidigt.
»Was ist los?« fragte ich.
Der Chor-Obmann, dem Fach nach Zweiter Tenor, gab mir einen Rippenstoß. »Sag nur, du weißt noch nichts!« grinste er. »Mensch, Junge, Rudi! Du bist der Held des Tages!«
Ich begriff noch immer nicht.
Da hielt mir ein Kollege die Duisburger Zeitung vor die Nase, das Blatt, in dem die Kritik der *Fidelio*-Aufführung stand: »Hier steht's! Du bist als erster hervorgehoben!«
Ich las es mit eigenen Augen.
Die Kritik äußerte sich begeistert über Stimme und Spiel des Ersten Gefangenen:
»... Rudolf Schock machte aus dieser Szene einen ergreifenden Höhepunkt der Oper...«
Der Text verschwamm vor meinem Blick. »Held des Tages« hatte der Obmann gesagt. Rudolf Schock stand in der Zeitung! Rudolf Schock im Zusammenhang mit dem Wort »Höhepunkt«!
Im Augenblick glaubte ich, ein solches Lob in der Zeitung meiner Heimatstadt wäre das Höchsterreichbare. Dankbarkeit erfüllte mich, und ich hätte nichts inniger gewünscht, als daß auch die Kollegen mit mir zufrieden gewesen wären.
Statt dessen hatte ich mir auch Neider geschaffen. Einer murmelte: »Der kommt hierher, hat keine Spur Erfahrung und will die erste Geige spielen. Das hat er sich gedacht!«
Ich hatte mir gar nichts gedacht – außer, dem Chor keine Schande zu machen. Nun war ich um den ersten Erfolg, aber auch um eine Erfahrung reicher: um die des Neides.

Der Spatz wird flügge

Zum erstenmal Bayreuth
und erste Liebe

Beim Vorsingen im Theater war ich dem Sänger Robert von der Linde aufgefallen.
Der »schwarze Baß«, der auch später an der Berliner Staatsoper sang, nahm mich beiseite: »Junge«, sagte er, »in dir steckt mehr als eine Chor-Begabung. Du mußt intensiv arbeiten. Aus dir wird mal ein großer Tenor! Hast du einen Gesangslehrer?«
»Nein.«
»Aber du brauchst einen guten Ausbilder. Ich kenne einen, der deine Stimme richtig weiterbilden kann.«
Von der Linde besaß ein Auto – damals ein unerhörter Luxus –, und mit dem fuhr er mich eines Tages in die Königstraße, wo der Kölner Professor Pilken ein Gesangsstudio unterhielt.
Gustav Pilken begrüßte den Seriösen Baß sehr freundlich. Mich musterte er kritisch: »Na, was für ein junges Bürschchen haben wir denn da?«
»Das werden wir gleich hören«, erklärte Von der Linde augenzwinkernd. »Dieses Bürschchen – es heißt Rudolf Schock – wird uns etwas vorsingen.«
»Die große Arie aus Puccinis *Bohème*!« sagte ich kühn.
Pilken hob die Brauen: »Da haben Sie sich ja was vorgenommen, junger Mann!«
»Ich singe das hohe C!« versicherte ich eifrig.
»Das allein tut's nicht«, brummte Pilken. »Blühen muß diese Arie. Blühen, aufgehen wie eine Knospe! Wer das nicht kapiert, kann sich sein hohes C an den Hut stecken. Na, probieren wir's mal...«

Er setzte sich ans Klavier und ich begann:

»Wie eiskalt ist dies Händchen ...«

Es ist ein scheuer, zarter Anfang eines der schönsten Liebeslieder der Opernliteratur. Die arme, kleine Näherin Mimi, der das kalte Händchen gehört, muß dem Vorsingenden unsichtbar zugegen sein. Und wenn er das Händchen »wärmen« will, dann muß man die Wärme im Gesang spüren. Der Sänger muß seine Liebesahnung, und seine Liebesbereitschaft in das hohe C legen.

Ich endete, an das unsichtbare Näh-Mädchen gerichtet:

»... sprecht, wer seid *Ihr* ...«?«

Es war einen Augenblick sehr still im Studio. Von der Linde äußerte sich befriedigt.

Professor Pilken erhob sich und atmete tief. Dann legte er mir die Hände auf die Schultern und sagte:

»Du bist ja ... du bist der verkörperte Gesang! Material und Ausdrucksfähigkeit sind da. Dich nehme ich. Mit dir will ich arbeiten. In zehn Jahren, merk dir, was ich dir jetzt sage: In zehn Jahren wirst du an der Berliner Staatsoper sein!«

Staatsoper ... Berlin ...!?

Das schien mir denn doch zu hoch, zu weit ... Ich mußte lachen ...

Professor Pilken hat unrecht behalten. Ich sollte schon nach wenig mehr als fünf Jahren einen Vertrag in Berlin bekommen, wenn auch nicht gleich von der Staatsoper, sondern von der Städtischen Oper Berlin, dem Deutschen Opernhaus.

Ich warf mich mit Schwung in das Studium bei Pilken. Seine Grundgescheitheit, sein umfassendes Wissen, seine Art der Menschenführung spornten mich an. Er machte mir die Arbeit nicht leicht, und dennoch empfand ich sie als ein dauerndes Vergnügen. Unter seinen Schülern lernte ich während meiner Ausbildung junge Leute kennen, die aus ganz anderen Kreisen kamen und mir neue Perspektiven eröffneten.

Da war zum Beispiel ein hübsches, blondes Mädchen, das mir

gleich sehr gut gefiel. Sie war die Tochter des Generaldirektors der Mannesmann-Werke, hatte dementsprechend eine ganz andere Erziehung genossen als ich und beherrschte mit Leichtigkeit eine Reihe mir völlig fremder Themen. Was ich später erst wieder bei meiner Frau Gisela fand, erlebte ich hier zum ersten Mal: Das Interesse an bildender Kunst, an Literatur, die Fähigkeit, über das Alltägliche hinauszublicken.

Isabella war gebildet, aber nicht hochnäsig. Als junger Bursche aus dem »Pott« hatte ich ja noch immer das Vorurteil, Mädchen aus besseren Häusern müßten notwendigerweise hochnäsig sein. Daß wahres Gebildetsein diese Bezeichnung grundsätzlich nur verdient, wenn sie mit Herzensbildung einhergeht, lernte ich zuerst so richtig an ihr.

Wir sangen ja im Studio miteinander Duette, daraus ergaben sich wie von selbst Gespräche, die auch ins Private führten. Sie bewunderte meine Stimme – und ich bewunderte ihre ganze, so sichere und natürliche Art. Nicht zuletzt imponierte es mir sehr, daß sie – ein junges Mädchen – bereits ein schickes Auto besaß. Welchem jungen Burschen würde das nicht imponiert haben? Und wie gesagt: der Besitz eines Autos war damals noch eine Sensation, ein unerhörtes Privileg.

Wenn mich Isabella mit ihrem sportlichen Wagen abends abholte und zwischen Fabriken und armseligen Wohnkasernen auf mich wartete, glich das einem Wunder. Eine Märchenprinzessin in goldener Kutsche hätte kaum weniger Aufsehen erregt. An der ganzen Straßenfront öffneten sich die Fenster, die Leute blickten heraus, neugierig, staunend – etliche wohl auch etwas neidisch. Für mich war es jedesmal ein Spießrutenlaufen, wenn ich, von allen Seiten begafft, auf Isabellas Wagen zuging.

Im Kreise der Pilken-Schüler erlebten wir unbeschwerte, unvergeßliche Stunden. Auf den »lustigen Abenden« galt das Gesetz: »Nicht sprechen, nur singen!«

Alles, was man sich zu sagen hatte, jede Frage, jede Antwort, der noch so kleinste Wunsch: »Hat jemand Feuer für meine Ziga-

rette?« durfte nicht in beiläufigem Umgangston vorgenommen werden, sondern nur in Gesangsform: »I-ich wü-ürde ge-ern ei-einen Rollmops es-sen, ach so-o ge-ern, ach so-o gern!«
Wollte jemand ein Glas Bier, hatte er es mit der Gebärde und dem Stimmaufwand eines Zechers auf der Opernbühne anzufordern: »Ei-ein Bie-ier, o Freu-eunde, ich bitt' euch sehr, ich bitt' euch seeehr . . .!!!« Am Klavier improvisierte einer die Akkorde dazu.
So ging das den ganzen Abend, und es ergaben sich Momente, in denen Banalität und Pathos so komisch aufeinanderprallten, daß wir vor Lachen fast unter die Tische sanken.
Wer aus der Rolle fiel, versehentlich ein paar Worte sprach, statt sie zu singen, der mußte ein Bußgeld in die Gemeinschaftskasse zahlen. Die Kasse füllte sich immer schneller, je weiter der Abend vorschritt. Das Geld wurde dann für das nächste Beisammensein verwendet.
Was mich betraf, so bin ich nie aus der Rolle gefallen. Kein einziges Mal fiel ich aus dem Dialog – oder Monolog-Gesang – in den normalen Umgangston zurück, ich paßte immer höllisch auf, denn wenn ich jetzt auch eine Theatergage bekam (sie betrug 96,00 Mark monatlich!), so schmerzte mich doch noch jeder vertane Pfennig . . .
Isabella hatte eine schöne Stimme, doch ihr Vater erlaubte es ihr nicht, Sängerin zu werden.
»Ich verstehe das nicht«, sagte ich einmal. »Wenn man so schön singt, muß man doch Sängerin werden!«
Sie erwiderte: »Zwischen uns besteht ein großer Unterschied. Ich brauche die Karriere nicht. Wir sind wohlhabend, ich kriege alles was ich will. Aber du hast nichts – außer deiner Stimme! Sie ist dein einziges Kapital, und daraus mußt du etwas machen. Du mußt es. Dir bleibt ja gar nichts anderes übrig. Und so, wie du singst, wirst du eines Tages berühmt!«

Am Theater gab es ein Quartett, das sich »Die vier Opernspatzen« nannte. Es stand unter der Leitung des Chor-Obmanns.

Gleich zu Anfang meiner Tätigkeit am Theater fragte er mich: »Rudi, wie ist's? Hast du Lust, bei den ›Opernspatzen‹ mitzusingen?«
»Aber ihr habt ja schon einen Ersten Tenor. Der ist doch viel länger am Theater als ich.«
Er wischte mein Argument einfach weg: »Aber deine Stimme ist schöner, und das genügt mir. Du machst bei den ›Spatzen‹ mit!«
Der Obmann rangierte den anderen Ersten Chortenor unter einem Vorwand aus. Mir war nicht wohl bei der Sache, denn es entsprach nicht meiner Art, Kollegen zu verletzen. Ich sollte in meinem Leben oft genug erfahren, daß man sich, wie immer man entscheidet, zwischen zwei Stühle setzen kann ...«
Spatzen, so sagt man, sind pfiffig. Als »Opernspatz« war ich zunächst alles andere als das. Bei einer Saal-Veranstaltung ging ich einmal prompt auf den Leim.
Unser Quartett zwitscherte zur Begeisterung des Publikums den ganzen Abend. Nur in den kurzen Pausen saßen wir zwischen den Gästen am Tisch. Ein Herr im Smoking applaudierte mir besonders. Er winkte mir zu und rief: »Bravo, bravo! Komm her, junger Caruso! Verdienst eine Extra-Belohnung. Hier! Probier ein Glas Rotwein. So ein Tröpfchen hast du sicher noch nie getrunken!«
Tatsächlich hatte ich in meinem Leben noch keinen Rotwein gekostet.
»Prost!« rief der Mann.
Ich setzte das Glas an und meinte, die Engel im Himmel singen zu hören: das war ja köstlich! Aromatisch, voll und herrlich süß ...
Nach jedem folgenden Auftritt hielt mir der freundliche Spender ein nächstes, funkelndes, bis zum Rand gefülltes Glas mit ausgestrecktem Arm entgegen. Ich trank ... und ging auf einmal in die Knie. Alles drehte sich um mich her. Ich wurde an die frische Luft geschleift – volltrunken ...
Später erfuhr ich, daß sich der Mann einen bösen Spaß mit mir geleistet hat. Der »Rotwein«, den er mir so eifrig spendierte, bestand aus Rum und Kirschlikör. Eine brisante Mischung!

Am nächsten Vormittag hatte ich Theaterprobe. Der Kapellmeister sah mein Gesicht und fragte: »Junge, was hast du denn gemacht?«

»Ich ... ich habe ...« Ich wollte sagen: »gesungen«, aber da ich an »getrunken« dachte, kam ein Mischwort zustande. Ich stotterte: »Gesunken ...!«

»So, so«, erwiderte der Kapellmeister trocken. »Gesunken! Geh nach Hause und sink mal ne Weile in Schlaf!«

In Zukunft hütete ich mich vor harten Sachen, allein schon meiner Mutter zuliebe, die der Vorfall sehr bestürzt hatte. Überdies nahm mich die Arbeit in Anspruch. Im Theater mußte ich außer den Stückproben die »Proben für Unstudierte« wahrnehmen, wobei es galt, mir die vierzig Opern des Duisburger Repertoires anzueignen. An vorstellungsfreien Abenden übte ich meist zu Hause am Klavier.

Wenn der Dienst mir Zeit ließ, bildete Professor Pilken meine Stimme für das berufliche Solistenfach weiter aus. Ich stand im 20. Lebensjahr, ich hatte seit meiner Kindheit gesungen. Mir war es selbstverständlich, mit meinem Gesang Freude, Erstaunen oder gar Bewunderung auszulösen. Jetzt fing Pilken mit mir wieder von vorne an, wie mit einem Anfänger. Das war – im übertragenen Sinne – Knochenarbeit.

»Du bist der Befähigtste«, hieß es immer. »Von dir wird mehr verlangt!«

»A, e, i, o, u« – immer auf einem Ton gesungen, eisern, ohne zu wackeln, ohne zu detonieren: ein wahrhaft monotones Training! Doppelvokale! »Ei, ai, eu, äu, oi«, von mir stets frisch und frei herausgeschmettert, wurden dem Schüler plötzlich als Hindernisse aufgebaut, wie einem Pferd die Parcours-Hürden.

Konsonanten, Doppelkonsonanten, Atemschulung, Klangfärbung, Ausdrucksmittel ... Ich lernte, daß eine Stimme (eine Solisten-Stimme) ein Gebäude mit sehr eigener Architektur ist – wohl »auf Luft gebaut«, an Gesetze gehalten. Doch wenn es endlich steht, muß es unverwechselbar sein.

Ich bin Gustav Pilken dankbar, daß er trotz aller Formung meiner Stimme ihren Charakter beließ. Sie klang noch ebenso natürlich wie vorher, aber insgesamt veredelter.
Die deklamatorischen Mittel der Jahrhundertwende, denen viele Stimmbildner noch anhingen und (hörbar) auf manches »Opfer« meiner Generation vererbten, sind mir erspart geblieben. Es heißt nun mal: »Mein liebes Kind...« Und eben nicht: »Moin lübes Künd...!« Das ist, besonders für den Liedgesang, zum Beispiel für Schumanns »Dichterliebe« mit den Texten von Heine, von ausschlaggebender Bedeutung.
Im übrigen galt es, das mühevoll Gelernte *mühelos* anzuwenden. Die Stimme ist ein Teil der Seele, beide müssen natürlich bleiben.

In den wenigen wirklich freien Stunden war ich begierig, die Proben der Solisten auf der Bühne zu verfolgen. Doch der Intendant liebte Kiebitze im Zuschauerraum nicht. So suchte ich mir einen Platz in den Kulissen. Hier bekam ich es mit dem Inspizienten zu tun. Er war ein typischer Berliner, ein an sich sehr netter Kerl, mit dem ich später gut Freund wurde. Erst einmal gerieten wir aber hart aneinander, und zwar so, daß es mich um ein Haar meine Karriere gekostet hätte.
Mit zwei Chorkollegen, die auch vom Zuschauen und -hören profitieren wollten, stöberte mich der Inspizient aus dem Kulissenversteck auf: »Haut ab!« befahl er mir. »Ihr habt hier nichts verloren!«
Ich sagte: »Mann, wir machen uns so dünn wie möglich. Wir lungern hier nicht rum, das siehst du doch. Wir wollen nur lernen!«
»Quatsch! Lernen!? Lernt gefälligst, die Beene in die Hand zu nehmen, wenn ick wat sage. Ihr stört hier! Ab!«
»Wir stören nicht...« beteuerte ich.
Er ließ mich nicht ausreden, sondern drängte mich weg. Ich weiß nicht, was über mich kam. Es war wohl ein Aufbegehren gegen

die Ungerechtigkeit: Lange genug hatte ich auf mir herumtrampeln lassen, Jahre um Jahre im Friseurgeschäft, wo ich es allen hatte recht machen wollen. Jetzt war ich voller Eifer zu lernen, war mit Herz und Seele bei der Sache – und da behandelte mich schon wieder einer wie ein lästiges Übel.
Kurz, er faßte mich an, ich schlug zu – und der Mann ging zu Boden. Er war k. o. Große Aufregung. Skandal!
Ich stand total perplex vor dem reglosen Körper des Inspizienten. Meine beiden Chorkollegen erfaßten blitzschnell die Gefahr der Situation und holten alle nur greifbaren Chormitglieder heran. Als Intendant, Regisseur, Regieassistent das langsam erwachende Opfer mit Fragen bestürmten, standen meine Hilfstruppen bereits hinter mir.
Taumelnd kam der Inspizient hoch. Mit der linken Hand hielt er sich das Kinn, mit der rechten wies er auf mich: »Der da! Der Schock! Der hat mir das Ding verplättet, nur weil ich ihn aufgefordert habe –«
»Stimmt nicht ...!« rief mein Chor im Chor. »Der Inspizient hat angegriffen! Schock hat sich nur gewehrt!«
Eins muß ich noch heute ausdrücklich betonen: Die Kollegen, wie sie mich auch immer einschätzen mochten, stellten sich ohne Zögern hinter mich und hielten eisern zu mir. Die Darstellung des Inspizienten wurde von mehreren Zeugen bestritten; da konnte er sagen, was er wollte, er war überstimmt. Das war sicher kein Triumph für mich, aber es war meine Rettung. Ich wäre sonst auf der Stelle rausgeflogen. Der Inspizient war eine bewährte Kraft, ihm sah man einen Ausrutscher eher nach als einem Novizen. In seiner Verblüffung bildete er sich sogar vielleicht ein, mich angegriffen zu haben. Jedenfalls kam er nie wieder auf den Vorfall zurück. Und, wie schon gesagt, wir wurden später gute Freunde.
Am Theater wirkte ein hervorragender Regisseur, der zum Ärger der anderen gerade die jungen Chorsänger – meine Schwester, mich und zwei, drei weitere – gern herausstellte. Der Regisseur

hieß Rudolf Scheel, war Assistent des später sehr berühmt gewordenen Walter Felsenstein – so wie auch Dr. Günther Rennert, den ich ebenfalls kennenlernen sollte.
Scheel trat mit 33 Jahren sein Engagement in Duisburg an, ein Jahr später wurde er unser Intendant. Er inszenierte voller Werkbesessenheit und Einfallsreichtum. Ich habe selten wieder einen Regisseur erlebt, der einen Chor so wundervoll zu führen wußte. Jeder Chorsänger fühlte sich unter seiner Leitung als Solist.
Seine Vorstellungen beobachtete er allabendlich mit Argusaugen. Er paßte auf, ob auch jeder einzelne genau das tat, was er angeordnet hatte. Er hatte jeden Schritt und jede Geste im Kopf. Wehe, es tanzte einer aus der Reihe! Bei Scheel entsprach die fünfzigste Aufführung auf die Nuance der allerersten.
Es gab natürlich auch Kollegen, denen Scheels Exaktheit nicht paßte. Sie hielten sein Perfektionsstreben für einen Fimmel (wie ja auch die Schule Felsensteins lange umstritten war).
Uns jungen Leuten aber – besonders meiner Schwester und mir –, die wir uns mit Herz und Seele der Bühne verschworen hatten, machte die Arbeit Spaß. Das wollten wir ja gerade! Wir wollten ernstgenommen werden, selbst wenn es sich um die kleinste Rolle handelte! Was ist denn ein Theater ohne Kleindarsteller – und was ist ein Kleindarsteller ohne das Bewußtsein seiner Wichtigkeit für die Inszenierung?!
Später, als meine Schwester und ich selber Gesangsstars waren, sie in der Operette, ich in der Oper, haben wir diesen Ehrgeiz bei Nachstrebenden, Aufstrebenden immer respektiert und verstanden, ja, sogar gefördert.
Vorläufig aber strebten *wir*...

Das Jahr 1936 kam. In Berlin fanden die XI. Olympischen Spiele neuer Zeitrechnung statt (in Garmisch die Winterspiele), und bereits Monate vorher wurde in Presse und Funk

immer wieder darauf hingewiesen, daß die Zahl der gemeldeten Teilnehmerscharen alles übertreffen würde, was die Welt je erlebt hätte.
Es versteht sich, daß die Hitler-Diktatur dieses Weltereignis zu einer gigantischen Selbstdarstellung nutzte. Was lag näher, als dem Sportlichen gleich das Kulturelle anzugliedern, um der Welt auch auf dem musischen Gebiet Höchstleistungen vorzuführen? Und welche Stätte war dazu geeigneter als Bayreuth?
Bayreuth warf seine Schatten voraus – auch auf unser Duisburger Theater.
Die Bayreuther Festspielleitung hatte zeitig einen versierten Chordirektor auf Talentsuche geschickt, den Österreicher Friedel Jung. Der reiste nun in Deutschland herum, ließ sich vorsingen, um nur die aller-allerbesten Chorsänger für Bayreuth herauszupicken.
Auch in Duisburg hatte Friedel Jung sich angesagt.
Meine Schwester Elfriede und ich, wir fieberten vor Aufregung.
Um so abgrundtiefer war unsere Enttäuschung, als wir am Schwarzen Brett den Anschlag lasen:

ZUM VORSINGEN FÜR DEN BAYREUTHER FESTSPIEL-CHOR KOMMEN NUR SOLCHE DAMEN UND HERREN IN FRAGE, DIE BEREITS DREI VOLLE JAHRE IM ENGAGEMENT SIND! AUSNAHMEN WERDEN NICHT GEMACHT.
DIESBEZÜGLICHE VORSPRACHEN UND EINGABEN JÜNGERER KRÄFTE SIND ZWECKLOS!
GEZ.: DER INTENDANT GEZ.: DER OBMANN DES CHORES

Was nun?
Weder Elfriede noch ich waren bereit, die Flinte ins Korn zu werfen. Wir wollten nach Bayreuth, koste es, was es wolle! Elfriede war zwar ein Jahr länger am Theater, trotzdem aber noch unter der Zeit – und auch ich galt, ungeachtet meines Anfangserfolgs – längst nicht als vollwertiger Chorsänger.
Aber wir hatten Stimmen, unserer Meinung nach bessere als mancher andere! Wir fanden den pauschalen Ausschluß aus dem

Wettbewerb geradezu unerhört. Eine solche Benachteiligung wollten wir uns nicht gefallen lassen.
Also marschierten wir – Elfriede, ihre Kollegin und Freundin Lotte Gosebruch und ich – frech und gottesfürchtig in den »Duisburger Hof«, in dem der Bayreuther Talentsucher wohnte. Tatsächlich empfing er uns, und ich sagte: »Entschuldigen Sie, Herr Direktor, wir gelten zwar als Anfänger, aber wir möchten trotzdem vorsingen dürfen.«
Friedel Jung lachte. Etwas an unserem Auftreten und an unserer feurigen Entschlossenheit gefiel ihm. »Ich muß mir morgen erst einmal die erfahrenen, etablierten Chorsänger im Theater anhören«, erwiderte er schmunzelnd. »Danach aber, wenn das vorbei ist, kommt ihr hierher in mein Hotel und singt mir vor. Einverstanden?«
Und ob wir das waren!
Auf dem Heimweg packte Elfriedes Freundin die Angst vor der eigenen Courage. Kleinlaut meinte sie: »Wenn die anderen aber nun doch besser sind als wir?«
»Quatsch!« erklärte Elfriede energisch. »Keiner ist besser! Der Rudi wird es bestimmt schaffen!«
Elfriede sollte recht behalten.
Am nächsten Vormittag begann das Vorsingen der »vollwertigen« Chorsänger. Verabredungsgemäß erschienen wir drei am Abend wieder im »Duisburger Hof«.
Friedel Jung empfing uns ein wenig lustlos.
»Ihr wißt«, sagte er, »ich habe hohe Maßstäbe anzulegen – sogar höchste Maßstäbe. Ihr dürft von mir nicht erwarten, daß ich ein Auge zudrücke, besser gesagt: ein Ohr – nur weil ihr es seid. Ist das klar?«
»Ja!« riefen wir drei wie aus einem Munde.
Nun lächelte er wieder. »Also, dann – legt mal los!«
Wir sangen wie die Engel. Wir schmeichelten uns mit unseren Kantilenen in sein Herz hinein. Wir sangen den »Nöck« von Carl Loewe, von dem es in Kopischs Text heißt:

»Du wirst mit deinem Singen
zum Paradiese dringen ...«

Und zum Paradiese, das für uns blutjunge Sänger gleichbedeutend mit Bayreuth war, wollten wir ja dringen!
Als wir geendet hatten, sagte der Chordirektor: »Das ist ja geisterhaft! Als ob ihr es geahnt hättet! Wißt ihr schon, daß ich mich für keinen einzigen aus dem Duisburger Theaterchor entscheiden konnte, obwohl gutes Material dabei war?«
»Nein«, murmelten wir.
Jung erhob sich: »Ihr habt meine müden Ohren wieder munter gemacht. Euch nehme ich! Alle drei, wie ihr da steht! Du da – wie heißt du?«
»Rudi ... äh, Rudolf Schock«, stammelte ich.
Er sah mich nachdenklich an: »Du hast etwas ganz Eigenes in der Stimme, weißt du das?«
»Das ... das hat mir schon mancher gesagt!«
»Stimmt!« assistierte Elfriede.
»Schön«, erklärte Jung. »Schreibt mir eure Namen auf, morgen kriegt ihr den Bescheid über eure Theaterleitung. Offiziell! Es muß ja alles seine Ordnung haben. So, was ist noch?«
Wir drucksten herum. Wir hatten uns bereits überlegt, daß es selbst im allergünstigsten Falle Schwierigkeiten geben würde, und zwar mit unserem Chor-Obmann. Selbst wenn er gegen unseren Höhenflug nach Bayreuth nichts unternehmen konnte – die Eigenmächtigkeit würde er uns niemals verzeihen. Also machten wir einen Vorschlag: »Wenn wir unseren Chor-Obmann mitnehmen könnten, wäre alles viel leichter«, sagte ich.
Direktor Jung musterte uns noch einmal nachdenklich. Die Entscheidung war kein Spaß. Er hatte sie zu verantworten. Kenner der Szene wissen, welche Anforderungen an jedes einzelne Mitglied des »Großen Festspielchors Bayreuth« gestellt werden.
Direktor Jung kam uns entgegen: »Ich nehme den Mann aber nicht nur, weil ich euch drei haben will«, erklärte er, »sondern weil er äußerst zuverlässig und musikalisch ist.«

Bayreuth! *Das* internationale Festspielzentrum innerhalb der deutschen Reichsgrenzen, seit Jahrzehnten Wirkungsstätte der größten Sänger, Dirigenten und Regisseure, Treffpunkt gekrönter und ungekrönter Staatsoberhäupter und aller möglichen Spitzen der mondänen Gesellschaft... Für uns bisher immer nur der Inbegriff des Unerreichbaren: Und nun, auf einmal, durften wir, die »Chorzwerge«, wenigstens am Rande dieses goldenen Tellers mitwirken. Am Rande: der Rand allein erschien uns bereits als Mittelpunkt. Mehr würden wir im Leben wohl nicht erreichen...

Am 17. Juni 1936 ging die Reise los (für Elfriede und mich die zweite Reise seit unserer Kindheitsfahrt nach Thüringen). Ich war genauso aufgeregt wie damals als kleiner Junge.

Die beseligende Hochstimmung wich an Ort und Stelle schnell der Verschüchterung. Wohl war ich ein wenig enttäuscht, die Hochburg Wagners nicht gleich vom Bahnhof aus wie eine Gralsburg am Himmel schweben zu sehen – weiß Gott, was ich mir vorgestellt hatte! Das genau sechzig Jahre alte Festspielhaus auf dem Hügel erschien mir äußerlich eher bescheiden, nüchtern.

In unserem Übereifer fanden wir uns am nächstfolgenden Tag zwei Stunden vor der angesetzten Zeit zu den Proben ein. Wir konnten es gar nicht erwarten, uns den mannigfachen Göttern zu stellen, die hier schalteten und walteten.

Aber wir waren an der Festspielstätte nicht die einzigen. Wir begegneten zwei jungen Damen, die sich dort neugierig umsahen. Die eine hatte schöne dunkle Haare, und sie trug zu einem schicken Jägerkostüm ein flottes grünes Hütchen. Ich verdrehte mir den Kopf nach ihr, so daß meine Schwester spottete: »Fang ja nicht gleich am ersten Tag zu poussieren an!«

Wir jungen Sänger und Sängerinnen versammelten uns später im Chorsaal zur alphabetischen Namensregistrierung. Als der Name Schock fiel, standen mit mir zusammen gleich zwei Mädchen auf: meine Schwester und die schon erwähnte junge Dame im Jägerkostüm. Es stellte sich heraus, daß sie Irene Schork hieß. Das war natürlich ein willkommener Vorwand, sie anzusprechen. Ich spürte bald, daß auch ich ihr sympathisch war. Kurz, wir verliebten uns Hals über Kopf ineinander. Irene stammte aus Chemnitz, dort war sie auch am Theater beschäftigt. Sie hatte eine schöne (für mich um so betörendere!) Mezzosopran-Stimme.

Erst nach Wochen der Seligkeit kamen wir darauf, daß Irene ganze sechs Jahre älter war als ich. Aber das dämpfte unser Glück nicht, und beim Abschied gelobten wir einander, uns bei nächstbester Gelegenheit wiedersehen zu wollen...

Als die Namen aller Chorsänger aufgerufen worden waren, begann die Arbeit, und mit ihr stellte sich das Hochgefühl, das Gefühl dauernder Erwartung, wieder ein.

Die Inszenierung der romantischen Schwanenritter-Oper *Lohengrin* besorgte Heinz Tietjen, nun schon seit 1927 Generalintendant aller Preußischen Staatstheater, dazu Leiter der Bayreuther Festspiele seit 1931. Es hieß, seit 1908 habe man den sprichwörtlichen Schwanengesang »Mein lieber Schwan...« in Bayreuth nicht mehr gehört, nun aber solle er desto herrlicher, desto unvergeßlicher wieder ertönen.

In der musikalischen Leitung wechselten Tietjen und Furtwängler einander ab. Wilhelm Furtwängler, einer der berühmtesten Dirigenten seiner Zeit, war für uns junges Gemüse damals bereits eine Legende. Ehrfürchtig sahen wir den hochgewachsenen, melancholischen Mann mit dem Gelehrtenkopf. Wo er ging und stand, wirkte er meist in sich gekehrt, abwesend, gelegentlich sogar abweisend. Er genoß bei den Musikern – wie in der ganzen musikalischen Welt – eine beispiellose Verehrung.

Der junge Rudi Schock ahnte nicht, daß er mit diesem Zauberer des Taktstocks dereinst als Solist auf einer anderen Festspielstätte zusammenkommen würde...

Wir Chorsänger interessierten uns hauptsächlich für die großen Kollegen des Solofachs: Maria Müller, Frida Leider, Margarete

Klose, Max Lorenz, Josef von Manowarda, Jaro Prohaska, Rudolf Bockelmann und andere Spitzenkräfte.

Wer aber beschreibt mein Erstaunen, meine Andacht und Hingerissenheit, als ich die Stimme eines jugendlichen Heldentenors hörte, deren Schönheit und Ausdruck alles übertraf, was mir in meinem jungen Sängerleben je zu Ohren gekommen war: die Stimme Franz Völkers.

Er sang sowohl den wiedererweckten *Lohengrin*, als auch den Siegmund in der *Walküre*. Von Heldentenören, auch von den sogenannten jugendlichen (die kein Lebensalter, sondern ein Zwischenfach bezeichnen), hatte ich leider oft mehr oder weniger angestrengtes Gebrüll gehört.

Völker-Lohengrins Auftrittslied, als er sich in tiefem Schweigen aller von dem Schwan verabschiedet:

»Nun sei bedankt, mein lieber Schwan!
Zieh' durch die weite Flut zurück,
dahin, woher mich trug dein Kahn,
kehr wieder nur zu unserem Glück!«

erschütterte mich mit seinem Wohlklang in tiefster Seele. Zum ersten Mal erlebte ich Gesangstöne von so unerhörter Schönheit aus nächster Nähe. Im Brautgemach (jeder kennt das Motiv: »Treulich geführt...«), in dem Elsa und Lohengrin zurückbleiben, steigerte Franz Völker im Duett mit Maria Müller den Eindruck immer weiter:

»Das süße Lied verhallt...«

mit so natürlicher Behutsamkeit, männlich-zart, freudig, »sinnberückend«, wie es im Text ja vorgegeben ist, den er zu singen hatte.

Heute, nach fast fünfzig Jahren, ist mir jede Nuance, jede Kantilene dieses Sängers gegenwärtig, wenn ich mir eine Arie, ein Lied von seiner Stimme nur vorstelle. Ich begriff: So muß man singen. So müßtest du, Rudi Schock, einmal singen können.

Übrigens wurden in der Gralserzählung für Franz Völker 56 ursprünglich gestrichene Takte wieder »geöffnet«:

»Nun höret noch, wie ich zu euch gekommen«

und so weiter, und es ist später bewundernd behauptet worden, Hitler, der die Premiere besucht hatte, habe das sofort bemerkt. Aber bei nur oberflächlicher Kenntnis des *Lohengrin* erkennt das jeder Schüler, denn die Takte folgen dem üblich gewordenen Abschluß der Gralserzählung.

An einem Vormittag, bei schönstem Sommerwetter, gelang es mir, Franz Völker im Bayreuther Park zu sprechen. Ich hatte mich feingemacht, mir einen gestreiften Schlips umgebunden, auf den ich sehr stolz war. Der weltberühmte Sänger trug ein Hemd mit offenem Kragen.

Immer wenn ich von einer Überzeugung durchdrungen bin, äußere ich sie freimütig und rückhaltlos. Das bahnte sich damals schon an. In solchen Fällen verlor ich meine Schüchternheit.

So gestand ich Franz Völker, wie mich seine Stimme und sein Gesang begeisterten. Der große Sänger muß gemerkt haben, daß es sich nicht nur um das Lippenbekenntnis eines kleinen Chorsängers handelte. Er hörte mich freundlich und aufmerksam an.

Die Begegnung war ein Höhepunkt meines bisherigen Lebens, und ich freue mich immer wieder, daß sie zufällig im Bilde festgehalten worden ist. Das Foto gehört zu den Kostbarkeiten meiner Erinnerungsdokumente.

Nach dem Krieg, als »mein Stern zu leuchten begann«, schrieb mir Franz Völker: »... gut zu wissen, daß es wieder einen deutschen Tenor gibt, der wirklich schön singen kann.«

Dasselbe dachte ich wiederum, als ich später meinen Freund und Kollegen René Kollo als Lohengrin in einer Fernsehübertragung aus Bayreuth hörte ...

Die Bayreuther Festspiele 1936 waren die ersten, die über Rundfunk verbreitet wurden. Mitschnitte dieser *Lohengrin*-Übertragung sind auf Schallplatten festgehalten, und wenn ich genau hinhöre, gibt es eine exponierte Chorpassage, in der ich mich herauszuhören glaube.

War es 1936 die erste direkte Rundfunkübertragung aus Bay-

reuth, bei der ich als Chorsänger dabei sein durfte, so hatte ich die Ehre, 1959 als Walther von Stolzing in den *Meistersingern von Nürnberg* an gleicher Stätte bei der ersten Fernsehübertragung aus Bayreuth mitzuwirken.
Ich hätte jeden für verrückt erklärt, der mir gesagt hätte: »23 Jahre später wirst auch du als Solist hier singen. Wieland, einer der Enkel Wagners, wird dich rufen und unter die Meistersinger stellen, damit du – als Walther von Stolzing, ein junger Ritter aus Franken – mit dem Siegeskranz aus Lorbeer und Myrten geehrt wirst. Und die Platten und Kassetten werden es für deine Enkel festhalten«:

»Huldreichster Tag,
dem ich aus Dichters Traum erwacht!
Das ich erträumt, das Paradies,
in himmlisch neu verklärter Pracht
hell vor mir lag,
dahin lachend nun der Quell den Pfad mir wies ...

... durch Sanges Sieg gewonnen ...«

Wegen der XI. Olympischen Spiele in Berlin fanden die Bayreuther Aufführungen nicht durchgehend statt. Das heißt, die Bayreuther Saison wurde in zwei Etappen durchgeführt, die erste vor, die zweite nach dem sportlichen Weltereignis in der Reichshauptstadt.
Das sah so aus:

Vom 19. bis 30. Juli 1936 – 1. Halbzeit Bayreuth.

(Vom 1. bis 16. August Olympische Spiele.)

Am 18. August Wiederaufnahme der Bayreuther Musikfestspiele und Weiterführung bis zum 31. August 1936.

Für uns bedeutete das einen unerwarteten Zwischenurlaub, den wir, soweit es unsere Mittel zuließen, zu Ausflügen in das nahegelegene Fichtelgebirge nutzten.
Aber trotzdem waren wir froh, als die Festspiele fortgeführt wurden. Auf der Bühne waren wir in unserem Element. Abends

nach der Vorstellung gingen wir in das berühmte Künstlerlokal »Die Eule«, quetschten uns an einen Tisch nahe der Tür und beobachteten mit glühenden Blicken die berühmten Solisten, die da zwanglos und munter beim Weine saßen. Sie tranken »Boxbeutele« und aßen warmes Käsebrot, ganz wie gewöhnliche Menschen. Da war Rudolf Bockelmann, der bereits vor zwei Jahren hier in Bayreuth seinen 100. Sachs in den *Meistersingern* gefeiert hatte, dann der »schwarze Baß« Josef von Manowarda, die Altistin Margarete Klose, auch eine »Jahrhundertstimme« – sie saßen da, so nahe, und doch für uns Chorsänger in unerreichbarer Ferne – eben auf der Höhe des Wagnerschen Parnasses!
Bis ich auf diesem Parnaß stehen sollte, hatte ich noch so manche Hürde zu überspringen:

»... durch Sanges Sieg ...!«

Hindernislauf zum Ziel

Aus dem Chorsänger
wird ein Solist

Aus Bayreuth nahm ich unterschiedliches Gepäck mit nach Hause: den Nachklang einiger der schönsten Stimmen der Welt im Herzen, dazu aber noch eine gehörige Portion Verliebtheit.
Irene und ich hatten vereinbart, uns wiederzusehen. Aber wo? Ein paar Briefe flatterten hin und her, und schließlich einigten wir uns auf ein Treffen in Hannover, weil diese Stadt etwa auf der Mitte zwischen Chemnitz und Duisburg lag.
Unser gemeinsames Interesse war ja die Musik, und deshalb liefen wir erst einmal ins Opernhaus, bevor wir uns mit uns selbst beschäftigten.
An diesem Abend gab es den *Barbier von Bagdad* von Peter Cornelius. Der Tenor ließ mich aufhorchen: Es war Peter Anders, dessen Namen ich vorher nie gehört hatte. Sein Stern sollte bald am Berliner Opernhimmel leuchten. Sehnsüchtig lauschte ich später seiner Stimme am Radio als Soldat im fernen Rußland. Nach dem Kriege kreuzten sich unsere Wege, wir wurden sogar Freunde. Tragischerweise kam Peter Anders im Jahre 1954 bei einem Autounfall ums Leben...
Mein Liebestraum mit Irene in Hannover dauerte ganze 24 Stunden. Als ich sie mit einem innigen Kuß verabschiedet und in den Zug nach Chemnitz gesetzt hatte, stellte ich zu meinem Schrekken fest, daß ich meine Rückfahrkarte verloren hatte.
Was nun?
Ratlos schlenderte ich über den Bahnhofsvorplatz in die erstbeste Straße.

Mittlerweile war es dunkel geworden.
Ich blieb vor einem Restaurant stehen. Es war ein solides, kleinbürgerliches Eßlokal, in dem unüberhörbar lebhafter Betrieb herrschte. Mehr einer Eingebung folgend als einem bestimmten Vorsatz, ging ich hinein.
Essensdüfte drangen mir in die Nase. Sie gemahnten mich daran, daß ich nebenbei auch Hunger hatte. Ich sah Portionen mit Koteletts, Kartoffeln, Gemüse. Terrinen wurden an mir vorbeigetragen, denen ein köstlicher Geruch nach Erbsen mit Speck nachwehte.
»Setzen Sie sich da in die Ecke!« rief ein Kellner im Vorübereilen. »Da ist noch Platz, junger Mann!«
Ich aber sah ein Klavier, auf dem ein älterer Mann mißmutig vor sich hin klimperte. Draußen hatte ich ein Schild gelesen:

STIMMUNGSMUSIK.

»Stimmung ...!« blitzte es in mir auf. »Na, da kannst du nachhelfen.«
Ehe ich's mich versah, stand ich neben dem Klavier. Und bevor der Spieler es richtig begriff, hatten wir uns geeinigt. Ich »schmetterte« mal wieder.

»Freunde, das Leben ist lebenswert!«

übertönte meine von Geldnot und Hunger beflügelte Stimme die Gespräche an den Tischen.
Es wurde plötzlich ganz still.
Ich sang und sang. Mir stand der Schweiß auf der Stirn, denn ich sah verklärte Mienen, und ich dachte in furchtbarem Schreck: Die sind so andächtig. Hoffentlich scheuen sie sich nicht, Trinkgelder zu geben!
»Weiter ...! Weiter ...!« rief mir der Klavierspieler zu. Er kannte sein Publikum offenbar besser. Und er hieb in die Tasten, so daß man für das altersschwache Klavier fürchten konnte.

»Komm in die Gondel, mein Liebchen, o steige nur ein ...«,

lockte und strahlte ich, während mir heftig nach Würstchen und Kartoffelsalat mit einem kleinen Bierchen zumute war.

Der Geschäftsführer kam herbeigeschossen. Doch mitten im Lauf verharrte er, ein verständnisinniges Lächeln überzog sein Gesicht.
»Bravo...!« riefen die Gäste. »Bravo! Noch etwas...!«
Kellner und Geschäftsführer sammelten eifrig Bestellungen, das Geschäft blühte. Auf dem Klavier füllte sich der Teller mit Münzen, ja, sogar mit Silberstücken.

»Treu sein, das liegt mir nicht...!«

sang ich mit Verve, obwohl mich doch gerade die Treue zu Irene in diese jämmerliche Lage gebracht hatte. Am liebsten hätte ich das begeisterte Publikum lauthals angeschmeichelt: »Eine Rü-hück-fahrkarte nach Dü-ü-üsburg ... und ein Paar Würstchen als We-hegze-her vorweeg...!«

»Wien und der Wein, Wien und der Wein,
das muß ein Stück vom Himmel sein...«

Gäste, die bereits hatten gehen wollen, setzten sich wieder hin und gaben neue Bestellungen auf. Der Geschäftsführer, dem ich zwischen zwei Gesangsnummern von meinem Pech erzählte, beruhigte mich: »Wir haben noch Zeit!« (Wir!) »Ihr Zug geht erst in einer Stunde!« (Er meinte natürlich den spätesten.) »Singen Sie weiter, ich lasse Ihnen ein Schnitzel servieren.«
Zuletzt teilte ich die Einnahmen mit dem Klavierspieler, das heißt, ich ließ ihm den Löwenanteil und nahm nur den Preis für die Fahrkarte. Aber das Schnitzel und einige Gläser Bier verschmähte ich nicht. Dann rannte ich zum Bahnhof, ließ mich erleichtert auf eine Holzbank in einem Abteil dritter Klasse fallen und fuhr von Hannover nach Duisburg zurück.
So endete mein verspätetes Nachspiel zu den Bayreuther Festspielen...

In Duisburg begann nun wieder eine Zeit härtester Arbeit. Mittlerweile hatte ich alle Chorpartien der in Frage kommenden Opern nachstudiert. Ein- oder zweimal in der Woche arbeitete Professor Pilken an der Vervollkommnung meiner Stimme.

Der Duisburger Theaterleitung fiel ich angenehm auf, so daß man mir laufend kleine Rollen anvertraute: In Mozarts *Zauberflöte* sang ich den Ersten Priester und in Verdis *Troubadour* den Boten.

Eines Tages, etwa eine halbe Woche vor der Premiere von Wagners *Rheingold*, erkrankte der lyrische Tenor Albert Weikenmeier, der die Rolle des Froh, einen der vier Götter, zu singen hatte.

»Rudi, das ist für dich eine einmalige Chance. Die Rolle darf kein anderer übernehmen als du. Also beeil dich sie einzustudieren!«

Der mir das sagte, war der junge Theaterkapellmeister Alfons Römer, mit dem Elfriede und ich befreundet waren.

Ich ging die Rolle durch und wandte ein: »Um Himmels willen! Ich habe die Oper noch nie gehört. Frohs Einsätze liegen ›meilenweit‹ auseinander. Wenn ich ein Stichwort verpasse, ist das ganze Stück geschmissen!«

»Nichts wird geschmissen, wenn ich dir helfe«, erklärte Alfons. »Wir müssen drei Tage und drei Nächte üben.«

Er traf eine Vereinbarung mit dem Intendanten, und die Art, mit der mich Römer in die Zange nahm, verriet mir, daß es für uns beide um Kopf und Kragen ging. Er war etwas blaß um die Nase, denn der Intendant hatte ihm gesagt: »Schön. Ich vertraue Ihnen. Aber – (und dies in eisigem Tone) – bedenken Sie: Das Duisburger Theater ist keine Schmiere.«

So wand ich mich denn, mit Alfons am Klavier, im Schweiße meines Angesichts durch das ganze Palaver zwischen Göttern, Göttinnen, Riesen und Zwergen hindurch, einmal, zweimal, dreimal – unzählige Male. In meinem Kopf wimmelte es von Stichworten:

»Sieh, welch trugvollem Schelm du getraut!«

(Die Göttin Fricka zum Gott Wotan über den Gott Loge.)

»Den Ring muß ich haben!«

(Womit Gott Wotan natürlich Wagners bedeutendstes Geschmeide, nämlich den Ring des Nibelungen, verlangt!)

»Schwester! Brüder! Rettet, helft!«
(Die Göttin Freia schreiend, während sie von den Riesen weggetragen wird.)
Im Text hatte ich einmal zu singen: »Mir stockt das Herz!«
Und es drohte mir während der Einstudierung, die eher einer Musikschlacht glich, mehrmals zu stocken, wenn ich an das Risiko dachte.
Doch Alfons Römer sagte: »Du kannst es. Sei froh, du bist ein herrlicher Froh!«
Der Premierentermin kam heran. Im Theater versammelte sich alles, was in Duisburg und um Duisburg herum Rang und Namen hatte. Meine Mutter zitterte in der Garderobe, während sie die Mäntel der illustren Gäste weghängte.
Mein höchstpersönlicher Schutzgott Alfons Römer war guten Mutes. Er hatte mit mir ein System ausgemacht, mir die Einsätze zu signalisieren:
Langsames Erheben der rechten Hand hieß »Achtung!«
Stillhalten der Hand in Kopfhöhe hieß »Fertig!«
Rasches Hinunterstoßen der Hand: »Los...!!!«
Vor Aufregung trat ich mir buchstäblich ein Startloch in die Bretter, bevor das erlösende Stichwort fiel.
Wotan verhandelte gerade mit den Riesen Fasolt und Fafner. Er hatte den beiden in einem unbedachten Moment die liebliche Göttin der Jugend, Freia, versprochen, will sie nun aber nicht hergeben. Wotan macht einen Vorschlag zur Güte. Die Riesen sollen etwas anderes verlangen.
Unwirsch lehnen diese den Vorschlag ab. Fafner wendet sich kurzerhand an Freia und befiehlt in barschem Tone: »Du da, folg uns fort!«
Mit diesem Befehl, der ja unmißverständlich ist, wurde nun auch die Situation für mich explosiv – denn ich mußte »raus«! Die Riesen dringen auf die arme Freia ein. Freia ruft: »Helft! Helft vor den Harten!« (Gemeint sind die Riesen.)
Aber da bin ich, der rettende Gott Froh, mit dem mir folgenden

Gott Donner schon auf der Bühne. Die Riesen tummeln sich mit haschenden Gebärden um die im Kreise fliehende Freia. Und nun habe ich die Bedrängte aufzuhalten, sie meinen schützenden Armen anzuempfehlen:

»Zu mir, Freia! –

(und zu einem der Riesen:)

»Meide sie, Frecher!
Froh schützt die Schöne!«

Nun sollte ich Freia schützend umfangen, wie eben ein Gott eine liebliche Göttin an seinem mächtigen Leibe hirtenhaft birgt. Aber – ach! Ich, der schützende Gott, war ein gerade erst 21jähriger junger Mann, wenn auch gut gewachsen, durchtrainiert und stark.

Und die Freia, die ich schützen sollte, wuchs vor mir auf wie eine Statue. Sie war eine stattliche, in jeder Hinsicht »gestandene Person«.

Und jetzt kam ich, eher ein Floh, als ein Froh, und maßte mir an, sie in meine Arme zu nehmen!

Ich höre mich heute noch rufen! »Froh schützt die Schöne!«

Das war leichter gesagt als getan. Mir schlotterten die Knie derart, daß die zu Beschützende jähes Mitleid packte mit dem Beschützer. Geistesgegenwärtig öffnete sie ihren wallenden Mantel und ließ mich darunter verschwinden, damit mich das Publikum nicht zittern sähe.

Da lag ich nun (der Gott!) wie das »Büblein klein an der Mutterbrust«!

Froh schützte nicht Freia – Freia schützte Froh ...!

Die Sopranistin Ellen Schiffer, die die Freia spielte, wußte es tatsächlich so einzurichten, daß es aussah, als klammere sie sich in ihrer Not an mich (während ich doch an ihr klammerte).

Ich staune noch heute über die Geistesgegenwart und Kollegialität dieser einsatzfreudigen Mimen an den damaligen Theatern. Wenn man oft – und nicht immer positiv – von »alter Schule« spricht: hier war sie, und ich bin glücklich, sie noch miterlebt zu

haben. Eines habe ich für meine eigene Laufbahn gelernt: jüngere, noch unsichere Kollegen zu ermutigen, ihnen in kritischen Momenten aus der Patsche zu helfen.
Auch das Handzeichen-System meines Helfers in den Kulissen klappte wie am Schnürchen. So meisterte ich, der Chorsänger, meine erste durchgehende Solistenrolle.
Alfons Römer war darüber nicht weniger glücklich als ich. »Paß auf, Rudi«, sagte er zu mir, »die Schinderei hat sich gelohnt. Du bist zum Solisten geboren, nicht zum Chortenor, der Froh war ein entscheidender Schritt nach vorn!«
Römer, später an der Staatsoper Berlin Repetitor und Begleiter weltberühmter Sänger, sollte recht behalten.

Am Duisburger Theater lief seit einiger Zeit auch die Operette *Die lustige Witwe* von Franz Lehár in einer hervorragenden Inszenierung.
Für das Publikum soll eine Lehár-Operette leicht scheinen. Für den Sänger-Darsteller ist eine Lehár-Operette sehr schwer. Es gibt sogar Sänger, die vor der Operette mehr Angst haben als vor einer Oper.
Ich hatte keine Angst, als man mir nach meinem Froh-Erfolg einen Tenorpart in der *Lustigen Witwe* antrug. Wieder war Albert Weikenmeier krank, und es galt, von einem auf den anderen Tag die Rolle des Rossillon zu übernehmen.
»Trauen Sie sich das zu?« fragte Otto Daue, der Regisseur.
»Aber natürlich!« erwiderte ich.
»Unterschätzen Sie die Aufgabe nicht!« meinte er daraufhin.
Der Operettenregisseur lieh mir seinen eigenen Frack, den ein bekannter Berliner Schneider angefertigt hatte. Er saß mir wie angegossen. Und so präsentierte ich mich strahlend in meiner ersten Frackrolle.
Das bekannte »Komm in den kleinen Pavillon« sang ich mit der ganzen Frische meiner Jugend. Ich sang es werbend, erwartungsvoll, von verhaltenem Jubel getragen. Natürlich fehlte das bravou-

röse hohe C nicht, der Ton der Lebensfreude, der das Publikum hinriß.

Danach war mir klar: Ich war wirklich »zum Solisten geboren«, ich mußte etwas tun, um mich weiterzubringen. Und so ging ich daran, mich gewissenhaft auf die Solistenprüfung im Frühjahr 1937 vorzubereiten.

Natürlich bemühte ich mich in jugendlicher Ungeduld schon vorher um Termine zum Vorsingen an anderen Theatern oder bei Opern-Agenturen. Ausgerechnet in der tollsten Karnevalszeit, als ich eines Morgens gegen halb sechs Uhr nach Hause geschwankt kam, hielt mir meine Mutter ein Telegramm entgegen: eine Einladung zum Vorsingen bei der Bühnenvermittlung in Frankfurt/Main, und zwar noch am gleichen Tage!

Ei, je, dachte ich. Und das ohne Vorbereitung, ohne die kleinste Mütze voll Schlaf. Doch dann sagte ich mir: Spring einfach rein ins Abenteuer! Was kann schon passieren? Den Kopf kostet's nicht.

Also setzte ich mich in den Zug und fuhr nach Frankfurt.

Um elf Uhr vormittags betrat ich die Agentur. Das Wartezimmer war voll von Bewerbern, knapp erwischte ich noch einen leeren Stuhl, auf den ich mich fallen lassen konnte.

Im »Allerheiligsten«, dem Büro des Agenten, saß der Intendant des Coburger Stadttheaters. Er suchte einen lyrischen Tenor. Es waren genügend junge Männer da, die sich für geeignet hielten, und ich beobachtete aus meinen müden Augen, wie einer nach dem anderen zum Vorsingen hineingebeten wurde.

Mir hatte ein Sekretär gesagt: »Sie haben ne Menge Zeit. Es ist fraglich, ob Sie vor der Mittagspause noch drankommen.«

Um so besser. Ich war todmüde. Bevor ich auf meinem Stühlchen einschlief, hörte ich die Bewerber im Chefbüro trällern. Um die Fernwirkung der betreffenden Stimmen zu prüfen, kam der Intendant jedesmal herausgeschossen, schloß die Tür, entfernte sich einige Schritte, legte den Kopf von einer Schulter auf die andere wie ein Vogel, der nach Futter späht, sprang unvermittelt wieder vor und preßte sein Ohr an die Tür.

Ich fand das reichlich albern. Na, das ist vielleicht ein komischer Kauz, dachte ich. Dann versank ich in Schlummer.

Plötzlich spürte ich einen Stups und hörte eine barsche Stimme: »He, aufwachen! Aufwachen . . .!«

Ich schreckte hoch: »Wo bin ich? Was ist los?«

»Was los ist? Wer soll hier vorsingen? Sie oder ich?« der Sekretär blickte mich ärgerlich an. »Auf, Mensch! Der Intendant wartet!«

Ich gähnte herzhaft und stolperte ins Büro.

Der Agent suchte meinen Namen auf seiner Liste, musterte mich von oben bis unten und sagte gnädig: »Nun, dann geben Sie mal was zum besten! Wir hören . . .!«

Er lehnte sich zurück, und der Intendant verschwand wieder hinter der Tür, um die Fernwirkung zu erproben.

Ach, wenn ich überhaupt mit einer Wirkung hätte aufwarten können! Die dumpfe Hitze im Wartezimmer hatte mir, der Karnevalsleiche, den Rest gegeben.

Ich sang mit dem Mute der Verzweiflung:

»Dies Bildnis ist bezaubernd schön . . .«

und hatte dabei immer das Bildnis des lauschenden, hin und her hüpfenden Intendanten hinter der Tür vor dem geistigen Auge. Mir war klar: Das wird ein Reinfall.

Ich sollte mich nicht getäuscht haben. Als ich geendet hatte, wollte ich mich für meine Indisposition entschuldigen, aber der Intendant unterbrach mich und hielt mir einen grundsätzlichen Vortrag über lyrische Stimmen im allgemeinen und im besonderen. Er tat, als sei er der Ziehvater Carusos gewesen.

Das ärgerte mich. Er hätte ja nur zu sagen brauchen: »Danke schön, junger Mann – aber das war wohl nichts!«

Statt dessen wurde er immer ausführlicher, schließlich faßte er zusammen: ». . . wie gesagt, ganz wunderschön! Prächtiges Material, Ihre Stimme. Aaaaaaaber ... die Stimme sitzt bei Ihnen im Hals!«

»Wo soll sie denn sonst sitzen, etwa im A . . .?« entfuhr es mir.

1 Fotos aus dem Familienalbum: unsere geliebte Mutter mit mir (auf dem Schoß) und den älteren Geschwistern Elfriede, Helmut und Alwin

2 Vater ist aus dem Weltkrieg heimgekehrt – der kleine Rudi als »Weltkind in der Mitten«

3 Im Kindergarten: der vierte von rechts bin ich, mein jüngerer Bruder Gerhard posiert vorne links

4 Als Siebzehnjähriger

5 Nächste Seite oben: Als Mitglied des Bayreuther Festspielchors im Künstlerlokal »Die Eule« (vorne links). Mit auf dem Foto vom 26. Juni 1936 die Wagner-Sänger Max Lorenz (Mitte), Frida Leider, Jaro Prohaska und Robert Burg (alle Mitte hinten)

6 Beim Spaziergang mit dem bewunderten Franz Völker, dem Festspiel-Lohengrin des Jahres 1936, im Bayreuther Park

7 Mit 21 Jahren sang ich am Duisburger Opernhaus am 19. Oktober 1936 meine erste nennenswerte Solopartie: Noch als Chorsänger engagiert, sprang ich nach wenigen Proben für einen erkrankten Solisten als Froh ein und rettete die »Rheingold«-Premiere.

8 Das Landestheater Braunschweig gab mir meinen ersten Solisten-Vertrag als lyrischer Tenor. Eine meiner frühesten Partien war dort am 31. Oktober 1937 der fünfzehnjährige Roderich in Norbert Schultzes heiterer Märchenoper »Schwarzer Peter«. Mit Margarete Vogel sang ich darin das Duett »Ach, ich hab' in meinem Herzen ...«

9 Auch in Otto Nicolais komisch-phantastischer Oper »Die lustigen Weiber von Windsor« war am 9. Juli 1938 Margarete Vogel meine Partnerin. Ich sang den Fenton, sie die Anna.

Der Intendant trat einen Schritt zurück, der Agent sah auf, als hätte ihn der Schlag getroffen.
Nun war's für mich an der Zeit, mir einen guten Abgang zu verschaffen. Ich sagte: »Meine Herren, ich habe schlecht gesungen. An Ihrer Stelle hätte ich mich auch nicht engagiert! Auf Wiedersehen ...«
Damit lag die peinliche Geschichte hinter mir, doch diese Pleite spornte mich zu desto ernsterer und nachhaltigerer Arbeit an.

Im Frühjahr 1937 fuhr ich nach Köln, um vor der zuständigen Stelle der Reichstheaterkammer meine Solistenprüfung abzulegen. Ich hatte zu diesem Zweck sechs Opernpartien besonders repetiert, die ich nun aber wirklich im Schlafe hätte singen können. Meine Stimme hatte sich inzwischen weiterentwickelt, ich war ausgeruht und eingesungen, körperlich fit und nervlich auf Draht, disponiert wie nie in meinem bisherigen Sängerleben. Es konnte mir überhaupt nichts passieren.
Und es passierte auch nichts! Im Gegenteil: eine meiner Lieblingsarien »Keiner schlafe« aus Puccinis *Turandot* gelang mir so überzeugend, daß mir im Anschluß an das hohe H einige weibliche Prüflinge um den Hals fielen.
Ich strahlte – und man beglückwünschte mich schon. Doch wir lebten ja in der NS-Diktatur, und so hatte das Examen auch eine Schattenseite, nämlich die politische. Dazu kamen Bedingungen, die man durch keinerlei Wissen, keinerlei Leistung erfüllen konnte.
Der Hauptprüfer (ein Tenorbuffo von der Kölner Oper) fragte mich: »Waren Sie schon beim Militär? Haben Sie Ihrer Volkspflicht im Reichsarbeitsdienst genügt?«
»Nein, noch nicht.«
»Sind Sie in der SA?«
»Nein.«
»Aber Sie waren doch wenigstens in der Hitler-Jugend?«
Ich konnte nur verneinen.

Prompt bekam ich die Quittung: DURCHGEFALLEN.
Durchgefallen aus politischen Gründen. Mit der hervorragenden Beurteilung meiner sängerischen Leistung und mit der Verdammung auf einem gänzlich anderen Gebiet hatte ich nun ein ähnlich deprimierendes Gefühl wie seinerzeit mit den sechs Einsen und der Bekenntnisfreien Schule. Nein, es war eigentlich noch schlimmer. Ich konnte mein Leben nicht rückwirkend verändern, nicht statt der sozialistischen Arbeiterjugend die Hitler-Jugend wählen. Ein Menschenleben ist ja kein Film, den man beliebig nachdrehen kann. Und selbst wenn, es ist Schicksal und Charaktersache. Ich hatte überhaupt nichts zu bereuen. Die Schuldzuweisung war mehr als Willkür, sie war reiner Irrsinn...
Meine älteren Geschwister befanden sich nun allesamt im Chor. Auf sie hatten sich die Bestimmungen der Reichstheaterkammer nicht ausgewirkt. Erst ich, als Jüngerer, verfing mich in den Fallstricken dieser Institution.
Aber ich will gleich einflechten, daß wir Schocks dem Leiter der Prüfungskommission die Brutalität heimzahlten, mit der er mich hatte durchfallen lassen. Nach unserem stillen Familiengrundsatz »Alle für einen, einer für alle!« rächte mich mein Bruder Helmut einige Jahre später in Dortmund, wo er als Chorsänger engagiert war. Mein Prüfer gastierte dort in der Rolle des Beppo in Ruggero Leoncavallos *Bajazzo.* Bei einer Szene, in der der Chor Beppo zu umringen hatte, sprang Helmut blitzschnell vor und trat ihm so gewaltig in den Hintern, daß er fast ins Orchester geflogen wäre. Er beschwerte sich natürlich heftig beim Intendanten, doch jede Untersuchung blieb ergebnislos. Der Chor, der durch Helmut die Geschichte meines Durchfalls kannte, hielt eisern dicht...
Ich selber resignierte zu jener Zeit, und ich stellte mich innerlich bereits darauf ein, nun doch für alle Zeiten Chorsänger in Duisburg zu bleiben.

Eines Tages sprach es sich herum, daß der Chordirektor Karl

Schmidt von der Staatsoper Berlin nach Köln kommen würde, um sich junge Sopranistinnen anzuhören. Meine Schwester, die ja auch weiter Gesang studiert hatte, sagte zu mir: »Ich wag's! Ich fahre nach Köln und singe ihm vor. In Berlin habe ich bessere Chancen, Solistin zu werden. Wie ist's Rudi, begleitest du mich?«
Als sie Direktor Schmidt im Kölner Studio vorsang, war sie indisponiert. Jedenfalls klappte es bei ihr nicht.
»Vielleicht beim nächsten Mal«, tröstete Schmidt sie.
Dann wandte er sich an mich: »Und Sie, junger Mann? Singen Sie auch?«
»Ja«, murmelte ich. »Ich bin Erster Chortenor in Duisburg.«
»Na, ja. Nun, dann singen Sie mal!«
Wie das meistens so ist, wenn es um nichts geht, wenn sich beiläufig eine nicht oder nur halbwegs erwartete Möglichkeit ergibt, ist man glänzend bei Stimme.
Ich wählte die Arie »Und es blitzten die Sterne« aus Puccinis *Tosca*.
Karl Schmidt schwieg eine Weile. Er war sichtlich beeindruckt. Schließlich sagte er: »Lieber Freund, ich engagiere Sie sofort. Auf der Stelle! Sie brauchen nur ja zu sagen, und Sie haben einen Vertrag. Na, wie ist's? Das werden Sie doch nicht ausschlagen!«
Und so erhielt ich – gewissermaßen im Handumdrehen – einen Vertrag als Erster Chortenor für die Berliner Staatsoper. Der Vertrag sollte am 1. September 1937 in Kraft treten.
Inzwischen entschied sich mein sängerisches Schicksal aber an anderer Stelle.
Mein Bruder Alwin war als Chorsänger am Braunschweigischen Landestheater engagiert, dessen Intendant Dr. Alexander Schum war. Bereits während des Karnevals, auf dem Opernball, hatte er sich für mich eingesetzt: »Herr Intendant, Sie suchen doch einen lyrischen Tenor?«
»Ja, und?«
Zwei, drei von Alwins Kollegen, die mich auch bereits aus

Duisburg kannten, erklärten eifrig: »Wir haben einen: Rudolf, Rudolf Schock! Den Bruder von Alwin Schock!«
»Den Bruder von Alwin Schock?« fragte Dr. Schum skeptisch. »Ist der denn Solist?«
»Nein, aber er hat das Zeug dazu!« beteuerten die Kollegen. »Wir haben eine Platte da, die können wir Ihnen vorspielen!«
Der Intendant lachte. Aber er hörte sich die Platte bei nächster Gelegenheit an. Die Platte war eine sogenannte Privatfolie, wie man sie in kommerziellen Studios für Familienfeiern besingen oder mit Glückwünschen besprechen konnte. Das war ein teurer Spaß, aber ich hatte es mich etwas kosten lassen, mich mit Puccinis Bravourarie »Keiner schlafe« aus *Turandot* zu verewigen.
Dr. Schum muß die Aufnahme gefallen haben, denn ich bekam ganz plötzlich eine Einladung zum Vorsingen nach Braunschweig.
Was nun?
Ich hatte den Berliner Vertrag bereits unterschrieben! Das aber war ja auch nur ein Chor-Vertrag – und in Braunschweig sollte ich mich als Solist bewerben. Ich war hin und her gerissen. Einerseits war Berlin das seinerzeit höchst Erreichbare, andererseits war ich allen Schwierigkeiten mit der Theaterkammer enthoben, wenn der Braunschweiger Intendant mich als Solist engagierte.
Doch der mir genannte Termin war ungünstig. Am Vorabend hatte ich in Duisburg Vorstellung, und so würde ich mich wieder müde und nicht eingesungen präsentieren müssen.
Ach, egal, dachte ich. Fahr erst mal hin!
Anderntags langte ich, nachdem ich mir sicherheitshalber zwei Tage Urlaub hatte geben lassen, in Braunschweig an. Im Theater fand gerade eine Probe statt. Dr. Schum rief nervös: »Rudolf Schock? Ach ja, ja! Warten Sie, die Probe ist gleich zu Ende! Sie kommen dann dran!«
Ich erwiderte: »Herr Intendant, ich habe mir extra zwei Tage freigenommen. Ich möchte ausgeruht sein, wenn ich vorsinge!«

Dr. Schum wischte meinen Einwand hastig weg: »Sie singen gleich! Es wird schon gehen ...«
Das klappt wieder nicht, dachte ich.
Aber ich ließ mir ein Musikzimmer anweisen und versuchte mich einzusingen. Irgendwie fehlte mir der nötige Schwung. So sehr ich auch beim Singen in mich hineinlauschte – immer wieder kam ich zu dem Ergebnis: Schlecht, Rudi! Wenigstens nicht besonders doll!
Als meine Stimmung ihren Tiefstpunkt erreicht hatte, ging ich in die Theaterkantine, um ein Glas Selterswasser zu trinken.
Der Kantinenwirt musterte mich neugierig: »Na, junger Freund? Ein Gesicht wie sieben Tage Regenwetter? Hat's beim Vorsprechen nicht geklappt?«
»Vor*singen*«, erklärte ich. »Nein, das soll erst noch ... Aber ich hab das Gefühl, es wird nichts! Bin irgendwie nicht aufgelegt, müde ...«
Der Wirt war offenbar ein erfahrener Künstlerbetreuer. Jedenfalls meinte er grinsend: »Das kennen wir. Prüfungsangst, wie? Na, die werden wir vertreiben. Ich hab da so ein Mittelchen, Seele und Stimme zu schmieren. Trinken Sie das – und Sie singen wie ein junger Gott!«
Er reichte mir ein halbes Bierglas, in das er allerlei hineingeschüttet hatte. Was, wollte er mir nicht verraten. Er flüsterte nur so etwas wie »Geheimelixier«.
Ich dachte erst, mir schwänden die Sinne. Es durchrann mich wie Hochofenglut. Wie aus einer Wolke tauchte der Wirt wieder vor mir auf. »So, jetzt haben Sie den nötigen Pfiff!« triumphierte er.
Den »Pfiff« hatte ich wirklich!
Wann die Probe zu Ende war, wer mich rief und wie ich zum Vorsingen auf die Bühne gelangte, weiß ich nicht mehr.
Ich schmetterte zwei Opernarien und zwei oder drei Glanznummern aus Operetten, und zu meiner eigenen Verwunderung zeigten sich der Intendant und sein Hofstaat begeistert. Als ich geendet hatte, kam der Chef auf die Bühne geeilt.

»Großartig!« rief er. »Einfach großartig! Über alles Erwarten ...! Warum hab ich Sie nicht schon früher gehört? Sie sind der richtige Mann für mich!«

Das war für mich die schönste Arie des Tages. Ich sollte engagiert werden, auf der Stelle ... als Solist!

Doch da fiel mir der Berliner Vertrag ein. Bedrückt erwiderte ich: »Die Sache hat ... hat einen Haken. Ich bin als Chorsänger an die Berliner Staatsoper verpflichtet, und ich weiß nicht, ob ich da freikomme.«

»Sie werden bei mir Solotenor, Sie werden an meiner Bühne Hauptrollen singen«, rief Dr. Schum. »Alles andere lassen Sie meine Sorge sein, das erledige ich schon.«

Er setzte sich mit Berlin in Verbindung. Chordirektor Schmidt war so fair, mir keine Steine in den Weg zu legen, obwohl er mein Abspringen sehr bedauerte. Später, als ich Solist an der Berliner Staatsoper war, ist er immer wieder darauf zurückgekommen. Aber so, wie es in der Seefahrt für einen Schiffer erstrebenswerter ist, Kapitän auf einem kleineren Schiff zu sein, als Matrose auf einem großen, bleibt für einen Sänger das höchste Ziel, Solist zu werden: Solist – mit der Möglichkeit, große Partien zu singen!

Der Braunschweiger Intendant regelte auch die leidige Sache mit der Theaterkammer. Ich hatte es geschafft. Ich war Solist an einem renommierten deutschen Theater!

»Freunde, das Leben ist lebenswert ...!!!«

»Der Odem der Liebe«

Als lyrischer Tenor in Braunschweig –
Eine junge Tänzerin namens Gisela

Endlich hatte ich es geschafft und war nun stolzer Solist, lyrischer Tenor, an einem Landestheater, das in seiner Nationaltheater- und Hoftheatergeschichte den Opernhäusern von Hamburg, Dresden und München nicht viel nachstand.
Vor meinem Braunschweiger Debüt und dem heiß ersehnten Höhenflug galt es, die kleinen Dinge des Alltags zu ordnen. Bruder Alwin regelte das Wohnungsproblem. Fürs erste zogen wir gemeinsam in ein großes, altmodisch möbliertes Zimmer am Bültenweg 83 bei einer Witwe namens Meyer. Als alles Persönliche geklärt war, wandte ich mich dem Theaterplan zu.
Was hatte man mit mir jungem Solisten vor? Wie würde man mich einsetzen?
Der Auftakt war verheißungsvoll: Für den 31. August 1937 plante das Landestheater einen Werbeabend im Hofjägersaal mit dem Motto »Die neuen Kräfte stellen sich vor«.
Ha, dachte ich, die erste, beste Gelegenheit, dem Publikum zu zeigen, was du kannst!
»Nun, Herr Schock«, fragte mich Generalmusikdirektor Ewald Lindemann, »haben Sie sich etwas überlegt? Im ersten Teil des Programms bringen wir Werke von Wagner, Verdi und Puccini.«
»Dann singe ich ›Keiner schlafe‹ aus *Turandot*«, erwiderte ich spontan.
Lindemann zog die Brauen hoch: »Gleich die Bravourarie?«
»Jawohl, natürlich! Die liegt mir sehr, ich habe sie oft gesungen!«
»Öffentlich? Vor Publikum?« betonte Lindemann. Doch dann

zuckte er die Achseln: »Schön, es ist Ihr Wunsch. Dann sehen wir uns also auf der Probe.«
Die fragliche Arie endet in der deutschen Fassung mit dem Wort »Sieg«. Und den glaubte ich nun in der Tasche und erst recht in der Kehle zu haben. Beglückt verließ ich das Büro. Der Generalmusikdirektor – später an der Musikhochschule in Berlin – hielt eisern auf Werktreue und künstlerische Disziplin. Er war ein hervorragender Orchesterleiter und Stimmexperte, dem man nichts vormachen konnte. Was er dem Publikum anbot, mußte »sitzen«. Natürlich kannte er die Anforderung, die Prinz Kalafs Arie an einen Sänger stellte:

»Keiner schlafe!
Auch du, Prinzessin, schläfst nicht
in deinen kalten Räumen ...«

Als ich auf der Probe mit großem Orchester unter Lindemanns Leitung geglänzt hatte, nickte der Allgewaltige. Mein Beitrag war akzeptiert.
Ich sprach vom Sieg, der in der *Turandot*-Arie eine Rolle spielt. Ich glaube, einen Sieg hatte ich während der Probe bereits errungen, ohne Publikum und sozusagen inoffiziell: Eine der jungen Tänzerinnen, neu engagiert wie ich, ebenfalls für den Werbeabend bestimmt, hörte mich im dunklen Zuschauerraum. Sie muß nicht nur mit den Ohren, sondern auch mit dem Herzen gelauscht haben: ein stilles, bildschönes Mädchen namens Gisela Behrends.
Ich bemerkte sie nicht, beachtete sie auch nach der Probe nicht. Gerade sie, die bis auf den heutigen Tag mein ganzes Leben erfüllen sollte: Gisela, meine spätere Frau.
Ihr Eindruck, als sie mich zum ersten Mal auf dieser Probe sah, war – so bekannte sie einmal – ein Erstaunen über die Selbstsicherheit des braungebrannten, flotten jungen Mannes, der da im hellen Sommeranzug auf der Bühne stand, drahtig, sportlich, sehr bestimmt und offenbar wohl wissend, was er wollte. Er ging mit dem Generalmusikdirektor souverän die Tempi durch und

zeigte keine Spur von Verlegenheit. Als sie dann meine Stimme hörte, sei ihr klar gewesen: Der macht bestimmt eine große Karriere.

Mit der Ouvertüre zu Wagners *Tannhäuser* eröffnete Lindemann den Werbeabend im Hofjägersaal. Als mein Auftritt kam, fühlte ich eine kleine Nervosität. Aber als die ersten Töne gelangen, wußte ich: Es geht! Der Beifall schien endlos, die Kollegen beglückwünschten mich, Intendanz und Orchesterleitung waren mit mir zufrieden.

Der Dirigent, Dr. Adolf Stauch, der den zweiten Teil des Abends bestritt, später Professor, lebenslanger Begleiter meiner Karriere (zeitweise auch meiner Wanderungen), ermutigte mich: »Junge, das war ein guter Anfang. Du hast das Publikum im Sturm erobert. Weiter so!«

Ich war voller Tatendrang. Ich lechzte geradezu nach großen Partien. Mir schwebte natürlich etwas Besonderes vor, eine Rolle, in der meine Stimme erstrahlen, mein Stern am Opernhimmel aufgehen konnte, etwa der Linkerton in *Madame Butterfly*.

Doch Dr. Schum entschied: »Wir nehmen den *Diener zweier Herren* von Arthur Kusterer wieder auf. Wir bringen die Oper mit Ihnen neu heraus.«

Ach, die Enttäuschung!

Die Proben begannen, ich war gerade dabei, mich mit der Sache abzufinden.

»Aus! Schluß! Das Stück ist gestorben, wir bringen etwas anderes!« hieß es plötzlich.

»Das wirst du noch öfter am Theater erleben«, tröstete mich mein Kollege, der Baßbuffo Heinz Cramer, als er mein Gesicht sah. »Abpfiffe gibt es in jedem Beruf.«

Ich hatte die Partie umsonst studiert. Aber in anderer Hinsicht wieder nicht …

Bei einer Probe, bei der sowohl der Chor als auch das Ballett zu tun hatte, stand mein Bruder Alwin neben mir. »Sieh mal da, die

eine!« flüsterte er mir zu. »Die kann sich bewegen, was? Und weitaus die beste Figur! Die könnte mir gefallen!«
Ich lachte: »Du sei still! Nach anderen Mädchen hast du überhaupt nicht zu gucken, du hast ja deine Else. Die Hübsche da, die wär wohl eher was für mich.«
Es war also eigentlich mein Bruder, der mich auf Gisela Behrends aufmerksam machte. Wir hatten gescherzt, und dabei blieb es vorerst.
Sei es, daß ich meine Anfangserwartungen zu hoch geschraubt hatte oder daß mich das neue Milieu faszinierte – jedenfalls ließ ich mich schon während der ersten Proben von der Arbeit ablenken. Ich genoß mein Solistentum und gefiel mir in der Rolle des Lebemanns. Ich gehörte jetzt zur gehobenen Bohème und empfand es als Ehrensache, mit Kollegen halbe (manchmal auch ganze) Nächte zu durchzechen. Daß das zu einer Katastrophe führen mußte, begriff ich erst, als es zu spät war.
Inzwischen wählte der Intendant statt des abgesetzten Stückes Lortzings *Die beiden Schützen*, eine selten gespielte Oper, die auch schon im Repertoire gewesen war (nicht zu verwechseln mit dem *Wildschütz*). Dr. Schum sagte zu mir: »Das war Lortzings erster, durchschlagender Erfolg – und warum soll es nicht auch für Sie einer werden? Da ist eine sehr schöne, aber auch sehr hohe Tenorpartie für Sie drin!«
Ich griff begierig nach dem Klavierauszug und tummelte mich im Geiste als »Gustav, Sohn des Gastwirts Busch«, auf der Bühne. In dieser Oper kommt auch ein Tenorbuffo vor, den bei der Uraufführung in Leipzig 1837, genau hundert Jahre zuvor, der Komponist Albert Lortzing selber gesungen hatte. Diese Rolle sang hier der in Braunschweig engagierte und sehr beliebte Urenkel des Komponisten, Albert Krafft-Lortzing.
Im letzten Akt gibt es ein Couplet. Albert dichtete sich eine Strophe dazu, die er als Extempore brachte. Sie endete:

»Mein Urgroßvater sang es
vor hundert Jahren in Leipzig

und ich heute hier.
Es hat all's seine Ursach',
Ich kann nichts dafür.«

In den *Beiden Schützen* kommt auch eine Jungfer Lieblich vor. Und ich hatte mir in meiner unsoliden Phase eine leibhaftige Jungfer Lieblich angelacht, eine attraktive Schauspielerin. Wenn sie auch den Text mit mir paukte und meine Sprechtechnik korrigierte, so unterrichtete sie mich doch die meiste Zeit in Liebesakkorden. Wir waren schließlich so verschossen ineinander, daß wir Tag und Nacht an nichts anderes mehr dachten als an uns selber. Unsere Nahrung bestand aus Küssen, hastigen Mahlzeiten und Wein. Unsere Umgebung – außerhalb unseres Liebesnestes – waren Bars. Kurz, ich versumpfte. Ich versumpfte bis über beide Ohren. In Gegenwart der Sprachschauspielerin vernachlässigte ich meine Singstimme, um so mehr, als das Mädchen Qualitäten hatte, die einen jungen Mann verstummen lassen konnten.

Am Abend meiner Premiere schwebte ich im Liebeshimmel. Doch meine Stimme schwebte weniger. Sie blieb weit unter dem Höhenflug, den der Intendant erwartet hatte.

Ich sah Dr. Schum in seiner Loge sitzen. Ich konnte sein Gesicht deutlich erkennen. Erst schien es mir wohlwollend, dann immer irritierter, und als auch noch mein hohes C kickste, sah ich in seiner Miene Enttäuschung, ja Betroffenheit.

Ich stürzte aus meinem Liebeshimmel auf die Beine, doch dadurch gewann ich nichts als Unsicherheit. Nervös, verklemmt, brachte ich die Partie zu Ende.

O, diese Blamage!

Der Intendant ließ mich kommen. »Hören Sie mal«, begann er. »Was Sie da geleistet haben, lieber Freund, ist nicht das, was wir uns vorgestellt haben, noch entspricht es Ihren Fähigkeiten. Was ist mit Ihnen los?«

»Es war...«, stammelte ich. »Es war – nur das Premierenfieber!«

Aber daß es nicht das Premierenfieber war, sondern das flotte

Leben, diese Erkenntnis war dem erfahrenen Theatermann nicht verborgen geblieben. Er musterte mich scharf und brummte: »Premierenfieber, so, so … Ich will Ihnen eine Weile ›fieberfrei‹ geben.«

Was er damit meinte, erfuhr ich bitter. Ich wurde fortan links liegen gelassen und bekam auch nicht die kleinste Aufgabe.

Da meldete sich eine meiner positiven Eigenschaften. Ich flüchtete mich nicht in Verzweiflung, sondern änderte meinen Lebensstil radikal. Ich zog mich selber an den eigenen Haaren aus dem Sumpf. Ich schloß mich in mein Zimmer ein und arbeitete wochenlang mit eiserner Energie an meiner Stimme. Nichts, aber auch gar nichts konnte mich ablenken.

Ob der Intendant meine moralische Kehrtwendung ahnte, ob er mich beschatten ließ, weiß ich nicht. Eines Tages bestellte er mich in sein Büro und erklärte, als sei nichts geschehen: »Wir bringen eine neue Oper heraus, das Werk des jungen Braunschweiger Komponisten Norbert Schultze. Ein volkstümliches, musikalisches, sehr hübsches Märchenstück, Titel: *Schwarzer Peter.* Es enthält eine dankbare Tenorpartie für Sie, den Roderich. Also, beschäftigen Sie sich mit der Rolle!«

Und ob ich das tat.

Und wie ich das tat!

Ich kniete mich mit Leib und Seele in die Rolle hinein. Unter der Regie von Oberspielleiter Heinz Arnold (der nach dem Krieg viel in München inszenierte), kam eine entzückende, quirlige Aufführung zustande, in der ich meinen neugewonnenen Optimismus voll entfalten konnte.

Meine Partnerin und ich hatten vierzehn- bis fünfzehnjährige Kinder darzustellen. Kein Problem für mich: entsprechend angezogen und geschminkt lieferte ich die perfekte Illusion eines Knaben. Meine Partnerin Margarete Vogel, die einen wunderschönen lyrischen Koloratursopran besaß, war jung und hübsch genug, um als Mädchen Erika zu überzeugen.

Im *Schwarzen Peter* hatten wir das Duett zu singen:

»Ach, ich hab' in meinem Herzen
da drinnen einen wundersamen Schmerz...«

Im dritten Bild hatte ich auf einem Schlitten über die gut kaschierte Bühnenrutschbahn zu sausen und mitten im Reisig des alten Besenbinders zu landen. Ich warf mich mit vollendetem Salto vom Schlitten und erntete, bevor ich überhaupt zu singen begann, einen Riesenapplaus.

Kurz, die heitere Märchenoper machte nicht nur dem Publikum einen Heidenspaß, sondern auch uns jungen Akteuren.

Ich dachte nun, die Theaterleitung würde mir meine Einsatzfreude mit weiteren dankbaren Partien honorieren. Statt dessen bekam ich sogenannte Wurzen, Minirollen, denen ich mich als Anfänger nicht entziehen konnte.

So auch in Verdis *Aida*, in der ich im ersten Akt den Boten zu singen hatte. Pflichtbewußt, wie ich war, stand ich zu Beginn schon in der Kulisse, um der Arie des Radames, »Holde Aida«, zu lauschen, die unser jugendlicher Heldentenor Josef Witt immer sehr schön sang. Während ich auf meinen Auftritt wartete, merkte ich, daß ich nicht allein war. Mein entzücktes Auge erkannte die junge Tänzerin, auf die mich mein Bruder aufmerksam gemacht hatte. Sie war bereits kostümiert und zurechtgemacht für den Priesterinnentanz im zweiten Bild.

»Was wollen Sie denn hier?« flüsterte ich.

»Ich will die Radames-Arie hören«, erwiderte sie.

Aus diesem Grund bin ich ja auch hier, dachte ich und spann den Gedanken weiter: Wie schön wäre es, wenn ich jetzt für sie die Arie auf der Bühne singen könnte.

Hingerissen lauschten wir Verdis Musik und der wundervollen Arie. Als mein Kollege mit einem strahlenden hohen B geendet hatte, ging meine Priesterin nicht etwa weg, sondern unterhielt sich weiter mit mir im Flüsterton. »Wenn ich nun schon hier bin«, sagte sie, »warte ich auch noch auf Ihren Auftritt.«

Wir begannen ein wenig zu flirten, und gerade wollte ich den

Arm um sie legen, als der Inspizient uns rauh unterbrach: »Herr Schock, Ihr Auftritt!«

Ich ließ mir diese kleinen Rollen eine Weile gefallen. Aber als mich Lindemann eines Tages in den Parsifal-Chor *hinter* die Bühne stecken wollte, platzte mir der Kragen.
Ich ließ mich kurzerhand bei Lindemann melden und erklärte: »Herr Generalmusikdirektor, ich bin hier als lyrischer Tenor engagiert und nicht als Chorsänger!«
»Na und?« entgegnete er. »Immerhin handelt es sich um Wagner! Es sollte Ihnen eine Ehre sein, im Interesse des Werkes im Chor mitzusingen.«
»Würden Sie denn als Generalmusikdirektor im Interesse des Werkes hinter der Bühne Klavier spielen?!« gab ich zurück.
Lindemann – wie schon gesagt, ein erfahrener Könner seines Fachs – sah mich an, als hätte er nicht recht gehört. Doch er hatte nur zu gut verstanden.
»Sie arroganter junger Bursche!« rief er. »Was erlauben Sie sich für Vergleiche? Ich werde Ihnen zeigen, wer hier zu bestimmen hat. Solange ich an diesem Theater bin, kriegen Sie nicht eine einzige Rolle mehr. Und nun – raus!«
Im Chor brauchte ich also nicht mitzusingen. Doch der Generalmusikdirektor machte seine Drohung wahr. Ich blieb zwar im Vertrag, wurde aber nicht einmal mehr für die kleinste Rolle herangezogen. Ich konnte, wie es in solchen Fällen am Theater heißt, spazierengehen – spazierengehen bis ans Ende meiner Tage. Der Zustand der Ohnmacht, der Depression, war wieder eine neue Erfahrung für mich.
Was sollte ich tun?
Sollte ich noch einmal ins Büro gehen? Reuevoll an Lindemanns Tür oder an die des Intendanten klopfen? Sollte ich den Regisseur oder einen älteren Kollegen einschalten?
Nein. Das alles verbot mir nicht nur mein Stolz, sondern auch das Bewußtsein, recht gehabt zu haben. Wer sich nicht rührt, kommt

nicht voran. Im Augenblick hielt ich es für klüger, abzuwarten. Statt meine Singstimme erklingen zu lassen, folgte ich einer inneren Stimme – und das war richtig.

Ich beobachtete aus meiner Untätigkeit heraus eifrig die Vorgänge am Theater. Als der *Rosenkavalier* in den Spielplan aufgenommen wurde, schlich ich heimlich zu den Proben und hörte zu. Für die große Arie des Sängers hatte man einen verdienten Kollegen eingesetzt, der aber ganz offensichtlich mit den Tücken dieser Arie nicht fertig wurde.

Sie ist deshalb so schwierig, weil man auf die Bühne kommen und gleich loslegen muß. Die hohe Lage mit drei hohen B und einem hohen Ces macht den Part zu einem sängerischen Drahtseilakt.

Nach der Generalprobe stand für mich fest: Der schafft es nie!

Am Nachmittag, kurz vor der Premiere, rief mich meine Zimmerwirtin ans Telefon: »Herr Schock«, sagte sie respektvoll-wichtig. »Das Theater! Der Intendant! Es ist dringend!!«

Blitzschnell sprang ich auf. Ich wußte, daß meine Stunde gekommen war. Ich hatte es erwartet, jedenfalls innig erhofft. Doch ich war auf der Hut. Ich hatte aus meinem Rechtsgefühl heraus gehandelt, also durfte ich keinen Übereifer zeigen.

»Hier Dr. Schum«, meldete sich der Intendant, »wären Sie, lieber Herr Schock ...« Seine Stimme klang verzweifelt. Auf einmal war ich der »liebe Herr Schock«.

»... wir haben eine Bitte an Sie«, fuhr er fast flehentlich fort.

»Ich weiß schon, was Sie wollen«, sagte ich kühl.

»Wieso? Was? Woher?«

»Na, ich war doch in der Generalprobe«, erwiderte ich. »Ich habe doch gehört, was los ist.«

»Jaaa ...« Der Intendant platzte nun mit seinem Anliegen heraus. »Der Tenor hat abgesagt. Können Sie nicht den Sänger im *Rosenkavalier* übernehmen?«

»Die Partie habe ich nie auf der Bühne gesungen«, erklärte ich scheinbar seelenruhig.

»Aber Sie haben sie studiert«, drängte der Intendant.
»Ja, ja«, sagte ich. »Studiert schon. Aber so einfach ohne Probe in die Premiere springen ...«
»Bitte, Herr Schock! Bitte, tun Sie uns doch den Gefallen!«
»Herr Intendant«, sagte ich jetzt wohlüberlegt und mit Nachdruck. »Ihnen würde ich gern den Gefallen tun. Aber Herr Lindemann hat mir erklärt und überall herumerzählt, daß ich in seinem Theater keinen Ton mehr singen dürfte.«
»Ach, äh – das – das ist in der Erregung geschehen, das dürfen Sie nicht so ernst nehmen.«
»Nun gut«, antwortete ich. »Aber dann soll Herr Lindemann persönlich anrufen. Ich glaube, das wäre die fairste Lösung.«
Dieses Ansinnen schien Dr. Schum den Atem zu verschlagen. »Aber das können Sie doch nicht verlangen«, rief er. »Wie sähe das denn aus?!«
»Nur fair, Herr Intendant. Nur fair«, beharrte ich.
So ging der Dialog noch eine Weile hin und her, bis ich sagte: »Wenn Herr Lindemann anruft, singe ich. Ruft er nicht an, singe ich nicht.«
Das war ein klares Wort, dem Dr. Schum nichts entgegenzusetzen hatte. Wir beendeten das Telefongespräch.
Im Theater wird wohl ein turbulenter Meinungsaustausch über Diplomatie und Notwendigkeit stattgefunden haben, denn es dauerte einige Zeit, bis das Telefon wieder läutete. Diesmal meldete sich Generalmusikdirektor Lindemann. In voller Wahrung seiner Würde begann er: »Herr Schock, die Absage hat ...«
Ich unterbrach ihn und unterlief seine Verlegenheit: »Herr Lindemann, selbstverständlich übernehme ich die Partie. Ich freue mich darauf!«
»Was – Sie wollen also doch ...?«
»Ja, aber natürlich«, rief ich lebhaft. »Was dachten Sie? Schließlich bin ich ja zum Singen engagiert!«
»Also gut, Herr Schock. Wir sehen uns gleich. Wir nehmen Ihre Partie vor der Vorstellung noch einmal durch.«

Die Probe fiel zur Zufriedenheit aus. Natürlich war ich sehr aufgeregt. Mit mir bangten Alwin und Else, die in den Rollen des Tierhändlers und der Modistin auf der Bühne standen. (Else war übrigens im Programm unter ihrem Mädchennamen gedruckt worden – und der lautete ausgerechnet Feige.)
Die Premiere wurde der größte Erfolg, den ich in meiner bisherigen Laufbahn hatte. Obwohl die berühmte Arie wegen des musikalischen Ablaufs eigentlich keinen Raum für Applaus läßt, klatschte das Publikum begeistert, Jubel brandete auf, die Leute nahmen keine Rücksicht auf Orchester und Szene. Eine solche Ovation ist im *Rosenkavalier* selten. Darüber hinaus hatte es im Braunschweiger Theater einen derartigen Beifallssturm seit langem nicht gegeben.
Dieser Triumph bereinigte das Verhältnis zwischen dem Generalmusikdirektor und mir. Ich gewann in ihm einen Mentor, von dessen hervorragendem Können ich in wachsendem Maße profitierte.

Auf die nächste Rolle brauchte ich nun nicht mehr lange zu warten. Kurze Zeit danach sagte Lindemann: »Herr Schock, wir haben eine schöne Aufgabe für Sie. Wir wollen *Cosi fan tutte* wieder aufnehmen. Möchten Sie den Ferrando singen?«
Diese Oper hatte man lange nicht aufgeführt, weil ein entsprechender Tenor fehlte. Lindemann hatte mir die Partie vorher wohl auch nicht zugetraut. Nun aber war es so weit.
Ich begann sofort mit dem Studium und erschloß mir die ganze Schönheit Mozartscher Musik, in die ich mich bislang nicht intensiv genug vertieft hatte. Ich begann zu begreifen, wie herrlich, aber auch wie schwer es sein würde, die mir übertragene Aufgabe zu erfüllen.
Obwohl Intendanz und Generalmusikdirektor jetzt große Hoffnungen mit mir verbanden, gingen sie auf Nummer Sicher und setzten die erste Vorstellung nicht in Braunschweig, sondern in unserem Gastspielort Hildesheim an. Hildesheim, die Stadt des

Mariendoms mit dem tausendjährigen Rosenstrauch und dem Knochenhauer Amtshaus, besaß ein entzückendes kleines Theater mit hervorragender Akustik – wie geschaffen für Mozarts *Cosi*.

Ich war furchtbar aufgeregt. Eine solche Oper praktisch ohne große Probe, sogar ohne Orchesterprobe zu singen, gleicht schon einem Husarenritt mitten hinein in feindliches Getümmel. Obwohl ich mich so gut vorbereitet hatte, daß ich die Partie souverän beherrschte, packte mich am Abend panische Angst.

Hier bewährte sich in ganz einmaliger Weise die Bühnenkollegialität: Der Bariton Carl Momberg (der den Guglielmo sang), aber auch der Baßbuffo Heinz Cramer, der den Don Alfonso gab, erkannten meine Nervosität und verstrickten mich derart mitreißend in Spiel und Schabernack, daß ich alle Hemmungen verlor und mich entfalten konnte. Mehr noch: ohne es zu ahnen, übertraf ich mich selber, übertraf sogar meinen Triumph mit dem *Rosenkavalier*. Die Arie »Der Odem der Liebe«, die ich damals so sehr in mein junges Gemüt aufnahm, die ich nicht nur mit der Kehle, sondern auch mit der Seele sang, brachte mir, dem eben noch Verängstigten, wahre Ovationen ein. Selbst das Orchester zollte mir minutenlangen Beifall.

Heute, nachdem ich diese Arie auf Bühnen, Konzertpodien und Schallplatten unzählige Male gesungen habe, weiß ich, daß mir wohl selten etwas so gut gelegen hat. Hier konnte ich all das verwirklichen, was ich unter Gesang verstehe und was mir Kritiker später bescheinigten: Ausdruckskraft, Einfühlungsvermögen in die Rolle und bei aller Impulsivität kontrollierter Belcanto sowie ein unverkennbares »Mezza voce«, das für diese Arie unentbehrlich ist.

Aber wie stand es mit der jungen Tänzerin, meiner späteren Frau, die ich anfangs nicht beachtet hatte – und vor deren Augen ich sozusagen Hals über Kopf versumpft war? Die Geschichte war ihr natürlich nicht verborgen geblieben, denn ein Theater ist

alles andere als ein Aquarium mit stummen Bewohnern, da spricht sich jede Affäre mit Windeseile herum.
Als mein Auge endlich auf die schöne Gisela fiel, zeigte sie mir die kalte Schulter. Donnerwetter, dachte ich, hat die einen Stolz. Auf direktem Wege, das wußte ich nun, war nicht an sie heranzukommen. Also schmiedeten wir, Alwin und ich, mit Hilfe meiner zukünftigen Schwägerin, der Chorsängerin Else, ein Komplott.
Else lud Gisela zu sich ein. »Ich habe am 17. November Geburtstag«, sagte sie, »wir feiern im kleinen Kreise, mein Verlobter wird auch dabei sein.«
Gisela Behrends nahm die Einladung an. Alwin und ich, wir beiden Füchse, freuten uns, eine so gut getarnte Falle für das edle Wild gestellt zu haben.
Als Gisela bei Else erschien, war sie natürlich erstaunt, mich ebenfalls dort zu treffen. Angesichts zweier Schocks war es nicht schwer, das Komplott zu durchschauen, aber es ärgerte sie nicht, es amüsierte sie vielmehr.
Ich kann sagen, das war der leise Beginn unserer gegenseitigen Zuneigung und Liebe...

Als Silvester-Premiere gab es eine sehr schmissige Aufführung von Millöckers *Bettelstudent.* Ich hatte zwar nicht die Hauptrolle (den Simon, der das bekannte Mazurka-Lied »Ich knüpfte manche zarte Bande« singt), sondern die Rolle des Janicki. Mit seiner Partnerin Bronislawa hat Janicki das hübsche Duett: »Nur das eine bitt' ich dich, liebe mich, liebe mich«, zu singen und die Anhäufung von für mich damals noch fatalen I-Vokalen machte mir große Schwierigkeiten. Das Publikum in Silvester-Hochstimmung aber merkte nichts von meinem Problem. Ihm gefiel unser Duett, für mich Grund genug, optimistisch ins neue Jahr zu rutschen.
Dem Landestheater gegenüber lag das Parkhotel, wohin die Braunschweiger Haute Volée alljährlich zur Silvesterfeier strömte.

Ich hatte das Glück, nach der Premiere dort auftreten zu dürfen, als Solostimme mit einem Männerquartett (vier Chorsänger vom Theater, unter anderem auch Bruder Alwin, alle fünf Herren feierlich im Frack). Auf ein Honorar habe ich damals noch verzichtet. Statt der Gage erhielt jeder von uns zwei der sehr begehrten Eintrittskarten, zusätzlich freies Essen und Trinken – soviel man wollte und vor allem konnte!

Ich hatte mir schon vorher überlegt: Wem gibst du deine zweite Karte? Leider hatte ich mich aus einem nichtigen Anlaß mit meiner Tänzerin zerstritten. Aber war das jetzt nicht eine gute Gelegenheit zur Versöhnung?

Am Tag der Premiere machte ich mich also auf den Weg zum Löbbecke-Heim am historischen Braunschweiger Wollmarkt. Das war eine streng moralisch geführte Mädchenpension. Rauchen und Herrenbesuch verboten!

Klopfenden Herzens läutete ich heimlich an Giselas Tür.

Erstaunt und vollkommen unvorbereitet öffnete sie im Morgenrock und mit Lockenwicklern, da sie sich gerade die Haare gewaschen hatte. Und so reagierte sie bei meinem Anblick mit dem Ausruf: »Ach, wie ich aussehe!«

»Na, herrlich!« versicherte ich ihr fröhlich grinsend.

Ich hatte natürlich sofort erfaßt, daß mir der Faktor Eitelkeit zugute kam. Nun brachte ich mein Sprüchlein vor, bat sie, allen Zank zu vergessen und an der Feier teilzunehmen. Gisela zierte sich nicht lange. Sie kam – und ich »knüpfte zarte Bande« an.

Da wir in ständiger Geldknappheit waren, nutzten wir auf der Silvesterfeier natürlich das freie Essen und freie Trinken reichlich aus. Junge Leute ergreifen ja jede Gelegenheit sich zu vergnügen. In Alwin und Else hatten wir ein ebenso ausgelassenes Pärchen, das im Feiern kein Ende finden wollte.

Aber das Ende kam! Es kam auf schwankenden Füßen: Zunächst brachte ich Gisela nach Hause ins Löbbecke-Heim, wobei ich mich allerdings beinahe mehr an sie, als sie an mich klammern mußte.

Mit einem verdorbenen Magen und Kopfschmerzen war dieses Silvester aber nicht zu teuer bezahlt, wie ich bereits anderntags befand. Es war so herrlich, so unbeschwert, so restlos glücklich gewesen.
Wir ahnten nicht, daß es für viele Jahre der letzte wirklich völlig ungetrübte Jahreswechsel sein würde, denn im folgenden Jahr warfen die unheilvollen politischen Ereignisse schon ihre Schatten voraus.

Als letzte Premiere der Spielzeit 1937/38 kam die komisch-phantastische Oper *Die lustigen Weiber von Windsor* von Otto Nicolai heraus. Wie üblich erschien die Besetzungsliste am Schwarzen Brett. Da stellte ich fest, daß man mir die Partie des Fenton übertragen hatte.
Fenton ist ein junger Liebhaber, der seiner Anna im zweiten Akt das berühmte Ständchen »Horch, die Lerche singt im Hain« zu bringen hat und zum Schluß als Oberon auftritt. Ich beschäftigte mich eifrig mit der Aufgabe und stellte fest, daß sie doch mit erheblichen Schwierigkeiten für den Sänger verbunden ist. Gerade das Ständchen stellt einen Gang über dünnes Eis dar: Diese Arie bewegt sich für den Tenor meistens in der Bruchlage, also E, F, Fis, G. Diesen Übergang vom offenen zum geschlossenen Singen zu lernen, den Caruso für meine Begriffe am besten beherrschte, ist eine äußerst heikle, langwierige Sache, letzten Endes aber auch eine dankbare. Denn Sänger, die geübt haben ihr Material hier richtig einzusetzen, werden ihre Stimme lange behalten und imstande sein, mit jeder Schwierigkeit fertig zu werden.
Damals war ich noch nicht so weit.
Die Spielzeit 1937/38 war vorüber. Für die anschließenden Bayreuther Festspiele lief die Chorverpflichtung noch, und wieder profitierte ich von den Großen. Den stimmgewaltigen Max Lorenz, der an allen großen Bühnen der Welt aufgetreten war und ständig in Bayreuth glänzte, bat ich um Rat, wie ich meine

Stimme vervollkommnen könnte. Was ich brauchte, war ein wirklich bedeutender Gesangslehrer.

»Da haben Sie Glück«, sagte Max Lorenz freundlich, »ein Gesangslehrer, der für Sie in Frage kommt, ist der Kammersänger Laurenz Hofer! Er ist auch hier. Zur Zeit Slezaks war er ein bedeutender Heldentenor an der Wiener Hofoper. Er ist übrigens Rheinländer ...«

Das klang verheißungsvoll. Der Gesangslehrer war Tenor – und stammte aus meiner Heimat. Da konnte es keine Verständigungsschwierigkeiten geben!

Die gab es dann auch tatsächlich nicht. Ich ging in seine Hotelpension. Das erste, was Hofer zu mir sagte, war: »Jung, treck de Rock us!« was ich gerne tat. »So, nu leg mal los!«

Ich wählte das Ständchen aus den *Lustigen Weibern*, »Horch, die Lerche singt im Hain ...«, das mir noch nie zur Zufriedenheit gelungen war und an dem ich deshalb arbeiten wollte.

»Hm«, nickte Hofer. »Die Stimme ist gut, aber da ist so einiges, was wir noch hinkriegen müssen. Fangen wir doch mal gleich an.«

Und dann habe ich mit ihm sechs Wochen lang täglich an dieser Arie gearbeitet, immer und immer wieder die schwierigen Passagen geübt, bis sie mir in Fleisch und Blut übergegangen waren. Da ich nun die Bruchlage – den Übergang – besser beherrschte, wurde auch meine Höhe freier und offener. Das ist auch das Geheimnis, warum ich mir bis heute meine Stimme erhalten habe.

Durch meinen Zweijahresvertrag an Braunschweig gebunden, kehrte ich nach den Bayreuther Festspielen gewappnet mit neuen Kenntnissen und voller Tatendrang dorthin zurück. Und als *Die lustigen Weiber von Windsor* wieder aufgenommen wurden, stand ich als ein weitaus glänzenderer Fenton auf der Bühne als vor den Theaterferien.

Mein Generalmusikdirektor fiel aus allen Wolken: »Ja, sagen Sie mal, Herr Schock, sind Sie bei einem Zauberer gewesen? Ihre

Stimme hat sich beinahe um das Doppelte vergrößert. Sie singen sauberer und schöner. Ihr Legato ist einfach perfekt: Wie haben Sie das bloß geschafft?«

Lächelnd erwiderte ich: »Na, ja – ich habe einen guten Lehrer gefunden und mit ihm gearbeitet. Ich hoffe, daß ich noch vieles mit Ihnen singen werde.«

»Was ich Ihnen versprechen kann!« bestätigte Lindemann befriedigt.

So weit, so gut. Wo war nun aber meine stille Verlobte, meine zukünftige Ehefrau, die junge Tänzerin Gisela Behrends, geblieben? Ich sagte schon, wir hatten uns vor Neujahr 1938 wieder versöhnt. In der vorangegangenen Zerstrittenheitsphase aber hatte sie für die Spielzeit 1938/39 ein Engagement an das Opernhaus Essen angenommen. Der Vertrag war natürlich nicht rückgängig zu machen, und so fand ich mich denn zu Saisonbeginn allein in Braunschweig.

Hier vertraute man mir nach meiner gelungenen Fenton-Reprise den Grafen Almaviva in Rossinis *Barbier von Sevilla* an. Heinz Arnold, mit dem ich damals in Braunschweig fast ununterbrochen künstlerisch zusammenarbeitete, war der Regisseur. Carl Momberg war gleichfalls wieder dabei – er sang die Titelrolle –, ebenso Margarete Vogel als ganz und gar entzückende Rosine. Ich denke immer noch an die erste, halsbrecherische Tenorarie, in der ich mir nie verkneifen konnte, trotz der hohen Koloraturen zum Schluß noch ein hohes C draufzusetzen.

Mit einigen Opern, die nicht zuviel Aufwand erforderten, gastierten wir auch in den umliegenden Städten; so zum Beispiel in Königslutter am Elm mit dem *Barbier von Sevilla* auf einer kleinen, behelfsmäßigen Bühne. Unser Baßbuffo Heinz Cramer, der den Bartolo sang, war ein großartiger Spaßvogel, nicht nur im Leben, sondern auch auf den Brettern. In dem Duett: »Glück und Huld, mein Herr, zum Gruße«, wo ich mich, in einen langen Talar verkleidet, als Musiklehrer in sein Haus einzuschleichen hatte, passierte mir ein Mißgeschick: Bei dieser übertriebenen Begrüßungszeremonie mit tiefer Verbeugung trat ich auf den Saum des Talars, stolperte, stürzte über die Rampe, konnte mich aber mit beiden Händen halten, so daß die Köpfe der Musiker außer Gefahr waren. Bei dem Sturz hatte sich aber der Talar über meinen Kopf gezogen, so daß ich in Unterhosen wie an einer Turnstange hing. Heinz Cramer erfaßte nicht nur die Situation, sondern auch meine Hände und hievte mich wieder auf die Bühne.

Hatten wir schon in den voraufgegangenen Vorstellungen großen Erfolg wegen unserer komödiantischen Spielfreude gehabt, so war das hier der Clou: Das Publikum wieherte und brüllte vor Lachen, allerdings nicht nur wegen unserer künstlerischen Darbietung, sondern hauptsächlich wegen der Unterhosen.

Bei Heinz Cramer mußte man immer auf der Hut sein. Im letzten Akt von *Cosi fan tutte* haben Ferrando und Guglielmo sich hinter der Bühne blitzschnell von türkischen Kaufleuten in Offiziere zurückzuverwandeln. In dreißig Sekunden!

In der Braunschweiger Inszenierung gab's zwei Türen, hinter denen wir nach dem Umzug noch je einen Koffer in die Hand gedrückt bekamen, um mit der Gesangsphrase: »Wohlbehalten, so kehren wir wieder«, auf die Bühne zu marschieren. Eilig wollten Carl Momberg und ich, so ausgestattet, auftreten. Aber, o Schreck, Heinz Cramer, unser Alfonso, hatte jedem von uns einen Zentner Eisen in den Koffer gepackt! Mit schwerer Schlagseite kamen wir – einer links, einer rechts – auf die Bühne gehumpelt, so daß wir die Szene vollkommen schmissen, weil wir uns vor Lachen nicht halten konnten.

Dem *Barbier* folgte Lortzings *Zar und Zimmermann* mit dem bezaubernden Lied »Lebe wohl, mein flandrisch Mädchen«, das ich sehr liebte und mit besonderer Inbrunst sang. Auch hier war Margarete Vogel meine Partnerin. Den Zaren gab natürlich Carl Momberg, den Bürgermeister van Bett Heinz Cramer. Wir vier waren seinerzeit ein unzertrennliches Kleeblatt in fast allen Inszenierungen.

Dann aber folgte eine ganz andere Aufgabe. Bisher hatte ich nur rein lyrische Tenorpartien gesungen. Doch nun vertraute man mir eine Rolle an, die eigentlich dem jugendlichen Heldentenor zugestanden hätte: den Bacchus in Richard Strauss' Meisterwerk *Ariadne auf Naxos*, einem musikalischen Edelstein, der nur mit größter Könnerschaft zum Strahlen zu bringen ist. Kein Wunder, daß ich zunächst davor zurückschreckte, zumal ich das Werk im ganzen nicht kannte.

In Duisburg hatte ich den jungen Offizier im Vorspiel dargestellt, der nur ein paar Sätze am Anfang zu bringen hat. Außerhalb meines kleinen Auftritts bekam ich damals nicht viel mit. Mir war natürlich auch der Sinn des Werkes gar nicht aufgegangen. Ich sah, wie der Bacchus sich die künstlichen Haare ausriß, mit Glatze dastand und dem Friseur die Perücke an den Kopf warf, weil ihm die »Oper in der Oper« nicht gefiel. Er schmetterte ein paar Sätze heraus, die für mich seinerzeit gar nichts mit Singen zu tun hatten. Was danach auf der Bühne geschah, war mir bislang entgangen – also nicht mehr und nicht weniger als alle Herrlichkeit dieses einzigartigen Werkes (in dem ich fünfzehn Jahre später bei den Salzburger Festspielen mit Partnerin Lisa della Casa unter Karl Böhm einen Riesenerfolg errang, der unter Karajan mit Elisabeth Schwarzkopf in London auf Schallplatte festgehalten wurde).

Wenig begeistert fuhr ich zu meinem Lehrer Laurenz Hofer, der sich in Berlin niedergelassen hatte. Ich klagte ihm: »Da soll ich nun den Bacchus singen. So eine uninteressante, abstoßende Partie!«

»Waaas?« rief Hofer. »Wie kommst du denn darauf? Abstoßend? Junge, das ist eine der schönsten Tenorpartien!«

Nun war es an mir, »Waaas?« zu rufen. »Ich kenne doch das Vorspiel!«

»Ja«, lächelte Hofer. »Aber in der folgenden Oper, dem Hauptteil, da kommt der Bacchus in den letzten zwanzig Minuten. Und was er in dieser Zeit zu singen hat, ist überirdisch!«

Über 45 Jahre später, also als dieses Buch geschrieben wurde, brachte der österreichische Rundfunk wiederholt meinen Salzburger Bacchus mit den Vorbemerkungen: »Eine Sternstunde in der Geschichte der Salzburger Festspiele« und »der sieghafte Bacchus Rudolf Schocks...« Demnach muß ich Hofers Bemerkung tief in mich aufgenommen haben und mit bereitwilligem Sinneswandel an die Sache herangegangen sein.
Wieder in Braunschweig, machte ich mich eifrig an die neue Aufgabe und merkte schnell, welches Vorurteil ich gehegt – und wie recht Hofer hatte. Ich arbeitete intensiv an der Tenorpartie, fand sie natürlich sehr, sehr schwer, erkannte aber auch den ganzen Reiz der hohen Lage mit der unerhörten musikalischen Herausforderung. Zum Beispiel muß man den noch hinter der Bühne gesungenen Ausruf »Circe, Circe« regelrecht aus der Luft greifen – wie ein Blinder einen fliegenden Vogel. Hier kam mir die stimmliche Arbeit mit Laurenz Hofer und die musikalische mit Ewald Lindemann zugute. Letzterer feilte in Solo- und Ensembleproben an den Stimmen – noch und noch und immer wieder, bis auch alles aufs genaueste saß. Das habe ich bei meinen späteren Dirigenten wirklich selten erlebt – vielleicht nur noch bei Ferenc Fricsay und Erich Kleiber. Ich habe davon profitiert, für mein Leben und für die großen Bühnen Europas.

Kurz vor der Braunschweiger *Ariadne*-Premiere erreichte mich ein Hilferuf vom Stadttheater Göttingen mit der Bitte, in der dortigen Neuinszenierung als Bacchus einzuspringen. Nach einigem Zögern erklärte ich mich bereit, und nachdem das Abenteuer in der niedersächsischen Universitätsstadt geglückt war, fühlte ich mich für Braunschweig noch sicherer. Daß ich diese schwierige Partie in so jungen Jahren – ich war ja erst Anfang zwanzig – erfolgreich bewältigte, war für mich ein großer Schritt voran.
Es folgten in der Spielzeit 1938/39 – aus dem Landestheater war inzwischen ein Staatstheater geworden – Verdis *Rigoletto*, Mozarts *Zauberflöte*, Donizettis *Don Pasquale* und Puccinis

Madame Butterfly. Die Rolle des Herzogs in Verdis frühem Meisterwerk habe ich mein Leben lang mit Begeisterung gesungen. Was die *Zauberflöte* betrifft, so ist die Rolle des Tamino meine häufigste Partie geworden. Ich sang sie einige hundert Mal, auch an der Londoner Covent Garden Opera in englischer Sprache. Vom Gesanglichen her rechne ich die Bildnisarie zu den schwierigsten Aufgaben für einen Tenor. Allein das erste hohe G darin, »Dies *Bild*nis ist bezaubernd schön«, wieder auf dem gefürchteten Vokal i, ist eine gefährliche Klippe.

Über die *Butterfly* – wieder mit Margarete Vogel als erschütternder Cho-Cho-San und Carl Momberg als Sharpless – wäre noch zu berichten, aber ich darf nicht vergessen, daß mich auch meine eigene Liebe beschäftigte: und das war und blieb Gisela, die sich ja als Tänzerin nach Essen verpflichtet hatte. Ich besuchte sie dort, wann immer ich es möglich machen konnte.

In der Oper und in der Liebe verlief alles in schönster Harmonie. Doch im Frühjahr 1939 schien es so, als sollte ich durch die Zeitverhältnisse aus meiner friedlichen Bahn geworfen werden. Ich unterstand ja der Wehrpflicht und der Arbeitsdienstpflicht. Der Arbeitsdienst sah »die gesetzliche Heranziehung aller jungen Staatsbürger zur Pflichtarbeit nach Art der allgemeinen Wehrpflicht« vor. Ich war also fällig, Spaten, Hacke, Säge und allerlei sonstige Geräte in die Hand zu nehmen.

Im Frühjahr 1939 war ich immerhin schon 23½ Jahre alt, hätte also meine Arbeits- und Wehrdienstpflicht längst ableisten müssen. Meinem Intendanten war es bisher immer wieder gelungen, mich erfolgreich zu reklamieren. Nun aber teilte die Erfassungsbehörde dem Intendanten mit: »Selbst bei Berücksichtigung der künstlerischen Wichtigkeit des Betreffenden ist ein weiterer Aufschub nicht möglich, da der Jahrgang 1915 ausnahmslos herangezogen wird.«

Wenigstens konnte Dr. Schum mit der Arbeitsdienstführung ein Arrangement treffen: Ich wurde am 1. April 1939 eingezogen in ein Lager in Lehre, nicht weit entfernt von Braunschweig. Dort

mußte ich sechs Wochen Grundausbildung absolvieren: Ich pflanzte unzählige Bäume, half bei Geländebegradigungen, dem Anlegen von Wassergräben und dergleichen mehr.
Die jungen Arbeitsmänner verbanden mit einem Opernsänger die Vorstellung von Arroganz und Bequemlichkeit. Ich war etwas füllig geworden und schien ihr Vorurteil zu bestätigen. »Der Herr Opernsänger«, spotteten die achtzehn- bis neunzehnjährigen Kameraden, »wie wird er sich im Sport blamieren!«
Sie ahnten ja nicht, daß meine Kindheit und Jugend aus Entbehrung, Abhärtung und Sport bestanden hatte. Im Alter von zwölf Jahren hatte ich vom Deutschen Reichsausschuß für Leibesübungen bereits eine urkundliche Auszeichnung für hervorragende Leistungen im Dreikampf erhalten (die ich heute noch vorzeigen kann). Sie ist übrigens ein zeithistorisch besonders interessantes Dokument, da sie von dem ehemaligen Bevollmächtigten für Verhandlungen mit Polen über Oberschlesien, Theodor Lewald, unterzeichnet ist, der 1920 die Hochschule für Leibesübungen gründete.
Die braven Burschen im Arbeitsdienst waren sehr überrascht, als ich nicht nur auf der Notenscala bis zum hohen C hochsprang, sondern auch im Wettkampfsport beim Weitsprung Werte von 5,85 m und darüber vorlegte. Als ich mit 6,35 m den absoluten Tagessieg errang, war ich von den Jungen als Kamerad akzeptiert – und blieb nicht länger der belächelte »Herr Opernsänger«.

Als meine Grundausbildung beendet war, wurde ich zum Stab der Arbeitsdienst-Gebietsführung auf die Schreibstube am Braunschweiger Löwenwall versetzt. Aber an den späten Nachmittagen durfte ich den Arbeitsplatz verlassen, um am Theater die vorgesehenen Partien zu singen. Das veranlaßte natürlich meine unmittelbaren Vorgesetzten, den »Herrn Opernsänger« bei jeder Gelegenheit zu schikanieren. Nur einer hatte Verständnis für meine beruflichen Probleme, und das war ausgerechnet der ranghöchste Vorgesetzte, Oberarbeitsführer Ohm.

Eines Tages, als er krank war, mußte ich Bücher in seine Wohnung in die Heinrich-Straße bringen. Ich klingelte an der Haustür, aber niemand machte mir auf. Da versuchte ich es an der Nachbartür – auf dem Schild las ich den Namen Bartels.

Durch diesen Zufall entstand eine lebenslange Freundschaft: Es öffnete eine nette junge Frau, die mir sofort sympathisch war. Trotz meiner Arbeitsdienstuniform erkannte sie mich, denn sie war eine begeisterte Opernbesucherin: »Hallo, Herr Schock, was führt Sie hierher? Mein Mann und ich haben Sie als Tamino bewundert. Wir würden uns sehr freuen, wenn Sie morgen zum Abendessen kämen.«

Nur allzu gern nahm ich die Einladung an.

Oberarbeitsführer Ohm hatte nicht nur Verständnis für meinen Sängerberuf, sondern auch für mein Privatleben: Er bewilligte mir zwei Tage Urlaub. Natürlich nützte ich diese Gelegenheit, um meine Freundin Gisela in Essen zu besuchen. Wir schwebten im siebenten Himmel und verlebten einen herrlichen Abend mit ausgiebigem Essen im Hotel. Anderntags hatte ich frei, nur am Abend mußte ich den vereinbarten Teil meines Doppellebens in Braunschweig erfüllen. Ach, dachte ich, bleib so lang wie möglich! Du kommst zur Vorstellung auch zurecht, wenn du den letzten Zug nimmst.

Katastrophe: Ich fuhr »auf den letzten Drücker« los, von Erinnerungen beschwingt, nichts Schlimmes ahnend. Doch unterwegs bekam der Zug so viel Verspätung, daß ich in Hannover den Anschluß nach Braunschweig verpaßte. Der nächste Zug würde erst um 20.08 Uhr in Braunschweig sein, die Vorstellung begann aber schon um 20.00 Uhr. Ich war verzweifelt.

In plötzlicher Eingebung schrieb ich die Telefonnummer des Braunschweiger Theaters auf einen Zettel, wandte mich an einen Reisenden, der in Hannover ausstieg, und flehte: »Bitte, seien Sie so nett und rufen Sie in Braunschweig beim Theater an! Ich bin Sänger und muß noch heute dort auftreten. Die Direktion muß wissen, daß ich Verspätung habe.«

Gottseidank begriff der Mann meine Lage sofort. Er hat tatsächlich mit der Intendanz in Braunschweig telefoniert, so daß man wenigstens wußte, was los war. Schon um 19.30 Uhr traf die Nachricht dort ein. Unverzüglich suchte man nach einem Dreh, das Publikum hinzuhalten. Herr Schock, so wurde durch einen Sprecher bekanntgegeben, sei ja zur Zeit Angehöriger des Arbeitsdienstes, und infolge einer dienstlichen Verzögerung würde er eine halbe Stunde später eintreffen. Der ordnungsgemäße Ablauf der *Lustigen Weiber von Windsor* sei danach aber garantiert.

In Braunschweig sprang ich am Bahnhof in ein Taxi und ließ mich im Höllentempo zum Theater fahren. Himmel! Da promenierte das Opernpublikum auf der Straße, um sich die Wartezeit zu vertreiben. Ein Anblick, bei dem sich mein militärisch kurzer Haarschnitt sträubte! Ich stürzte in die Garderobe und zog das Kostüm an. Ohne einen einzigen Ton des Einsingens und ungeschminkt hastete ich auf die Bühne.

Da aber starrte mich vom Dirigentenpult her das eisige Gesicht Ewald Lindemanns an. Seit dem Krach, der mit meiner zeitweiligen Verbannung geendet hatte, arbeiteten wir in freundschaftlichstem Einvernehmen miteinander. Nie mehr hatte ich ihn wütend gesehen. Die Augen aber, die mich an diesem Abend musterten, glichen Degenspitzen.

Lindemann liebte schönen, disziplinierten Gesang. Seine Miene spiegelte stets seine Freude über die Leistung wider. So kannte ich ihn seit dem *Rosenkavalier* ausschließlich. An diesem Abend aber verriet sein Gesicht nichts anderes als arktische Untertemperatur. Nicht ein einziges Mal schaute er zu mir herauf, mich traf kein wohlwollender, herzerwärmender Blick.

Zum Glück war Lindemann nicht nachtragend, bald zog wieder Sonne in sein Gemüt – wenn auch noch nicht in dieser verspäteten Vorstellung, da blieb er frostig bis zuletzt.

Nebelwerfer und Opernsänger

Trotz Einberufung gelingt der Sprung nach Berlin

Am 1. September 1939 wurde ich durch die Kriegsereignisse jäh aus meinem Doppelleben als Arbeitsdienstler und Opernsänger aufgeschreckt. Ich weiß noch ganz genau, wie ich in meiner Dienststelle die Hitlerrede mit der Begründung des Einfalls deutscher Streitkräfte in Polen hörte. Ich war wie vor den Kopf geschlagen.

An meiner Einstellung zu den Machthabern im Dritten Reich hatte sich nichts geändert, zu gut erinnerte ich mich an die Brutalität der braunen Horden in der sogenannten Kampfzeit. Außerdem schien mir in der Stimme Hitlers etwas mitzuklingen, was mir absolut unheilvoll erschien. Ton, Wort und Aussprache verraten viel, wenn nicht alles für den, der Ohren hat. Ich war viel zu einfach, viel zu natürlich, um aus dem Kriegsgebrüll nicht das Vernichtungswütige herauszuhören. Jetzt ist alles aus, dachte ich, dieser Führer ist wahnsinnig, und nur der Teufel mag wissen, was der mit uns vorhat!

Persönliche Angst hatte ich nicht, ich vergaß auch nie, daß ich das Schicksal mit Millionen anderen teilte, selbst wenn ich eine Galgenfrist dankbar wahrnahm. Zum Glück wurde Gisela auf meine Fürsprache hin wieder nach Braunschweig engagiert, so daß ich diese Frist mit ihr teilen konnte.

Meine Zeit beim Reichsarbeitsdienst endete Anfang November 1939. Dr. Schum brachte es fertig, mich sofort zu reklamieren, während die anderen Arbeitsdienstler übergangslos zum Militär mußten.

Wie gesagt, ein Aufschub nur, über den wir aber sehr glücklich waren. Dr. Schum hatte sich vehement für mich eingesetzt.
Auf dem Wehrmeldeamt saß zudem ein Oberfeldwebel, ein Opernfreund, der meine Einberufung mit allen Mitteln verzögerte, wie ich später erfuhr. Er legte dem Leiter, einem adligen Oberst, meine Papiere von Termin zu Termin einfach nicht vor. Ein heikler Punkt war, daß dieser Oberst mich nicht leiden konnte. Und so stolperte ich schließlich – sozusagen über meine eigene Zunge – in die feldgraue Uniform.
Wir hatten eine junge Schauspielerin am Theater, Waltraut von Negelein, die mit dem Oberst gut bekannt war. Ich hätte das in Betracht ziehen müssen, aber ich war unbekümmert, noch dazu vorlaut, wenn ich einen Schluck getrunken hatte. Eines Abends saß ich in der Theaterkantine mit Kollegen und der erwähnten Schauspielerin zusammen. Wir sprachen über die Bühne, den Krieg, die Kriegsaussichten und auch über das Persönliche, das daran geknüpft war. So fragte sie mich, wann ich denn mit der Einberufung zu rechnen habe. Und da kamen wir, zu meinem Pech, auf den Oberst zu sprechen: »Der hat eine Wut auf mich, weil ich ihn nicht ehrfürchtig genug gegrüßt habe«, sagte ich – auch das hatte man mir nämlich schon gesteckt.
Mit meinem Schauspielerkollegen Horst Beck – er ging später nach Hamburg und wurde durch Bühne und Fernsehen sehr bekannt – war ich dem Oberst irgendwo begegnet. Wir waren zwei muntere Burschen, Zivilisten noch, und sahen nicht ein, weshalb wir militärisch Männchen machen sollten. Diese Nichtachtung hatte uns der Oberst übel vermerkt.
In der Kantine plapperte ich das alles aus. Ich erinnere mich noch meiner unbedachten Äußerungen der Schauspielerin gegenüber: »Der Oberst da vom Wehrmeldeamt, der würde mich wohl gerne schnappen, aber ich habe Gottseidank einen Beschützer, der aufpaßt, daß mir nichts passiert. Ich habe für die kommende Spielzeit einen Vertrag mit dem Theater des

Volkes in Berlin und wenn ich erst mal da bin, kann mir der Oberst am A-bend begegnen!«
Diese Bemerkung wurde dem Oberst brühwarm hinterbracht. Er ließ sich sofort meine Papiere reichen und fertigte die Einberufung aus. Höchstpersönlich brachte er meinen Gestellungsbefehl zur Post – und ich erhielt ihn am Samstag, den 30. März 1940. Daran konnte auch mein wohlwollender Feldwebel, der mir hinterher alles berichtete, nichts mehr ändern.
Was nun?
Ich ging zu Dr. Schum. Der Intendant reagierte genauso bestürzt wie rasch. Er sagte: »Ich habe Sie eingeplant, ohne Sie ist der Rest der Spielzeit gefährdet.«
Sofort setzte er sich in den Zug und fuhr nach Berlin, um bei dem zuständigen Oberbonzen Hinkel, Kampfbündler für deutsche Kultur und Staatskommissar im Kultusministerium, zu intervenieren.
Vergeblich.
Allein schon deshalb, weil in Berlin über das Wochenende alle Vögel ausgeflogen waren. Der Intendant kam sonntags zurück und erklärte: »Nichts zu machen. Sie müssen sich morgen erst einmal stellen.«
Morgen – das war Montag, der 1. April. Um einen Aprilscherz handelte es sich jedoch nicht...
Da ich Braunschweig bald verlassen wollte, hatte ich schon lange vorher für Samstag, den 30. März, ein Abschiedskonzert arrangiert, zusammen mit meiner Schwester Elfriede, die aus Duisburg angereist kam. Das Programm war bereits gedruckt und die Eintrittskarten waren restlos ausverkauft. Was die Gestaltung des Abends betraf, so hatten wir es uns nicht leicht gemacht. Genau an diesem Vormittag aber hatte mir die Post den Gestellungsbefehl ins Haus gebracht.
Zum Konzert war ich nicht in guter Stimmung – zwar sehr gut bei Stimme, aber doch etwas nervös. Das übertrug sich natürlich auf meine Schwester, die begreiflicherweise von Lampenfieber

geplagt wurde, da es ihr erster großer Soloauftritt war. Als ich meine ersten beiden Arien hinter mir hatte, stand ich gespannt hinter der Bühne, um ihrer Agathen-Arie zu lauschen. Das wunderschöne Vorspiel war zu Ende, und wer nicht einsetzte, war meine Schwester. Ich war entsetzt. Zum Glück war der Begleiter, Kapellmeister Heinz Zeebe, so geistesgegenwärtig, noch einmal mit dem Vorspiel zu beginnen. Elfriede schaute hilfesuchend zur Kulisse, wo ich stand. Ich versuchte, sie durch beschwichtigende Handbewegungen zu beruhigen. Beim zweiten Mal setzte sie richtig ein, und sie sang die schwere Arie schön und gefühlvoll.

Wie stand es nun um meine bürgerliche Existenz vor meiner Einberufung? Der Kriegsbeginn hatte mich, wie so viele, mitten im beruflichen Aufstieg getroffen. Auch finanziell ging es mir bis zum verhängnisvollen 1. September 1939 sehr gut. Sparsam von Haus aus, war ich nicht der Versuchung erlegen, mein Geld mit vollen Händen auszugeben. Für meine Mutter zweigte ich pünktlich in jedem Monat eine bestimmte Summe ab. Was über die Anforderungen des normalen Lebens hinausging, wurde auf die Bank gebracht. Als Fahrzeug genügte mir ein Fahrrad, ein alter Drahtesel für 25 Mark. Da auch Gisela ein Rad hatte, unternahmen wir gemeinsam unvergeßlich gebliebene Fahrten in die schöne Umgebung Braunschweigs – in den Elm, die Heide und sogar bis in den Harz. Das genügte uns völlig.
Ein Auto anzuschaffen war mir nicht in den Sinn gekommen. Autos hatten von uns Theaterleuten nur der jugendliche Heldentenor Josef Witt, der auch oft in Wien sang, dann eine Chorsängerin, die eine Erbschaft gemacht hatte, und der Dramaturg Karl-Heinz Gutheim, gleichzeitig Nebenverdiener als Komponist.
Selbst der Intendant kam per Fahrrad zum Dienst. Mir, als jungem Tenor, wär's nicht im Traum eingefallen, unbescheidener zu sein als er, obwohl ich mir längst einen Wagen hätte anschaffen können. So hatte ich mein Geld also auf der Bank, zehntausend Mark: vor Kriegsbeginn ein Vermögen.

Schlagartig lösten nun Lebensmittelkarten und Bezugscheine den Geldwert ab, lösten ihn auf. Das Gesparte war praktisch futsch. Es gelang mir, rasch noch ein paar Dinge aus dem schwindenden Angebot zu ergattern. Gleich zu Beginn der sogenannten Rationierung – und das war bereits am ersten Kriegstag – rannten alle Leute in die Geschäfte und Warenhäuser, um zu kaufen, was noch zu kaufen war; Gisela und ich mitten unter ihnen. Wir erwarben ein Radiogerät, das uns noch Jahre nach dem Krieg gute Dienste leistete und von dem ich mich nie trennen konnte, selbst als es längst bessere Apparate gab. Auch kaufte ich mir ein Paar Skier und hoffte, sie noch einmal nützen zu können. Allerdings mußte ich wegen der mangelnden Auswahl mit ein Paar Brettern von 2,35 m Länge vorliebnehmen. Dazu erstand ich Skistiefel, die zwei Nummern zu groß waren – alle gängigen Größen waren schon ausverkauft. Ich mußte zwei Paar Socken anziehen, um überhaupt Halt zu finden.

An das letzte Wintervergnügen vor meiner Einberufung erinnere ich mich deshalb so gern, weil es mich vor den Toren Braunschweigs als unfreiwilligen »Brett'l-Komiker« fand, mich, der ich später ein sehr guter Skiläufer wurde: Immerhin bin ich jetzt in meiner Altersklasse sechsmaliger westdeutscher Seniorenmeister im Slalom und Riesentorlauf.

1939 vergnügte sich die Braunschweiger Jugend auf einem kleinen Hügel, einer Abfahrt, die mir halsbrecherisch vorkam. Einige der Jugendlichen riefen mir zu: »Herr Schock, warum fahren Sie hier nicht mal runter?«

Damals war es für mich noch ungewohnt, daß ich in der Öffentlichkeit erkannt und angesprochen wurde. Aber vielleicht hatten sie mich in der Kinderoper *Schwarzer Peter* gesehen?

»Das könnte euch so passen!« rief ich zurück. »Ich bin doch nicht lebensmüde!«

Um mich nicht allzusehr zu blamieren, faßte ich mir aber doch ein Herz und startete. Zur Erheiterung der Braunschweiger Jugend landete ich höchst unsanft auf dem Hosenboden. Jemand rief hinter mir her: »Singen können Sie aber besser als skilaufen!«

Am 1. April 1940 wurden Privatleben und Beruf jäh unterbrochen, da ich zur Infanterie nach Hameln einrücken mußte.
Die Infanterie, damals gemütlich »die Mutter der Waffengattungen« genannt, war eine harte Lehrmeisterin – wohl eher eine Rabenmutter. Dem, der das miterlebt hat, brauche ich wohl nichts zu erzählen. Wir wurden scharf herangenommen: exerzieren, Geländeübungen, Schießausbildung, Handgranatenwerfen, Gebrauch der Gasmaske, Kompaßkunde, Gruppentaktik in Theorie und Praxis – das alles stand auf dem Dienstplan.
Von der Infanterie-Einheit in Hameln wurde ich zum Nebelwerfer-Lehrregiment nach Celle versetzt. Dort war der Dienst nicht nur hart, sondern auch lebensgefährlich. Die Übungen wurden unter echten Kampfbedingungen durchgeführt. Offizieren, die von der Front kamen, mußten wir vorführen, wie man ein mit Gelbkreuz-Gas verseuchtes Gelände entgiftet. Dabei gab es gelegentlich Verletzte, Schwerverletzte und Tote. Einem Lehrgangsteilnehmer platzte der Schutzanzug aus Gummi, er lag in einer ätzenden Brühe Lost-Konzentrats, es gab für ihn keine Rettung mehr. Einem anderen wurde die Gasmaske schadhaft, er erlitt starke Hornschautschädigungen an beiden Augen und schwere Schädigungen der Atemwege. Das Gift griff die Schleimhäute an, und das wäre für mich als Sänger natürlich katastrophal gewesen. Mein Batteriechef, Hauptmann Rademacher, ein freundlicher Reservehauptmann, suchte mich so oft wie möglich vor solchen Einsätzen zu bewahren. Aber da gab es einen schikanösen Wachtmeister, der jede Gelegenheit wahrnahm, die Vergünstigung wieder auszugleichen. So ließ er mich – und einen Musiklehrer Laakmann aus Rheinberg – im Schwitzwasser der Gummianzüge exerzieren, bis uns das Wasser in den Stiefeln stand. Danach riet er uns mit brutaler Freundlichkeit, uns eine Weile in die Sonne zu legen.

Aus dieser für mich nicht gerade idealen Situation riß mich eine unerwartete Nachricht. Ich bekam ein Schreiben der Wiener Staatsoper über das Braunschweigische Staatstheater zugeleitet. Es enthielt das Angebot, in Wien auf Anstellung den Tamino in Mozarts *Zauberflöte* zu singen. In Wien, an der Staatsoper, einem der traditionsreichsten Häuser der Welt!

Mir schwirrten die Gedanken nur so durch den Kopf. Hier stand ich als der sprichwörtliche unbekannte Soldat. Die Bühnenwelt schien mir in der Knochenmühle ununterbrochener Ausbildung und Übung des militärischen Handwerks völlig entrückt. Irgendein Schutzengel mußte inzwischen eifrig für mich tätig gewesen sein. (Später erfuhr ich, es waren sogar zwei Schutzengel: mein Gesangslehrer Laurenz Hofer und der Berliner Bühnenagent Alexander Selow.)

Da stand es schwarz auf weiß: »Staatsoper Wien« und »Sehr geehrter Herr Schock!«

Bei den Nebelwerfern war ich kein »sehr geehrter Herr Schock«, sondern nur der Kanonier Schock, dessen Hauptsorge ein recht widerwärtiger Wachtmeister war.

Ich ging schnurstracks auf die Batterie-Schreibstube und legte dem Spieß das Schreiben vor. »Donnerwetter«, sagte der bewundernd. »So ne wichtige Nummer sind Sie, daß sich Staatstheater um Sie reißen? Hm, daß Sie schön singen können, haben wir ja schon im Kasino gehört, aber können Sie denn auch Flöte spielen?«

»Äh – *Die Zauberflöte* ist eine Oper. Da singe ich. Allerdings muß ich auch ein paar Töne auf der Flöte andeuten, ja...«

»Eben, das sage ich doch!« erklärte der Spieß. »Toll! Wußte gar nicht, was für Tausendsassas ich in meiner Batterie habe.« Er reckte sich stolz, sackte dann aber wieder zusammen. »Leider kann ich da nichts entscheiden. Wenden Sie sich an den Batteriechef.«

Auch der Hauptmann war nicht in der Lage, Reklamationen nachzukommen. Dazu reichten seine Befugnisse nicht. Aber ich

mußte ja den vorgeschriebenen Dienstweg einhalten, und der führte von dem Batteriechef zum Abteilungskommandeur.
Ein Kommandeur hatte natürlich einen Ermessensspielraum. Er begriff zum Glück sofort die Tragweite des ihm vorgelegten Schreibens der Wiener Staatsoper, hinter der ja hohe Kulturbehörden des Reiches standen. »Mein lieber Herr Schock«, sagte er lächelnd, »selbstverständlich bekommen Sie den erforderlichen Arbeitsurlaub. Das ist eine wichtige Sache, auch zur Wahrung der kulturellen Moral des Volkes.« Augenzwinkernd fügte er hinzu: »Aber ich knüpfe eine Bedingung an den Urlaub, nämlich die, daß Sie meiner Abteilung hier auch einmal einen Gesangsabend geben!« Das versprach ich hoch und heilig...
An der Wiener Staatsoper sang ich noch »a. G.« – als Gast. Meiner Verlobten Gisela verpflichtete ich mich dagegen fest, für immer und ewig, ein Engagement, in das ich mich noch vor dem Wien-Debüt voller Seligkeit stürzte, ein Engagement auch, das ich nie bereute und nie gelöst habe – nicht einmal zeitweilig – und das inzwischen über Jahrzehnte hinaus.
Wir heirateten in Form der damals üblichen Kriegstrauung am 21. September 1940 im Rathaus Hannover-Linden. Die Trauungsurkunde verzeichnet einen

Kanonier Rudolf Schock

und eine

Lehrerin für tänzerische Körperbildung
Gisela Schock, geb. Behrends.

Als Trauzeugen fungierten Giselas Mutter und ihre Tante Martha.
Für Hochzeiten gab es eine amtliche Lebensmittelzulage, so daß wir uns etwas Besonderes leisten konnten.
So ein Essen war damals etwas derart Außergewöhnliches, daß ich mich noch genau an die Menüfolge erinnern kann. Es gab: Gemüsesuppe, Kalbsnierenbraten mit Soße – dazu wurde Spinat gereicht – und als Nachtisch Pflaumenkompott.
Gleich nach diesem Festmahl setzten wir uns in den Zug und fuhren zunächst einmal nach Berlin. Am Bahnhof Zoo erwarteten

uns Alwin und Else, die mittlerweile ans Metropol-Theater verpflichtet worden waren, mit einem bunten Asternstrauß. Während die beiden meine junge Frau mit in ihre Wohnung nach Charlottenburg in die Friedbergstraße nahmen, begab ich mich unverzüglich zu meinem Lehrer Laurenz Hofer in die Uhlandstraße. Er sollte mir für den Tamino den letzten Schliff geben...
Und so endete unser Hochzeitstag: das Brautgemach war ein biederes Wohnzimmer bei Alwin und Else, das Brautlager eine schlichte Couch. Als Gisela schön und strahlend aus dem Badezimmer kam, lag ich nach all den Strapazen der letzten Zeit wie zerschlagen da und nahm sie nur noch im Unterbewußtsein wahr...

Das Wiener Gastspiel bot uns die damals so seltene Möglichkeit einer Hochzeitsreise. Per D-Zug fuhren wir von Berlin über Dresden in die alte Kaiserresidenz und entthronte Hauptstadt Österreichs, die ihr Dasein nun als zweitgrößte Stadt des Großdeutschen Reiches fristete. Die politischen Umstände hatten aber der Oper, einem Hätschelkind der Bonzen, ihren künstlerischen Rang nicht nehmen können. Und so sang ich inmitten einer glanzvollen Besetzung am 25. September 1940 den Tamino auf jener Bühne, die einige der größten Gesangskünstler der Operngeschichte erlebt hatte: Caruso, Slezak, Piccaver, Tauber, Kiepura, die Lucca, die Patti, die Melba, die Kurz, die Jeritza und viele, viele andere, die selber Historie geworden waren. Noch stand das von August von Siccardsburg und Eduard van der Nüll erbaute, 1869 eröffnete, prachtvolle Haus am Ring mit dem unvergleichlichen Flair der k. u. k.-Epoche. Leider wurde es im weiteren Kriegsverlauf von Bomben zerstört. Ich betrachte es heute noch als ein Geschenk der Götter, daß ich dort mitten im Krieg den Märchenprinzen Tamino singen durfte.
Gisela saß im Parkett des festlichen alten Hauses, gebannt und ergriffen, jedoch auch sehr nervös und aufgeregt. Wie würde ihr

Rudi, jetzt ihre zweite Hälfte, zweite Seele und erste Stimme, wie würde er auf dieser Weltbühne bestehen?
Ich aber war erfüllt von Optimismus.
Nach den Mißtönen der Nebelwerfer und den brüllenden Befehlsstimmen der Exerzierplätze beflügelte mich Mozarts Musik um so mehr. Freude erfüllte mein Herz und strömte aus meiner Kehle:

»Dies Bildnis ist bezaubernd schön ...«

Nein, nun fürchtete ich mich vor keiner »Schreckenspforte« mehr, weder auf der Bühne, noch in der unheilvollen Wirklichkeit. Ich fühlte mich in meinem Element. Und in Gedanken an meinen neuen Status als Ehemann gelang mir einfach alles.
Der Dirigent dieser *Zauberflöten*-Vorstellung war Rudolf Moralt, übrigens Vorgänger von Ewald Lindemann in Braunschweig. Den Sarastro sang Herbert Alsen, mit dem ich später noch oft zusammen aufgetreten bin. Die Pamina gab die Sopranistin Esther Réthy, eine erfolgreiche Salzburger Susanne und Sophie. Über den berühmten Paul Schöffler brauche ich nichts weiter zu sagen. Er war der Sprecher.
Am Morgen nach dem gelungenen Gastspiel wurde ich zur Opernleitung bestellt. Direktor Strohm, vorher Intendant in Hamburg, amtierte hier wie der Statthalter einer fremden Macht, der er ja, streng genommen, auch war. Der Propagandaminister Goebbels hatte ihn empfohlen in der Meinung, er würde diplomatisch mit den Wienern umgehen. Das Gegenteil war aber der Fall, Strohm wurde größenwahnsinnig und mußte schon im Winter 1941 in eine Heilanstalt eingewiesen werden.
Als Gisela und ich ihm gegenübersaßen, ahnte ich nicht, daß man schon etliche Verrücktheiten an ihm festgestellt hatte. Er musterte mich und sagte mit milder Arroganz: »So jung – und schon an der Wiener Staatsoper?« Mit einem Blick auf Gisela wandelte er seine Bemerkung etwas ab: »So jung – und schon verheiratet!«
Und nun kam er zum wesentlichen, nämlich dem versprochenen

10 Ich war knapp 23 Jahre alt, als man mir im Herbst 1938 in Braunschweig eine besonders schwierige Partie anvertraute: den Bacchus in Richard Strauss' »Ariadne auf Naxos«. Meine Partnerin in der Titelrolle war Renate Specht.

11 Die Theaterferien im Sommer 1939 verbrachte ich mit meiner Verlobten und späteren Ehefrau, der Tänzerin Gisela Behrends, auf Norderney. Wir ahnten nicht, daß der Kriegsausbruch unmittelbar bevorstand.

12 Kriegstrauung: Gisela und ich heirateten am 21. September 1940 im Rathaus Hannover-Linden.

14 Gefreiter Rudolf Schock

15 Meine Schwester Elfriede. Sie war als Operettensängerin in Erfurt, Colmar, Weimar und Hannover engagiert.

16 Für diese Premiere erwirkte Goebbels bei Hitler meine Freistellung vom Kriegsdienst wegen »absoluter künstlerischer Vordringlichkeit«: Gaetano Donizettis »Don Pasquale«, am 2. März 1944 am Deutschen Opernhaus Berlin. Als Ernesto stand ich mit prominenten Partnern auf der Bühne: Irma Beilke sang die Norina, Michael Bohnen die Titelrolle und Karl Schmitt-Walter den Malatesta. Der Erfolg in dieser Günther-Rennert-Inszenierung begründete meine Nachkriegskarriere.

13 Auf Posten im Rußlandfeldzug, 1942

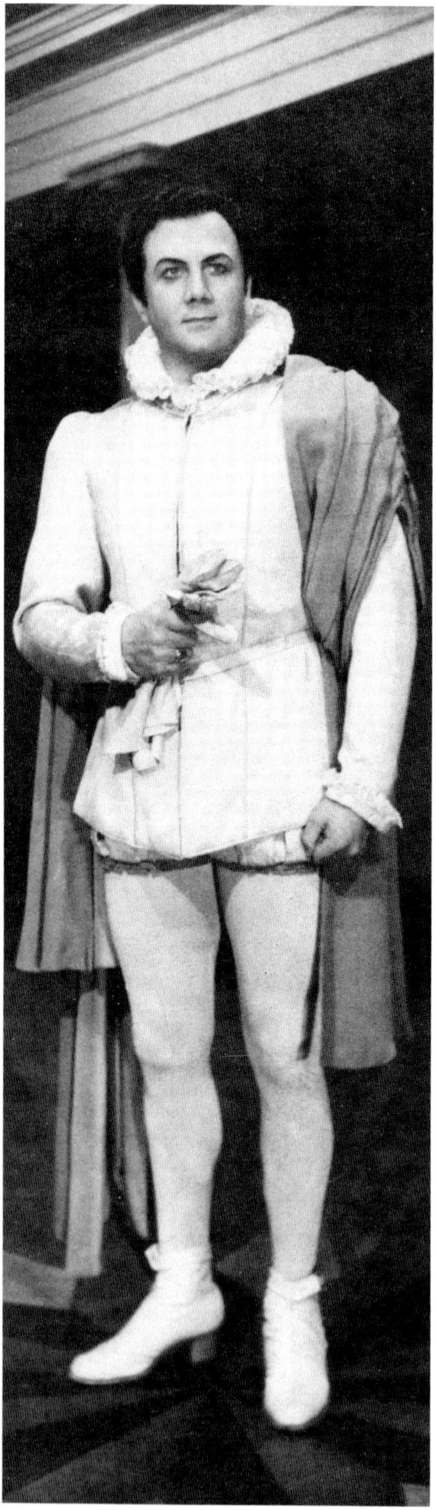

17 Links: Der Herzog von Mantua in Verdis »Rigoletto« war schon in jungen Jahren eine meiner häufigsten Partien. In Dresden war Maria Cebotari meine Partnerin, in Berlin Erna Berger.
18 Oben: Nachkriegsintermezzo in Hannover: Lyonel in Friedrich von Flotows »Martha«, 1945
19 Familienbild 1946 in Hannover: die stolzen Eltern Gisela und Rudolf Schock mit ihren Töchtern Isolde (links) und Dagmar

Vertrag. Ich hatte auf Engagement gesungen, die Bewährungsprobe einwandfrei bestanden und erwartete, meine Unterschrift unter den festen Vertrag setzen zu können. Strohm bestärkte meine Erwartung zunächst: »Tja, lieber Schock, Mozart singen Sie sehr schön.«

Gisela und ich tauschten zufriedene Blicke.

Doch schon fuhr er fort: »Ich möchte Sie aber noch im italienischen Fach hören. Sie kriegen also erst einmal einen Vorvertrag. Wenn Sie sich dann auch im *Rigoletto* bewährt haben, engagiere ich Sie fest.«

Ich stand auf. »Herr Direktor«, erklärte ich, »das widerspricht der Vereinbarung. Von einem Vorvertrag war nicht die Rede. Ein Vorvertrag sichert Ihnen alle Rechte, mir aber keine. Ich verzichte.«

Gisela war ebenfalls aufgestanden. Jetzt machte Strohm ein Gesicht, das auszudrücken schien: So jung – und schon so selbstbewußt.

Als er sich von seiner Verblüffung erholt hatte, kam er auf sein Angebot zurück. »Sie können es sich ja noch überlegen...«

Für mich gab es nichts zu überlegen.

Gisela und ich fuhren auf der Stelle ab und wählten den Rückweg über Berlin. Eines war mir völlig klar: Der Wiener Erfolg bedeutete eine Chance, die ich nutzen mußte, und zwar solange das Eisen noch heiß war. In Berlin hatte ich ja meinen Vertrag mit dem Theater des Volkes, der allerdings wegen meiner Wehrmachtszugehörigkeit ruhte. Aber da war noch das Deutsche Opernhaus, wo ich bereits ein erfolgreiches Aushilfsgastspiel als Fenton absolviert hatte, da waren Alwin und Else, die uns eine Notunterkunft geben konnten – und nicht zuletzt wohnte in Berlin mein Lehrer Laurenz Hofer, ein Berater von unschätzbarem Wert.

Gelänge es mir, am Deutschen Opernhaus einen festen Vertrag zu bekommen, würde ich trotz meiner Wehrmachtzugehörigkeit einen bedeutenden beruflichen Aufstieg verzeichnen können.

Mit meiner Wiener Tamino-Trumpfkarte ging ich also in die Charlottenburger Bismarckstraße und ließ mich beim Generalintendanten melden. Das war damals der Kammersänger Wilhelm Rode. Allerdings kam ich in einem höchst unpassenden Augenblick, denn an diesem Vormittag fand die Generalprobe zu Wagners *Walküre* statt, in der der Chef den Wotan sang. Und so hieß es: »Der Herr Generalintendant ist auf keinen Fall zu sprechen. Kommen Sie ein andermal wieder.«

Ein andermal gab's für mich nicht. Ich war im Hauptberuf Nebelwerfer, ich hatte erst recht keine Zeit. Mein Arbeitsurlaub war befristet. Ich sagte: »Bestellen Sie Herrn Rode, er soll die Probe unterbrechen, sonst schließe ich einen Vertrag in Wien ab.«

Die Wirkung war verblüffend. Wilhelm Rode unterbrach die Probe tatsächlich und kam in Kostüm und Maske als Göttervater herbeigeeilt. Ihm auf dem Fuße folgte mein Gönner, der Oberspielleiter Hans Batteux, der gleichzeitig künstlerischer Beirat des Generalintendanten war.

»Sie kommen aus Wien?« fragte Rode. »Und Sie haben hier auch schon gastiert, aber ich habe Sie leider noch nie gehört.«

»Den Schock können Sie ungehört und ungesehen nehmen. Für den garantiere ich. Geben Sie ihm sofort einen festen Vertrag, damit er nicht nach Wien entwischt«, sagte Batteux.

»In Ordnung«, erklärte Rode schnell entschlossen.

Und so bekam ich einen festen Dreijahresvertrag als lyrischer Tenor an das Deutsche Opernhaus in Berlin.

Generalintendant Wilhelm Rode, ein erfolgreicher, namhafter Heldenbariton, war seit 1932 Mitglied dieses Opernhauses, seit 1935 dessen Generalintendant. Er lebte in dauernder Konkurrenz mit Heinz Tietjen, dem Chef der Berliner Staatsoper Unter den Linden. Beide versuchten sich im Engagement guter Kräfte den Rang abzulaufen, wobei Tietjen aber immer im Vorteil war, weil Göring ihm die erforderlichen Mittel dazu bewilligte. Dem Reichsmarschall und Preußischen Ministerpräsidenten unterstanden nämlich die Staatstheater. Das Deutsche (städtische) Opernhaus hingegen fiel in das Ressort von Goebbels in seiner Eigenschaft als Gauleiter von Berlin. Und Goebbels, der Propagandaminister, interessierte sich mehr für Film und Funk als für Oper und Schauspiel. Rode war auf schnelles, oft auch listiges Handeln angewiesen. In meinem Falle vertraute er Batteux ohne Zögern.

Jedenfalls hatte ich nun einen guten Vertrag, der mich als Mitglied des Deutschen Opernhauses in Berlin auswies. Ein unschätzbarer beruflicher Aufstieg, denn an diesem Theater befanden sich Kräfte, die durch ihre bisherige Karriere wohlbekannt waren, wie der Bassist Michael Bohnen – oder solche, die sich allein schon durch ihre Schallplatten großer Popularität erfreuten, wie zum Beispiel der Bariton Karl Schmitt-Walter.

Praktisch nützte mir der Vertrag allerdings nichts, obwohl Rode mich dringend gebraucht hätte. Aber ich war jung, gesund, kräftig, und mein Jahrgang gehörte zum unverzichtbaren Motor der Kriegsmaschinerie. Also mußte ich zurück zu den Nebelwerfern nach Celle. Jedes zweite Wochenende verbrachte ich in Hannover, wo Gisela jetzt bei ihren Eltern wohnte, und wenn ich keinen Sonntagsurlaub hatte, besuchte sie mich in der Seeckt-Kaserne in Celle. Es war eine trübe Zeit, für uns beide nur dadurch aufgehellt, daß Gisela ein Kind erwartete. Daß es früher kommen würde, als es die bürgerliche Friedensmoral gestattet hätte, machte uns nichts aus. Die Zeit war sowieso aus den Fugen, und beide hatten wir keine Möglichkeit gehabt, mitten in Militär- und Vertragsbindungen eine sogenannte ordentliche Hochzeit anzubahnen.

Am 23. Februar 1941, einem Sonntag, war ich wieder einmal in Hannover. Nachmittags sahen wir uns in einem Vorstadtkino den Film *Der Vogelhändler* mit Johannes Heesters an. Danach begleitete mich Gisela zum Bahnhof. Ich stieg in den Zug nach Celle, der mich in die Kasernenwelt zurückbringen sollte. Der Abschied fiel mir besonders schwer, ich beugte mich aus dem

Fenster und sah die winkende Gestalt kleiner und kleiner werden. Es war bitterkalt und stürmisch. »Fenster zu! Verdunkelung! Fliegergefahr!« mahnte ein Mitreisender.
Ich zog das Rollo herunter und setzte mich trübsinnig auf die Holzbank des rüttelnden Zugabteils.
Gisela hatte so klein und verloren gewirkt...
Während ich dann in der Kaserne in mein Feldbett kroch, ahnte ich nicht, was sich inzwischen in Hannover abspielte. Gisela war kaum zu Hause angelangt, als die Wehen einsetzten. Da kein Taxi verfügbar war, alarmierte ihre Mutter die Feuerwehr, die sie mit einem roten Löschwagen in die Privatklinik Keppler in Hannover-Linden fuhr.
Dort brachte sie am 24. Februar 1941 um 9.00 Uhr vormittags unsere Tochter Isolde zur Welt. Ein Sonntagskind war sie nun nicht geworden, aber für junge Eltern ist ein ersehntes Baby immer ein Sonntagskind. Mich erreichte in Celle ein Telegramm, daß alles glücklich verlaufen war, und ich sah mich nun plötzlich vor der zunächst kaum faßbaren Tatsache, Vater zu sein.
Gisela und ich, beide große Wagner-Verehrer, hatten uns schon früher geeinigt, eine Tochter Isolde zu nennen. Isolde, Symbol des Freudigen und Schmerzlichen, schien uns ein passender Name für unser Kind – gerade und erst recht in der trostlosen Zeit des Krieges.
Wie Tristan sich auf dem Krankenlager vor der Burg Kareol nach seiner Isolde sehnt, so sehnte ich mich nach dem ersten Anblick unseres Babys, der mir allerdings noch vierzehn Tage vorenthalten blieb. Endlich aber war es so weit, ich sah Gisela wohlbehalten und glücklich, und ich sah Isolde, *meine* Isolde.
Das neue, ungewohnte Familienglück war immer nur von kurzer Dauer und beschränkte sich auf die Wochenenden. Als ich von Celle nach Munsterlager versetzt wurde, war es für Gisela noch umständlicher, mich zu besuchen, besonders wenn sie nun mit dem Kinderwagen kam. Im Sommer machten wir Spaziergänge durch die Heide. Es half uns sehr, daß wir dort einen kleinen

Stützpunkt hatten, wo wir uns bei einer Familie Müller treffen konnten, die sich herzlich unserer annahm. Alois Müller war Bürgermeister und Ortsgruppenleiter, doch er war kein Fanatiker. Als Hitler den Befehl zum Einmarsch in die Sowjetunion gegeben hatte, machte ich aus meiner Besorgnis keinen Hehl. Auch Gisela, Tochter eines zwangspensionierten höheren Beamten der Stadt Oberhausen und alten SPD-Mitglieds (er wurde nach der Machtübernahme von den Nazis einige Jahre inhaftiert), äußerte ihre Befürchtungen. Dennoch erblickte der Ortsgruppenleiter in uns keine Defätisten, sondern nach wie vor eine hilfsbedürftige kleine Familie. Die Gerechtigkeit erfordert, ihm das hoch anzurechnen.
Das Militär verlangte alles andere als familiäre Zärtlichkeit. Ich hatte mich dauernd neu zu bewähren, vor dem Einsatz besonders im Sport. Und es nützte mir sehr, daß ich einige Siegerurkunden erringen konnte, so im Hundertmeterlauf, im Weitsprung, im Hundert-Meter-Brustschwimmen und im Dreikampf.
Wie vorauszusehen, kam der Tag, an dem es auch damit vorbei war. Das Nebelwerfer-Lehrregiment mußte an die Ostfront, und mit ihm der Gefreite Schock.

Musik des Todes

Als Gefreiter
im Rußlandfeldzug

Wir wurden in Munsterlager in Güterwagen verfrachtet, verladen ins Ungewisse, an eine Front, von der sich niemand eine Vorstellung machte. Die Siegesfanfare des Reichsrundfunks, ein bombastisches Arrangement aus Franz Liszts »Les Préludes«, klang jedermann noch in den Ohren, schon aber war zu erkennen, daß die Einnahme von Leningrad und Moskau nicht so schnell gelingen würde. Im Norden und im Mittelabschnitt war Hitlers »Blitzkrieg«-Methode an vielerlei Umständen gescheitert, dagegen machte der Krieg zunächst eine sehr erfolgreiche, mit großer Wucht geführte Schwenkung nach Süden. Dort sollten auch wir zum Einsatz kommen, aber keiner von uns wußte bei der Abfahrt genaueres. Was wir zurückließen – dessen waren wir uns allerdings um so bewußter. Mir war das jedenfalls durchaus klar.

Da stand meine junge Frau an der Verladerampe, vor sich das Wägelchen, in dem Isolde saß. Räumlich entfernte ich mich von der kleinen Familie, mit der ich noch gar nicht richtig zusammengelebt hatte, noch weiter. Und hinter ihr, als versinkende Vision, blieben meine Jugend, meine Opernkarriere zurück, meine Verträge mit dem Deutschen Opernhaus und dem Theater des Volkes in Berlin und das immer noch in der Luft schwebende Vorvertragsangebot mit der Wiener Staatsoper.

Doch der Gefreite Schock hatte befehlsgemäß nach vorn zu blicken, nach vorn, in den »stählernen und heldischen Kampf des deutschen Mannes«.

Vierzehn Tage lang holperten wir im Güterzug unserem Zielgebiet Südrußland entgegen. Es hieß, wir sollten an der Landenge von Perekop eingesetzt werden, einem der drei Zugänge zur Halbinsel Krim. Der erste Versuch, die Perekoper Enge im Handstreich zu nehmen, war den stürmenden Vorausabteilungen der 22. und 73. Infanteriedivision nicht gelungen.
Wie alle meine Kameraden, die der Begriff »Kanonenfutter« umfaßt, hatte ich keinerlei Überblick über das Geschehen. Ich begriff nur das, was ich selbst sah und hörte. In einem Nest namens Keremtschuk wurden wir ausgeladen. Dort lag unser Batteriestab, dort entschied sich unsere Frontverwendung. Als selbständige Nebelwerfertruppe sollten wir je nach Bedarf an verschiedenen Abschnitten eingesetzt werden. Zunächst unterstellte man uns der 73. Infanteriedivision.
Ich gehörte zum Batterietrupp, dem es oblag, Feuerstellungen für die Nebelwerfer zu bestimmen und die Schießpläne zu erstellen. Diesem Trupp gehörte eine Handvoll Leute an: Leutnant Endriat, Unteroffizier Klein, ein Fahrer und ich. Wir erfuhren beim Gefechtsstand, daß die Landenge von Perekop am folgenden Morgen angegriffen werden sollte. Unser Trupp hatte sich auf Abruf in einem Stall bereitzuhalten.
Dieser Stall war so groß wie die Spanische Reitschule in Wien, leider weniger stabil, vor allem aber vollgepfercht mit Pferden einer Artillerieeinheit. Reiter, aber auch Infanteristen lagen zusammengerollt vor und hinter, neben und zwischen den Rössern. Das Durcheinander erinnerte an das Monumentalaufgebot für einen Fridericus-Film der Ufa. Leider war es aber alles andere als ein Spiel. Wir Batterietruppler quetschten uns irgendwo zwischen Zwei- und Vierbeiner und versanken in unruhigen Schlaf.
Etwa gegen vier Uhr früh erwachte die Belegschaft durch ein furchtbares Krachen. Im Nu war die Hölle los, alles wirbelte durcheinander. Ich taumelte auf die Füße und entging um Haaresbreite dem Huf eines schnaubenden Hengstes. Das fängt gut

an, dachte ich. Ein Hufeisen bringt Glück, heißt es. Mir hätte es beinahe den Schädel zerschmettert!
Die Artilleriegeschütze standen dicht neben der Scheune. Aus allen Rohren feuernd, bereiteten sie den befohlenen Angriff vor. Die im Stall verbliebenen Männer flogen bei jeder Salve buchstäblich hoch, die Pferde bäumten sich auf und wieherten. Es herrschte ein unbeschreibliches Tohuwabohu. Danach stießen die Stukas mit nervenzerreißendem Geheul auf die feindlichen Stellungen. Und schließlich mußte die arme Infanterie in den Endkampf hinaus, um die tödlichen Früchte zu ernten, die Mörser-Artillerie und Stuka-Bombardement gesät hatten. Wir aber sollten warten...
Innerlich wie erstarrt verfolgte ich das Inferno der abwandernden Rauch- und Schmutzfontänen in Richtung Krim.
»Diesmal scheint der Angriff zu klappen«, sagte jemand.
Mittags kam ein Melder, der unserem Batterietrupp mitteilte, die Nebelwerfer seien der 46. Infanteriedivision unterstellt worden. Wir wurden nun zum Stab der 46. I. D. beordert. Dort erfuhren wir, daß unsere Einheit noch in der folgenden Nacht in die Kämpfe auf der berüchtigten Landenge Perekop einzugreifen habe.
Dieser sieben Kilometer breite Streifen war ein einziges tiefgestaffeltes, mörderisch ausgeklügeltes Verteidigungssystem unter Einbeziehung des historischen »Tatarengrabens«. Es bestand aus einem Gewirr von Wällen, Löchern, Furchen, Drahtsperren, Flammenwerfern mit Fernauslösung, holzverkleideten Minen, auf die die Spürgeräte unserer Pioniere nicht reagierten. Sogar Wasserminen der Sowjetmarine lauerten als Todesfallen im Erdreich.
Die Infanterie kam unter solchen Umständen nicht weiter. Unser Batteriechef und der Batterietrupp, dem ich angehörte, sollten die Stellungen für die zur Unterstützung herangezogenen Nebelwerfer bestimmen. Ein Major des Infanteriestabes setzte sich in den uns voranfahrenden Wagen. Es ging nach vorn in die »Höllengärten«, wie die Soldaten das Kampfgebiet nannten.

Premierenfieber hatte ich als Opernsänger so oft gehabt. Das Gefühl, das mich jetzt beschlich, war nicht mit einem Wort auszudrücken. Noch bevor wir die eigentliche Frontlinie erreichten, sah ich zum ersten Mal voll und ganz die Schrecken des Krieges, von denen man im »Reich« nur die propagandistische Verbrämung in »sieghaften« Filmen oder Wochenschauen ausschnittsweise zu Gesicht bekam. Ausgebrannte Panzer, geborstene Kanonen säumten unseren Weg. Dazwischen lagen unzählige tote Soldaten, zumeist Russen, aber man erkannte auch viele reglose Körper in deutschen Uniformen. Ich sah das alles mit frischen Sinnen, und es erschütterte mich bis zur Sprachlosigkeit. Was mich fast noch mehr entsetzte, war der Grad der Abstumpfung, der die älteren Kameraden bereits verfallen waren. Selbstschutz – gewiß! Doch ich hoffte zutiefst, mir mein Empfinden zu bewahren und meine Seele unter keinen Umständen zu verlieren. Sie war, zusammen mit meiner Stimme, mein wichtigstes Gut.

Vor einer Panzersperre aus Schienenstücken mußten wir Dekkung suchen, da das Hindernis weggesprengt werden sollte. Danach gingen wir zu Fuß, bis uns ein SS-Führer erklärte, das Gelände sei wegen Minenverseuchung unpassierbar. Das durfte uns nicht kümmern, wir hatten Stellungen für unsere Werfer zu vermessen, und dazu war Tageslicht nötig. Sowjetische Gefangene waren damit beschäftigt, aufgespürte Minen auszugraben. Die Gesichter dieser armen Männer vergesse ich nie. Jede Bewegung konnte sie in Stücke reißen. Wir folgten dem SS-Mann auf einem Ziegenpfad durch noch nicht geräumtes Gelände, ein »Eiergang«, der sich endlos, endlos hinzuziehen schien.

Dabei drängte die Zeit, es begann schon zu dämmern. Doch wir erreichten die vorgeschobenen Infanterielöcher noch gerade im rechten Moment, um die Plätze für unsere Werfergranaten zu bestimmen. Vor uns hob sich deutlich im letzten Abendschein die schwer verteidigte Stadt Perekop ab. Obwohl wir unter Beschuß lagen, führten wir bis zum Einbruch der Dunkelheit alle notwendigen Berechnungen durch. Danach erst wurden die Abschußrampen (es handelte sich um einfache Holzgestelle) aufgebaut. Ein Infanteriemajor hatte uns alle zu vernichtenden Feindziele gewiesen.

Inzwischen hüllten wir uns enger in unsere langen Übermäntel, denn es wurde empfindlich kalt. Ein Leutnant ließ eine Schnapsflasche kreisen. Und wieder dachte ich schaudernd: Was für eine Premiere!

Je vier Mann unserer Batterie schleppten eine der schweren Granaten. Die Dinger wurden installiert.

In einiger Entfernung rechts neben uns standen vereinzelte Häuser, eher Hütten, die jetzt von Nachrichtenstäben oder Verbindungsgruppen besetzt waren. Plötzlich rumpelte ein Pferdewagen mit Infanteristen heran.

»He, Kameraden!« rief einer. »Hier sollen Häuser sein. Aber man sieht ja die Hand vor Augen nicht. Trotzdem müssen wir da hin.«

Wir wiesen ihnen genau die Richtung, und der Wagen holperte davon. Es dauerte nicht lange, da kam er in rasendem Tempo zurückgeschlingert.

»Menschenskinder!« brüllte der Lenker. »Wir sind direkt in die feindliche Linie rein! Wir haben uns im Dunkeln verfranzt!«

Die Kameraden hatten Glück gehabt, davongekommen zu sein. Als wir ihnen die Richtung ein zweites Mal wiesen, hörten sie genauer hin.

Ich trat an den Wagen heran. Mein Leutnant blickte mir über die Schulter und fragte verblüfft: »Was für Gestalten hocken denn da auf dem Karren?«

Es waren vier Sowjetsoldaten, die die Gelegenheit ergriffen hatten, sich abzusetzen. Ein Sprung auf den deutschen Wagen beendete für sie den Krieg, wie sie meinten. Ich habe mich später oft gefragt, ob es für sie nicht besser gewesen wäre, drüben zu bleiben. Als Gefangene hatten sie alles andere als ein gefahrloses Lagerleben zu erwarten.

Am Morgen begann dann unter massivem Einsatz von Artillerie

und Stukas ein mörderisches Betrommeln der feindlichen Stellungen, das der Infanterie die Erstürmung ermöglichen sollte. Es hielt den ganzen Tag über an. Als es dunkel wurde, traten als letztes und wirksamstes unsere Nebelwerfer in Aktion.
Unter dem Eindruck dieser wahren Todesorgie erlebte ich sofort und ganz unmittelbar, was ein Krieg – ein Krieg mit technischen Mitteln, die man später so zynisch-fachlich »konventionell« nennen würde – eigentlich bedeutete. Der »Odem der Liebe« wich dem Brodem einer Schlachtstätte, gegen die jede Höllenfabel eine freundliche Vision war. Die Granaten der Nebelwerfer tauchen in Kriegsberichten als »fressende Ungeheuer« auf. Und bei Gott, das waren sie! Ihre Durchschlagskraft blieb zwar hinter der der Artilleriegeschosse zurück, dafür besaßen sie Eigenschaften, die von überlebenden Beobachtern als unheimlich und gespenstisch wiedergegeben wurden. Die Bezeichnung Nebelwerfer war außerdem dazu angetan, das Besondere an der Waffe zu »vernebeln«. Es handelte sich um zwei Zentner schwere, dünnwandige Metallgeschosse mit Raketen-Abschuß-System. Diese Granaten verursachten wohl eine Splitterwirkung, die Hauptsache aber war die Druckwelle, die dem Gegner im Umkreis von hundert Metern die Lungen platzen ließ. Wo unsere Feuerschweifgeschosse mit ohrenbetäubendem Geheul in Stellungen einschlugen, war die Besatzung ausgeschaltet, tot, verwundet – zumindest aber von wahnsinniger Panik erfaßt. Das übrige besorgten dann Werfergeschosse, die mit Öl gefüllt waren, das sich nach dem Aufprall entzündete.
Wie man sich denken kann, hatte es die Infanterie danach mit dem Vorrücken leichter. Am Tage sahen auch wir die eroberten Kampfziele, aber ich möchte mir die Schilderung der Einzelheiten versagen. Mein geistiges und seelisches Fassungsvermögen setzte einfach aus, und ich muß da umhergegangen sein wie eine Marionette.
So verlief mein erster Auftritt im Rahmen des »Großen Kriegstheaters«, wie man die Völkerschlachten in alten Büchern nannte.

Theater ist Schein. Dies hier war Realität, ein blutiges Massaker. Ich habe die Schrecken jener Kämpfe bis zum heutigen Tage nicht vergessen. Immer noch träume ich in manchen Nächten davon. Dann quälen mich die verdrängten Bilder, bis ich, in Schweiß gebadet, erwache...

Hinter Perekop bezog unsere Batterie Quartier in einem Dorf, und wir hatten Zeit und Gelegenheit, wieder einmal ordentlich zu essen und uns ein wenig zu erholen. In der Nähe wurde ein Flugplatz errichtet, was uns wegen möglicher Feindangriffe nicht sonderlich behagte. Als ich hörte, daß der dortige Geschwaderkommandeur niemand anderes war als Major Handrick, Olympiasieger von 1936 im Fünfkampf, packte mich ziviles Sportfieber, ich wollte mit ein paar Kameraden gleich loslaufen, um das olympische Idol zu sehen und vielleicht auch ein Autogramm zu ergattern.

Doch unser Wachtmeister machte uns einen Strich durch die Rechnung. »Wir sind auf einem Kriegsschauplatz, nicht auf einem Sportplatz!« fertigte er uns ab. »Ihr bleibt gefälligst hier!«

Ich wagte zu protestieren: »Aber es ist doch im Augenblick gar nichts los! Und es wär doch mal ne prima Abwechslung.«

»Was denn, Schock! Wollen Sie meutern? Ne prima Abwechslung kriegen Sie. Dreimal Strafwache!«

So sah ich den Olympiasieger nicht und trat mit zusammengebissenen Zähnen die Strafwache an. Nun, ich habe sie überlebt...

Am 12. Oktober 1941 hatte ich dafür eine um so größere Freude. Ich erhielt den ersten Brief aus der Heimat. Den ersten Brief von meiner Frau! Sie schrieb mir, daß unsere Tochter Isolde putzmunter sei und sich prächtig entwickle. Alle Familienzweige seien gesund, sie selber habe sogar ein Engagement am Mellini-Theater in Hannover angenommen. Mein Schwiegervater führe Isolde mit großer Begeisterung im Kinderwagen spazieren und gebärde sich, als sei er der junge Vater. Das hatte

Passanten zum Kopfschütteln veranlaßt sowie zu der Bemerkung: »So ein alter Knacker setzt noch Kinder in die Welt!«

Der Brief löste ein vergnügtes Echo bei meinen Kameraden aus, über den alten Knacker mit dem Spätkind brüllten sie vor Lachen. Der Witz löste nicht nur die Zungen, sondern auch die Verschlüsse einiger Schnapsflaschen. Mehr als einmal wurde ein Hoch auf die kleine Isolde ausgebracht.

Als die Landenge von Perekop überwunden war, ging es zügig ins Innere der Krim hinein. Die Landschaft wurde nun schön. Fünfzehn Kilometer nordwestlich von Simferopol sollten wir ein neues Quartier beziehen. In der Ferne sah man die Krimberge, bald in leichtem Dunst, bald so klar und deutlich wie die Alpen von München aus bei Föhnwetter. Was den Lenker unseres Batterietrupp-Wagens aber noch mehr erstaunte, war eine Asphaltstraße: die erste, auf der wir in Rußland je gefahren waren. Kurz vor unserem Ziel hatten wir eine Panne, Soldaten einer Nachrichteneinheit halfen uns. Während der Reparatur erklang aus dem Funkwagen die herrliche Tenorstimme von Peter Anders. Er sang eines seiner Paradelieder aus Operetten. Ich erinnere mich an »Komm in die Gondel...« aus *Eine Nacht in Venedig* von Johann Strauß. Fasziniert lauschte ich dem bereits berühmten Kollegen. Manche Erinnerung, manche Sehnsucht wurde in mir wach...

Als wir später nach Simferopol verlegt wurden, probierte ich meine Stimme aus. Und siehe da: sie hatte nicht gelitten.

In Simferopol lagen wir in einem Mietshaus – gegenüber einem Park, in dem unsere Zugmaschinen und Werfer abgestellt worden waren. Wenn wir dort nicht gerade Wache hatten, konnten wir uns mit privaten Problemen beschäftigen. Das aber hieß für mich: üben, üben, die Stimme »bei Stimme« halten. Natürlich hatten die Kameraden Ohren, manche sogar sehr gute, und es dauerte nicht lange, da bekam ich vom Soldatensender Simferopol die Aufforderung, einen Gesangsabend zu geben. Zur Begeisterung der musikentwöhnten Landser absolvierte ich ein

»gemischtes Programm«, sogar mit großem Orchester, und danach schien es mir, als sei ich eine Art »Held von Simferopol« – wenn auch nicht in kriegerischer Bedeutung des Wortes. Ich wurde mit Dankesbezeugungen, aber auch mit kleinen Geschenken überschüttet.

Dennoch gehörte ich weder jetzt noch später im Rußlandfeldzug jemals zur Truppenbetreuung. Ich war und blieb stets Angehöriger von Frontverbänden, wo immer sie auch liegen mochten.

Aber der Krieg ging weiter.

Das Hauptziel war nun Sewastopol, wenngleich die Führung begriff, daß die Einnahme dieser stärksten Festung der Welt noch Monate dauern konnte. Es entwickelte sich ein mehr oder weniger zermürbender, hinhaltender Stellungskampf. Wir wurden an den sich versteifenden Fronten wieder je nach Bedarf eingesetzt, und ausgerechnet am Heiligen Abend fuhr ich mit Hauptmann Rademacher, Leutnant Endriat, Unteroffizier Klein und einem Kanonier namens Buttke zum Divisionsgefechtsstand zwecks Entgegennahme entsprechender Befehle. (Das Gerücht ging um, Sewastopol sollte angegriffen werden.) Wir mühlten uns mit einer Zugmaschine durch das wegelose Jaila-Gebirge. Beim Gefechtsstand angelangt, gingen die Offiziere hinein, um sich die Order abzuholen. Wir anderen lungerten tatenlos draußen herum.

Plötzlich sah ich, wie der Kanonier Buttke sich absonderte und auf ein etwa hundert Meter entferntes dunkles Bündel zuschritt. Buttke, Diplomlandwirt aus Bramsche, war ein stiller, liebenswürdiger, aber auch sehr ernster Mensch, dem man selten ein Lächeln entlocken konnte. Ich folgte ihm und erkannte in dem Bündel am Boden ein russisches Panjepferdchen, über das Buttke sich mitleidig beugte. Das Tier war völlig entkräftet, kaum noch fähig, sich zu regen. Nur aus seinen übergroßen, fiebrig glänzenden Augen leuchtete das Leben scheinbar intensiv, als sähe es in dem bescheidenen Buttke aus Bramsche einen Schutzpatron.

Buttke kniete sich hin, streichelte den Kopf des Pferdchens und sprach auf es ein. Für ihn, der mit Tieren aufgewachsen war, bedeutete das jammervolle Wesen mehr als eine beliebige Kreatur, die da am Rande des Weges, am Rande des Krieges krepierte. Schließlich war es ein Lebewesen mit Anspruch auf Mitgefühl – wie alles, was in die Zone des Grauens geriet.

Buttke sah sich vorsichtig um, denn seelische Regungen dieser Art verrieten ja ein unerwünschtes, geradezu verwerfliches Empfinden in jener »stählernen« Zeit. Aus seinem Brotbeutel nahm er seinen letzten Kanten, um dem Pferd noch eine kleine Wegzehrung in das Schattenreich mitzugeben.

Inzwischen kamen die Offiziere aus dem Stabsgebäude heraus. Sie verkündeten, daß der Einsatzbefehl für uns abgeblasen worden sei. Wir hätten uns auf die Rückfahrt zu machen. Schnell wandte sich Buttke noch einmal dem Panjepferdchen zu, wie um sich zu verabschieden. Als er dann eilig herankam, sah ich Tränen in seinen Augen. Doch er verlor kein Wort über den Vorgang, und auch ich sagte nichts, obwohl mich das Erlebnis sehr erschüttert hat.

Wir bestiegen die Zugmaschine und fuhren weiter durch das Jaila-Gebirge. Es dämmerte schon, und die Fahrt entwickelte sich im wahrsten Sinne des Wortes zu einer Gratwanderung. Einmal hing die Raupenkette der Maschine um mehr als um Haaresbreite über dem Abgrund. Zudem nahmen wir Verwundete auf, die aus den Stellungen gewankt kamen oder herangetragen wurden. Ich stieg schließlich aus und wanderte neben der Zugmaschine her. Es ging ja sowieso nur im Schritt voran.

An einer bestimmten Stelle, die ein taktisches Zeichen markierte, ließ Hauptmann Rademacher halten. »Passen Sie auf, Schock«, sagte er. »Zwei Kilometer von hier hat unsere Batterie Stellung bezogen. Sagen Sie Bescheid, daß der Einsatz abgeblasen wurde. Die sollen abhauen und zurück in die Bereitstellung!«

Ich zog sofort los. Dabei vergaß ich meinen Karabiner, war also völlig ohne Waffen. Nicht mal eine Pistole, eine Handgranate oder ein Messer hatte ich mit.

Mittlerweile war es stockdunkel geworden, aber ich bemerkte noch immer nichts von unserer Einheit, obwohl ich mich mit meinem Feuerzeug in der hohlen Hand wenigstens nach meinem Marschkompaß richten konnte. Zwei Kilometer hätte ich selbst unter den gegebenen Umständen leicht in einer halben Stunde schaffen müssen. Verfehlt konnte ich unsere Batterie also nicht haben. Ich bog in eine Art Hohlweg ein, stolperte über mehrere seltsame Bündel und flog längelang hin. Zu meinem Entsetzen erkannte ich, daß die Bündel tote russische Soldaten waren, also mußte hier kürzlich ein Kampf stattgefunden haben. Ich rannte in wilder Hast zurück. Mein Feuerzeug funktionierte nicht mehr, der Marschkompaß war nun nutzlos in der Dunkelheit. Aufs Geratewohl schlug ich irgendeine Richtung ein, von der ich hoffte, sie würde mich meinem Ziel zuführen.
So stolperte ich weiter durch die Finsternis.
Plötzlich blieb ich stehen. Ein Ton drang an mein Ohr, eine Reihe von Tönen, Menschenstimmen. Eine Melodie, ein Lied!
Waren es Sowjets, die da sangen?
Mit zitternden Knien schlich ich weiter. Doch dann hörte ich deutlich, was gesungen wurde:

»Stille Nacht, heilige Nacht...«

Ich war also nicht hinter die feindliche Linie geraten. Mir fiel ein Stein vom Herzen, ein Felsbrocken, zu gleicher Zeit rief mir der Gesang ins Gedächtnis zurück, daß heute Weihnachten war. Der Krieg kümmert sich nicht um Feste, desto mehr hielten sich die Soldaten daran, wo immer sie es konnten. Es waren Soldaten einer Artilleriebatterie, die dort in einem Bunker saßen und zur Begleitung eines Akkordeons sangen.
Ich pirschte mich zum Eingang, schlich unbemerkt hinein und fiel leise in den Chor der anderen ein. Allmählich wurde ich lauter, ließ die Stimme über die der übrigen hinausschwingen, bis die ersten abbrachen und sich im Kerzenlicht ansahen. Sie trauten ihren Ohren nicht. Nun schwieg einer nach dem anderen. Ich sang ganz allein. Längst wandten mir die Soldaten ihre

Gesichter zu. Sie starrten auf mich, als sei ich ein Geist. Dann aber begrüßten sie mich mit unbeschreiblicher Begeisterung. Bevor ich mich nach meiner eigenen Batterie erkundigen konnte, mußte ich ein zweites Weihnachtslied, danach auch noch das Wolgalied singen.

Endlich kam ich dazu, den Soldaten zu erklären, daß ich mich verlaufen hätte. Ob sie wüßten, wo die Nebelwerfer lägen?

»Die sind vor einer Stunde abgezogen«, bekam ich zur Antwort. Man war so hilfsbereit, den »singenden Geist«, der aus der Dunkelheit aufgetaucht war, in sein Quartier zurückzugeleiten.

Da nun ein Großangriff auf Sewastopol vorläufig nicht stattfand, hatten wir Zeit für persönliche Dinge – wozu für mich natürlich das Singen gehörte. Ich gab ein paar Konzerte im Soldatensender, darunter einen Mozart-Abend. Durch eine russische Sprachlehrerin lernte ich auch russische Musikenthusiasten kennen, sogar Opernsänger, zumindest solche, die Gesang studiert hatten. Nach den schauerlichen Kriegseindrücken bewegte es mich besonders, daß es zwischen diesen Menschen und mir keine feindlichen Gefühle gab. Die Notensprache verband uns über alle Sprachbarrieren, auch über politische Schranken hinweg. Mit der Sprachlehrerin sang ich in diesem Kreise sogar Duette, und es störte niemanden, daß sie den russischen Text und ich den deutschen sang. Es waren unvergeßliche Abende. Sie ließen mich für kurze Zeit vergessen, daß ich der Gefreite Schock in einem sinnlosen Vernichtungskrieg war. Hier fühlte ich mich mit Leib und Seele in mein Sängerleben zurückversetzt.

Es konnte nicht ausbleiben, daß mir meine vorgesetzten Dienststellen auch Lazarettkonzerte antrugen. Ich brauche nicht zu sagen, daß verwundete Soldaten ein über alle Maßen dankbares Publikum sind. Ebensowenig muß ich betonen, daß mir beim Anblick mancher Verletzung der Ton im Halse zu stocken drohte. Wenn ich fragte, was die Männer in den Krankensälen für Gesangswünsche hätten, bekam ich meist zu hören: »Das Wolgalied« oder »Grün ist die Heide«. Aber auch die *Bohème*-Arie wünschte sich jemand, ein Schubert-Lied oder etwas von Brahms. Die Geschosse und Granatsplitter hatten keine Bildungsunterschiede gemacht. Hier waren alle Schichten vertreten. Doch ob mit oder ohne Bildung, ob reich, ob arm – arm dran waren sie alle ...

Mit russischen Künstlern und russischem Publikum kam ich erst wieder zusammen, als unsere Einheit von der Krim aus in die Nähe von Taganrog verlegt wurde, die bedeutende Hafenstadt am Asowschen Meer. In Taganrog gab es ein sehr schönes Theater, in das ich zu Konzerten abkommandiert wurde, nachdem ich wieder eine Weile nervtötenden, öden Übungsdienst hatte mitmachen müssen. Mit einem Regimentsorchester, das sich damals noch den Luxus ausgesuchter Fachleute leisten konnte, sang ich Opern- und Operettenarien. Dazu hatte man dem Gefreiten eigens eine Extrauniform schneidern lassen!

Die Veranstaltungen waren natürlich nur für deutsche Offiziere, Funktionäre und Soldaten bestimmt. Aber die russischen Theaterangehörigen durften in einer Loge inoffiziell zuhören. Obwohl es für sie gefährlich war, brachten sie mir gleich nach dem ersten Konzert wahre Ovationen und bestürmten mich, sie im privaten Kreis zu besuchen.

Diese heimlichen Zusammenkünfte, an denen auch Personen aus anderen Berufen teilnahmen, brachten mir ganz neue, ganz unerwartete Erkenntnisse. Vom russischen Menschen, seiner Mentalität, den gebildeten Vertretern dieser Nation, hatte die NS-Propaganda verständlicherweise nie etwas verlauten lassen.

Wir trafen uns im Hause eines Arztes. Er zeigte mir seine Musikalienschränke, und ich war wie vor den Kopf geschlagen von der fast unübersehbaren Fülle und Auswahl des Notenmaterials. Auch ein Rechtsanwalt war zugegen, nicht minder künstlerisch interessiert. Einige der Anwesenden sprachen Deutsch. Und gemeinsam mit meinen russischen Theaterkollegen konnte ich musizieren, was immer ich wollte. Plötzlich befand ich mich in einer Welt tief empfindender, geistig völlig aufgeschlossener

Menschen, denen ich vertrauen konnte, und die in mir keinen Barbaren sahen, sondern einen Gleichgesinnten und Gleichfühlenden in der Welt der Töne und der Poesie. Natürlich konnte es nicht ausbleiben, daß das Gespräch auch eine Wendung ins Politische nahm. Da sich alle untereinander sehr gut kannten, redeten sie offen und rückhaltlos.

Für sie war die Stalindiktatur das größte Verhängnis, das ihr geliebtes Rußland überhaupt nur hatte treffen können. Ich erzählte von meiner Herkunft, von meinem Schicksal als Arbeiterkind, und daß mein Vater nach dem Ersten Weltkrieg seine Hoffnungen auf das kommunistische Arbeiterparadies gesetzt hätte. Nun sei ich unfreiwilliger Angehöriger einer anderen Diktatur, die angeblich für ein braunes Arbeiterparadies kämpfe. Die Russen – meine Gastgeber – und ich saßen einander gegenüber als Exponenten zweier Tyranneien, Hitlerismus und Stalinismus, die wir gleichermaßen ablehnten.

Dennoch – und das berührte mich sehr – waren meine russischen Freunde Patrioten. Die Niederlage ihrer russischen Soldaten wünschten sie nicht und damit auch keinen Sieg der deutschen Truppen über ihr Land, das trotz der Stalindiktatur ihr Vaterland blieb ...

Wieder zurück im Quartier, jenem Nest, in dem unsere Batterie lag, mußte ich mit weniger sensiblen Instrumenten üben als mit meinen Stimmbändern. Es fanden Bereitschafts- und Waffenmanöver statt, zum Beispiel mit einer uns überstellten Panzer-Abwehrkanone, die wir für den möglichen Einbruch feindlicher Panzer in unsere Linien proben mußten.

Auf einem riesigen freien Feld übten unsere Kanoniere das Errichten von Werfergestellen, weit von ihnen entfernt war der Batterietrupp mit Messungen, Entfernungschätzen und dergleichen beschäftigt, an einer dritten Stelle schoß das Pak-Geschütz mit Übungsmunition. Einige Soldaten waren dazu verdammt, vor dem Truppenquartier Wache zu schieben – eine noch viel ödere Tätigkeit. Nun muß ich sagen, ich war auch insofern schon ein

geübter Landser, als ich die Weisheit Erfahrener beherzigte: »Melde dich nie zu irgendeiner Sache freiwillig. Was kommen soll, das kommt ganz von selber auf dich zu.«
Dieses Mal aber hatte ich die Regel durchbrochen und einem anderen Kameraden die Wache freiwillig abgenommen. Und nun, parodoxerweise gegen die Regel, nahm das Unheil seinen Lauf, aber nicht für mich.
Auf dem Manöverfeld schoß sich das neue Pak-Geschütz mit Übungsgranaten auf unseren Batterietrupp ein. Aus ungeklärter Ursache war ein scharfes Pak-Geschoß in die Übungsmunition geraten. Die Pak feuerte es automatisch ab, und es explodierte genau vor dem vermessenden Batterietrupp, dem ich eigentlich angehörte. Getötet wurde jener Soldat, der an meiner Stelle dort geübt hatte und für den ich die Wache vor der Unterkunft schob. Wäre ich nicht freiwillig zurückgeblieben, wäre nun ich mit aller Wahrscheinlichkeit vom Schauplatz getragen worden. Daß es den anderen getroffen hatte, war kein Grund zu freudiger Erleichterung...
Auch bei einer anderen Gelegenheit begünstigte mich das Glück, ohne daß ich es ahnte. Unser Regiment wurde aufgelöst, aus meiner 4. Batterie wurde eine 9., und die Abteilung, die nun die 6. bis 9. Batterie umfaßte, kam in den Kaukasus. Die anderen Batterien gerieten später in den Kessel von Stalingrad. Wir wurden mit neu entwickelten Reihenwerfern ausgerüstet.

Mit der Sommeroffensive 1942 wollte Hitler die Entscheidung im Süden erzwingen, ihn lockten nicht nur die Ölfelder von Baku am Kaspischen Meer, er träumte von einem Vorstoß nach Persien und – mit Hilfe Rommels – von einer gewaltigen Machtverschiebung bis nach Indien. Unser Batterie-Vorstoß war allerdings schon bei Tuapse an der Schwarzmeerküste zu Ende.
Unterwegs hatten uns russische Dorfbewohner angesprochen: »Wir haben gehört, die Deutschen kommen. Wann werden sie hier sein?«

Ein Landser, der etwas Russisch verstand, machte den Leuten klar, daß wir die Deutschen seien. Waren wir zuerst verblüfft, daß sie uns für Russen hielten, so waren sie jetzt verblüfft, daß wir schon die Deutschen waren. Aber der Irrtum war verständlich, denn unsere Uniformen und Gesichter waren mit einer dicken Staubschicht bedeckt.

Ich wurde mit dem Eisernen Kreuz ausgezeichnet. Wenn ich mich recht erinnere, wegen Geistesgegenwart anläßlich eines Kosakenangriffs, den wir abgeschlagen hatten. Das blutige Erlebnis selber steht mir allerdings noch sehr deutlich vor Augen, um so mehr, als der sagenhaften Reitertruppe trotz ihres mörderischen Draufgängertums keine Chance gegen unsere Waffen vergönnt war.

Als während des Vormarschs eine riesige Staubwolke gemeldet wurde, stand ich am Scherenfernrohr, um die Feuerrichtung, die Entfernung und die sonst noch nötigen Meßwerte anzugeben.

»Kosaken!« rief ich.

Die anderen Batterietruppler hatten die heranpreschenden Gestalten auf ihren Pferden auch schon erkannt. Starres Erstaunen befiel uns sekundenlang angesichts der tollen Attacke. Wohl waren die Kosaken wegen ihrer Grausamkeit gefürchtet, falls es ihnen gelang, in unvorbereitete Stellungen einzubrechen. Sie kannten kein Pardon. Bei frontalen Angriffen gegen installierte Technik nützte ihnen all ihre Tollkühnheit nichts.

Unmittelbar nach der ersten Meldung hatten unsere Leute in rasender Eile die Werfer fertig. Nun sahen wir die Kosaken zu Hunderten in ein Wäldchen preschen. Auf einer Lichtung davor, zwischen uns und den Bäumen, mußten sie wieder zum Vorschein kommen.

Genau auf diese Lichtung waren die Werfer nun gerichtet.

Ich sah durch das Scherenfernrohr. Was ich erblickte, ist ein Teil meiner Alpträume geworden, die mich noch heute heimsuchen und von denen ich schon berichtet habe. Es gab ein furchtbares Gewirr von Pferden- und Menschenleibern. Erdbrocken, Reiter

und Tiere flogen buchstäblich in die Luft. Der Angriff wurde augenblicklich regelrecht zerschmettert. Wer oder was noch auf den Hufen und im Sattel war, stob in wilder Flucht davon.
Es war wie eine Begegnung zwischen Mittelalter und Neuzeit.
Jedenfalls bekam ich das Eiserne Kreuz. Wer mich kennt, weiß auch, daß ich solche Auszeichnungen nie überbewertet habe. Den größten Respekt dagegen empfand ich vor jedem Träger der Lebensrettungsmedaille. Das war und ist mein Credo.

Im September 1942, nach meinem 27. Geburtstag, wurden wir von der Südfront abgezogen und per Bahn quer durch Rußland in die Gegend von Leningrad versetzt.
Ende Oktober, nach einer zermürbenden Bunkerzeit, hatte ich endlich Anspruch auf den ersten Heimaturlaub. Eigentlich hätte ich ja schon einen Monat früher fahren sollen. Aber ein Kamerad bat mich flehentlich, da es mit seiner Frau in der Heimat Probleme gab, ihn doch zuerst fahren zu lassen. Schweren Herzens erfüllte ich seine Bitte.
Am 26. Oktober 1942 wurde dann unsere Truppe vom Norden in den Mittelabschnitt nach Welikije Luki verlegt. Mein Kamerad Herbert Schmitz und ich bekamen endlich den ersehnten Urlaub mit einer Platzkarte für einen Zug, der aber erst am 30. Oktober Richtung Heimat fuhr.
Vielen anderen Soldaten war es auch so ergangen. Sie hatten keine Geduld, diese vier Tage noch zu warten und wendeten sich an den Bahnhofsoffizier. »Wenn ihr keinen Wert auf einen Sitzplatz legt«, sagte er, »könnt ihr heute schon fahren.«
Das machen wir nicht, beschlossen wir. Jetzt kommt es auf die paar Tage auch nicht mehr an. Der Urlaub beginnt ja erst ab Grenze.
Um die paar Tage zu überbrücken, stiegen wir in einen Güterzug, der nach Riga fuhr, wo wir uns zwei schöne Tage machten. Pünktlich am 30. Oktober bestiegen wir dann in Riga unseren Zug, für den wir die Platzkarte hatten.

In Tauroggen, das war die Grenzstation, bekamen wir, nach den üblichen Formalitäten, das Lebensmittelpaket für Heimaturlauber. Ab jetzt begann der offizielle Urlaub, der, wie ich mich erinnere, 23 Tage dauerte.
Jedenfalls hatten wir uns auf diese Art und Weise vier zusätzliche Urlaubstage verschafft.

Mit einem Schutzengel zur Seite

Fronttricks und Sonderurlaub –
Wiedersehen mit meiner Familie

Natürlich war die Wiedersehensfreude groß, als ich endlich in Hannover-Linden in der Küchengartenstraße 3 eintraf, wo meine Frau und Tochter bei meinen Schwiegereltern untergekommen waren.

Nach mehr als vierzehn Monaten konnten wir uns endlich in die Arme schließen. Meine kleine Tochter musterte mit großen Augen den fremden Mann in Uniform, der nun erst einmal seine Mitbringsel, darunter Mehl, Zucker und Fett, ablieferte.

Ich konnte es kaum fassen, daß das »große« Kind, nun eindreiviertel Jahre alt, meine Isolde sein sollte, meine Isolde, die ich mir in zahllosen Nächten vorgestellt, aber immer noch als Baby gesehen hatte. Erst war sie mißtrauisch, doch das gab sich schnell. Sie richtete sich instinktiv nach der Freude der Mutter und ich brauchte keine umständliche Behutsamkeit, um ihr Herz zu gewinnen.

Die Lebensmittel, die ich mitbrachte, spielten damals eine große Rolle, die Wiedersehensfreude zu einem Fest werden zu lassen: besonders für meine Schwiegermutter, die sofort ans Werk, das heißt ans Kuchenbacken gehen konnte. Das Eßpaket wurde genauso aufgeteilt wie der ganze Urlaub: Ein Teil war dem schwiegerelterlichen Haus in Hannover vorbehalten, der andere meiner Mutter in Duisburg.

Meine Mutter hatte nun alle ihre Söhne beim Militär, alle im »dicksten Dreck«, wie man damals sagte. Helmut diente bei der Marine, Alwin und Gerd, wie ich, beim Heer. Doch die Sorgen hatten Muttchens praktischen Sinn nicht beeinträchtigen können. Sie schaffte für Isolde einen Sportwagen herbei, da sie ja in den Babykinderwagen längst nicht mehr hineinpaßte. Wir waren darüber sehr glücklich, denn nun konnten wir Isolde spazierenfahren. Ein unvorstellbarer Luxus in jener Zeit, in der es nichts mehr zu kaufen gab.

Leider ging die schöne Zeit viel zu schnell vorüber. Nach einem schweren Abschied – man wußte ja nie, ob man sich wiedersehen würde – stieg ich zunächst in den Zug nach Berlin, wo ich mich mit Herbert Schmitz verabredet hatte, um mit ihm auch wieder gemeinsam die Rückfahrt anzutreten.

Wir fuhren zur Wehrmachtsleitstelle Tauroggen, die uns über Dünaburg und Witebsk in Marsch setzte. Schon unterwegs erfuhren wir, daß bei Welikije Luki furchtbare Kämpfe entbrannt seien. In Witebsk hatten wir das Glück, ohne unsere Schuld den Anschlußzug in Richtung Newel versäumt zu haben. Dadurch blieb uns eine Frist. Die Züge zur Front waren so überfüllt, daß wir erst am dritten Morgen weiterkamen.

Unterwegs wurde uns die Lage immer deutlicher. Der Zug wurde von beiden Seiten der Bahnstrecke aus beschossen, aber nicht von Partisanen, sondern von regulären Kräften der Roten Armee.

»Wir fahren praktisch in einen Kessel hinein«, meinte Herbert Schmitz, von Beruf Parterre-Akrobat. Er vestand sich nicht nur auf Artistik, sondern auch auf Strategie und Taktik, wenn auch mehr auf seine Weise.

In Newel war die Fahrt vorläufig zu Ende.

»Hier sieht es finster aus«, stellte Schmitz fest. »Da steht ein Zug in Gegenrichtung, in den steigen wir schleunigst ein und behaupten, wir hätten uns geirrt.«

»Gehen wir erst mal in den Wartesaal«, schlug ich vor.

Drinnen saßen Landser aller möglichen Truppenteile, die aus dem Urlaub kamen und nicht wußten wohin. Schmitz hat recht, dachte ich. Raus hier! Rein in den Gegenzug. Hier stinkt's!

Wir strebten zum Ausgang. Da aber traten uns Posten entgegen: »Halt! Drinbleiben! Raus kommt hier keiner!«
Uns wurde die Lage erklärt, die im großen und ganzen darauf hinauslief, daß sich neben dem Kessel Welikije Luki ein zweiter Kessel um Newel zu bilden drohte. Um das verhindern zu helfen, teilte man uns in Gruppen ein und wies uns Stellungen an.
Ich befehligte eine Gruppe zusammengewürfelter Soldaten – und meinen Freund Herbert Schmitz. Aber wenn ich mir die Männer ansah, war mir zum Heulen zumute. Es war ein schmales Kerlchen dabei, das bisher in der Etappe Offiziersröcke ausgebessert hatte. Ein zweiter war Diätkoch aus einem Lazarett. Ein dritter besaß nur noch ein Auge. Ein vierter, Feinmechaniker für Spezialgeräte, konnte weder mit einem Gewehr, noch mit einer Handgranate umgehen.
Herbert tröstete mich: »Als Sänger hast du doch Verschiedenes auf dem Programm. Auch einen Schutzengel, wette ich!«
Ich bekam den Befehl, mit meinen Jammergestalten einen Spähtrupp zu bilden und nachts auf der Bahnlinie, die von Nowo Sokolniki nach Welikije Luki führte, vorzustoßen und möglichst viele russische Gefangene zu machen. Zitternd wie Espenlaub folgten mir die armen Männer.
Ich begriff, daß es Wahnsinn war, diese verängstigten, nach Kondition und Anforderung gar nicht militärtauglichen Leute in ein Angriffsunternehmen zu verstricken. Es wäre ihr sicherer Tod gewesen.
Mir war klar, was ich riskierte, als ich mich entschloß, diese hilflosen Männer zu schonen. So befahl ich ihnen Deckung zu suchen in einer Mulde kurz vor der feindlichen Linie, die ich wiederholt beobachtet hatte.
Mit einer Ansprache, es war eher ein Appell im Verschwörerton, redete ich auf sie ein: »Hört mal zu, ihr wißt alle, daß es völlig unsinnig ist, ohne Erfahrung feindliche Stellungen anzuschleichen. Ihr müßt jetzt zu mir halten. Ich denke mir eine Geschichte aus, die ihr euch eisern einprägen müßt. Und was auch immer

man euch sagt: Ihr müßt bei dieser Geschichte bleiben. Verstanden?«

»Jawohl, Herr Unteroffizier«, kam die murmelnde Antwort aus dem Dunkel.

»Also, paßt auf: Wir sind kurz vor den russischen Stellungen gewesen und haben einen ganzen Bunker aufgescheucht. Zwar mußten wir der Übermacht weichen, aber wir haben dies und das gesehen, was gewisse taktische Aufschlüsse gibt. Ihr sagt immer nur: ›Jawohl, das stimmt. Wie's der Unteroffizier Schock gemeldet hat. Jawohl! Jawohl!‹«

Nach zwei Stunden Bibbern im Erdloch schlichen wir zum Infanterie-Einsatzstab zurück und ich machte stramm die vorgesehene Meldung, während meine »Helden« wie erschöpfte Stoßtruppmänner wirkten.

Der Infanterieoffizier belobigte uns: »Tadellos. Sehr gut. Sie haben sich mit Ihren Männern bewährt.«

Ich nahm das Lob gern entgegen, war ich doch froh, den kläglichen Trupp heil zurückgebracht zu haben.

Leider aber wurden wir wegen der hervorragenden Erstbewährung nun wiederholt eingesetzt. Ich mußte mit meinem Aufgebot wieder über die Bahngeleise vorrücken. Eine russische Maschinenpistole, mit der ich noch nie geschossen hatte, ging durch eine Erschütterung von selber los, und als ich mich nach meinen Männern umsah, meldete sich nur noch mein Freund Herbert Schmitz.

»Wo sind die Männer?« fragte ich.

»Vor Schreck in alle Winde gestoben«, erwiderte Schmitz in seiner trockenen Berliner Art.

Es dauerte Stunden, bis wir die Verängstigten wieder beisammen hatten. Auf dem Rückweg wurden wir in der Dämmerung versehentlich auch noch von der eigenen Infanterie beschossen.

Zu Weihnachten bekamen die Leute ein paar Flaschen Schnaps zugeteilt.

Wir hatten einen zickzackförmigen Grabenabschnitt zu bewachen, immer mit zwei Mann, während der Rest in einem Bunker harrte. Jetzt aber lagen die ohnehin entkräfteten Männer nach Genuß ihrer Schnapsration vollends am Boden. Aber allesamt im Bunker!

Der Graben blieb unbewacht!!

Ich sagte zu Schmitz: »Um Gottes willen, das gibt Kriegsgericht! Wenn eine Kontrolle kommt und die Schnapsleichen sieht, habe ich ausgesungen – für alle Ewigkeit!«

Schmitz paßte im Bunker auf die Schnarchenden auf, ich sauste als Posten in den Graben.

Und richtig, alsbald kam ein kontrollierender Offizier. Ich trug einen Übermantel, so daß ich als Unteroffizier nicht zu erkennen war.

Nun spielte ich ein sehr gewagtes Spiel. »Schütze Krause auf Wache!« meldete ich mit verstellter Stimme.

Während der Offizier zur nächsten Kontrolle schritt, sprang ich aus dem Graben, rannte gebückt in der Dunkelheit zu einem wenige Meter entfernten MG-Loch und erwartete ihn dort. Wieder mit verstellter Stimme rief ich: »Gefreiter Lehmann auf Posten!«

Als der Offizier sich entfernte, riß ich mir den Mantel vom Leibe, so daß ich als Unteroffizier zu erkennen war, sprang im Finstern wieder aus dem Graben, wenige Meter weiter wieder hinein, wo ich nun den Offizier erwartete. Hier meldete ich schneidig, nun mit Normalstimme: »Unteroffizier Schock mit eingeteiltem Trupp auf vorgeschobenem Posten! Keine besonderen Vorkommnisse!«

»Danke, Schock, großartig Ihre Männer!« lobte der Offizier. Er ließ sich herab, sogar ein paar persönliche Worte mit mir zu wechseln. Als er erfuhr, daß ich Opernsänger war, stieg ich im Handumdrehen in seiner Achtung. Er änderte seinen Ton und lud mich sogar in den Offiziersbunker zu einigen Schnäpsen ein. Die hatte ich gewiß verdient!

Anfang 1943 wurden alle Spezialisten aus diesen gemischten Einheiten herausgezogen. Am Sammelpunkt, wo sich die Männer der versprengten Nebelwerfer-Einheiten zu melden hatten, erfuhren Herbert und ich, daß unsere Batterie im Kessel von Welikije Luki fast völlig vernichtet worden war.
Der Gedanke war unfaßbar, hatte ich doch jahrelang mit den betroffenen Kameraden Leid und Freud geteilt. Zwecks Neuaufstellung der Batterie wurden Herbert und ich in einen Güterzug Richtung Westen verfrachtet. Während der Fahrt habe ich lange darüber nachgedacht: das Kriegsschicksal geht seltsame Wege. Was wäre geschehen, hätte ich meinem Kameraden beim Heimaturlaub nicht den Vortritt gelassen...?
Unser Ziel war Ebstorf in der Lüneburger Heide, wo eine neue Nebelwerfer-Einheit aufgestellt wurde. Ich erhielt einen kurzen Urlaub und konnte meine Familie nach einem Vierteljahr wieder besuchen.
Das Wiedersehen in Hannover erschien mir nach all den Erlebnissen unwirklich. Ich sah meine Frau, mein Kind – auch meine Mutter, die nach Hannover kam – und ich konnte das Glück kaum fassen, der russischen Schneewüste entronnen zu sein.
Zusammen mit meiner Mutter machten wir einen Abstecher nach Erfurt. Meine Schwester Elfriede, die ich auch schon jahrelang nicht mehr gesehen hatte, hatte ebenfalls den Sprung ins Solofach geschafft und war am dortigen Stadttheater als Operettensängerin engagiert. Auf der Bühne konnten wir sie als Frasquita in der gleichnamigen Lehár-Operette bewundern. Ich sehe sie noch vor mir: Elfriede als rassige Zigeunerin und als Diva im selbstgeschneiderten eleganten, weiß-lila Abendkleid. Mit ihrem Gesang und ihrer Darstellung der Rolle hatte sie einen großen Publikumserfolg.
Welch ein Gegensatz – unwillkürlich mußte ich an die kleine Lumpensammlerin aus unserer Jugendzeit in Thüringen denken!
Zurück in Ebstorf, mußte ich mich von neuem dem harten

militärischen Schliff unterziehen, der nur durch gelegentliche Wochenendfahrten nach Hannover unterbrochen wurde.
Als stolzer junger Vater war ich natürlich überglücklich, mich an solchen Tagen meiner kleinen Tochter widmen zu können. Ich versuchte, Isolde in dieser armen Zeit alle nur möglichen kleinen Freuden zu bereiten. Etwas Materielles konnte ich ihr ja nicht schenken, kein Spielzeug, kein hübsches Kleidungsstück, nichts, gar nichts. So ging ich mit ihr ins Café Kröpcke, spendierte ihr ein Stückchen Kriegskuchen, wanderte mit ihr zum Maschsee, wo man rudern konnte. Oder ich führte sie in den Tierpark und beantwortete geduldig und ernsthaft ihre kindlich-amüsanten Fragen.
Anfangs war ich beinahe befangen, unsicher, wie ich mit dem kleinen Mädchen umgehen sollte. So ein eigenes Kind ist für den Vater wie ein großes Wunder. Er fürchtet sich, es zu verletzen. Zu meinem eigenen Erstaunen gelang es mir wie selbstverständlich, ihr Vertrauen zu gewinnen.
Von nun an erfüllte mich Bangigkeit, daß das Glück nur kurz sein könne und der Krieg mich wieder abberufen werde.

Mitte März wurden wir wieder verladen, diesmal nach Poltawa. Da ich jahrelang dem Batterietrupp angehört hatte und die Schießlehre beherrschte, sollte ich nun als Wachtmeister einen Offizierslehrgang absolvieren, um Leutnant zu werden.
Ich bekenne, daß ich wenig Neigung dazu hatte, denn der Lehrgang fand in der Etappe statt und nicht, wie in den ersten Kriegsjahren, in der Heimat. Doch Befehl war Befehl, ich mußte ihm folgen und zog nun mit Sack und Pack in das Offiziersausbildungslager.
Bevor ich mich aber dort richtig eingerichtet hatte, kam ein Kradfahrer mit dem Befehl, daß ich mich sofort beim Regimentsstab zu melden hätte. Unterwegs dachte ich angestrengt darüber nach, was ich wohl verbrochen haben könnte.
Am Ziel erfuhr ich dann, daß ein Regimentsfest im Gange war, mit

Kapelle und allem Drum und Dran. Und natürlich war ich wieder das Opfer und sollte mit meinem Gesang die Stimmung anheizen.

Der Adjutant des Regimentskommandeurs, ein Hauptmann, war ein Musiknarr, wie man sich ihn kaum närrischer vorstellen konnte. Er fragte mich tatsächlich: »Wollen Sie mit hierher zum Stab kommen? Hier ist der Posten eines Scherenfernrohr-Unteroffiziers frei!« (Das war ein Posten, der nur auf dem Papier stand und der mir – hauptsächlich aber ihm – die Möglichkeit gab, dauernd in Tönen zu schwelgen!) Der Wunsch war natürlich ein Befehl, doch ich folgte ihm gern.

Nach einiger Zeit konnte ich den musiknärrischen Hauptmann davon überzeugen, daß meine Stimme dringend überholungsbedürftig sei. Außerdem brauchte ich für die dauernden Anforderungen neues Notenmaterial. Ich machte dem Hauptmann klar, daß ich die Noten in Berlin besorgen und meine Stimme von meinem dortigen Lehrer aufpolieren lassen könnte. Mit einem Sonderurlaub sei das ohne weiteres zu bewerkstelligen.

Der Hauptmann ging auf meinen Vorschlag ein. Doch er sagte: »Ich weiß nicht, ich habe das Gefühl, wenn ich Sie fahren lasse, kommen Sie nicht wieder her.«

Der Hauptmann behielt recht. Ich bekam vierzehn Tage Sonderurlaub nach Berlin, aber ich kehrte nicht zurück.

Freigestellt

Eine schicksalhafte Premiere am Deutschen Opernhaus Berlin

In Berlin nutzte ich selbstverständlich die Gelegenheit, meinen Lehrer Laurenz Hofer aufzusuchen. Bei ihm überraschte mich eines jener Wunder, wie es wohl nur im Krieg möglich ist.
Hofer empfing mich mit den Worten: »Junge, da bist du ja endlich! In der Oper stehen sie deinetwegen schon Kopf!«
Ich fiel aus allen Wolken: »In welcher Oper?«
»Na, im Deutschen Opernhaus! Weißt du das denn noch nicht? Du bist reklamiert worden! Sie brauchen dich!«
Geschehen war dies: Obwohl Goebbels den »Totalen Krieg« mit allen Einschränkungen proklamiert hatte, mußten die Theater weiterspielen, um die kulturelle Ungebrochenheit des kämpfenden Reiches auch unter dem Bombenhagel zu demonstrieren. Im Deutschen Opernhaus war der Tenor Walther Ludwig wegen Krankheit auf unabsehbare Zeit ausgefallen, und so hatte man sich meiner erinnert. Mein Gönner, der Oberspielleiter Hans Batteux, trug den Fall dem Volksbildungsminister Goebbels vor, und dieser erwirkte bei Hitler die Freistellung des Wachtmeisters Rudolf Schock wegen »absoluter künstlerischer Vordringlichkeit«.
Doch so einfach entwickelte sich die Sache für mich nicht. Meine Batterie in Rußland beorderte mich zurück, das in Berlin zuständige Wehrbezirkskommando dagegen entschied: »Erst einmal zur Ersatzeinheit nach Celle, Urlaub beantragen, bis Reklamation in Kraft tritt.« Nach abermaligem Hin und Her kam ich schließlich doch wieder nach Berlin, noch als Soldat, aber mit dem Recht, Zivil zu tragen.

In den ersten Augusttagen 1943 benutzte ich meine unverhoffte Freiheit dazu, Gisela und unsere kleine Isolde nach Colmar im Elsaß zu begleiten. Um den Bombenangriffen zu entgehen, hatte sich Gisela am dortigen Theater als Tänzerin beworben. Der zweite Grund, gerade dieses Theater zu wählen, war die Anwesenheit meiner Schwester: Elfriede war von Erfurt nach Colmar engagiert worden.

Im Dachgeschoß eines gemütlichen alten Hauses in der Herrad-Straße 7 (der heutigen Rue de Reims) richteten wir uns mit geringem Hab und Gut so bequem wie möglich ein. Quartier, die Stadt und das Theater erschienen uns paradiesisch. Gisela und Elfriede waren höchst zufrieden mit ihren Engagements. Für Isolde fand sich sogar ein Kindergarten.

Der uns völlig ungewohnte Friede in dem idyllischen Städtchen wurde durch einen Mißton unterbrochen, der mir zeigte, daß man der Zeit nicht entfliehen konnte.

Meine Schwester war damals mit einem Hauptmann der Luftwaffe verlobt, einem gutaussehenden, in seiner Uniform sehr schneidig wirkenden Mann. Er verkörperte den Typ jener Offiziere, zu denen ich bestimmt nie gehört hätte: arrogant, eitel, von sich überzeugt.

Eines Abends saßen wir in Colmar in einem Lokal gegenüber dem Theater beim Essen – Elfriede, Gisela, dieser Hauptmann und ich. Während unserer angeregten Unterhaltung betrat ein Soldat das Restaurant. Er grüßte wohl nicht so zackig, wie es der Dienstauffassung des Hauptmanns entsprach. Jedenfalls winkte er den Soldaten an unseren Tisch und putzte ihn mit scharfen Worten vor meiner Schwester, meiner Frau und mir herunter: »Kerl, können Sie nicht richtig grüßen? Ich soll Ihnen das wohl erst mal beibringen…« Und so weiter, Kasernenhofton.

Wohl kannte ich diesen Ton, aber als anständiger Vorgesetzter ließ man ihn dort, wo er hingehörte, statt eine Szene in aller Öffentlichkeit zu machen.

Ich schämte mich nicht nur, mich packte der kalte Zorn, ich nahm mir den Hauptman gleich anschließend vor und putzte ihn genauso herunter: »Du kannst deinen Dünkel gegen feindliche Bomber einsetzen«, sagte ich, »aber nicht gegen Soldaten, die vielleicht dorthin müssen, wo ich jahrelang war. Spar dir deinen Schneid im Lokal, vor allem in meiner Gegenwart und der unserer Frauen!«

Nun, meine Schwester hat ihren zackigen Herrn nicht geheiratet, und ich bin froh darüber.

Nach Berlin zurückgekehrt, zog ich fürs erste in die Wohnung meines Lehrers in der Uhlandstraße 77. Hier begann ich wieder zu arbeiten. Ich darf sagen: mit ungeheurem Fleiß. Meine Stimme hatte ich ja an der Front nur hin und wieder, ohne Vorbereitung, erklingen lassen, auf improvisierten Konzerten, in Lazaretten, in Kameradenkreisen. In Berlin aber, am Deutschen Opernhaus, würde ich mich als lyrischer Tenor mit den besten Kollegen ihres Fachs zu messen haben. Meine Freistellung vom Militär hatte ich – das war mir klar – durch ganz besondere Leistung zu rechtfertigen. Mein Taschenkalender verzeichnet für die Zeit von Mitte August bis Mitte November 1943 siebzig Gesangsstunden. Das ist unglaublich viel, wenn man bedenkt, daß die Gesangsschüler heute oft nur eine halbe Stunde in der Woche Unterricht bekommen.

Nebenbei profitierte ich durch Zuhören. Ich besuchte die Vorstellungen in der Staatsoper Unter den Linden, sofern ich nicht im »eigenen Haus« Proben und Aufführungen beiwohnte. Intendant in der Bismarckstraße war nicht mehr Wilhelm Rode, sondern der Dirigent Dr. Hans Schmidt-Isserstedt. Zur Musikdirektion des Deutschen Opernhauses zählten Artur Rother, Arthur Grüber, Wilhelm Schüchter und andere.

Die Aufführungen jener Kriegstage hatten ein erstaunlich hohes Niveau. Wie schon gesagt, die politische Führung setzte ihren Ehrgeiz darein, den Spielbetrieb trotz der heiklen Frontlage, vor allem aber trotz der anglo-amerikanischen Bombenangriffe fortzusetzen. Die Nutznießer dieser »Durchhaltemoral« aber waren

in zunehmendem Maße nicht mehr die Staats- und Parteifunktionäre, sondern die wirklichen Kunstliebhaber aller Volksschichten, Menschen jeden Alters. Ungeachtet der Entbehrungen, Verkehrseinschränkungen, Fliegerbomben stellten sie sich nach schwerem Dienst noch stundenlang vor den Theaterkassen an, um wenigstens eine Galeriekarte zu ergattern. Doch die Bombenangriffe nahmen an Heftigkeit zu. Bereits im Juli hatten britische und amerikanische Flugzeuge in fünf Großangriffen Hamburg derart zerstört, daß man von den Ausmaßen eines Erdbebens sprach.
Am 22. November 1943 setzte das Inferno auch in Berlin ein. Es war der Beginn der bisher gewaltigsten systematischen Luftoffensive auf die Reichshauptstadt. Ich erlebte diesen Angriff im Luftschutzkeller des Mietshauses in der Uhlandstraße, wo ich ja bei meinem Lehrer wohnte. In das Bellen der Flak vom nahen Zoo-Bunker mischten sich dumpfe Einschläge, die die vier- bis fünfstöckigen Häuser emporzuheben schienen. Die größte allgemeine Gefahr bildete aber der wahre Wolkenbruch vergleichsweise winziger Brandbomben. Da meist nur Frauen und alte Männer in den Luftschutzkellern saßen (die jungen waren ja im Kriegseinsatz), ging ich während des Alarms durch das Haus, um Feuernester aufzuspüren. Als ein ganzes Bündel von Brandbomben Dachstuhl und obere Stockwerke durchschlagen hatte, organisierte ich Trupps aus den Reihen der Frauen und der verbliebenen Männer, die die Brandherde niederkämpften.
Eine Brandbombe hatte ich aber übersehen. Sie lag in einem elektrischen Ofen. Als wir sie endlich entdeckten, war die Rauchentwicklung schon zu stark. Das Feuer breitete sich in Windeseile aus. Ich ließ eine Eimerkette bilden, deren letztes Glied ich selber war. Nach einer Weile jedoch fiel das Wasser aus, so daß wir mit unseren jämmerlichen Mitteln (Sand aus Tüten und Feuerpatschen) nichts mehr ausrichten konnten.
Das Haus war verloren.
Jeder versuchte, irgend etwas zu retten, oft in wahllosem Durch-

einander. Das Haus brannte ab, grausam langsam, wenn man die eigene Ohnmacht bedachte. Das Feuer setzte sich vom Dachgeschoß über die oberen Stockwerke nach unten fort. Natürlich half ich meinem Lehrer, einen Teil seiner Einrichtung zu bergen, und so blieben in seiner Wohnung fast nur die schweren Möbelstücke, die ich allein nicht tragen konnte.

Ich nahm auch seinen Plattenspieler, eine Tontruhe, auf den Rücken. Darin befanden sich, wie ich wußte, viele unersetzliche Caruso-Platten. Aber als ich mit meiner Last auf der Treppe war, brach die hintere Wand der Truhe heraus, und die kostbaren Schellackplatten rollten und flogen die Stufen hinunter. Und schon wurden sie von den Füßen der herabdrängenden Hausbewohner zertreten. Mitten in dem Bombendrama empfand ich sekundenlang den Verlust, der für mich ja kein materieller war: Da lag nun Carusos herrliche Stimme in Scherben ...

Aber ich mußte ja weiter helfen, überall zugreifen, wo es nottat. Die Frauen mühten sich vergeblich mit ihren schweren Lasten. Eine ältere Dame wollte wenigstens eine Schlafgelegenheit retten, sie hatte sonst nichts geborgen. Ich nahm ihre Couch auf die Schulter, ich war jung und stark, es machte mir nichts. Dankbar saß sie dann auf dieser Couch – auf der Straße, vor dem brennenden Haus.

Auf der Straße saßen wir dann alle zwischen den Straßenbahnschienen. Ich hockte auf meinen beiden Koffern, neben mir kauerte Laurenz Hofer. Und so sahen wir, wie das Feuer seine Wohnung ergriff, dann brach der Boden ein, und nun stürzte sein kostbarer Konzertflügel in die darunterliegende Etage. Es war, als griffe der Teufel selber in die Tasten, als rissen seine gierigen Krallen in die Saiten. Mit geweiteten, vom Rauch entzündeten Augen lauschten wir dem schaurigen Geräusch. Der Mißton drang uns tief in die Seele.

Auch das Deutsche Opernhaus, die Städtische Oper in Berlin-Charlottenburg, im Jahre 1912 als bürgerliches Gegenstück zur Königlichen Hofoper, der »Lindenoper«, erbaut, versank in

Trümmern. Ich hatte nicht nur meinen Wohnsitz verloren, sondern auch meine Wirkungsstätte. Aber ich war Mitglied des Ensembles, das unter der Leitung von Hans Schmidt-Isserstedt, dem jungen Regisseur Dr. Günther Rennert und anderen bedeutenden Kräften eine Möglichkeit zum Weiterspielen fand. Die Aufführungen wurden in den Admiralspalast am Bahnhof Friedrichstraße, also in das Zentrum der schwer angeschlagenen Hauptstadt, verlegt. In der Jubiläumschronik »50 Jahre Städtische Oper« wird die Mustergültigkeit der Inszenierungen unter derart provisorischen Umständen gerühmt – noch zwanzig Jahre später.

Ich zog nun mit meinen Koffern von einem möblierten Zimmer zum anderen, von Ausbombung zu Ausbombung. Endlich fand ich ein Quartier in der Pfalzburgerstraße 75 bei einer ehemaligen Sängerin, die auch einen Flügel zum Üben besaß. Dort wohnte ich bis zum September 1944, als die Theater aus kriegsbedingten Gründen geschlossen wurden und ich von neuem an die Front mußte.

Im Deutschen Opernhaus hatte ich mit Erfolg in einigen Repertoire-Aufführungen – ohne szenische Detailproben – gesungen. Dann aber war für die Ausweichbühne eine Neuinszenierung im Admiralspalast geplant, die berühmt werden sollte – und die meine Nachkriegskarriere eigentlich schon begründet hat: *Don Pasquale* von Gaetano Donizetti.

Man vertraute mir die Partie des Ernesto an. Die Norina sang Irma Beilke, Karl Schmitt-Walter übernahm den Malatesta, der unvergeßliche Michael Bohnen gab den Don Pasquale.

Rennert hatte die Regie. Sein Einfallsreichtum, seine psychologisch begründete, hochmusikalische Solistenführung, seine Präzision sind mit dieser Premiere in die Operngeschichte eingegangen. Rennert verstand es wie kaum ein anderer, Sängerinnen und Sänger zu »motivieren« – wie man heute sagen würde –, ihnen den Sinn seiner Ideen zu vermitteln und sie für den Spaß der Sache zu begeistern. Dazu gehörte im dauernd brennenden

Berlin ein ungeheurer Schwung. Irma Beilke, mit der ich später noch oft gesungen habe, half mir, mich auf den Bühnenbrettern zurechtzufinden. Ebenso hilfreich benahm sich Karl Schmitt-Walter. Michael Bohnen, damals schon »der große alte Mann«, der in der ganzen Welt den Bühnenstürmen getrotzt hatte, behandelte mich väterlich-kollegial. Schließlich unterstützte jeder jeden, so daß – unter Rennerts Genie, in den kongenialen Dekorationen von Stefan Hlawa und unter der musikalischen Leitung von Leopold Ludwig – eine einzigartige Ensembleleistung entstand. Diese Tatsache ist in den Annalen festgehalten worden, die Erinnerung daran blieb Fachleuten und Opernfreunden erhalten.

Schon während der Proben hatte ich den Eindruck: Das wird etwas ganz Besonderes – denn ich spürte jeden Augenblick, wie selbst die Routiniers an Frische und Natürlichkeit gewannen. Natürlich legte ich mich mit Hilfe meines Lehrers, der mir auch noch nach seiner Ausbombung unermüdlich zur Seite stand, mächtig ins Zeug. Ich wollte unter den namhaften Kollegen bestehen, ich wollte niemand enttäuschen, zuallerletzt das Publikum dieser schwergeprüften Stadt.

Die Premiere ging am 2. März 1944 über die Bühne. Der Admiralspalast war ausverkauft, von Glanz aber keine Spur. Das Publikum war völlig unterschiedlich gekleidet. Manche trugen die Sachen am Leibe, mit denen sie ausgebombt worden waren. Die Gesichter verrieten Entbehrung und Sorge. Und dennoch wurde die Aufführung ein Riesenerfolg.

Mit Irma Beilke hatte ich das Duett »Laß es, ach laß es mich hören« zu singen, das beiden Teilen sehr viel Lyrik, Artistik, aber auch Innigkeit und Schönheit in Stimmführung und Ausdruck abverlangt. Die Partie des Ernesto aber steht und fällt mit dem männlich-zärtlichen Ständchen:

»O süße Nacht
im Mai durchwacht ...«

Es gelang mir, wie ich es mir erhofft hatte. *Don Pasquale* war

meine erste Premiere als Mitglied eines großartigen Berliner Ensembles. Am nächsten Tag war ich berühmt.
Kurz nach dem Krieg sang ich mein Duett mit Irma Beilke bei einem Konzert im Berliner Rundfunk. Die damalige Aufnahme blieb erhalten und kommt jetzt, vierzig Jahre später, erstmals auf Schallplatte heraus.

In meiner Berliner Zeit fuhr ich natürlich so oft wie möglich nach Colmar, um Frau und Kind zu besuchen. Aus den nahe gelegenen Vogesen hörte man Tag und Nacht die Geschütze der heranrükkenden Amerikaner. Deshalb mußten wir schweren Herzens die geliebte Stadt verlassen.
Töchterchen Isolde wurde ins Allgäu zu Klärchen, der Frau meines Bruders Helmut, evakuiert. Gisela ging, obwohl sie unser zweites Kind erwartete, wohl oder übel in das von feindlichen Fliegern heimgesuchte Hannover zurück. Und ich, der junge Berliner Opernstar, mußte wieder an die Front.
Am 1. September 1944 wurde der von Goebbels bereits im Februar 1943 ausgerufene »Totale (Propaganda-)Krieg« zur totalen Realität. Die Theater schlossen ihre Pforten.
Mein allerletzter Auftritt in diesem Krieg fand in Dresden statt. Ich sang dort den Herzog im *Rigoletto*, zusammen mit Maria Cebotari und Arno Schellenberg. Es war zugleich die letzte *Rigoletto*-Vorstellung in der schönen alten Semper-Oper.
Bald danach wurde das Haus – wie alle Theater im zusammenbrechenden Reich – geschlossen. Der berüchtigte Luftangriff im Februar 1945 vernichtete das berühmteste Kunstwerk Gottfried Sempers, ein Neubau nach alten Plänen konnte erst 1985, also genau vierzig Jahre später, eingeweiht werden. Ich schätze mich glücklich, daß ich noch in der Aura des traditionsreichen, originalen alten Hauses singen durfte.
Am 11. Juni 1944 gastierte ich noch einmal am Braunschweigischen Staatstheater als Bacchus in einer festlichen Neuinszenierung der *Ariadne auf Naxos* aus Anlaß des 80. Geburtstags von

Richard Strauss. Dr. Ludwig F. Schiedermair inszenierte in dem ganz in Gold und Silber gehaltenen Bühnenbild von Alfred Siercke, Dirigent der Aufführung war wieder Ewald Lindemann. Gern erinnere ich mich an meine Partnerin Hildegard Fischer als Ariadne sowie an die quirlige Fritzi Göhrum als Zerbinetta. Schiedermair arbeitete wie besessen mit uns Sängern – ich wurde eins mit dem Bacchus und fühlte mich mehr als zuvor in dieser Rolle als »junger Gott«. Das Ganze war für mich eine beglückende Wiederbegegnung mit dieser Stadt und dem Theater, in dem ich mir meine ersten Sporen als Solist verdient hatte.

Der große Vorhang fällt – ein neues Spiel beginnt

Kriegsende und Intermezzo in Hannover

Ich mußte also wieder zur Wehrmacht. Mit mir wurden viele, viele Kollegen neuerlich oder erstmalig eingezogen. Der Flüsterwitz nannte dieses Künstleraufgebot die »Goebbelsspende« ... fürs Militär.

Ich reiste befehlsgemäß nach Munsterlager, langte an einem Abend dort an und besuchte erst einmal meinen Freund, den Bürgermeister Müller, bevor ich mich bei meiner Einheit meldete.

Ahnungslos platzte ich im Haus des Bürgermeisters in eine Jubiläumsfête und befand mich plötzlich inmitten einiger Generale und deren Stäbe. Alle kannten mich von früheren Veranstaltungen her, und natürlich wurde ich bedrängt, den hohen Herrschaften etwas vorzusingen.

Sehr typisch für diese Zeit: Niemand wagte sich dagegen zu äußern, daß die strahlendsten Kehlen offiziell auf den Bühnen zu verstummen hatten. Privat aber lechzte man selbst in angespanntester Kriegslage danach, in schönen Tönen zu schwelgen.

In den nächsten Wochen brauchte ich nur wenig Dienst zu tun. Dafür wurde ich um so öfter zu allen möglichen Sangesgelegenheiten herangezogen.

Formell wurde mein Kommandeur immer von diesem oder jenem General um Zustimmung gebeten. Er konnte sie als Major den höheren Dienstgraden gegenüber schlecht verweigern. Es wurmte ihn jedoch ganz offensichtlich, daß er zu »gesellschaftlich exklusiveren« Anlässen nicht eingeladen wurde. Ich, der

junge Wachtmeister, war als »Nachtigall« natürlich begehrter als ein mürrischer Brummbär im Majorsrang. Das verschlechterte das Verhältnis zwischen ihm und mir immer mehr.
Der willkommene Anlaß für den Kommandeur, mich schleunigst zum Frontdienst abzuschieben, ergab sich mit der Neuaufstellung einer Werferbatterie. Den lästigen »Singvogel« war er nun los...

Wer vor den überdeutlichen Anzeichen des Verfalls nicht die Augen schloß, mußte sehen, daß der Krieg verloren war, wenn auch die Propaganda immer hektischer von »Wundern« und »Wenden« faselte. Auch ich – wie die meisten Soldaten – ließ eine Familie zurück, die in Bombentrümmern nicht mehr von Heimat reden konnte. Der Kriegstod, noch im Ersten Weltkrieg ein ausschließlich auf den Soldaten beschränkter Begriff, konnte jeden Moment die Frau und das Kind treffen. Da Gisela unser zweites Baby erwartete, war die Trennung für mich härter als alle Trennungen je zuvor.
Diesmal ging unser Militärtransport nicht nach Osten, wie ich geglaubt hatte, sondern nach dem Westen. Darüber allein stieß ich in einen Stoßseufzer der Erleichterung aus. Es erschien einem schon als Geschenk, gegen Amerikaner und Engländer kämpfen zu »dürfen«, statt gegen deren östlichen Verbündeten. In den unvorstellbar gesteigerten Materialschlachten konnte man überall den Tod finden, trotzdem richtete sich die Hoffnung nach Westen.
In der Eifel wurde unser Militärzug entladen. Mit Kraftfahrzeugen ging es weiter an die Front. Nach meinem Zivilistenjahr in Berlin, wo man den Krieg ja wahrlich auch gespürt hatte, kam ich mir vor, als sei ich in ein höllisches Wechselbad geraten. Es dauerte wochenlang, bis ich mich daran gewöhnte, soweit eine Gewöhnung überhaupt möglich war...
Im Dezember 1944 begann die Ardennenoffensive. Wieder wurden wir verfrachtet, neuerlich an einen anderen Ort verschoben.

In der Frühe des 15. stiegen wir in Ehrang in die Kraftfahrzeuge und fuhren bei lausiger Kälte durch das noch völlig heile Bitburg der geballten anglo-amerikanischen Front entgegen.
Unser Erstaunen war unbeschreiblich, als wir merkten, daß der starke Feind vor unseren Aufgeboten so rasch zurückwich. Bei Ettelbrück fanden wir fluchtartig geräumte Quartiere, in denen die Amerikaner sogar ihre üppigen Weihnachtsrationen zurückgelassen hatten: teure Getränke, Stangen von Zigaretten, köstliche Schokolade – es war für uns kaum zu fassen, daß es so etwas noch gab.
Der trügerische Schwung unserer Vorstöße erlahmte bald, die deutschen Verbände wurden aufgefangen und mörderisch zurückgeschlagen. Die Ardennenoffensive, von der sich einige so viel erhofft hatten, brach zusammen. Wir wurden zurückgezogen und in die Gegend von Saarbrücken verlegt.
In der Nähe des jetzigen Flugplatzes Ensheim erhielt ich im März 1945 den Befehl, zusammen mit zwei Soldaten eine Feuerstellung für unsere Batterie zu suchen. Ich erinnere mich sehr deutlich an das eher unscheinbare Wiesengelände, das teilweise eingezäunt war und nichts, aber auch gar nichts Besonderes oder Bedrohliches aufwies.
Unversehens trat ich mit dem Fuß auf etwas Hartes und löste damit ein Zischen aus, ein scharfes, dünnes, sehr vernehmliches Sssssssss-Geräusch. Ich habe sehr feine Ohren, und die hatten sich nicht nur an Notentöne, sondern leider auch an technische Geräusche gewöhnen müssen. Blitzartig wurde mir klar, was das war: eine Schützenmine! Ein tückisches Todesgerät, das unsere eigenen Truppen bei Kriegsbeginn hier ausgelegt und dann vergessen hatten.
Mit Lichtgeschwindigkeit rasten die Gedanken durch meinen Kopf. An meinem geistigen Auge zog mein ganzes Leben vorbei. Ich dachte, nun ist es aus, jetzt zerreißt mich das Ding in Stücke, ausgerechnet noch vor Toresschluß, der Krieg ist verloren – und ich sterbe für nichts und wieder nichts einen schmutzigen Tod …

Die Mine sprang tatsächlich hoch und flog gegen mein Knie. Doch sie explodierte nicht. Sie hatte ja sechs Jahre gelegen, und die Zündkontakte waren wahrscheinlich verrottet.
Ich kam mit meinen beiden Begleitern glücklich aus dem Feld heraus. Nach dem überstandenen Schreck genehmigte ich mir aus einem Reservefläschchen einen Schluck guten Cognacs auf mein wiedergewonnenes Leben. Und das wiederhole ich in jedem Jahr am 7. März, vormittags 11 Uhr – zum Gedenken an diesen Moment.

Wir lagen mit unserem Befehlsstand in einem Bunker der Hinterlinie des Westwalls. Die Amerikaner trommelten Tag und Nacht aus allen Rohren und mit Bomben jeden Kalibers auf unsere Stellungen. Im Rauch der Explosionen und der Brände war es selbst zur Mittagszeit dunkel. Jedes Verlassen des Bunkers konnte den Tod bedeuten. Trotzdem schickten die Amerikaner keine Infanterie vor. Solange auch nur noch ein einziger Schuß von unserer Seite fiel, schonten sie ihre Männer und vermieden unnütze Opfer. Das imponierte mir sehr.
Eines Tages hörte ich über die Dienstleitung ein Gespräch ab, in dem ein Infanteriehauptmann Munition anforderte. Als ihm erwidert wurde, alle Munition sei aufgebraucht, sagte er: »Dann ist der Krieg für mich beendet. Ich melde mich hiermit ab.«
Das war auch für uns das Zeichen, den Rückzug anzutreten. Es handelte sich dabei keineswegs um eine geordnete Marschbewegung, sondern um eine heil- und regellose Flucht. Es schien so etwas wie einen geheimen Massen-Rückzugsstart gegeben zu haben, denn offiziell war ja jeder Schritt zurück verboten.
Überall stießen noch fahrbare Verbände mit ihren mannigfachen Geräten zur nächst erreichbaren Straße. In stockdunkler Nacht staute sich die unterschiedliche Kolonne vor einer Ortschaft, immer mehr Rad- und Kettenfahrzeuge zwängten sich zwischen, neben und hinter die Vorhandenen, es war, als wollten sie sich übereinander türmen. Um die Ursache des Staus zu ergründen,

stieg ich aus meinem Wagen und tastete mich in der Eiseskälte an den Häuserwänden entlang. Ich hörte die ratlosen Debatten der Landser, das Brummen der Fahrzeugmotoren, sah aber allerhöchstens Schatten, denn wegen der Fliegergefahr traute man sich kaum, eine Zigarette anzuzünden.
Man prallte natürlich auch dauernd auf Landser, die sich die Beine vertraten. Einmal war ich in der Finsternis zum Ausweichen gezwungen, glaubte, rechts an einer Hauswand Halt zu finden – tastete jedoch ins Leere, verlor das Gleichgewicht und stürzte in eine Jauchegrube. Im ersten Moment wußte ich überhaupt nicht, was mir da geschah. Rein instinktiv hatte ich im Fallen irgendwo hingegriffen, einen Balken erwischt, nun spürte ich vom Gürtel abwärts die Kälte, die Feuchtigkeit, ich fühlte, wie der Sumpf an mir zog, mich in die Tiefe saugte. Zugleich bekam ich Dämpfe in die Nase, die mir fast die Besinnung nahmen.
So komisch das alles klingen mag, wenn man es nach Jahren – oder als nicht Betroffener – nachempfindet: die Wirklichkeit war furchtbar. Ich schrie, denn ein anderes Mittel gab es nicht. Im Dunkel tasteten Landserhände nach mir, ich fühlte mich gepackt und hochgezerrt. Ich taumelte an den Hauswänden entlang zu meinem Wagen zurück, durch beißende Kälte, in schmutzgefüllten, triefenden Stiefeln, bis hoch zum Gürtel von der atemberaubend stinkenden Brühe durchnäßt.
Bei meinem Fahrzeug angelangt, zog ich Stiefel, Hose, Unterhose und Strümpfe aus. Dann hüllte ich mich in eine Decke und setzte mich total verzweifelt in den Wagen. Der Gestank, dem ich nicht entrinnen konnte, das scheußlich klebrige Gefühl gingen mir so auf die Nerven, daß ich, als erwachsener Mann, in Tränen ausbrach.
Als der Stau sich aufgelöst hatte, versuchten wir so schnell wie möglich weiter nach Osten zu kommen. Im Morgengrauen erreichten wir das oberpfälzische Landau.
Gleich vor einem der ersten Häuser sah ich eine Frau, die in der Tür stand und den Rückzug beobachtete. Ich ließ meinen Wagen

halten und ging auf sie zu – so, wie ich war: barfuß, den Unterleib mit einer Decke umhüllt, die ich krampfhaft festhielt. Ich schilderte ihr meine Not. Die Frau amüsierte sich zunächst, dann aber erfaßte sie meine Lage und half mir mit Rat und Tat.
Der Rat lautete: »Im Nebenhaus ist die Dienststelle des geflüchteten Ortsgruppenleiters. Sehen Sie mal nach – vielleicht hat er ne Hose dagelassen.«
Richtig: Ich fand eine typische Parteihose, sauber, aus gutem Stoff, beinahe elegant geschnitten – aber leider in jener Farbe, die zur Zeit ihre »Götterdämmerung« erlebte.
Wohlweislich beeilte ich mich die Hose loszuwerden, sobald meine freundliche Helferin mir meine eigene Hose gewaschen hatte. Denn zu ihrem Rat, das sagte ich schon, gesellte sich die Tat: Die gute Frau sorgte für ein Bad und ein stärkendes Frühstück. Sie scheute sich nicht, meine verjauchten Sachen durchzuwaschen. Inzwischen – und auch noch etliche Stunden auf der Fahrt – mußte ich mich mit den NS-Beinkleidern behelfen, bis meine Uniformhose getrocknet war.

Gegen Mittag erreichten wir die Rheinbrücke bei Germersheim in der Pfalz. Auch hier stauten sich kolonnenweise die Restteile der verlorenen Offensive und der sich mehr und mehr auflösenden Wehrmachtteile aller Art.
Als wir an das rechte Rheinufer gelangten, sahen wir zu unserem Schrecken strangulierte Soldaten an Laternen und Bäumen hängen. Die Bevölkerung teilte uns mit, daß SS-Schergen am Morgen die ersten Rückzügler zur Abschreckung aufgehängt hätten, obwohl es sich nicht um Deserteure, sondern um die Vorhut einer geschlagenen Truppe handelte.
Jetzt sah ich mein Pech mit dem Sturz in die Jauchegrube plötzlich in einem anderen Licht! Wäre mir diese scheußliche Geschichte nicht passiert, so hätte ich die Rheinbrücke womöglich auch schon im Morgengrauen erreicht und wäre ebenfalls in die Hände der Mörder gefallen ... Vielleicht war das Bad in der

teuflischen Brühe mein allerletztes und größtes Glück in meiner Soldatenlaufbahn!
Unaufhaltsam ging es nun vor den nachdrängenden Westalliierten nach Osten zurück, jetzt aber nur noch in den Nächten, weil man sich tagsüber wegen der Tiefflieger im Gelände verstecken mußte.
Allmählich löste sich alles auf: In der Gegend von Schwabmünchen wurden deutsche Militärverbände in wildem Durcheinander auf engstem Raum von Amerikanern und Franzosen eingekreist. Das war das Ende. Die Soldaten standen, lagen oder liefen plan- und ratlos herum, ohne Weisung, ohne Führung, ohne jede Hoffnung.
Plötzlich sah ich am Himmel über dieser geschlagenen Ansammlung deutscher Verbände ein Flugzeug, einen amerikanischen Artillerie-Aufklärer.
Was das bedeutete, wußte ich als Fachmann der Werfertruppe nur zu gut. »Schnell, weg hier!« brüllte ich den Kameraden zu.
Wir stürzten auf den Waldrand zu und warfen uns zu Boden. Und schon hämmerten amerikanische Kanonen von allen Seiten auf das Wiesengelände ein. Wie viele tausend Soldaten hier noch ihr Leben lassen mußten, konnte ich nach diesem Inferno nicht einmal schätzen.
Aber ein paar hundert Meter weiter stand ein General mit seinem Stab in ernstem, taktischem Gespräch: Die Herren überlegten, wo der General am besten, sprich: am sichersten in Gefangenschaft gehen könnte. Am sichersten deshalb, weil sich unter den Franzosen auch marokkanische Kontingente befanden. Es hieß, die Marokkaner gäben kein Pardon und metzelten auch jeden waffenlosen Überläufer einfach nieder. Offenbar mißfielen dem General solche Aussichten für seine Person. Wie viele Menschenleben so ein Mann aber hätte retten können, hätte er nur den Mut gehabt, für die hilflosen Truppenreste eine klare Kapitulation anzubieten – das wird wohl ewig auf einem anderen Blatt (oder auf Gedenktafeln) stehen ...

Da ich mich umgehorcht hatte, wußte ich mit einiger Sicherheit, in welcher Richtung amerikanische Truppen anzutreffen waren. Ich nahm mein Gewehr, packte es am Lauf und zerschlug es an einem Baum. Dann warf ich die Teile in einen Bach.
Eine weiße Fahne hatten meine Kameraden und ich nicht. Es fand sich aber eine Unterhose, die wir für gut genug befanden, das Kapitulationszeichen zu ersetzen. Wir spießten diese Unterhose an einen Stock und marschierten damit auf die amerikanischen Linien zu, einem ungewissen Schicksal entgegen...

Im amerikanischen Kriegsgefangenenlager Fürstenfeldbruck erlebte ich die unheilvolle Stille nach dem Sturm, in der sich die Besetzung und Teilung Deutschlands vollendete. Die seelische Depression vieler Kameraden war ein ernstes Problem, und so kam ich auch hier, im Gefangenenlager, nicht daran vorbei, den Landsern hin und wieder etwas vorzusingen.
Die Unterhaltung nahm Methode an. Bald hatten wir ein richtiges Ensemble zusammen, das aus Schauspielern, Artisten und Musikern bestand.
Der Stabsarzt des Gefangenenlazaretts bat mich, auch für die Verwundeten einmal ein Konzert zu geben. Selbstverständlich tat ich das sehr gern. Hier handelte es sich ja um ein ebenso betreuungswürdiges wie dankbares Publikum. Die Erfahrung hatte ich während des Ostfeldzuges ja schon gemacht.
Das Konzert fand im Innenhof eines herrlichen alten Gebäudes statt, dessen Arkaden und Emporen an jenem Junitag einen besonders stimmungsvollen Eindruck vermittelten. Die Verwundeten schob man in die Kreuzgänge oder an die Brüstungen heran.
Ich stand in der Mitte des Hofes. Mein Herz war von Freude und Erwartung erfüllt, denn ausgerechnet am Morgen dieses 17. Juni 1945 war ich entlassen worden. Ich hatte den Krieg überlebt, ich konnte auf die Zukunft bauen!
So legte ich alles, was ich in diesem Augenblick empfand, in

meine Stimme. Und ich hoffte, ich könnte den Hörern etwas Trost und Zuversicht geben – und sei's auch nur ein Fünkchen...
Als »Honorar« für das Konzert verschaffte mir der Stabsarzt aus Lagerbeständen eine noch neue Uniform des einstigen Deutschen Afrikakorps, sauberes, der Jahreszeit angepaßtes Khakizeug! Was wollte ich mehr? Daß man mich unterwegs hie und da für einen »Ami« halten würde, ahnte ich nicht.
So verließ ich also am 17. Juni 1945 als freier Mann das Lager, zum ersten Mal nach über zwölf Jahren nicht mehr an eine politische oder militärische Hierarchie gebunden.

Mit anderen Entlassenen schlug ich mich bis Augsburg durch. Ich wollte nach Hannover, wo ich meine Frau vermutete. Der Bahnverkehr im besiegten »Reich« war zusammengebrochen, Züge fuhren nicht nach Plan, sondern nach unerforschlichen Bedürfnissen oder Genehmigungen der Alliierten. Meist waren es Güterzüge, die aber auch von Reisenden gestürmt wurden. An den wenigen Personenwagen hingen die Menschen in Trauben. Auf dem Augsburger Bahnhof wimmelte es von Leuten, ohne daß jedoch ein Zug zu erwarten war.
Gemeinsam mit einem Begleiter, dem Sohn von Josef Kalenberg, des Heldentenors der Wiener Staatsoper, wandte ich mich an den Stationsvorsteher: »Können Sie mir sagen, wann hier irgend etwas abrollen wird? Wir wollen wenigstens ein Stückchen weiterkommen.«
Der Stationsvorsteher sah mich an: »Ja, sag mal – bist du nicht der Rudi Schock?«
»Das bin ich«, erwiderte ich verblüfft. »Woher kennst du mich?«
»Na, Mensch«, rief er lachend. »Meine und deine Mutter waren doch zusammen als Putzfrauen am Duisburger Theater.«
»Das ist doch wohl nicht möglich!« rief ich.
»Na, und ob das möglich ist«, grinste er. »Ihr wollt mit einem Zug mit? In Ordnung. Heute fährt zwar keiner mehr, aber

morgen sorge ich dafür, daß ihr ein Plätzchen kriegt. Jetzt kommt ihr erst mal zu mir nach Hause.«

Die freundliche Einladung verschaffte uns eine Unterkunft, wir bekamen etwas zu essen, und am folgenden Tage verfrachtete mich der Stationsvorsteher in einen mit Heimkehrern vollbesetzten Güterzug.

Die Reise ging bis Kassel. Dort setzte ich den Marsch per Anhalter fort. Der zivile Straßenverkehr war an Genehmigungen der Besatzungsmächte gebunden, daher kaum nennenswert. Wer die alten Dieselwracks oder »Holzkohlenkocher« fuhr, hatte wenig Lust, jemand mitzunehmen.

In meiner Afrikauniform hielten mich ein paar Fahrer für einen Amerikaner. Wenn ich winkte, stoppten sie sofort vor dem vermeintlichen »Sieger«. Als sie den Irrtum erkannten, maulten sie zwar, ließen mich dann aber doch einsteigen oder auf die Ladepritsche klettern. Auf diese Weise kam ich nach mehrfachem Fahrzeugwechsel in Hannover an. Dort erfuhr ich, daß Gisela in den Harz evakuiert worden war, und zwar nach Scharzfeld im Südharz, auf den Bauernhof entfernter Verwandter.

Wieder machte ich mich auf den Weg. Schließlich erreichte ich mein Ziel an einem herrlichen Sommertag. Landschaft, Gehöfte und Gärten schienen wie ausgestorben. Als ich das bescheidene Haus der Verwandten betrat, umfing mich Stille. Nur die Fliegen summten.

»Hallo . . .?!«

Niemand da? Ich ging durch die Küche auf den Hof. Am Misthaufen vorbei kam ich in den Garten und sah einen Kinderwagen stehen. Neugierig schlich ich näher und blickte hinein. Das könnte dein zweites Kind sein, dachte ich klopfenden Herzens. Nun, wie sich gleich herausstellte, war es wirklich unsere Tochter Dagmar, die am 28. Januar 1945 geboren worden war. Wir schrieben den 26. Juni – und es war Giselas Geburtstag!

Ich sah mich weiter um. Da hörte ich im hinteren Teil des großen Gartens lautes Kindergeschrei. Ich eilte den stimmkräftigen

Tönen nach. Was sah ich? Meine Frau, die die sich sträubende vierjährige Isolde in einer Zinkwanne badete und ihr den Kopf zu waschen versuchte.
»Na, wer will denn schmutzig bleiben, wenn der Papi nach Hause kommt!« rief ich.
Das Geschrei brach ab. Gisela sah sich um, ließ das Kind auf den Po plumpsen und rannte mir entgegen.
Unter Freuden- und Lachtränen wuschen wir Isolde gemeinsam, was sich die Kleine nun gern gefallen ließ...

Zum erstenmal erlebte ich eine friedliche, gefahrlose, von keinem Termin überschattete Zeit als Ehemann und Familienvater. Die bäuerlichen Verwandten waren rührend. Sie stellten uns ein Stübchen zur Verfügung, sogar ein Gartenstück mit Beeten. Milch und Quark, Kartoffeln und Gemüse gab es genug, auf das Fleisch verzichteten wir gern. Ich arbeitete als Knecht und fühlte mich dabei wie neugeboren: Die Kanonen schwiegen, es hagelte keine Bomben mehr, ich brauchte nicht mehr um Frau und Kind zu bangen. Gisela hatte ihren Rudi bei sich, die Mädchen ihren Papa.
Gisela und ich genossen diesen Sommer sehr bewußt. Und noch heute meinen wir, es sei einer der schönsten unseres Lebens gewesen. Nie wieder würde die Familie so viele Tage hintereinander auf so engem Raum beieinander sein, die junge Familie Rudi und Gisela Schock mit zwei vergnügten Mädchen...
Die Landarbeit an der frischen Luft machte mir richtig Spaß. Für Gesangsübungen sorgte ein pensionierter Dorfschullehrer namens Rieschel, der ein Album mit Schubert-Liedern besaß und mich voller Eifer auf dem Klavier begleitete. Auf diese Weise hätte ich es noch monatelang in Scharzfeld ausgehalten.
Die Städte mit ihren Theatern lagen in Trümmern. Telefonische und telegrafische Verständigungen gab es kaum oder gar nicht, ein Umherreisen scheiterte an den Zonengrenzen der Besat-

zungsmächte: Permits – Erlaubnisscheine für freizügige Bewegung – waren nur sehr schwer zu bekommen. In die sowjetische Zone gelangte man nur unter großer Gefahr.

Im Frühherbst aber stöberte mich der Heldentenor Reiner Minten, jetzt Intendant der provisorischen Oper von Hannover – in meinem Scharzfelder Bauernquartier auf. Er bat mich dringend, im Freilichttheater des Schloßparks von Herrenhausen zu singen. Lyrische Tenöre waren in alle Winde zerstreut. In Berlin, so hörte ich, rief man prominente Sänger durchs Radio auf, sich zu melden. Der Hannoveraner klagte, daß sein Tenor noch in Gefangenschaft sei: »Ich brauche Sie ganz dringend! Was mache ich ohne lyrischen Tenor!?«

Obwohl er mir nur 550 Reichsmark Monatsgage bot (wovon man sich gerade ein Pfund Kaffee kaufen konnte), sagte ich zu. Ich legte Schaufel, Mistgabel und Holzfälleraxt beiseite und wurde, wieder einmal, vertraglich engagierter Tenor. Meine übrigen Verträge hatte der Zusammenbruch sowieso zunichte gemacht.

Vom 1. bis 15. September sang ich dann im Herrenhauser Garten jeden Abend im Rahmen eines bunten Programms vor einem unterernährten, durch den Krieg größtenteils ausgebombten Publikum. Die Oper selbst war in der Galerie untergebracht. Reiner Minten bat mich, in den dort geplanten Inszenierungen etliche Partien zu singen.

Das Leben auf dem Lande hatte mir gutgetan, ich vertraute meiner Stimme. Dankbar und freudig ergriff ich die Gelegenheit, in Flotows *Martha* die Rolle des Lyonel zu übernehmen.

Die große Arie »Ach so fromm, ach, so traut...« mit dem Schlußteil »Martha, Martha, du entschwandest...« war durch Caruso zum Welterfolg geworden. Zwei Kriege hatten ihren Reiz nicht vergessen lassen. Die berühmte Rose des Lyonel – das Symbol seiner Liebe – blühte nun wieder ungebrochen aus den Trümmern. Das Werk lag mir sehr, und ich errang damit meinen ersten Friedenslorbeer oder wenn man die trostlosen Umstände bedenkt: ein erstes Lorbeerblättchen. Die Opernvorstellungen spielten wir hauptsächlich vor britischen Offizieren und Soldaten, Eintrittskarten für Deutsche wurden nur in beschränkter Anzahl ausgegeben. Auch das kennzeichnet die Situation nach dem Krieg.

Mit der Familie hauste ich in einem Zimmer bei den Schwiegereltern in Hannover-Linden. Es stand uns nur ein einziges Bett zur Verfügung, aber wir mußten froh sein, ein Dach über dem Kopf zu haben. Viele Einwohner der Stadt lebten dicht gedrängt in zugigen Baracken, wo alte Stoffdecken und Sackrupfen die Trennungswände zwischen den Familien bildeten.

Wir hatten wenigstens vier gute Wände. Mit meiner jungen Frau in einem Einbett zu schlafen, machte mir begreiflicherweise nichts aus. In Rußland hatte ich meine Nächte auf weit weniger angenehmen Lagern verbracht – und auch mit weniger lieblichen Schlafgenossen, wie man sich denken kann.

Die Kinder schliefen auf einer Matratze am Fußboden.

Als ich am Abend nach der *Martha*-Premiere nach Hause kam, standen vor der Wohnungstür zwei Flaschen Wein. Ein angehängter Brief enthielt folgende Zeilen:

»Sie haben uns heute durch Ihren Gesang sehr glücklich gemacht. Wir möchten uns bei Ihnen bedanken. Daß es solche Erlebnisse nach diesem Kriege wieder gibt, läßt uns hoffen. Dr. med. Gross.«

Es handelte sich um einen Arzt, der im Parterre wohnte. Natürlich sprach ich ihm am nächsten Tag auch meinen Dank aus, Dank für ein Geschenk, dessen Wert man heute nicht mehr ermessen kann.

Dr. Gross stand auch der britischen Besatzungsbehörde als Arzt zur Verfügung, so daß er die damals wichtigsten Verbindungen hatte. Als er von unserer Wohnungsbedrängnis hörte, sagte er: »Ja, wo üben Sie denn Ihre Partien ein? Wie schaffen Sie das nervlich? Sie tun auf Ihre Weise etwas für Hannover, als muß man auch etwas für Sie tun! Lassen Sie das meine Sorge sein!«

Nach fünf Wochen hatten wir eine Zweizimmerwohnung in der

Fössestraße 8 in Hannover-Linden. Dr. Gross beschaffte die allernötigsten Möbelstücke aus seinem eigenen Besitz und sogar das für mich lebenswichtige Klavier zum Üben.
Wir konnten es kaum fassen, nun über ein abgeschlossenes kleines Reich zu verfügen. Noch heute sei dieses Arztes gedacht, der es mir so sehr erleichterte, die Anforderungen des aus den Fugen geratenen Opernbetriebes zu erfüllen. Ich sang in kümmerlichen Dekorationen den Linkerton in der *Butterfly*, den Hans in Smetanas *Verkaufter Braut*, den Manrico im *Troubadour.*

Der Winter 1945/46 traf die Bevölkerung in den zertrümmerten deutschen Städten hart. Die Versorgung lag noch immer fast völlig darnieder. Wie jedermann, so mußte auch ich als Kohlenklau und Bretterdieb durch die Dämmerung schleichen, damit meine Frau und die Kinder nicht erfroren. Zudem erhielt unsere Zweizimmerwohnung einen zusätzlichen Bewohner in Gestalt meines jüngeren Bruders Gerhard, der aus der Kriegsgefangenschaft zurückgekehrt war.
Anfang 1946 bekam ich einen Brief aus Berlin, diesmal von der Deutschen Staatsoper. Man hatte mich wegen des *Don Pasquale*-Erfolgs noch gut in Erinnerung. Nun bot man mir an, dort zu gastieren, da man sehr an einem Engagement interessiert war.
Die Berliner Staatsoper – vor Jahr und Tag noch das Erstrebenswerteste für einen Sänger! Doch wie kam man jetzt, während der Militärbesetzung, über die Zonengrenzen? Das war innerhalb der drei Westzonen ein bürokratisches Problem, doch was die sowjetische Zone anbetraf ein waghalsiges Abenteuer.
In Hannover hatte ich den Sohn eines Versicherungskaufmanns kennengelernt, der ein Reichsmarkvermögen für das Unternehmen seines Vaters über die Grenze nach Berlin bringen sollte. Er machte einen »Schlepper« ausfindig, einen der typischen Dunkelmänner jener Tage. Der erklärte sich bereit, den Versi-

cherungskurier, mich und meinen Bruder über die »grüne Grenze« zu bringen.
Bis Oebisfelde wollte uns der Schlepper lotsen – seinen Lohn hatte er schon kassiert –, und in der stockfinsteren Nacht vom 1. zum 2. Februar schlichen wir los. Es war bitterkalt.
Plötzlich standen wir vor einem Fluß. Ich sah mich nach einer Brücke um.
»Gibt's hier nicht! Wir müssen durch!« erwiderte der Mann, als sei er Lederstrumpf aus Kanada.
Bei 3 Grad unter Null, unsere Rucksäcke auf den Köpfen, wanderten wir, teilweise bis zu den Schultern, durch das Eisschollenwasser.
Am anderen Ufer erklärte unser Führer: »Ihr geht jetzt geradeaus über die Bahnbrücke, dann seid ihr in Sicherheit!«
Er blieb zurück, und wir marschierten mit gemischten Gefühlen weiter.
Brettsteif gefroren erreichten wir die Brücke, überschritten sie mit schlotternden Knien und wähnten uns schon gerettet, als uns zwei Sowjetsoldaten in den Weg sprangen: »Stoy!«
Jetzt ist es aus, dachte ich. Das Geld des Versicherungskuriers ist futsch. Gerd und ich, ehemalige Rußlandkämpfer, werden nach Sibirien verfrachtet. Unsere Heimat sehen wir nie wieder.
In der Sowjetkommandantur landeten wir auch prompt mit lauter Schicksalsgenossen im Keller. Doch außer unseren Papieren wurde uns nichts abgenommen.
Am Morgen verhörte mich der russische Kommandant.
»Sie sind Sänger?« Er hatte meine Brieftasche mit den entsprechenden Dokumenten vor sich. Zu diesen zählten auch Fotos, Rollenfotos.
Auf solche Bilder gaben die Sowjets viel. Sie bestätigten ihnen die Aussagen des Befragten, manchmal nährten sie aber auch einen ungerechtfertigten Verdacht. So konnte ein Bild mit einem alten Opa als Briefträger in die sibirische Verbannung führen, weil man ihn für einen Nazi-General hielt.

»Singen Sie mir etwas vor!« befahl der Kommandant.
Da stand ich nun vor seinem Schreibtisch und schmetterte:

»O wie so trügerisch
sind Weiberherzen ...«,

daß die Scheiben klirrten.
Der Kommandant kannte diese *Rigoletto*-Kanzone, wie ich sofort sah. Seine Augen hingen förmlich an meinen Lippen. Er war begeistert. Natürlich spielte auch eine Rolle, daß ich an die Staatsoper engagiert war, wie mein Brief auswies. Und die Staatsoper lag ja im sowjetischen Sektor Berlins. Außer dem Kommandanten befand sich ein kleiner, junger Soldat im Vernehmungsraum. Der hüpfte nur so vor Freude, als ich sang. Offenbar hatte er solche Laute noch nie von einer menschlichen Stimme gehört.
»Gut«, sagte der Kommandant, jetzt wieder amtlich. »Sie wollen nach Ostberlin. Sie können gehen!«
»Aber mein Bruder und mein Freund«, rief ich. »Die sitzen beide noch im Keller!«
»Die können auch gehen!« entschied der Kommandant.
Wir waren frei. Der junge Soldat schwang sich ungeschickt auf ein Fahrrad und strampelte neben uns her, um uns den Weg zum Bahnhof zu zeigen. Dabei starrte er mich so neugierig an, daß er schließlich das Gleichgewicht verlor und auf die Nase fiel.
Nun, wir kletterten in Oebisfelde in einen überfüllten Zug und erreichten im Schneckentempo Berlin. Das Wiedersehen mit der Stadt, die ich in Feuerstürmen gesehen hatte und über die der Endkampf hinweggegangen war, läßt sich nicht schildern. Mit dem Krieg war auch Berlin erloschen. Wo keine Trümmerberge waren, erhoben sich Fassadenreste mit leeren Fenstern, durch die der Wind fuhr und der trübe Winterhimmel schien. Das Straßenbild prägten alliierte Soldaten, Schwarzhändlertypen und zu Skeletten abgemagerte Einwohner. Aber die Waffen schwiegen.

Jeder Tag, so hofften wir, würde uns dem Normalleben ein winziges Stück näher bringen. Ein günstiges Anzeichen dafür war die Rührigkeit auf dem Gebiet der Kunst…

Ein Riesenschritt nach vorn

Engagement an die Deutsche Staatsoper Berlin – Erste Schallplattenaufnahmen und Pellkartoffeln auf Rügen

Schon zwei Tage nach der Ankunft sollte ich im Staatsopernensemble, das wegen der Ausbombung im Admiralspalast spielte, den Linkerton in *Madame Butterfly* singen. Der Marsch durch den eisigen Fluß, die Kellernacht und die Fahrt in der nassen Kleidung waren mir natürlich nicht gut bekommen.

Mein Gastdebüt konnte unter solchen Umständen nur das Heldenstück eines Fiebernden sein. Ich brachte es schlecht und recht über die Bühne.

Dann aber wandte ich mich an den neuen Intendanten, Ernst Legal, einen gütigen Mann mit großer Erfahrung. Er hatte bereits von 1928 bis 1931 mit Otto Klemperer die Preußische Staatsoper am Platz der Republik, die sogenannte Krolloper, geleitet. Ich schilderte ihm die Gründe für meine Indisposition.

»Ich kann mir denken, daß Sie nicht mit dem Schlafwagen nach Berlin gekommen sind«, sagte er. »Nun, in fünf Tagen singen Sie den Herzog in *Rigoletto*, das ist Ihre Chance. Ich bin sicher, daß Sie bestehen werden.«

Ich konnte meine Erkältung auskurieren und hatte Zeit zu üben. In *Rigoletto* hatte ich als Gilda eine berühmte Partnerin, die seit Jahren gefeierte Erste Koloratursopranistin Erna Berger. Es galt sogar für bereits arrivierte Tenöre als Auszeichnung, an ihrer Seite singen zu dürfen. Den Rigoletto gab der ins Baritonfach übergewechselte Josef Burgwinkel, später eine der Stützen Walter Felsensteins. Die musikalische Leitung hatte Generalmusikdirektor Johannes Schüler, ein ganz hervorragender Dirigent nicht nur für das Orchester, sondern auch für die Sänger. Die Inszenierung stammte von Wolf Völker, dem langjährigen Oberspielleiter der Staatsoper.

Ich war natürlich sehr gespannt auf Erna Berger, die einen weltweiten Kreis von Verehrern besaß. Trotzdem hatte ich keinerlei Komplexe, denn am Abend der entscheidenden Aufführung fühlte ich mich meiner Stimme sicher. Fachliche Kondition und Selbstbewußtsein sind voneinander abhängige und einander beschwingende Kräfte, die sich auf Partner und Publikum übertragen.

Während des großen Duetts »Liebe ist Seligkeit« fand die erste Begegnung mit der Berger statt. Wir hatten vorher keine Probe, und daher bestand für mich keine Gelegenheit, sie vorher persönlich kennenzulernen. Am Schluß des Duetts flüsterte sie mir zu: »Donnerwetter! Das haben Sie aber schön gesungen«, was mich noch mehr beflügelte.

Die Vorstellung wurde ein Riesenerfolg. Der Beifall brauste uns minutenlang entgegen. Ernst Legal bot mir danach sofort einen Vertrag für die nächste Spielzeit an, den ich mit Freuden unterschrieb.

Ich sagte schon: Berlin war zu dieser Zeit eine tote Stadt. Das betraf die Versorgung in materieller Hinsicht. Ein um so erstaunlicheres Leben entwickelten die Theater in den vier Besatzungszonen, darunter auch viele Neugründungen. Eine wahre Flut von Zeitungen und Kunstzeitschriften ergoß sich über die verbliebenen Einwohner. Viele hungerten nach Musik und Schauspiel fast ebenso wie nach leiblicher Nahrung.

Aber das ist historisch belegt: Mein neuerliches Berliner Debüt ging nicht in der allgemeinen Not verloren. Ganz im Gegenteil. Publikum und Fachleute glaubten, in mir den legitimen Nachfolger Helge Rosvaenges zu sehen. Einige meinten, ich sei ein »deutscher Gigli«.

Ich selber war nur froh, den Vertrag zu haben. Zeit, mich in Eitelkeit zu sonnen, blieb mir nicht. Ich mußte nach Hannover zurück, um meine dortigen Verpflichtungen zu erfüllen. Der

Rundfunk meldete sich, bei dem ich zu Anfang meiner Hannover-Zeit einmal gesungen hatte. Diesmal übertrug der NWDR Hamburg eine gesamte *Salome* mit den Kräften der Hannoverschen Oper; ich sang den Narraboth, dessen schwärmerisches »Wie schön ist die Prinzessin Salome heute nacht« in das Operngeschehen einstimmt. In der Titelrolle brillierte die rassige Liselotte Enck, die ich aus Braunschweig kannte.

Danach mußte ich an meine Übersiedlung nach Berlin denken. Den Vertrag mit der Staatsoper in der Tasche, wollte ich nicht durch einen Fluß marschieren, um womöglich wieder in einem Kellergefängnis zu landen. Ich brauchte einen offiziellen Interzonenpaß der Militärregierung.

Ich ging also zu dem zuständigen britischen Kulturoffizier, zeigte ihm meinen Vertrag und brachte mein Anliegen vor. Zu dieser Zeit hatten sich die Beziehungen zwischen den drei Westalliierten und den Sowjets entschieden abgekühlt, und so fragte mich der Brite: »Wieso wollen Sie ausgerechnet nach Ostberlin?«

»Weil ich einen Vertrag mit der Staatsoper habe«, erwiderte ich.

»Die Staatsoper steht unter sowjetischer Kontrolle«, sagte der Offizier mißbilligend. »Sie hätten bei uns bleiben können!«

»Die Staatsoper ist für mich ein großer Schritt nach vorn«, erklärte ich ihm. »Außerdem war ich früher schon in Berlin.«

»Aber jetzt gehen Sie zu unseren Feinden!«

»Wieso Feinden?« rief ich. »Im Krieg waren es Ihre Verbündeten. Ich sehe auch gar nicht ein, was das mit meinem Beruf zu tun hat. Ich singe weder für die eine noch für die andere Seite, ich singe für alle. Die Staatsoper ist ein deutsches Opernhaus, und wenn es im russischen Sektor liegt, kann ich nichts dafür. Ebenso wie ich hier nicht nur für die Engländer gesungen habe, singe ich drüben nicht nur für die Russen. Wer Freude an meinen Partien hat, mag kommen. Mit Ihren Feinden lassen Sie mich bitte in Ruhe!«

»Und Sie«, beendete der Brite eisig das Gespräch, »überlassen die politische Beurteilung *mir*!«

Ich erhielt meinen Paß, denn die Engländer richteten sich kor-

21/22 Eines meiner großen Vorbilder war Richard Tauber. Rechts: die unvergleichliche Tiana Lemnitz, meine herrliche Pamina an der Berliner Staatsoper.

24 Mit Gisela, Berlin um 1950

20 Vorhergehende Seite: Eine meiner liebsten und häufigsten Rollen war der Prinz Tamino in Mozarts »Zauberflöte«.

23 Ensemble-Ausflug während eines Gastspiels der Hamburgischen Staatsoper bei den Edinburgher Festspielen 1950: Gottlob Frick, Frau Solti, meine Frau Gisela, Frau Ludwig, Georg Solti, Leopold Ludwig, Joseph Keilberth, ich, Peter Anders (v.l.n.r.)

25 Vor dem Beginn meiner Australien-Tournee auf den Spuren Richard Taubers im Juni 1949 traf ich im Flughafenrestaurant von Sydney zufällig Elisabeth Schwarzkopf. Kurz zuvor war ich in London der Partner dieser großen Sängerin in Puccinis »La Bohème« und Verdis »La Traviata« gewesen.
26 Eine unvergeßliche Premiere hatte ich am 13. Juni 1951 an der Berliner Staatsoper: Ich sang, neben Heinrich Pflanzl in der Titelrolle, den Nureddin in Peter Cornelius' komischer Oper »Der Barbier von Bagdad«.
27 Günther Rennerts geniale Regie machte mir den Tom Rakewell in Igor Strawinskys »The Rake's Progress« schmackhaft. (Hamburgische Staatsoper 14. Oktober 1951, Nick Shadow: Toni Blankenheim)

28 Die Titelrolle in Verdis »Don Carlos« sang ich oft und sehr gern. Hier ein Foto aus der Aufführung der Deutschen Oper am Rhein, Düsseldorf 1952

29 Neben Lisa della Casa, einer der schönsten Frauen der internationalen Opernbühne, stand ich bei den Salzburger Festspielen 1954 und 1955 wieder als Bacchus in der Strauss-Oper »Ariadne auf Naxos« auf der Bühne.

30 Wiedereröffnung der Hamburgischen Staatsoper am 15. Oktober 1955 mit Mozarts »Zauberflöte«: Generalprobengespräch mit Regisseur und Intendant Günther Rennert

rekt nach den interalliierten Vorschriften, mochten sie persönlich auch ihre eigene Meinung haben.

Ende Mai 1946 reiste ich nun ganz offiziell nach Berlin. Ernst Legal hatte mich fest eingeplant.
Wieder sang ich den *Rigoletto*-Herzog, der bald eine der häufigsten Partien meines Lebens werden sollte. Den buckligen Hofnarren gab diesmal der sehr beliebte, auch von Schallplatte, Funk und Film her bekannte Willi Domgraf-Fassbaender. Ich hatte während des Jahres meiner Freistellung eine Reihe von Konzerten für Soldaten mit ihm gesungen. Nun behandelte er mich in seiner rheinischen Herzlichkeit so natürlich, als sei ich – gleich ihm – schon fast zwanzig Jahre Mitglied der renommiertesten deutschen Oper.
Ich hatte das Glück, in Berlin viele Vorstellungen mit diesem liebenswürdigen, großen Kollegen zu singen, so *Madame Butterfly* (abwechselnd mit Erna Berger, Irma Beilke, Ilse Mentzel in der Titelrolle).
Als erste Premiere bot man mir in Berlin die Rolle des Baron Kronthal in Lortzings *Wildschütz* an. In dieser Oper hatte ich ja bereits als Schulkind im Kinderchor am Duisburger Theater »debütiert«.
Der Wildschütz, zu Unrecht oft am Rande der Posse inszeniert, ist ein entzückendes, musikalisch sehr feines Stück, das Rennert später in Hamburg als Delikatesse servierte. In Berlin führte Frida Leider Regie, als Wagnersängerin, aber auch als Marschallin im *Rosenkavalier* auf allen großen Bühnen der Welt zu Hause. Als Spielleiterin verstand sie es meisterhaft, mit den Sängern umzugehen und sie schauspielerisch locker zu führen. In der Premiere am 29. Juni 1946 war Willi Domgraf-Fassbaender als Graf Eberbach wieder dabei, und den Schulmeister verkörperte der großartige Bassist Josef Greindl.
Ich fühlte mich glücklich, so intensiv in einer Inszenierung mitwirken zu können. Der Ensemblegeist wurde durch viele Vorstellungen belohnt.

Mein Kalender verzeichnete für die Spielzeit 1945/46 insgesamt 59 Opernabende, 35 Konzerte und 2 Rundfunksendungen. Das waren immerhin 96 Auftritte. Ich konnte auf dieses Arbeitspensum stolz sein.

Zunächst kehrte ich wieder nach Hannover zurück, um die Spielpause bei Frau und Kindern zu verbringen, die noch immer in der kleinen Wohnung in der Lindener Fössestraße hausten. An einen Urlaub im heutigen Sinne war natürlich ganz und gar nicht zu denken. Spaziergänge, Aufenthalte im Schwimmbad, Verwandtenbesuche auf dem Scharzfelder Bauernhof und andere kleine Abwechslungen mußten die touristischen Fernziele, die heute an der Tagesordnung sind, ersetzen. Wir waren aber glücklich, glücklicher vielleicht als manche Menschen, die später durch die halbe Welt hetzten, um sich zu erholen.
In Hannover sang ich noch in einigen Vorstellungen, gab auch ein Konzert mit Greta Hofer, der Frau meines Gesangslehrers. Dann jedoch wandte ich mich dem Auftakt der Berliner Spielzeit zu.
Sie begann mit dem »theatralischen Capriccio« *Arlecchino* von Ferruccio Busoni. Unter der Stabführung von Johannes Schüler und der Regie Wolf Völkers sang ich wieder mit Irma Beilke und Willi Domgraf-Fassbaender, Carl-Heinz Schroth verkörperte die Titelrolle. Meine Partie, der Leandro, war nicht umwerfend groß, aber amüsant, das Spielen machte mir Spaß. Die Premiere am 3. September 1946 wurde kein Jubelerfolg wie etwa eine *Traviata*, eine *Carmen* oder eine *Bohème*, doch die Musikkenner reagierten sehr positiv.
Danach sprang ich wieder voll ins Repertoire.
Eines Tages hörte ich, daß sich Opernbesucher immer öfter an der Kasse zu vergewissern begannen: »Singt der Schock auch wirklich?« Oder: »Der Schock singt doch, wie angekündigt, ja?« So hatten sie sich früher nach meinen großen Vorbildern erkundigt. Und vor meinem ersten Staatsopern-Auftritt hatte es gehei-

ßen: »Da singt einer namens Schock. Hoffentlich verpaßt er uns keinen Schock!«
Unversehens wuchs der Kreis der Verehrer und der Autogrammjäger. Doch ich darf sagen, ich blieb vorsichtig, ich war nicht umsonst durch die Hölle des Kriegs gegangen. Ich hatte gelernt mich sicher zu fühlen, ohne blindlings auf Sicherheit zu bauen. Insofern zahlte sich meine von Armut geprägte Kinderzeit aus. Sie war und blieb mein inneres Kapital – bis auf den heutigen Tag.

Eines Tages erreichte mich in Berlin die Anfrage, ob ich bereit sei, in Oebisfelde zu singen.
Oebisfelde!
Ich mußte lachen. Dort hatte ich nach dem eisgekühlten Grenzübergang bei den Russen im Kellergefängnis gesessen und mich anderntags beim Sowjetkommandanten freigesungen. Jetzt sollte ich in Oebisfelde auftreten. Ich konnte mir etwas Schöneres vorstellen.
Aber dann dachte ich: In einem Grenzort bekannt zu sein, kann nichts schaden. Vielleicht schafft man für Freunde dort einen Stützpunkt im Falle künftiger schwarzer Fahrten über die grüne Grenze.
Also nahm ich das Angebot an.
Eine nicht zu unterschätzende Rolle spielte dabei auch die Nahrungsfrage. In ländlichen Städten konnte man immer hoffen, über die Lebensmittelkarten-Rationen hinaus zusätzlich etwas Eßbares zu bekommen. Wohl erhielten die Mitglieder der Staatsoper Zulagen, von denen andere nur träumten, dennoch reichte auch das oft nicht aus für schwer beanspruchte Hauptdarsteller.
Ich gab in Oebisfelde ein gemischtes Konzert, gemeinsam mit der aufstrebenden Sopranistin Rita Streich, meiner blutjungen Kollegin von der Berliner Staatsoper. Die Streich, eine typische Berlinerin, war ausgerechnet in Sibirien geboren. Als Schülerin Domgraf-Fassbaenders, Maria Ivogüns und Erna Bergers stellte

sie den Idealtypus einer deutschen Koloratursängerin, besonders in Mozart- und Strauss-Partien, dar. Sie hat eine große Karriere gemacht.
Mit Rita und unserem Begleiter Gustav Großmann, dem Bruder meines Berliner Kollegen, des Baritons Walter Großmann, wurde ich in Oebisfelde dankbar aufgenommen. Der Bürgermeister lud nach dem Konzert zu einer Feier ein, an der auch der russische Stadtkommandant von Oebisfelde teilnahm, ein sehr gebildeter, äußerst musikbegabter Offizier. »Kommen Sie doch mal nach Berlin in die Staatsoper«, schlug ich ihm vor.
Er nahm die Einladung spontan an, und tatsächlich sahen wir ihn eines Tages in einer Berliner Vorstellung.
Das Konzerthonorar in Oebisfelde wurde uns in »Fressalien« zuteil, damals nicht nur ein gängiger Begriff, sondern geradezu ein Zauberwort. Natürlich gab es auch Geld, doch das war wegen der Wertlosigkeit nur eine Formsache. Rita Streich und ich zogen reich bepackt von hinnen, ich mit einem Sack voller Äpfel auf dem Rücken und einer ungerupften Gans unter dem Arm ...

Am 21. September 1946 hatte ich das Glück, in der Berliner Kirche am Südstern eine Messe mit Erna Berger zu singen. Bis dahin war ich als Oratoriensänger noch nicht hervorgetreten. Jetzt bekam ich die einmalige Gelegenheit, mich in der c-Moll-Messe (der »Großen«) von Mozart vorzustellen. Erna Berger sagte danach zu mir: »Sie sollten öfter Oratorien singen, das tut Ihrer Stimme gut, und außerdem liegt es Ihnen sehr.«
Ich habe mir das zu Herzen genommen. Überhaupt lernte ich von Erna Bergers Pflichtauffassung, ihrem Fleiß und ihrer unvergleichlichen Kultur. Jede ihrer Phrasen war intensiv vorbereitet und klang doch mühelos und schön. Nach dem Erfolg der Mozart-Messe sang ich Bruckners f-Moll-Messe im Berliner Rundfunk und dann in der Staatsoper Bruckners Te Deum.
Im Sendesaal des Berliner Rundfunks gab ich übrigens auch unter der Stabführung des großen, alten Dirigenten Franz Lede-

rer ein Konzert. Ich hatte mir die *Bohème*-Arie, die Blumenarie aus *Carmen* und einige andere Paradestücke ausgesucht. Ich kann sagen, ich war blendend disponiert, und zum Glück ist diese heute historische Sendung aufgezeichnet worden. Auch sie soll demnächst als Schallplatte wieder erscheinen.

Anfang Oktober zogen meine Frau und die Kinder endlich nach Berlin. Gisela hatte dazu die Genehmigung der britischen Besatzungsbehörden erhalten und durfte mit Isolde und Dagmar die russische Besatzungszone im plombierten Interzonenzug durchfahren.

Die Freizügigkeit, die später im Grundgesetz garantiert wurde, war damals selbst in den westalliierten Gebieten, der heutigen BRD, ein Wunschtraum. Sie scheiterte überall an der Zuzugsgenehmigung und an äußerst primitiven Unterkünften. Und nicht zuletzt an der Zuteilung der Lebensmittelkarten.

So war meine Schwester Elfriede aus Weimar ans Hannoversche Johann-Strauß-Theater engagiert worden. Die Zuzugsgenehmigung, die mit dem Wohnrecht verbunden war, besaß sie jedoch noch längst nicht. So hauste sie denn mit meiner Frau, meinem Bruder Gerd und den Kindern auf engstem Raum in der Fössestraße. Meine Frau blieb so lange in Hannover, bis Elfriede die definitive Zuzugsgenehmigung, die mit dem Wohnrecht verbunden war, erlangte. Erst dann reiste sie mit den Kindern endgültig nach Berlin. Hätte sie sich früher auf den Weg gemacht, so hätte die Behörde die Wohnung beschlagnahmt und Elfriede, wie auch meinen obdachlosen Bruder Gerd, auf die Straße gesetzt.

In Berlin aber hatten wir Glück. Die zertrümmerte Stadt bot einige unversehrte Oasen längs der Havel- und der See-Ufer. Im ehemals exklusiven Wannseeviertel Am Sandwerder durften wir eine möblierte Etage in einer Prachtvilla alten Stils beziehen. Die Kinder, zum erstenmal in ihrem Leben aus der Enge heraus, hatten einen Garten, in dem sie spielen konnten. Das Wort Paradies drückt nur unzulänglich aus, was das damals bedeutete.

Zu dieser Zeit wohnte meine Mutter noch in Tabarz im Thüringer Wald, wo sie mit meiner Schwester das Kriegsende überstanden hatte. Nun äußerte sie den Wunsch, zu Elfriede nach Hannover zu ziehen. Ich holte sie von Tabarz zu uns nach Berlin, was damals noch relativ einfach war.

Viel schwieriger war die Übersiedlung nach Hannover, denn zwischen Berlin und dem Westen herrschten strenge Passierschein-Vereinbarungen. Für eine Person ohne Beruf, ohne dringlichen Stellenwert, war kein Interzonenpaß zu beschaffen. Also mußte ich einen schwarzen Gang über die grüne Grenze organisieren. Hierbei kam mir meine Beziehung in Oebisfelde zugute. Ich fuhr mit Muttchen und einer jungen Verehrerin, die zu ihrem Verlobten nach Westdeutschland wollte (es war übrigens der Schriftsteller, der mit mir an diesem Buch arbeitet), dorthin, sang meinem russischen Kommandantenfreund etwas vor und bat ihn, meine beiden Schützlinge heimlich über die Grenze schleichen zu lassen.

Der Kommandant zwinkerte mir zu, zeigte mir einen Weg auf der Karte und sagte: »Morgen, 12 Uhr mittags!«

Ich begleitete anderntags meine Mutter und Inge ein Stück, spähte in Richtung Grenze, sah dort aber zu meinem Schrecken schwerbewaffnete Sowjetarmisten stehen. Einen Augenblick fuhr mir durch den Kopf: Eine Falle! Jemand, der meinem Gönner nicht wohl will, hat Wind von der Sache gekriegt, und nun tritt Armeepolizei auf den Plan!

»Es ist ja noch nicht zwölf!« meinte meine Mutter.

Um keinen Verdacht zu erregen, wanderten die beiden scheinbar unbeirrt weiter, während ich ihnen mit klopfendem Herzen nachstarrte.

Da! Das Wunder geschah!

Punkt 12 zogen die Wachen ab, im Handumdrehen waren die Russen spurlos verschwunden. Die einzigen Lebewesen im Gelände waren die kleiner und kleiner werdenden beiden Damen. Sie winkten noch einmal zurück, dann entschwanden sie

meinen Blicken. Sie waren in Sicherheit. Kurz danach zog die russische Wache wieder auf.
Mir fielen mehrere Steine vom Herzen. Der rote Kommandant war doch ein einsames Goldstück! Er hatte Wort gehalten, ein Wort für eine Stimme. Ein russischer Gentleman!
Meine Mutter langte wohlbehalten in Hannover an. Noch vor Weihnachten hatte sie die Freude, ihre beiden Kinder – Elfriede und mich – zusammen auf der Bühne des Johann-Strauß-Theaters in Hannover zu sehen. Man hatte mich eingeladen, in Lehárs *Land des Lächelns* zu gastieren. Ich sang den Prinzen Sou-Chong, Elfriede die Komteß Lisa.
Doch in den Liebesszenen konnten wir nicht ernst bleiben. Immer wenn ich meine Schwester heiß und innig zu umarmen hatte, mußte ich lachen. Die Aufführung verlor deshalb nicht an Schwung. Danach aber bekam ich wegen mangelnder Disziplin heftige Schelte: nicht vom Intendanten, sondern von meiner Mutter. »Das tut man nicht«, sagte sie. »Und wenn ihr zehnmal Bruder und Schwester seid, ihr habt euch zu beherrschen! Die Leute wollen echte Liebesszenen sehen. Schließlich haben sie Eintrittsgeld bezahlt!«
Darauf konnte ich nichts antworten. Allüren und Faxen mochte sie nicht. Und sie hatte ja recht. Meine Schwester hat noch viele Sopranpartien in Hannover gesungen. Eines Tages aber machte sie eine ganz besonders schöne Partie: Sie heiratete den Theaterarzt Dr. Helge Petzold, mit dem sie noch heute in glücklicher Ehe verbunden ist.
Meinen jüngeren Bruder Gerd holte ich nach Berlin und vermittelte ihn an das Studio der Staatsoper. Er hatte eine sehr schöne Stimme mit erstaunlich sicherer Höhe. Wenn man ihn nachts weckte und ihm sagte: »Sing mal das hohe C!« konnte er es – buchstäblich aus dem Schlaf heraus. Im Krieg war er siebenmal verwundet worden, litt lange Zeit unter einer besonders hinderlichen Beinverletzung. Für mich war es selbstverständlich, seine stimmliche Begabung zu fördern. Frida Leider, der das Studio

unterstand, setzte ihn dann auch bald in kleineren Bühnenpartien ein.

Der Winter 1946/47 traf die ehemalige Hauptstadt so schwer, wie sie früher die Bombenangriffe getroffen hatten, nur daß die Feuerstürme einer tödlichen Kälte gewichen waren. Wie viele Menschen damals in ihren Betten erfroren, ist in der viergeteilten Millionenstadt niemals statistisch festgehalten worden.
In unserer Prachtvilla Am Sandwerder war nun der Luxus von Nachteil. Die riesigen Räume ließen sich nicht heizen, also rückte unsere kleine Familie in einem winzigen, zur Behelfsküche umgebauten Nebenraum zusammen.
Die Theater aber spielten unverdrossen. Eine typische Erscheinung, die die Welt schon nach dem Ersten Weltkrieg verblüfft hatte: Die Berliner waren nicht unterzukriegen. Viele Leute brachten statt des Eintrittsgeldes Briketts an die Theaterkassen, um nur ja eine Aufführung erleben zu können.
Die Staatsoper wurde von den Behörden zwar bevorzugt, aber das milderte die schwierigen persönlichen Probleme nicht. Trotzdem: wir sangen und spielten, probierten und studierten ununterbrochen. Sogar das traditionelle Silvesterkonzert mit allen prominenten Kräften fand statt. Ich sang die berühmt-berüchtigte Arie des Sängers aus dem *Rosenkavalier* mit großem Erfolg.
Die Staatsoper bemühte sich in wachsendem Maße um erstrangige und erstklassig ausgestattete Vorstellungen. Leider wurde dieser Ehrgeiz oft durch den Mangel an läppischem Zubehör gefährdet. Ich erinnere mich an eine *Rigoletto*-Aufführung, in der man mich, den Herzog, mit einem besonders prächtigen Kostüm ausgestattet hatte. Nach der ersten Strophe von »O wie so trügerisch« stellte ich meinen linken Fuß spontan auf einen Stuhl, wobei das Nähgarn dem flotten Schwung des Beines nicht gewachsen war. Die Hose platzte nicht nur, sie explodierte! Ich stand »unten ohne« wie in der Sonne. Dieser FKK-Effekt wurde

zum Glück wegen der trüben Beleuchtung nicht bemerkt. Außerdem flüchtete ich mich geistesgegenwärtig hinter den Tisch und blieb dort wie angewurzelt stehen.
Aber dann trat Maddalena auf. Die Szene gebot ein bewegliches Spiel zwischen uns beiden. Ich hatte auf sie zuzugehen, sie zu umarmen. Die Kälte an meiner Blöße gemahnte mich an die Katastrophe und bannte mich an meinen Platz.
Verzweifelt gab ich meiner Partnerin mit Kopf und Augen Signale, hinter den Tisch zu kommen. und während es mir abwärts immer kälter wurde, bildeten sich auf meiner Stirn Schweißtropfen. Endlich begriff sie, daß da irgend etwas nicht stimmte – die Szene erforderte ja auch ihren dramaturgischen und musikalischen Ablauf. Und so näherte sich Maddalena meiner Tarnstellung. Ich ergriff ihre Hände wie ein Ertrinkender zwei Strohhalme, doch schon strebte sie, laut Regieanweisung, wieder von mir weg. Da griff ich fester zu und sang so schön und innig, wie man es sterbenden Schwänen nachsagt.
Die besondere Pointe an der Schreckensszene war, daß ich ja mit den Worten zu beginnen hatte:

»Holdes Mädchen, sieh mein Leiden!«

Und in der Tat, selten habe ich auf einer Bühne so gelitten. Zum Glück sah das »Mädchen« die Ursache meines »Leidens« nicht, so wie es auch dem Publikum verborgen blieb. Zum Schlußapplaus warf ich mir einen Kostümmantel über...
In der deutschen Erstaufführung der Oper *Sadko* von Nikolai Rimski-Korsakow am 10. April 1947 gelang mir das wunderschöne Hindulied besonders gut. Die Inszenierung von Ernst Legal, die Stabführung von Johannes Schüler und die Starbesetzung mit Ludwig Suthaus, Margarete Klose und Jaro Prohaska machten das Ganze zu einem Fest. Die russische Kulturoffizierin bat mich danach, im sowjetisch kontrollierten Funkhaus zu singen. »Sie haben die Seele in der Stimme, die wir Russen so lieben«, sagte sie.
Ich habe im Laufe jener Saison – und auch später – viele

Kompositionen von Glinka, Mussorgski, Tschaikowsky und anderen russischen Komponisten aufgenommen, ebenso eine Reihe russischer Volkslieder. Auch eine ganze Oper wurde im Funkhaus in der Masurenallee gesendet und festgehalten: Artur Rother dirigierte *Pique Dame* von Tschaikowsky. Mein Tagebuch verzeichnet eine großartige Besetzung: Elisabeth Grümmer, Margarete Klose, Jaro Prohaska, Hanns-Heinz Nissen. Alles das wird zur Zeit auf Platten überspielt.

Zum 3. 4. und 5. Mai war ich von Hans Schmidt-Isserstedt eingeladen, in der Hamburger Musikhalle das Haydn-Oratorium »Die Jahreszeiten« zu singen. Schmidt-Isserstedt war ja im seinerzeitigen Deutschen Opernhaus, also noch im Krieg, mein letzter Operndirektor gewesen. Ich folgte seinem Ruf mit Freuden, zumal Erna Berger die Sopranpartie sang. Der Bariton war Theo Herrmann. Die Aufführung wurde im Hörfunk übertragen und aufgenommen. Der damalige CDU-Vorsitzende und spätere Bundeskanzler der BRD, Konrad Adenauer, hatte sie im Radio gehört und sich begeistert darüber geäußert. Ich erhielt die Anfrage, ob ich etwas dagegen hätte, daß Adenauer einen Mitschnitt bekäme. Natürlich hatte ich nichts dagegen. Ich versäumte leider, auch für mich einen Mitschnitt anzufordern.

Auch in Hannover sang ich wieder, diesmal in der *Salome.* Es hieß arbeiten, arbeiten, arbeiten. In Berlin folgte Aufführung um Aufführung. Schließlich meldete sich auch die Schallplattenfirma Electrola, denn allmählich kam die so ersehnte Schallplattenproduktion wieder in Gang, und man suchte eifrig nach Kräften. Ich sang zur Probe

»Hier an dem Herzen treu geborgen ...«

die Blumenarie aus *Carmen* – mit Klavier! Die Aufnahme, die gepreßt wurde, besitze ich noch heute. (Der Begleiter war übrigens mein alter Freund Professor Dr. Adolf Stauch.)

Ich bekam sofort einen Vertrag mit der Electrola.

Zum erstenmal sang ich in der Staatsoper die Titelpartie in Offenbachs *Hoffmanns Erzählungen* – in einer Ernst-Legal-

Inszenierung, die mir als bahnbrechend und unerreicht in Erinnerung geblieben ist.
Am 30. Juni 1947 kam meine erste Schallplatte in den Handel. Es war ein Operettenquerschnitt aus Emmerich Kálmáns *Gräfin Mariza*, noch in 78er Umdrehung auf zerbrechlichem Schellack. Auch diese Platte blieb mir erhalten. Kurz danach folgte meine erste Opernplatte: »Ha, wie in meiner Seele...« aus *Hoffmanns Erzählungen* und »Land, so wunderbar...« aus Giacomo Meyerbeers *Afrikanerin*. Beide Arien gehören zu meinen Lieblingsstücken.
Allerdings gab es damals in den Plattenstudios noch kein Band. Wir sangen auf Matrize, die nicht abhörbar war. Erst auf dem Probeabdruck stellten Sänger und Dirigent fest, daß hier ein Stimmton, da eine Orchesterstelle nicht optimal waren. Das Ganze mußte oft vielmals wiederholt werden. Mehr als zwei Arien pro Sitzung waren wegen der zwangsläufigen Überforderung nicht möglich. Später, als sich die Technik verbesserte, sang ich fünf oder sechs Arien mühelos nacheinander.
Auf Schellack folgten im Frühsommer 1947 noch »Ach, so fromm...« aus *Martha* und »Es war einmal am Hofe von Eisenack...«, die Legende vom Zwerg Kleinzack aus *Hoffmanns Erzählungen*.
Zu dieser Zeit erreichte mich an einem der wenigen spielfreien Abende ein Anruf der Städtischen Oper, die nun im alten Theater des Westens im britischen Sektor Berlins ihren Spielbetrieb durchführte.
Der Anruf kam um 18 Uhr. Es stand *Martha* auf dem Spielplan. Der Tenor Hans Beirer, der den Lyonel singen sollte, hatte kurzfristig abgesagt. Um 20 Uhr sollte die Vorstellung beginnen. »Herr Schock, können Sie einspringen?« fragte man mich.
Ausgerechnet heute hatte ich mir einmal einen gemütlichen Tag in der Familie gegönnt. Ich war unrasiert, so richtig schön ausgespannt, keineswegs »gewappnet«. Das schlimmste aber: Ich hatte den Lyonel mehr als zwei Jahre nicht gesungen. Die Oper

enthält ja nicht nur die gängigen Arien und Duette, die das geringste Problem dargestellt hätten – da gibt es auch die Quartette und Ensembleszenen!

Ich sagte: »Unmöglich. Das kann ich nicht ohne Verständigungsprobe. Ganz ausgeschlossen!«

»Wenn's einer kann, sind Sie's!« beschwor man mich. »Bitte, Herr Schock, helfen Sie uns, lassen Sie uns nicht im Stich!!«

Ich jagte also hin. Stimmlich war ich gut disponiert. Die Handlung der Oper war mir ja geläufig, ebenso der musikalische Ablauf. Was den Text betraf, so verließ ich mich auf den Souffleur.

Partien vergesse ich nicht. Die hatte ich im Kopf. Schauspielerisch würden mir die Kollegen helfen. Ich war geistesgegenwärtig genug, mich in eine laufende Aufführung hineinzufinden.

Zuerst ging auch alles gut. Das Duett mit dem Baß klappte ausgezeichnet. Aber als mir der Text im weiteren Verlauf nicht gegenwärtig war, schielte ich zum Souffleur hin.

Großer Gott, was war denn das? Ich sperrte die Augen auf und starrte wild umher, doch ich erblickte keinen Souffleurkasten. In einem geeigneten Moment spielte ich mich an die Seite und zischte durch die Kulissen: »Wo ist der Souffleur?«

»Souffleur haben wir nicht!« zischte es zurück.

Da hatte ein verrückter Regisseur, den der Kasten störte, den Souffleur einfach verbannt! Ich war einer Ohnmacht nahe. Hilfsbereit war ich in dieses Abenteuer gesprungen, setzte alles aufs Spiel, bemühte mich um Einfühlung, mobilisierte meine Stimme, tat, was ich überhaupt nur konnte – und hing hier ohne Souffleur in dem ungeprobten Stück herum... Ich kam mir vor wie ein Artist ohne Netz und ohne Balancierstange. Ich hatte, kraß gesagt, die Hosen voll. Dabei durfte das Publikum nichts merken, und die Kollegen durften nicht unsicher werden.

Was ich in dieser Vorstellung gelitten habe, kann keiner ermessen. Die Tortur war auch mit Geld kaum bezahlbar. Danach war ich vollständig ausgelaugt. Das einzige, was ich denken konnte, war: So was machst du nie wieder!

Am Ende dieser Spielzeit verzeichnete ich 80 Opernvorstellungen, 46 Konzerte, einschließlich Funk- und Schallplattenaufnahmen, insgesamt 126 Auftritte. Wie ich das geschafft habe, ist mir heute ein Rätsel. Ich kann es nur mit meiner Jugend erklären. In der Sommerpause war ich mehr als urlaubsreif.

An Geselligkeit hatte es zwischen und nach den vielen Verpflichtungen nie gemangelt. Aber Entspannung brachten Einladungen immer seltener, zumal sie für mich und meine Frau meist offiziell, zumindest halboffiziell waren. Einen einzigartigen Treffpunkt – bezeichnend für jene Berlin-Periode – bildete die historisch gewordene »Möwe« in der Ostberliner Luisenstraße. In diesem von russischer Seite geförderten Clublokal konnten »Spitzenkünstler« – Schriftsteller, Sänger, Schauspieler, Musiker und andere – zu normalen Preisen essen, Bier oder Wodka trinken. Gisela und ich fuhren fünfzig Minuten mit der S-Bahn, um dorthin zu gelangen, nicht nur wegen der Speisen und Getränke, sondern wegen der interessanten Zeitgenossen, die sich hier ein Stelldichein gaben. Man traf unter anderen Hans Albers, Käthe Dorsch, Rudolf Platte, O. E. Hasse, gelegentlich auch Bert Brecht. Einmal war die Gesellschaft so anregend, daß ich spontan aufstand und »Freunde, das Leben ist lebenswert« sang. Da kam Hans Albers auf mich zu, umarmte mich und rief: »Mensch, Junge, wie haben Sie das gesungen! Das war ja, als ginge die Sonne auf! Da kriegt man ja direkt wieder Lust zum Leben!«

Er konnte sich kaum fassen. Man muß bedenken, jedem einzelnen steckte sein höchstpersönliches Schicksal der letzten Jahre noch in den Knochen. Ebenso war für jeden die Zukunft etwas Ungewisses.

Meine Sängerkollegen stimmten in Albers' Lobrufe ein. Dann aber brachten wir den großen Volksschauspieler dazu, auch etwas zum besten zu geben.

Hans Albers sang sein berühmtes »La Paloma« in der unver-

gleichlichen, typischen Albers-Version mit rauher Kehle und hamburgischem Akzent.
Historische Begegnungen, kurze Verschnaufpausen, die wir nicht missen möchten!
Wie gesagt, am Ende der Spielzeit brauchte ich nicht nur Abwechslung, ich sehnte mich nach richtigem Abschalten.
Mit Gisela und den Kindern wollte ich für einige Wochen Ferien machen. Aber wo? Im aufgeteilten ehemaligen Reich, das noch keine deutsche Regierung besaß, war »verreisen« ein Fremdwort. Ans Ausland – Spanien oder Italien – wagte überhaupt noch niemand zu denken. Selbst in den vier Besatzungszonen brachte jeder Ortswechsel die gleichen Einschränkungen, die gleichen Nahrungsprobleme.
Da gab uns ein guter Freund, ein Opernverehrer namens Karl-Heinz Stübler, einen Tip. Damals existierte ja die Berliner Mauer noch nicht. Die Staatsoper, an der ich engagiert war, lag im Ostsektor, während sich unser Wohnsitz im amerikanischen Sektor Berlins befand. Westberliner konnten sich zu dieser Zeit noch ungehindert in der ganzen Stadt bewegen. Sie konnten auch, was heute nicht mehr möglich ist, ohne weiteres in das Gebiet der jetzigen DDR. Freund Stübler empfahl uns als Feriendomizil ein ihm bekanntes Hotel in Binz auf der Ostseeinsel Rügen. Um dorthin zu gelangen, durfte man allerdings die immer noch kriegsmäßigen Verkehrsverhältnisse nicht scheuen.
Die Aussicht, mit unseren kleinen Mädchen ein paar Wochen an einem Strand zu verbringen, ließ Gisela und mich das Abenteuer wagen. Wir quetschten uns in den klapprigen Personenzug, dessen Fenster keine Scheiben hatten, und fuhren nach Rostock. Wie wir von dort aus nach Rügen gelangen sollten, darüber machten wir uns keine Gedanken.
In Rostock trafen wir Westberliner, die gleich uns nach Rügen wollten. Mit einigen zusammen mieteten wir uns ein altes Fischerboot. Die Besitzer suchten damals ihre Beute nicht im Meer, sondern in den Geldbörsen der Urlauber. Der Kahn

machte schon in leerem Zustand keinen seetüchtigen Eindruck. Mit den vielen Reisenden, zwischen denen wir mit Kindern und Koffern wie menschliche Heringe quetschten, schien das Boot schon vor der Abfahrt sinken zu wollen.
Wir sahen die Silhouette von Rostock hinter uns verblassen und schaukelten aufs Meer hinaus. Über die Fahrt schweigt des Sängers Höflichkeit. Direkt nach Binz konnte oder wollte uns der Schiffer nicht bringen. Also landeten wir irgendwo in einer Inselbucht. Es war tiefe Nacht. Jemand wies uns so ungefähr den Weg und murmelte: »Ein, zwei Stunden.«
Ich nahm die schlafende Isolde huckepack, die Koffer in die Hände, während Gisela die kleine Dagmar schulterte und mit der freien Hand eine Tasche schleppte. So stolperten wir durch den dunklen Wald. Nach der Überfahrt in dem Seelenverkäufer konnten wir froh sein, wenigstens festen Boden unter den Füßen zu haben.
Irgendwie gelangten wir tatsächlich nach Binz. Wir fanden unser Hotel, bekamen von einem gespenstischen Wesen in der Nacht unser Zimmer zugewiesen und sanken in tiefen Schlaf.
Als ich erwachte, schien die Sonne. Ich trat auf den Balkon, um eine Prise Seeluft einzuatmen und übers Meer zu blicken. Das Wetter war prächtig, die Aussicht ganz und gar unwirklich: Nirgendwo Trümmerberge oder Ruinen, nur »Cielo e mar«: Himmel und Meer!
»Herr Schock...! Rudolf Schock...! Da oben ist er, da, auf dem Balkon!«
Ich wurde durch diesen Begeisterungsschrei aus meiner Betrachtung gerissen. Unten standen drei Verehrerinnen von der Bühnentür, drei fröhliche Mädchen aus Berlin: Anita, Katja und Gisela.
Meine Frau freute sich über die Anwesenheit ihrer Namensvetterin und deren Freundinnen. So hatten wir gleich einen netten Anschluß, kaum daß unsere reisemüden Augen offen waren. Das Wetter hielt, was es am ersten Morgen versprochen hatte: Sechs

Wochen lang genossen wir Sonne, blauen Himmel und ideale Strandwärme. Das Meer war noch nicht verschmutzt, wir konnten Isolde und Dagmar mit anderen Kindern buddeln und planschen lassen, während wir selber hinausschwammen, im Sande lagen oder Faustball spielten.

Was das Essen betraf, mußten wir uns allerdings an die zeitbedingte Zwangsdiät halten. Vor uns, um uns herum lag das Meer. Flundern, Dorsche, Aale schienen sich verflüchtigt zu haben, dagegen hatten die Inselbewohner ganze Heringschwärme von – Pellkartoffeln in ihren Netzen, zumindest aber ihren Küchen. Jeden Tag mußten wir mittags eine halbe Stunde lang zu einer Baracke hasten, um dort an der Pellkartoffel-Speisung teilzunehmen. Etwas anderes gab es nicht.

Wir haben später überall in der Welt soupiert, diniert, geluncht, Déjeuner, Breakfast oder Sektfrühstück eingenommen, an Galatafeln gesessen oder im Gedränge vor üppig bestückten Kalten Buffets gestanden. Dennoch hat uns selten etwas so gut geschmeckt wie die ewigen Pellkartoffeln auf Rügen. Isolde und Dagmar pellten eifrig mit. Die Ferien waren so schön, daß selbst Berge von Pellkartoffeln uns die Sonne nicht verdunkeln konnten.

Von den drei jungen Mädchen war Anita besonders anhänglich. Sie wurde nicht nur unsere Sekretärin, sondern auch meine erste und einzige Schülerin. Ich verschaffte ihr später ein Engagement bei der Berliner Solistenvereinigung unter dem Dirigenten Helmuth Koch. Sie hat dann in der DDR eine schöne Karriere gemacht. Wir schreiben uns heute noch.

In Binz gefiel es uns so gut, daß wir im nächsten Jahr, 1948, die Ferien wieder auf Rügen verbrachten. Nun trafen wir auch den Komponisten Gerhard Winkler und seine spätere Frau, die ihm zwei nette Töchter mit in die Ehe brachte. Die Mädchen waren uns beiden willkommene Spielgefährtinnen für die unsrigen. Ich war übrigens nicht der einzige Sänger am Sommerstrand: Auch der in Siebenbürgen geborene Julius Katona, ebenfalls in Berlin

engagiert, verlebte hier seinen Urlaub. Desgleichen Kurt Reimann, der eine sehr hübsche Stimme besaß und den Berliner Rundfunkhörern durch seine konzertanten Unterhaltungslieder gut bekannt war.
Als wir einmal spazieren gingen, sahen wir auf der Veranda einer Pension einen gewichtigen Herrn sein Mittagessen verzehren: Keine Pellkartoffeln, sondern einen dicken Räucheraal! Tenor müßte man sein, dachte ich, als ich seinen Namen erfuhr: Es war Herbert Ernst Groh, der damals durch seine Volkstümlichkeit solche Vorteile genoß. Anscheinend war seine Stimme auch in das Herz der Küchenfee gedrungen! Nun, ich neidete ihm die Tafelfreuden nicht und blieb bei meinen Pellkartoffeln.
Zum Vergnügen der Kurgäste kam es dann zu einem Tenor-Trio mit Julius Katona, Kurt Reimann und mir. Ein wohl einzigartiges Konzert mit gleichzeitigem Auftreten von drei Solisten desselben Fachs ...

»Hitler was a nice man!«

Erlebnisse auf Gastspielreisen:
Hamburg – Salzburg – London

Ende August begann in Berlin wieder die Spielzeit. Daneben erwartete mich eine Fülle von Terminen in Hamburg und anderen deutschen Städten: Opern-, Konzert- und Funkaufführungen, aber auch eine Reihe von Schallplattenaufnahmen für Electrola.
An der Staatsoper sang ich am 12. Oktober 1947 zum erstenmal den Lenski in Tschaikowskys *Eugen Onegin*. Die Tatjana gab eine meiner Lieblingspartnerinnen, die unvergleichlich kultivierte Tiana Lemnitz. Hans Reinmar war ein eindrucksvoller Onegin.
Ich erinnerte mich an Höhen und Tiefen, Rückschläge und Triumphe in dieser Zeit. Auch an Vorkommnisse auf und hinter der Bühne, die in keiner Partitur vorgesehen waren: So etwa, als ich in *La Traviata* mit dem legendären Bariton Heinrich Schlusnus aufgetreten war. Er sang den Vater Germont, ich den Sohn Alfred. Mein Lippenbärtchen löste sich wegen des schlechten Klebstoffs, und plötzlich hatte ich es im Hals. Während ich mich umdrehte und mit dem Ersticken kämpfte, ging es im Orchester immer nur »plum-plum, plum-plum«, denn der Dirigent wußte nicht weiter. Und die Kollegen auf der Bühne und in der Kulisse standen starr und beobachteten meinen Verzweiflungskampf. Endlich gelang es mir, das Bärtchen auszuspucken. Der Kritiker, der von dem Mißgeschick nichts bemerkte, meinte anderntags, ich hätte in dieser Szene versagt...
Im Berliner Rundfunk wurde eine russische Operette aufgenommen: *Die Brautschau* von J. S. Miljutin. Sie enthielt sehr dankbare Sopran- und Tenorpartien, die man Irma Beilke und mir anver-

traute. Auch ein Konzert mit Madlon Harder, der ersten Frau meines Bruders Gerd, stand auf meinem Programm, desgleichen eines mit meiner Schwester Elfriede in der Stadthalle Hannover. Außerdem sang ich im RIAS Berlin.
Am 27. November folgte eine Premiere an der Hamburgischen Staatsoper, mit der ich inzwischen einen festen Gastvertrag hatte. Ich durfte den Cavaradossi singen, eine Partie so recht nach meinem Herzen. Die Tosca war Elfriede Wasserthal, der grandseigneurhafte Mathieu Ahlersmeyer verkörperte den Gewaltmenschen Scarpia.
Das Schwelgen in Puccini-Tönen begeisterte mich. Der Komponist forderte vom Interpreten des Cavaradossi »hinreißenden Gesang« (wie er selber brieflich bekundete) – und hier fühlte ich mich ganz in meinem Element. An Disziplin und Dynamik versuchte ich im »Trauerthema«, dem Arioso »Und es blitzten die Sterne«, mein Bestes zu geben. Mit voller Überzeugung. Dirigent dieser Neuinszenierung war mein Freund Wilhelm Schüchter vom ehemaligen Deutschen Opernhaus, den Dr. Schmidt-Isserstedt nach dem Krieg nach Hamburg geholt hatte.
Am 27. Januar 1948 hatte ich in Berlin meine nächste Premiere: *Manon* von Jules Massenet. Die Titelrolle verkörperte Irma Beilke. Ich konnte als Des Grieux mein »Mezza voce« in der berühmten Traumerzählung »Ich schloß die Augen ...« einsetzen, das heißt, ich sang ganz bewußt mit halber Stimme, nicht forte, also nicht auf lauten Effekt. Ich hatte längst erkannt, daß sich ein konzentriert »auf dem Atem« gesungener, aber ganz zurückgenommener Ton unglaublich in einem großen Raum entfalten kann. Ich brauchte keine Angst zu haben, daß das Publikum in der letzten Reihe oder auf der Galerie mich etwa nicht hören würde. Im Gegenteil!
Als ich die Traumerzählung beendet hatte, brach ein Sturm der Begeisterung los. Ich war von Freude überwältigt, daß die Berliner Zuhörer meine Absicht begriffen hatten und meine Auf-

fassung honorierten. Das Singen hatte hier einen Triumph über das Brüllen gefeiert.

Natürlich war so etwas nur mit einem verständnisvollen Dirigenten möglich. Den fand ich in diesem Fall in Leopold Ludwig, der sich aber auch oft ins Zeug legte und so zu dem Spitznamen »Lautwig« gekommen war. Er begleitete meine Arie so zart und schön, wie seinerzeit das *Don Pasquale*-Duett, mit dem ich in Berlin noch im Kriege Aufsehen erregt hatte.

Übrigens hatte auch mein Bruder Gerd in dieser *Manon*-Inszenierung eine kleine Rolle.

Danach folgten wieder Electrola-Schallplattenaufnahmen und Funkkonzerte, bei denen mich Dr. Adolf Stauch erneut begleitete. Er kannte mich bereits von den Anfängen in Braunschweig, und er sollte fortan an meiner Seite nicht zur Ruhe kommen. Am 22. März fand für den NWDR eine konzertante *Carmen*-Aufführung statt, diesmal in der Hamburger Musikhalle. Margarete Klose war die Carmen, Trude Eipperle die Micaëla, Hermann Uhde der Escamillo.

Ich hatte überall an den Wänden Plakate gesehen:

Rundfunkdirektübertragung! Bitte
während der Vorstellung nicht klatschen!

Als ich aber die Blumenarie beendet hatte, klatschten die Leute nicht nur, sie überschütteten mich mit tosendem Applaus. Dr. Schmidt-Isserstedt winkte jedoch nicht ab. Der spontane Beifall übertrug sich ja auf die Hörer an den Radios, was der Unmittelbarkeit diente. Heute weiß man das. Damals waren solche Erwägungen neu.

Am 11. Mai sang ich den Don José dann in der *Carmen*-Premiere der Hamburgischen Staatsoper. Das zerstörte Haus war noch nicht wiederaufgebaut, so daß die riesige, intakt gebliebene Bühne als Zuschauerraum dienen mußte. Auf dieser umfunktionierten Bühne hatte man eine kleine Behelfsbühne errichtet, die natürlich nur geringe Möglichkeiten bot, da sie keine Tiefe aufwies. Trotzdem machten der Regisseur Alfred Noller und wir

Darsteller das beste daraus. Martha Mödl war mit ihrer wunderschönen Mezzosopranstimme und ihrer superschlanken Figur eine prächtige Carmen, Franz Konwitschny ein blut- und glutvoller Dirigent wie immer, wenn er bei Laune war.
In Berlin folgte am 20. Juni Mozarts *Don Giovanni.* Joseph Keilberth, der aus Dresden kam, dirigierte die Premiere. Ernst Legal führte Regie mit einer Starbesetzung: Rita Streich (Zerlina), Gottlob Frick (Komtur), Heinrich Pflanzl (Leporello) – und vor allem Karl Schmitt-Walter, den ich als eleganten, stimmschönen Don Giovanni in Erinnerung habe.
Ich freute mich auf die Partie des Don Ottavio. Die Rolle ist zwar nicht dominierend, doch sie enthält zwei herrliche, aber schwierige Arien: »Nur ihrem Frieden...« und »Folget der Heißgeliebten...«
Die erste Arie sang ich ganz verhalten, wieder »Mezza voce«. Hierbei waren für mich die ersten Phrasen von entscheidender Bedeutung. Ich habe täglich hundertmal probiert, allein jeden Morgen schon fünfzigmal, bis Gisela protestierte: »Hör auf, ich kann's nicht mehr hören. Es sitzt ja längst!«
Die zweite Arie, deren Aufbau manchen Sänger kapitulieren läßt, bestand ich ohne jede Kurzatmigkeit. Ich konnte die Koloraturen immer in einem Atem durchsingen. Joseph Keilberth machte am Schluß ein Ritardando, weil er wußte: Schock hält es aus. Er war einer jener Dirigenten, die die Individualität des Sängers berücksichtigen, sie fördern und auf diese Weise zu Höchstleistungen gelangen lassen. Nie gebärdete er sich als Herrscher, der seinen Taktstock als Szepter schwang: Seht her, der König bin ich! Nein, er wußte, wer auf der Bühne das Sagen, das heißt: das Singen hatte.
Ich wünschte, alle Dirigenten wären so!

Im Juli 1948 nahm meine Karriere eine unverhoffte Wendung ins Internationale, in die Weltöffentlichkeit. Dabei hatte die politische Lage, in der sich besonders Berlin befand, gerade zu dieser

Zeit alles andere vermuten lassen. Die Stadt spaltete sich durch den Verwaltungsboykott der Russen in zwei Amtsgebiete: die der drei Westalliierten einerseits und das der Sowjets andererseits. Die aus Westdeutschland übernommene Währungsreform verschärfte die Spannung zwischen West und Ost. Am 24. Juni 1948 verhängten die Sowjets eine totale Blockade sämtlicher Zufahrtswege nach Westberlin. Die Bevölkerung war praktisch eingesperrt und konnte nur über eine »Luftbrücke« der Amerikaner und Engländer versorgt werden. Trotz der wiedergewonnenen Kaufkraft des Geldes – die neue D-Mark erschien uns wie ein Märchenwunder – waren viele Geschäftsunternehmen durch die Blockade dem Ruin ausgesetzt. Die Arbeitslosenrate stieg sprunghaft, Tausende von Existenzen wurden vernichtet. Was Bomben, Trümmer, Nackriegselend nicht erreicht hatten, geschah jetzt: Die Theaterkunst zeigte zum erstenmal Nervosität. Das sollte sich im sogenannten kalten Krieg noch steigern. Sogar die Sänger, bis dahin unangefochten, wurden je nach Wohnsitz und Arbeitsstätte immer häufiger als »Westler« oder »Ostler« abgestempelt, ja als »Zweigleisige« in der Presse diffamiert, wenn sie sowohl in Ostberlin als auch im Westteil der Stadt oder in Westdeutschland vertragliche Verpflichtungen erfüllten.
Ein Ruf ins Ausland, damals etwas ganz Einzigartiges, war an mich aus der Festspielstadt Salzburg ergangen. Auf normalem Wege konnte ich aus Berlin nicht heraus, jedoch bekamen Passagiere mit Dringlichkeitsanspruch vereinzelt Plätze in Transportflugzeugen. Aber es dauerte drei Tage, bevor ich in einem leeren »Rosinenbomber« starten durfte, und am Abend saß ich bereits in Salzburg bei Backhendl und Wein in einer Umgebung, die mir beinahe unwirklich erschien.
Am 31. Juli und am 3. und 6. August sang ich im Festspielhaus den Jaquino in Beethovens *Fidelio.* Die Inszenierung stammte von Günther Rennert, Bühnenbilder und Kostüme hatte Emil Preetorius entworfen, die Besetzung verzeichnete Namen wie Otto Edelmann, Ferdinand Frantz, Erna Schlüter, Herbert Alsen, Lisa

della Casa, Hermann Gallos und Karl Dönch. Es sang der Chor der Wiener Staatsoper, und es spielten die Wiener Philharmoniker unter Wilhelm Furtwängler.
Es war genau zwölf Jahre her, seit ich den großen Dirigenten in Bayreuth erlebt hatte, damals, als ich der staunende kleine Chorsänger gewesen war. Jetzt kam ich zwar nicht als Träger der Hauptpartie – das war hier Julius Patzak –, aber mein Jaquino durfte von mir nicht minder ernstgenommen werden.
Ich hatte mich intensiv vorbereitet, nicht nur aus Heidenrespekt vor dem großen Furtwängler. Ich erfuhr, warum er gerade mich für den Jaquino ausersehen hatte: An dem Quartett »Mir ist so wunderbar« muß ein den anderen Solisten stimmlich gleichwertiger lyrischer Tenor beteiligt sein, sonst gerät das Ganze aus den Fugen. Das sagte mir Furtwängler gleich nach der ersten Probe. Er, der für mich schon fast ein lebendes Denkmal war, entpuppte sich als äußerst liebenswürdiger Mensch. Er war geduldig mit uns Sängern, brauste niemals auf, wenn etwas nicht gleich klappte. Bei aller Ernsthaftigkeit machte die Arbeit mit ihm großen Spaß. Allerdings in einem war er wirklich gefürchtet – und davon können alle Sängerinnen und Sänger ein Lied singen: Er gab kaum oder nie klare Einsätze.
Der Souffleur tröstete mich: »Mach dir keine Sorgen, die Einsätze gebe ich!«
Und so geschah es denn auch.
Die Rolle des Jaquino ist, wie gesagt, nicht so groß, um so überraschender waren für mich die Folgen. Zu den Festspielen hielt sich auch der Musikdirektor der Londoner Covent Garden Opera in Salzburg auf: Karl Rankl, österreichisch-britischer Dirigent und Komponist, einst an der Berliner Krolloper tätig, ein Mann mit internationaler Erfahrung. Er suchte für das Royal Opera House in London ganz dringend einen lyrischen Tenor. Rankl lud mich zu einem Gespräch ein, sagte mir, daß er hauptsächlich eine Spitzenkraft für *La Bohème* suche, und bat mich, ihm die große Arie aus dieser Oper vorzusingen. Nun, das tat ich

gern. Als ich ihm noch ein paar weitere Proben meiner Fähigkeiten gegeben hatte, erhielt ich auf der Stelle ein mehrmonatiges Engagement.

Man muß sich einmal klarmachen, was das bedeutete: Zu dieser Zeit war ein Deutscher praktisch gar nicht ausreisefähig, denn es gab noch keine Bundesrepublik – und auch keine DDR. Deutschland war immer noch Konkursmasse des Krieges, ohne Präsidenten, ohne Kanzler, Außenminister und Botschafter. Deutsche Parteipolitiker waren offiziell in den Siegesstaaten nicht erwünscht. Und ich, ein Sänger, durfte bereits nach Großbritannien!

Weiter muß man sich vorstellen, daß ich weder in der Volksschule noch im Kriege oder während meiner pausenlosen Verpflichtungen in der Nachkriegszeit Englisch gelernt hatte. In London – und das war Bedingung – würde ich die *Bohème* in englischer Sprache singen müssen. Ich kannte ein paar Brocken wie: »How do you do?«, »A very nice girl«, »What's the matter?«, »Look at me«, »Good morning« – aber das war auch alles. Doch von Natur aus war ich stets entschlossen, eine vorgenommene Sache auch durchzuführen. Nach 118 Auftritten in der Saison ging ich nun daran, meine Rodolfo-Partie in englischer Sprache einzustudieren. Und auch hier kam mir das Glück zu Hilfe.

In der großen Altbauwohnung in Berlin-Charlottenburg, wo Alwin und Else wohnten, lebte auch Frau Nolte, eine sehr gebildete Jüdin, die dank ihrer Ehe mit einem nichtjüdischen Schauspieler der Verfolgung entgangen war. Diese Frau sprach perfekt englisch. Sie war so liebenswürdig, mir in stundenlangen Lektionen – bei schönem Wetter in unserem Garten in Wannsee – beim Einpauken der Rolle zu helfen. Vor allem gab sich meine Lehrerin die größte Mühe, mir die richtige Aussprache beizubringen.

Da Berlin noch immer unter Blockade stand, legte ich einen Teil der London-Reise via Luftbrücke zurück. Der Auftritt in der berühmten Covent Garden Opera war für mich ein Abenteuer in mehrfacher Hinsicht: Das Haus hatte eine lange Tradition, das

Publikum war erstklassige Gastspiele gewohnt. Dem noch »dünnen Eis« meiner englischen Aussprache traute ich weniger, aber meiner Stimme war ich mir sicher. Von mir aus konnte das Spiel beginnen!
In der Premiere am 15. Oktober 1948 waren Elisabeth Schwarzkopf die Mimi, Ljuba Welitsch die Musette. Ein junger Brite, der den Schaunard sang, wurde später sehr berühmt und von der Königin geadelt: Sir Geraint Evans. Peter Brook, heute ebenfalls eine Weltberühmtheit, inszenierte diese *Bohème* recht nett und konventionell, Karl Rankl, der mich engagiert hatte, war der Dirigent. Die Aufführung wurde sehr freundlich aufgenommen. Das britische Publikum und die britische Kritik waren genauso fair wie die Opernkollegen: Man beurteilte meine Leistung und stieß sich nicht daran, daß ich als Deutscher einer ehemaligen Feindmacht angehörte. Die »Times« rühmte mich sogar wegen meiner guten Aussprache.
Es gab aber auch bestürzende Erlebnisse. Als ich mich in London radebrechend nach einer Busverbindung erkundigte, wurde ich von einem Passanten streng gefragt: »Sie Deutscher?«
Ich dachte, jetzt kriegst du was über Naziverbrechen zu hören! Statt dessen sagte der Mann: »Hitler was a nice man!«
Nun, diese Meinung konnte ich beim besten Willen nicht teilen. Ich glaube, ich habe den Mann reichlich dumm angestarrt...
Als nächstes trat ich in London als Sänger im *Rosenkavalier* auf. Und dann sang ich, ebenfalls in englisch, den Tamino in der *Zauberflöte* und den Alfred in *La Traviata*. Dazwischen gab es noch zwei Konzerte. Aber die Gewerkschaften waren sehr streng, mehr Nebentätigkeiten ließen sie nicht zu, obwohl die Nachfrage gut und gern fünfzig Konzerte erfordert hätte.
Einmal sang ich in der Empress-Hall vor 12000 Menschen ein Lehár-Programm. In schönster Erinnerung ist mir dabei die Begegnung mit Alfred Piccaver. Dieser große englische Tenor, der von 1912 bis 1937 Star an der Wiener Hof- und Staatsoper gewesen war, besuchte mich in der Pause mit seiner Frau und

sagte, er freue sich, endlich wieder eine schöne Tenorstimme zu hören. Ich gestehe, ich war einen Moment sprachlos vor Glück. Schließlich wußte ich ja, welche Maßstäbe dieser große Sänger zur Verfügung hatte. (Piccaver kehrte übrigens in den fünfziger Jahren wieder nach Wien zurück, wo man ihm einen jubelnden Empfang bereitete. Er blieb dort bis an sein Lebensende im Jahre 1958.)
Dieses Erlebnis hat mir sehr geholfen. Piccaver war einer jener Großen, die mich lehrten, aufstrebende Kräfte meinerseits stets zu ermutigen. Ich weiß, wie entscheidend das ist.

Am 21. Dezember hatte ich in einem NWDR-Konzert in der Hamburger Musikhalle zu singen. Von dort aus wollte ich zu Weihnachten nach Berlin, um das Fest mit Gisela, Isolde und Dagmar zu verleben. Ich vermißte meine kleine Familie sehr, freute mich unbändig auf ein Wiedersehen und bereitete mich schon in London auf eine Privatrolle als Weihnachtsmann vor. Inzwischen hatte sich die Lage in Berlin verschärft. Die sowjetische Spaltung der Stadt vollzog sich, schon dreizehn Jahre vor dem eigentlichen Bau der Mauer, dadurch, daß die gewählte Stadtregierung aus dem Rathaus in Ostberlin hinausgeworfen wurde und nun im Schöneberger Rathaus in Westberlin residierte. Für den Bürger war die Lage damals so verworren, daß sie für spätere Zeitgenossen schwer verständlich zu machen ist.
Jedenfalls herrschte trotz der Luftversorgung Not in Berlin. Das meiste konnte man sich auch mit gutem Gelde nicht kaufen, weil es ja kaum etwas gab. So sorgte ich also schon in London vor, um den Lieben daheim eine Freude zu machen. Ich dachte dabei natürlich auch an meine Mutter und meine Schwester in Hannover, die ja beide noch keineswegs auf Rosen gebettet waren. Ich kaufte Damenschuhe, Kinderschuhe, Schuhe für mich, Kleidchen für Isolde und Dagmar, Wäsche, Stoffe, Strümpfe für die Frauen, Schokolade, Bonbons, Büchsenfleisch und riesige Dauerwürste. Den Gepäckpreis für das enorme Übergewicht bezahlte ich für

den Flug von London nach Hamburg anstandslos. Die Hauptsache war, ich brachte die für Frau und Kinder bestimmten Sachen sicher nach Berlin. An meine Mutter und meine Schwester gingen die Geschenke von Hamburg nach Hannover ohne weiteres per Post.
Wie geplant fand am 21. Dezember das Hamburger Konzert statt. Übertragen wurde Gustav Mahlers »Lied von der Erde« unter Hans Schmidt-Isserstedt. Ich sang mit Margarete Klose, und ich erinnere mich, daß es eine herrliche Aufführung war. Unseren Weihnachtsurlaub hatten wir uns demnach redlich verdient. Margarete Klose und ich wollten anderntags von Hamburg nach Berlin fliegen. Da erreichte uns die Nachricht, daß Linienmaschinen nicht mehr eingesetzt waren. Wir mußten uns im Rahmen der Luftbrücken-Aktion mit Plätzen in einer Kohlentransportmaschine begnügen. War das schon eine Einschränkung, so hörte ich nun zu meinem Schrecken, daß die Mitführung von Gepäck auf höchstens 20 Kilo begrenzt sei. Ich aber hatte 120 Kilo!
Ich wandte mich an den britischen Kulturoffizier, den ich gut kannte. Er sagte mir: »Es zählt nur, was Sie im Koffer befördern. Was Sie am Leibe tragen, rechnet nicht zum Gepäck.«
Am folgenden Morgen half mir Margarete Klose im Hotelzimmer, meine 100 Kilo Ware am Leibe zu verstauen. Das war eine Probe für eine Theaterposse, wie man sie sich blödsinniger gar nicht hätte ausdenken können. Nur hatten wir unter den gegebenen Umständen keinen Humor dafür. Ich zog mehrere Unterhosen an, verstaute dazwischen Strümpfe, Süßigkeiten, sogar Kinderschuhe. Ich streifte mir Hemden, Blusen, Sweater über, Margarete Klose wickelte mir die Kleiderstoffe um den Körper. Wie ein Torero, dem man vor dem Stierkampf die Schärpe anlegt, drehte ich mich dabei im Kreise. Darüber zog ich den mit Sachen vollgestopften Mantel, in dessen tiefen Seitentaschen die riesigen Würste steckten. Ich sah schließlich aus wie ein Preisboxer und konnte kaum gehen. Trotz des Winters schwitzte

ich wie Butter in der Wüste. Margarete Klose musterte mich mitleidsvoll und besorgt.
Am Flugplatz hieß es nach stundenlangem Warten: »Tut uns leid. Die Maschine fliegt heute nicht. Kommen Sie morgen wieder.«
Ich schleppte mich, Schweiß in den Augen, zu einer Taxe. Am Morgen des 23. Dezember begann die Ankleideposse in meinem Hotelzimmer von neuem. Wieder half mir Margarete Klose. Und wieder saßen wir in Ungewißheit auf dem Flugplatz. Verschnürt wie ich war, hätte ich nicht mal auf die Toilette gehen können.
Endlich hieß es wieder: »Die Maschine geht auch heute nicht. Kommen Sie morgen früh!«
Zum drittenmal dieselbe Tortur!
Am Morgen des 24. sank mir der Mut. Ich dachte: Da hockst du nun mit den schönen Geschenken, hast getan was du konntest, am Ende aber mußt du hierbleiben, und Gisela, Isolde und Dagmar sitzen mit leeren Händen und ohne dich in Berlin!
Doch plötzlich, so gegen 14.15 Uhr, hieß es: »Bitte fertigmachen zum Abflug!«
Ich quetschte mich in die Maschine hinein. Gottseidank, dachte ich aufatmend. Wenn wir erst in der Luft sind, geht's schnell. Hamburg-Berlin ist ja keine Entfernung, und bis dahin wirst du nicht auf die Toilette müssen.
Aber ach, über Berlin herrschte dichter Nebel, das Flugzeug kreiste und kreiste, mein Gewicht drückte mich wie ein Panzer, mir traten die Augen aus dem Kopf und ich fürchtete, meine Blase würde mir den Dienst versagen. Hoffentlich flog die Maschine nicht nach Hamburg zurück!
Da, nach einer bangen halben Stunde, ging es abwärts. Wir durchstießen die Nebeldecke, der Pilot setzte zur Landung an!
Ich war in Berlin, rechtzeitig zum Heiligabend! Gisela traute ihren Augen nicht, als sie mich sah. Isolde und Dagmar wälzten sich vor Lachen. Sie hatten nicht geglaubt, daß der unförmige, dicke Mann ihr Papa sei. Doch als der dicke Mann sich aus seinen Gaben wickelte, war die Freude um so größer. Über die Spielsa-

chen jubelten die Mädchen besonders. So was hatten sie ja noch nie in ihrem Leben gesehen.
Die Strapaze hatte sich gelohnt. Wir verlebten ein frohes, wirklich vergnügtes Weihnachtsfest, wie es uns während meiner weiteren Karriere kaum oder selten vergönnt sein sollte.

Auf den Spuren von Richard Tauber

Meine große Australien-Tournee

Das Jahr 1949 brachte die bisher bedeutendste Erweiterung meines Wirkungskreises: eine Tournee durch Australien.
Der Vertrag war bereits im Herbst 1948 in England abgeschlossen worden, zu einer Zeit also, in der der Tourismus noch längst nicht wieder in Gang gekommen war. Besonders die Deutschen hatten als Angehörige einer geschlagenen Nation auch 1949 keine Mittel und keine Chancen, über irgendwelche Grenzen zu fahren. Berlin stand in den ersten Monaten des neuen Jahres noch unter sowjetischer Blockade und mußte von den Westalliierten weiterhin aus der Luft versorgt werden. Helgoland diente britischen Bombern als Übungsziel, vor den europäischen Küsten räumte man die letzten Minen. Die ganze Welt lag in wirtschaftlicher Agonie infolge des furchtbaren Krieges. Unter diesen Umständen war mein Australien-Engagement nicht nur für mich, sondern auch für Kollegen, Konzert- und Opernfreunde eine Sensation.
Der Anlaß war kein freudiger, denn er hing mit dem Tode Richard Taubers zusammen. Richard Tauber, dessen berühmte Stimme mir als kleinem Jungen aus dem Grammophon meiner Tante in Ohr und Seele gedrungen war. Unvergeßlich auch der Tag, an dem ich den strahlenden Tenor im Radio eines Kunden während meiner Duisburger Barbierlehre gehört hatte...
Am 15. Oktober 1948, nach meinem *Bohème*-Auftritt in London, war eine Dame zu mir in die Garderobe gekommen, hatte

mich unter Tränen umarmt und spontan zu mir gesagt: »Sie sind der, den ich suche! Sie, nur Sie, sind mein Mann!«
Ich war verblüfft, wenn nicht bestürzt. Wer war die Frau, und was meinte, was wollte sie?
Sie stellte sich vor: »Mrs. Mason, Londoner Korrespondentin der ABC, der Australian Broadcasting Commission.«
Seit Monaten suchte sie einen Ersatz für Richard Tauber, mit dem langfristig ein Tourneevertrag nach Australien und Neuseeland abgeschlossen worden war. Für den am 8. Januar Verstorbenen hatte Mrs. Mason bisher trotz intensiver Recherche keinen Nachfolger finden können.
»Aber...«, stammelte ich. »Aber es gibt doch viele Tenöre in England, in Europa, in Amerika...«
»Nein«, unterbrach mich Mrs. Mason entschieden, »Taubers Timbre und seine Ausstrahlung waren einzigartig. Sie sind der erste, der sein Flair, seine Suggestionskraft hat. Nur Sie können ihn ersetzen, nur Ihre Stimme kann ich statt seiner den Hörern anbieten. Sonst platzt die ganze Australien-Neuseeland-Tournee!«
Das war 1948 gewesen. Jetzt schrieben wir 1949, ich mußte zunächst von Berlin aus nach London zurück, um meine Verpflichtungen an der Covent Garden Opera zu erfüllen. Daneben aber hatte ich mich auf die Tournee vorzubereiten, die im Juni beginnen sollte. Und das war alles andere als eine geringe Mühe. Man verlangte von mir wegen der Rundfunkübertragungen insgesamt vierzig Auftritte in ganz Australien, und zwar neben den großen Orchester-Konzerten Liederabende mit sechs verschiedenen Programmen, alle Darbietungen in den entsprechenden Originalsprachen. Selbst von den achtzig deutschen Liedern (u. a. Brahms, Schubert, Wolf) mußte ich den größten Teil erst lernen. Sodann hatte ich zwanzig Arien und Lieder in englischer Sprache vorzutragen, acht Arien auf italienisch (das ich nicht beherrschte) und, was für mich am allerschwersten war, vier große Arien auf französisch: die Blumenarie aus *Carmen*, die Traumerzählung

aus *Manon*, die große Arie aus Gounods *Faust* und »Land so wunderbar« aus der *Afrikanerin* von Meyerbeer.

Ich fertigte mir noch vor Weihnachten einen exakten Lernplan an, der mich bereits zwischen Covent-Garden-Auftritten sowie auf Opernabstechern in England in Atem hielt – an freien Tagen bis zu acht Stunden! In Berlin war mir Gisela eine unentbehrliche Hilfe. Wieder in London, paukte ich weiter, wobei mir im Englischen die Kollegen sehr entgegenkamen.

In Australien war ich dann in allen Programmpunkten sprachlich so perfekt, daß ich in jedem Konzert ohne Textblatt frei und sicher singen konnte. Ich habe nie etwas davon gehalten, während des Gesangsvortrages auf ein Blatt Papier zu starren, statt mein Gesicht dem Publikum zuzuwenden. Ein Sänger muß im direkten Kontakt zu seinen Zuhörern bleiben, sonst springt der berühmte Funke nicht über.

Bevor die Australienreise begann, sang ich in Liverpool am 10. März in *La Traviata*, dann am 12. März *La Bohème*, am 19. März wieder *La Traviata*. Danach ging es nach Manchester: 24. März *La Traviata*, 26. März *La Bohème*. In Leeds folgte am 2. April *La Traviata* in einer Nachmittags- und (am gleichen Tage!) in einer Abendvorstellung. Am 5. April wieder in Leeds *La Bohème*, desgleichen am 9. April. Danach wurden in Birmingham am 15. April *La Traviata*, am 16. April *La Bohème* gegeben, am 23. April noch einmal *La Traviata*. Wieder in London, stand zweimal *La Traviata* (am 29. April und am 10. Mai) auf dem Spielplan, übrigens mit Elisabeth Schwarzkopf als Violetta, die auch am 18. Mai meine Partnerin in *La Bohème* war.

Der Termin des Abflugs nach Australien näherte sich allzu rasch!

Gisela und ich hatten beschlossen, daß sie mich auf dieser Tournee begleiten sollte. Ich war mir von Anfang an darüber klar, daß die ganze Sache eine »Schlauchtour« werden würde. Ich brauchte die praktische Hilfe, ihre Fürsorge, ihren nervlichen Beistand, denn ich betrat ja Neuland – in mehrfacher

Hinsicht. Außerdem sah ich nicht ein, warum ich sie allein im blockierten Berlin zurücklassen sollte.
Unsere möblierte Etage in der Wannseevilla wurde aufgegeben. Sodann mußten nun auch die Kinder eine Transportmöglichkeit abwarten, um auf dem Luftwege aus der blockierten Stadt heraus und erst einmal nach Oberhausen zu Giselas Eltern zu gelangen. Das alles war relativ einfach. Für Ausreisewillige fand sich stets ein wackeliger Bretterplatz in einem Kohleflugzeug. Die versorgenden Alliierten waren froh über jeden Schnabel, den sie nicht mehr zu stopfen brauchten.
Froh waren auch Giselas Eltern, die nun für einige Zeit die 8jährige Isolde und die 4jährige Dagmar in ihre Obhut nehmen durften. Gerührt schlossen sie die von Kohlenstaub geschwärzten Enkelkinder in die Arme.
Gisela blieb noch einige Tage schwarz – in übertragenem Sinne: vor Ärger. Sie brauchte einen Paß für England und Australien. Da es aber keine zuständige deutsche Dienststelle gab, weil alle Kompetenzen noch in den Händen der Besatzungsmächte lagen, mußte sie sich an die Briten wenden. Hier wurde sie in schikanöser Weise mit Fragebögen und barschem »Warum?« »Wieso?« und »Wozu?« behelligt, so daß ihr die Lust an meiner Begleitung fast vergangen wäre. Erst als ihr Vater – jetzt wieder Stadtverordneter in Amt und Würden – den britischen »Town Major« von Oberhausen einschaltete, ging alles glatt. Am 18. Mai konnte ich sie am Londoner Flughafen in die Arme schließen. Zum erstenmal war sie in einer luxuriösen Passagiermaschine gereist und nicht in einem Kohleflugzeug.
Am 21. Mai, dem Vorabend unseres Abfluges nach Australien, hatte ich noch einige schwierige Schallplattenaufnahmen im BBC-Studio für Electrolas »His Master's Voice«: beide *Turandot*-Arien auf italienisch sowie die *Tosca*-Arie »Und es blitzten die Sterne« und die Traumerzählung aus *Manon* auf französisch. Es spielte das Philharmonia Orchestra London unter Leitung von Walter Süßkind.

Am Morgen des 22. Mai 1949 war es dann endlich so weit: Um 8 Uhr 20 startete unser Flugzeug (damals noch eine Propellermaschine), der Londoner Dunst blieb hinter uns. Vor uns lag eine Welt, die viele Deutsche nicht einmal aus Büchern kannten.

Damals gab es noch keine Nonstopflüge mit allenfalls kurzen Zwischenlandungen zum Auftanken. Die Propellermaschinen hatten eine geringere Reichweite, außerdem flogen sie nur selten nachts. Also vollzog sich unser Flug nach Australien in vier Etappen mit sogenannten Nightstops. Das erste Etappenziel, das wir um 16 Uhr 30 Ortszeit erreichten, war Kairo.

Hier traf mich fast der Schlag. Noch in Berlin (Ost) hatte ich mir einen strapazierfähigen Anzug schneidern lassen, dessen Schnitt bequem und elegant war. Ich glaubte, es sei ein geeigneter Reiseanzug. Der Eleganz entsprach nur das grobe Material nicht (es war ein Stoff der Marke »Deutscher Wald«, wie man das mangelbedingte Zeug spöttisch nannte). In London war es beim Abflug relativ kühl gewesen. In Kairo erwartete uns Wüstenhitze, so daß ich im Nu völlig durchgeschwitzt war. Der grobe und schwere Stoff glich einem nassen Scheuerlappen. Leider hatte ich auch nicht bedacht, daß wir während des folgenden Nightstops nicht an unser Frachtgepäck herankonnten. Notgedrungen mußte ich den schweren Anzug auch noch in Karachi, Singapore und Darwin tragen! In Kairo konnte ich mich wenigstens duschen, während der Anzug trocknete.

Unser Hotel »Heliopolis« erschien uns wenig verwöhnten Deutschen als piekfein, nur wunderten wir uns über die vielen Katzen, die dort als vierbeinige Stammgäste herumstrichen. Gisela entdeckte immer wieder neue: »Sieh mal, Rudi, was für ein schönes Tier! Hast du die Augen gesehen? Eine, vorhin, war lackschwarz – und eine schneeweiß!«

Am Spätabend fuhren wir zu den Pyramiden, irgendwo ließen wir uns bei Kerzenlicht von einer Wahrsagerin die Zukunft aus der Hand lesen und erfrischten uns mit eisgekühltem Bier. Das aber war schon alles, was Kairo uns in der Eile bieten konnte.

Am 23. Mai starteten wir um 8 Uhr 15 nach Karachi. Auf dem Flug mußten wir wegen der astronomischen Zeitverschiebung unsere Uhren auf jeder Etappe vorstellen. Bis Kairo um eine Stunde, in Karachi, das wir um 16 Uhr 30 Ortszeit erreichten, gleich um drei Stunden. Die schreckliche Hitze war hier wieder nur unter der Dusche zu kompensieren, und nach Zwischenlandung in Calcutta wurde der nächste Nightstop in Singapore eingelegt.

Natürlich hielten wir uns daran, an den Landeorten so viel wie möglich zu sehen. Gisela und ich mieteten uns also in Singapore eine Rikscha, noch ein ganz echtes Gefährt mit vorantrabendem Kuli als »Zugmaschine« (nicht etwa ein Tret- oder Motor-Mobil). Ich winkte den Chinesen mit seiner Rikscha heran: »Do you speak English?«

Er grinste verständnislos.

»Parlez-vous français?«

Er grinste noch breiter.

Ich nahm die Zeichensprache zu Hilfe, machte mit dem Zeigefinger Kreisgebärden, um dem Kuli zu bedeuten: Rundfahrt! Wir möchten eine Rundfahrt durch Singapore machen!

Das verstand er offensichtlich. Wir kletterten auf den Rikschasitz und ließen uns zwei Stunden lang durch die Altstadt, durchs Chinesenviertel und andere lebhafte und abenteuerliche Gegenden kutschieren. Als wir ins Hotel zurückkehrten – es war das berühmte »Raffle's« –, begegneten wir erleichterten Blikken. Das Abendessen war bereits im Gange, und man hatte sich schon Sorgen wegen unseres Ausbleibens gemacht. Wir setzten uns an eine der prächtigen langen Tafeln, hinter denen zwanzig, dreißig Bedienstete auf dem Sprung standen, um dem Gast die Speisenfolge prompt und flink zu servieren.

Als wir von unserem Rikscha-Ausflug erzählten, starrten uns einige Gäste fassungslos an. Einer sagte: »Um Gottes willen, da sind Sie auf gut Glück so einfach hingefahren? Wissen Sie nicht, daß man verläßliche Führer dazu braucht, die bestimmte Rou-

ten einhalten? Fremde ohne Erfahrung sind in den Slums schon ermordet worden!«
Uns schmeckte das Essen plötzlich gar nicht mehr so gut. Aber wir sagten uns: Was tut's? Wir leben noch. Das nächste Mal sind wir vorsichtiger!
Zwei unserer Reisegefährten aus London waren australische Schafzüchter. Die beiden besaßen riesige Schafherden, ihr Vermögen, so hörten wir, ging in die Millionen. Gisela und ich beobachteten mit Bestürzung den unglaublichen Alkoholkonsum.
In Singapore fragte ich sie schließlich: »Meinen Sie, Alkohol sei ein Mittel gegen die Hitze? Oder weshalb trinken Sie soviel?«
Da lachten die beiden. Sie seien in England zur spezialärztlichen Untersuchung gewesen, erklärten sie. Nach Meinung der Professoren hätten sie nur noch wenige Monate zu leben. Das aber wollten sie ausnützen – und alles in vollen Zügen. Ich dachte im Stillen: Wenn ihr so weitermacht, bringt ihr es nicht auf einige Monate, sondern höchstens auf wenige Wochen!
Sie ließen sich den Spaß nicht verderben. Als sie erfuhren, daß ich Opernsänger sei, luden sie uns ein und baten um unsere Wünsche. Ich bestellte Wein. Zu meiner Überraschung servierte man »Liebfrauenmilch«. Ich übersetzte dies mit »Lovely Women Milk«, worauf sich unsere beiden Schafzüchter fast unter den Tisch lachten. Es waren herzliche, natürliche Burschen. Wir haben sie nicht vergessen ...
Am 24. Mai gab ich über Radio Singapore meine erste Liedersendung in Asien: Schubert-Lieder in deutscher Sprache. Dabei erwies sich der Klavierbegleiter als erstaunlich gebildet und flexibel.
Am 25. Mai starteten wir in Singapore um 9 Uhr 30 und landeten am gleichen Tag um 17 Uhr 30 Ortszeit in Darwin. Hier, im äußersten Norden des Inselkontinents, berührten wir zum erstenmal australischen Boden, flogen aber bald weiter nach Sidney – 2500 Kilometer diagonal über den fünften Erdteil bis zur

Südwestküste an der Tasmanischen See. Das war unser erster Nachtflug auf dem gesamten Trip. Wir waren übermüdet, Zeit- und Klimawechsel machten uns zu schaffen. Die Gelegenheit, uns ein bißchen frisch zu machen, zu kämmen und auf »keep smiling« zu trimmen, war beengt und kurz.

Als die Maschine auf dem Airport Sidney ausgerollt und die Gangway herangeschoben war, sahen wir uns einer Menge von Presse- und Fotoreportern gegenüber. Wohl kannte ich das Interesse der Journalisten an prominenten Künstlern von Europa her. Schließlich hatte ich die Eierschalen der Provinz längst abgelegt und war nicht mehr grün hinter den Ohren. Aber einen solchen Empfang hatte ich nicht erwartet. Die Gründe begriff ich dann um so schneller.

Als Nachfolger des großen Richard Tauber war ich natürlich sensationell angekündigt worden. Nun wollte man den deutschen Sänger sehen, der anstelle des Verstorbenen kam, jenes sagenhaften Tenors, dessen »goldene Kehle ein Engel geküßt hatte« – wie es in den Nekrologen hieß.

Wer war der Tauber-»Erbe« Rudolf Schock? Würde er die verstummte Stimme ersetzen – oder gar übertreffen können? Überdies war ich nach Pastor Niemöller der zweite Deutsche, der nach dem Krieg australischen Boden betrat. Es war also beileibe nicht nur eine hochgestimmte Erwartung, was uns hier empfing. Viel Skepsis und Voreingenommenheit mischten sich darein. Um so höher wußte ich die spätere Anerkennung im »Sidney Morning Herold« zu schätzen, wo man mich als den »most finely tenor singing heard in Sidney since Tauber«, den kultiviertesten Tenor, den man seit Tauber in Sidney hörte, bezeichnete.

So weit war es allerdings noch nicht. Meine Betreuer von der ABC fuhren uns ins Hotel, wo wir ein komfortables Appartement angewiesen bekamen. Auch hier folgten Interviews, Tourneebesprechungen, Planungen für notwendige Proben, Koordinierung der Programme bis ins einzelne. Die Tage bis zu meinem ersten Konzert ließen Gisela und mir keine Zeit zum Akklimatisieren. Es

war also hauptsächlich meiner sportlichen Natur zu verdanken, daß ich nicht physisch am Ende war, bevor ich überhaupt begonnen hatte.
Was das Essen anlangte – das möchte ich hier gleich einflechten –, so war es während der gesamten Australientournee damit besser bestellt als mit dem Schlaf. Gleich das erste Hotelfrühstück war eine angenehme Überraschung. In Deutschland, aber auch in England herrschte noch Mangel. Sogar die britische Siegermacht in Europa hatte gewisse Lebensmittel weiterhin rationiert. Als ich im Hotel in Sidney fragte: »Ja, was kann ich denn zum Frühstück haben?«, lautete die Antwort: »Alles.«
Ich erwiderte: »Nun, dann bringen Sie mir mal ein Steak mit vier Spiegeleiern!«
Das war der Beginn einer langen Reihe von Freßsünden in Australien, die ich am Ende, nach drei Monaten, mit 12 Kilo Gewichtszunahme zu bezahlen hatte. Zu meiner Entschuldigung darf ich sagen: Nie in meinem Leben hatte ich mich bisher an guten Gerichten jemals sattessen können...

In der Großen Town Hall von Sidney fand am 11. Juni 1949 mein erstes Orchesterkonzert unter der Leitung von Rafael Kubelik statt. Hier hatte ich »nur« vier Arien zu singen, jede aber in ihrer Originalsprache. Zwei Tage später folgte der erste Liederabend, den ich mit einem gesteckt vollen Programm allein bestreiten mußte; am 15., also wieder zwei Tage später, der zweite – mit anderen Inhalten. (Alles mit Rundfunkübertragung!) Am Flügel begleitete mich Werner Baer, ein junger jüdischer Emigrant aus Berlin. Der 18. Juni brachte ein Konzert, ebenso der 20. Juni, an dem der Auftritt jedoch ins Studio verlegt werden mußte, da wegen eines Streiks das Licht in der Town Hall ausgefallen war.
Dann ging es weiter in nördlicher Richtung nach Brisbane. Bei den australischen Entfernungen mußte man umdenken. Was für die Einheimischen beinahe Nachbarstädte sind (wie Sidney und Brisbane), liegt für den Deutschen so weit auseinander wie

München und Berlin. Wir waren also hauptsächlich auf das Flugzeug angewiesen. Von Brisbane machten wir Abstecher nach Toowoomba und Newcastle, und nach einem weiteren Auftritt in Brisbane ging es wieder zurück nach Sidney. Hier standen wieder Orchesterkonzerte auf dem Programm, und zwar am 7., 8., 9., 12. und 13. Juli.

Am 17. Juli flogen wir nach Canberra, der australischen Hauptstadt. Mit mir zugleich traf dort eine andere Sensation ein, die besonders den Kindern großes Erstaunen und einen Riesenspaß bereitete: Schnee! Viel Schnee! Seit zwanzig Jahren, so hörten wir, hatte es dort nicht geschneit, jedenfalls nicht so stark, so daß der weiße Segen besonders für die Kinder ein wahres Himmelswunder war. Jauchzend pappten sie das glitzernde Zeug zusammen und bewarfen sich damit. Die Erwachsenen liefen mit Fotoapparaten umher, um das seltene Ereignis in Bildern festzuhalten.

Auch uns bereitete das unerwartete Ereignis Vergnügen. Weniger amüsant war die Eiseskälte im Konzertsaal, wobei man wissen muß, daß in dieser Gegend ein so mildes Klima herrscht, daß normalerweise keine Heizungen benötigt werden. Dagegen konnte ich über die Besucherzahl nicht klagen. Der Saal war voll! Leider hatte der Pianist so klamme Finger, daß er kaum spielen konnte – und ich sah beim Singen meinen Atem verdampfen. Doch das trübte den Erfolg des Abends keineswegs.

Wegen des Schnees war der Flugplatz von Canberra gesperrt. Wir mußten die Rückreise nach Sidney sehr unbequem im Auto bewältigen. Vom 23. Juli bis nahezu Mitte August hatte ich mehrere Orchester- und Solokonzerte in Perth und in Adelaide. Der Orchesterdirigent war hierbei Henry Krips, der Bruder des in Europa bekannten Dirigenten Josef Krips. Henry hatte sich an einem der genannten Tournee-Orte als Orchesterleiter beworben. Nach einem Riesenerfolg in Adelaide mit der Arie »Land so wunderbar« war es mir eine Genugtuung, Henry Krips' Wunsch mit positivem Ergebnis fördern zu können. Ich habe ihn später in

Wien einmal wiedergesehen und sang unter seiner Leitung in der Silvestervorstellung den Eisenstein in der *Fledermaus*.
In Adelaide teilte uns der Tourneeleiter mit, ein Ehepaar Johnson sei von einem meiner Liederabende sehr begeistert gewesen. Er sagte: »Mr. und Mrs. Johnson würden sich freuen, Sie mit Ihrer Frau zum Dinner bei sich zu sehen. Ihnen zu Ehren geben sie einen Empfang, zu dem auch einige Persönlichkeiten der Stadt geladen sind.«
Gisela und ich fanden das sehr nett und nahmen die Einladung gerne an. Ich hatte einen freien Tag, fühlte mich frisch, und so war mir die Abwechslung willkommen.
Abends fuhren wir per Taxi in den Villenvorort, hielten in der uns genannten Straße und läuteten an der Tür des eleganten Bungalows. Die Johnsons empfingen uns freundlich, ließen uns Platz nehmen und plauderten über alle möglichen Dinge. Bei eisgekühlten Drinks fragten sie uns nach unserer Nationalität, nach der Flugroute Europa–Australien, nach unseren Kindern, unseren Hobbys... Wir plauderten und plauderten, aber mir wurde immer unbehaglicher zumute. Offenbar waren wir viel zu früh gekommen, die Zeit verging, wir blieben die einzigen Gäste. Von Vorbereitungen für einen Empfang war nichts zu merken.
Schließlich erkundigte ich mich höflich, wann denn die anderen kämen.
»Welche anderen?« fragte Mrs. Johnson erstaunt. »Wir erwarten keine Gäste. Wir freuen uns, daß Sie hier sind, aber wir haben auch Sie nicht erwartet. Ist es möglich, daß sich der Taxifahrer in der Adresse geirrt hat? Ein paar Häuser weiter wohnen Leute, die ebenfalls Johnson heißen. Der Name ist hier nicht selten!«
Es war tatsächlich ein Irrtum. Wir hatten die ganze Zeit bei den falschen Johnsons gesessen, während die richtigen mit dem Essen auf uns warteten. Unser unfreiwilliger Gastgeber lachte herzlich, ging ans Telefon und rief den richtigen Johnson an. So fand das Dinner doch noch statt, bereichert durch die Erfahrung doppelter australischer Gastfreundschaft.

Die grossen Filmereignisse unter diesem Zeichen
HERZOG FILM
RUDOLF SCHOCK
TRIUMPH UND WELTERFOLG EINES BEGNADETEN SÄNGERS
Du bist die Welt für mich
ANNEMARIE DÜRINGER · DAGNY SERVAES
RICHARD ROMANOWSKY · FRITZ IMHOFF
WOLFGANG LUKSCHY · JOACHIM BRENNECKE
ERNST MARISCHKA
MITGLIEDER DER WIENER SYMPHONIKER
UNTER LEITUNG VON PROF. WILLY SCHÜCHTER
ANTON PROFES
Du bist die Welt für mich
Berliner Wand-Jllustrierte

31 Vorhergehende Seite: Mit dem Richard-Tauber-Film »Du bist die Welt für mich« begann im Jahr 1953 meine Filmkarriere. Die Kinowerbung am Kurfürstendamm imponierte mir sehr.

34 Aus dem Film »König der Manege«, 1954, mit Germaine Damar: Ich hatte darauf bestanden, die artistischen Szenen ohne Double selbst zu spielen.

32/33 Annemarie Düringer war meine Partnerin in »Du bist die Welt für mich« (oben). In einer Einblendung dieses Films, in der auch meine Töchter Isolde und Dagmar erschienen, trat ich in der Szene der Seligpreisung als Wilhelm Kienzli Evangelimann auf (unten).

35 Mit Christine Görner drehte ich 1958 den Operettenfilm »Gräfin Mariza« nach Emmerich Kálmáns Meisterwerk.
36 Bei den Salzburger Festspielen 1956 und anschließend an der Wiener Staatsoper sang ich den Belmonte in Mozarts »Entführung aus dem Serail«.

37 Ebenfalls in Salzburg, und zwar in der Mozart-Woche aus Anlaß des 200. Geburtstags des Komponisten im Januar 1956, sang ich die Titelpartie in »Idomeneo«. Gerda Scheyrer verkörperte die Ilia.

Hierzu muß man wissen, daß es alte australische Tradition ist, Besucher nicht abzuwehren, sofern sie sich offensichtlich in guter Absicht nähern. Auch ist dem Australier jeder Smalltalk schon aus Gründen der Abwechslung willkommen.

Wir werden dieses Beispiel australischer Gastfreundschaft um so weniger vergessen, als es nicht das einzige war. Allerdings sind wir nie wieder unangemeldet bei wildfremden Menschen mit der Tür ins Haus gefallen.

Auf einem anderen Blatt stehen die Vorbehalte, denen wir hier und da in Emigrantenkreisen begegneten. Das betraf vor allem deutsche und österreichische Juden, die der Nazityrannei entflohen waren und in Australien Zuflucht gefunden hatten. Für manche von ihnen waren wir noch immer Repräsentanten der braunen Barbarei, und so sehr sie deutsches Liedgut liebten und meine Stimme am Radio bewunderten, scheuten sie sich doch, an meinen Liederabenden teilzunehmen.

Mein Klavierbegleiter Werner Baer sagte einmal zu mir: »Das mußt du verstehen. Sie können das Geschehen nicht vergessen. Bei aller Liebe zur Musik ist es ihnen einfach unmöglich, den Liederabend eines jungen Sängers zu besuchen, der aus dem verrufenen Deutschland kommt.«

Da nützte auch nichts, daß ich auf meine persönliche Herkunft, meine Entwicklung und Einstellung hinwies. Damals unterschieden einige noch nicht zwischen Deutschen und Nazis, Deutschen und Faschisten.

Manche von ihnen scheuten auch nur den öffentlichen Kontakt. In Melbourne waren wir zum Beispiel bei einer Emigrantenfamilie eingeladen. Die Leute waren ganz reizend zu uns. Als ich mich aber mit den Worten verabschiedete: »Wir sehen uns ja morgen im Konzert«, wurde der Hausherr verlegen. Er sagte: »Herr Schock, es tut mir leid... Ich habe Sie als sehr sympathischen Menschen kennengelernt. Aber Sie müssen dafür Verständnis haben, daß ich in Ihr Konzert nicht kommen kann. Das würden mir viele meiner Freunde übelnehmen...«

Natürlich gab es auch unter den Emigranten souveräne Persönlichkeiten, die Musisches, Menschliches und Politisches voneinander trennen konnten. Mit einigen freundeten wir uns sogar an, und ich bin glücklich, daß diese Verbindungen bis zum heutigen Tage nicht abgebrochen sind, sondern sich im Laufe der Zeit vertieften.

Eine Wiener Emigrantin, Liesl Herman, kam in jedes meiner Konzerte, sie fuhr uns an den wenigen freien Tagen mit dem Wagen aufs Land hinaus, zeigte uns die Blauen Berge und andere Naturwunder oder Sehenswürdigkeiten, die damals für die Deutschen noch völlig außerhalb des Erreichbaren lagen. Diese liebenswürdige Dame folgte meinen Konzerten in einige Städten. Sie war nach dem Kriege bereits mehrmals wieder in Europa gewesen, hatte aber Deutschland gemieden. Als wir sie zu uns einladen wollten, sagte sie: »Ich fliege auch künftig jedes Jahr nach Europa. In Ihr Land komme ich nicht, dazu kann ich mich beim besten Willen nicht überwinden.«

Wir blieben in brieflichem Kontakt. Eines Tages, nach vielen, vielen Jahren, ist sie dann mir zuliebe über ihren Schatten gesprungen: Sie kam eigens zu meinem 50. Geburtstag aus Australien herüber, und ich konnte sie in meinem Starnberger Hause begrüßen. Ihr Besuch war für mich eines der schönsten Geburtstagsgeschenke.

In Sidney machten wir die Bekanntschaft eines prominenten australischen Arztes, der ein schönes Haus oberhalb der Port-Jackson-Bucht besaß. Unvergeßlich blieb uns der Anblick der über tausend Meter langen Brücke, die diese Bucht überspannt. Den paradiesischen Wohnsitz erfüllten während unseres Besuches ausgewählte Klänge von Schallplatten, denn der Arzt war Musikenthusiast und verfügte über eine riesige Diskothek.

Am späten Abend sagte Gisela: »Jetzt spielen Sie uns einmal Ihre Lieblingsplatte vor!«

Unser Gastgeber ließ sich nicht lange bitten, und ich glaubte meinen Ohren nicht zu trauen: Hier, im fernen Australien, erklang die Stimme von Tiana Lemnitz! Sie sang die g-Moll-Arie der Pamina aus der *Zauberflöte*:

»Ach, ich fühl's ...«

Mir wollte scheinen, als hätte ich diese Arie nie in meinem Leben schöner gehört. Aber dann erinnerte ich mich, daß Tiana Lemnitz ja auf der Bühne der Berliner Staatsoper meine Pamina gewesen war.

Im Laufe meiner Karriere habe ich unzählige Male den Tamino gesungen – mit großen Sängerinnen als Pamina: Irma Beilke, Elisabeth Schwarzkopf, Lisa della Casa, Leontyne Price, Elisabeth Grümmer und anderen. Keine aber hat die Phrase »so wird Ruh' im Tode sein« – mit dem hohen piano-G auf »Ruh'« – so vollendet schön gesungen wie Tiana Lemnitz.

Und dann jener Tag im Sommer 1947: Gerade sang sie diese Arie, als wir einen beizenden Geruch in die Nase bekamen. Irgendwo mußte ein Brand ausgebrochen sein. Hinter der Bühne entstand Unruhe. Der Dirigent, es war Georg Solti, hatte die Gefahr erkannt. Er dirigierte immer weiter, bis das Licht ausging. Mozart klang wie Katzenmusik. Tiana sang tapfer ihre Arie zu Ende:

»... so wird Ruh' im Tode sein«.

Als das Publikum unruhig wurde, stürzte ich an die Rampe und brüllte: »Meine Herrschaften, seien Sie vernünftig. Hier brennt es – auf der Bühne, nicht bei Ihnen.«

Meine kaltblütigen Worte verfehlten ihre Wirkung nicht. Diszipliniert verließ die Menschenmenge das Theater. Am folgenden Tag meldete eine Zeitung: »›Tamino-Schock‹ verhinderte die Katastrophe.«

Ja, das alles ging mir hier in Australien durch den Kopf.

Die für einen Sänger besonders grausamen klimatischen Unterschiede in Australien deutete ich bereits an. Im Gegensatz zu Europa ist es auf dem Inselkontinent im Norden heiß, im Süden kühler oder, wie wir erlebt hatten, kalt. In dem Wüstenstaat Broken Hill, der nur im Flugzeug zu erreichen war, herrschte gleich wieder eine Hitze von 35 Grad. Wenn Klima, Ort und Freizeit es jedoch erlaubten, sehnten wir uns nach sportlichen Ausgleichen. Gleich anfangs hatte ich mich begeistert ins Meer gestürzt. Schwimmen war ja meine Leidenschaft. Ich wunderte mich nur über die Gesichter der Leute am Ufer. Später hörte ich, daß die Strandwache noch nicht aufgezogen war, die nach Haien Ausschau zu halten hatte. Nun, auch für die Haie mochte seinerzeit die Saison noch nicht begonnen haben, denn ich kam unbeschädigt wieder an Land.

Im Verlauf der Tournee fragte mich unser Betreuer von der ABC immer wieder: »Herr Schock, haben Sie irgendeinen Wunsch? Können wir Ihnen eine kleine Freude machen?«

»Ja«, entschied ich eines Tages, »Gisela und ich möchten Tennisspielen lernen!«

Sofort stellte man uns einen Tennislehrer zur Verfügung, doch der arme Bursche hatte seine Not mit uns. Ich höre noch seine verzweifelten Schreie: »You must hit the ball!«

Unsere späteren Tenniskünste in Europa hat er leider nicht miterleben können.

Doch nun wieder zum Gesang. Die ABC hatte im Verein mit der Regierung des Distrikts von Victoria eine Konzertserie in Melbourne angesetzt. Ich sang dort in der Town Hall Mozart-Arien, begleitet vom Victorian Symphony Orchestra unter der Leitung von Otto Klemperer, dem großartigen Dirigenten und einzigartigen Original. Außerdem waren am gleichen Ort, an gleicher Stelle drei Liederabende mit mir angekündigt: am 6., 10. und 18. September. Hier fand ich mich in Presse und auf Plakaten bereits als »Rudolf Schock, the brillant tenor« gedruckt. Als ich das Programm las, sträubten sich mir die Haare (wenn auch nicht zum erstenmal auf diesem »trip«). Die Titel der Liederfolge wurden sowohl in deutscher als auch in englischer Sprache wiedergegeben. Und das war für mich allemal ein literarisches Abenteuer: »Am Meer« (von Schubert) klingt poetisch, die Übersetzung »By the Sea« eher nautisch – wogegen nichts einzuwen-

den ist. Aber »Feldeinsamkeit« von Brahms zu identifizieren in der Form von »Waldeinsam Keit« bereitete schon Schwierigkeiten. »Standchen«, »Meine Liebe ist grun« erklärte sich aus der angelsächsischen Unkenntnis und dem drucktechnischen Mangel von »ä-, ö- und ü-«-Strichelchen. Genau wie beim »Fruhling« von Mozart und beim Schubertschen »Jungling an der Quelle«. Wie war ich froh, daß ich nicht »Schöck« sondern »Schock« hieß!
Die Konzerte und Liederabende waren dennoch sehr zufriedenstellend. Abends wollten uns die Damenclubs und Frauenverbände (Ladies Committees) gar nicht aus ihrer beharrlichen Gastfreundschaft entlassen. Sie ahnten nicht, daß ein solches Beisammensein nach den Vorstellungen oft anstrengend war, anstrengender als die Konzerte selbst.
Hier wußte Otto Klemperer einen Ausweg: »Schock, ich verstehe Sie! Machen wir's so: Wenn ich gähne, geleiten Sie mich raus. Meine Müdigkeit wird respektiert!«
Wir folgten dem Ehepaar Klemperer in sein Hotelzimmer, wo er sich auf seinem zu kurzen Bett auszustrecken versuchte. Er war dann gar nicht mehr müde und erzählte uns die halbe Nacht Anekdoten aus seinem interessanten Leben. Frau Klemperer war vor ihrer Heirat Soubrette am Kölner Opernhaus gewesen. Als Otto Klemperer dort den *Fidelio* dirigierte, sang sie die Marzelline. Die ersten Worte ihrer Arie lauten: »Oh, wär' ich schon mit dir vereint.« Es dauerte dann nicht lange und sie war mit ihm vereint...
In Melbourne las ich bereits in der Zeitung von meiner Neuverpflichtung an die Covent Garden Opera, die mich daran hinderte, die Tournee – wie eigentlich geplant – nach Neuseeland auszudehnen. Aber: »He must return to London to sing the mayor tenor part in the world premiere of *The Olympians* by Arthur Bliss.«
Die Ankündigung war insofern nicht ganz korrekt, als ich in der Uraufführung von Bliss' Oper *The Olympians* nicht auftrat, sondern erst in der zweiten Vorstellung. Allerdings mag es sein, daß Arthur Bliss mich, wie ich las, »als den einzig möglichen Sänger

für die Hauptpartie« ansah. Ich habe mich dann auch da wieder intensiv hineingekniet.
Der Abschied von Australien fiel uns schwer, denn wir hatten ja viele Freunde gewonnen. Die Strapazen der Tournee – und selbst das Tennisspiel – hatten es nicht vermocht, mein Gewicht zu verringern, ich kehrte ziemlich pausbäckig nach Europa zurück. Dort unterwarf ich mich einer eisernen Diät, aber ich mußte erfahren, daß es leichter ist, sich Übergewicht anzufuttern, als ein paar Pfunde abzutrainieren.

Ein glückhaftes Jahr

Gleichzeitiges Engagement an zwei Berliner Musiktheatern: Deutsche Staatsoper und Komische Oper

Gisela hatte sich als Reisebegleiterin und Betreuerin ganz außerordentlich bewährt. Ich beschloß nun, sie in England zu behalten und auch die Kinder herüberholen zu lassen.
Wir bezogen in London eine hübsche möblierte Wohnung in der Tottenham Court Road. Isolde und Dagmar, jetzt 8½ und 4½ Jahre alt, mußten wir in eine Boarding School, also in ein Internat, geben. Eine andere Möglichkeit fand sich nicht. Dort, in Seven Oaks, Kent, nahm sich eine sympathische Heimleiterin, Mrs. Trench, ihrer an. Doch es ging recht spartanisch zu, die anderen Kinder waren überdies zu Anfang gehässig gegen die beiden Deutschen, und es erforderte viel Tapferkeit von unseren beiden Mädchen, sich durchzusetzen. Wichtig war aber, daß sie die englische Sprache lernten, und hierin machten sie wahrhaft erstaunliche Fortschritte. Als wir sie einmal von London aus besuchten, sahen wir Isolde den Gartenzaun vor der Schule streichen. Sie begrüßte uns munter auf englisch, während Gisela vor ihrer über und über bekleckerten Schürze zurückwich.
Was die Sprache betraf, so tat sich die Kleinere noch leichter. Dagmar war mit ihren vier Jahren im aufnahmefähigsten Alter. Als die Kinder im folgenden Jahr die Schule verließen, waren sie in Englisch fast perfekt.
Zu Weihnachten 1949 holten wir Isolde und Dagmar zu uns nach London. Natürlich machten wir mit den Kindern auch den traditionellen Weihnachtsspaziergang, obwohl London unter einer Nebelglocke lag. Wir wanderten zur Westminster Abbey, zur St.

Paul's Cathedral, betrachteten das berühmte Parlamentsgebäude und lauschten dem Glockenton von Big Ben. Als wir die Kälte zu spüren begannen, sagte Dagmar plötzlich: »I did'nt have my afternoon-tea yet!«

»Die typische kleine Britin!« rief ich lachend. Sie will ihren 5-Uhr-Tee!«

Wir begaben uns schleunigst in unsere gemütliche kleine Wohnung und stärkten uns alle mit einer Tasse guten und wärmenden »afternoon«-Tees.

Zu Silvester verging uns allerdings das Lachen, und da half auch kein Tee: Auf der Bühne hatte man mir ein *Bohème*-Kostüm verpaßt, in dem bereits Enrico Caruso aufgetreten war. Jedenfalls lag der Fundus aus Sparsamkeitsgründen im argen, das brachte hygienische Probleme mit sich. Kurz, ein übles Jucken, das ich an die ganze Familie weitergab, wurde vom herbeigerufenen Arzt als Krätze diagnostiziert. Da nützten nur Einreibemittel, die sich allerdings auf die zarte Haut der Kinder recht schmerzhaft auswirkten. Der britische Arzt, ein richtiger Doktor Eisenbart, verordnete Isolde und Dagmar gleich eine Radikalkur. Wir mußten sie von oben bis unten dick einschmieren und die ätzende Salbe sogar noch tüchtig verreiben. Danach wurden die beiden in die Badewanne gesteckt. Als die Londoner Glocken das neue Jahrzehnt einläuteten, brüllten Isolde und Dagmar wie am Spieß. Aufgeschreckte Nachbarn erschienen besorgt an unserer Tür, um die Ursache des Mordsgeschreis zu erforschen. Zum Glück erwies sich die Eisenbart-Prozedur als wirksam. Die Krätze verschwand.

Das Jahr 1949 war trotz des dissonanten Ausklangs ein gutes Jahr für mich gewesen. Ebenso sollte mir, trotz des Wehgeschreis zum Neujahrsauftakt, 1950 ein Erfolg nach dem anderen beschieden sein.

Einen Ärger im vorangegangenen November muß ich allerdings noch erwähnen. Außerhalb meiner Opernverpflichtung hatte ich gerade ein großes Lehár-Konzert gegeben und plante einen

Liederabend, den die Pianistin Hilde Flatter mit mir probte. Am 22. November, einen Tag nach dem Lehár-Konzert, erreichte mich plötzlich ein Anruf: Herbert von Karajan, der zum erstenmal in London mit der Neunten Symphonie von Beethoven auftreten sollte, ließ anfragen, ob ich den Tenorpart übernehmen könnte, weil Walther Ludwig kurzfristig abgesagt hatte. Es eile sehr, die Generalprobe sei bereits am 24., die Aufführung am 25. November. (Die übrigen Solisten waren Elisabeth Schwarzkopf, Jane Watson und Boris Christoff.)
Natürlich schreckte ich erst einmal vor der Aufgabe zurück, denn ich hatte den Tenorpart in der Neunten Symphonie noch niemals gesungen, und ich wußte, was auf dem Spiel stand. Die – wenn auch kurze – Partie ist selbst für erfahrene Sänger eine einzige Klippe. Nach den eigenwilligen Vereinigungen von Fagott, Kontrafagott und großer Trommel wandelt sich das musikalische Thema, dem dann der Tenor mit der überaus schwierigen Phrase »Froh, wenn seine Sonnen fliegen« die entscheidenden Akzente gegenübersetzen muß. Das klingt selbst bei Routiniers der Weltspitzenklasse oft mühsam, sogar häßlich. Und ich hatte das noch nie geübt!
Aber man bat mich am Telefon so dringlich, daß ich schließlich zusagte. Ich stürzte mich mit Hilde Flatter sofort in die Arbeit. Ohne sie hätte ich gar nicht erst anzufangen brauchen. Praktisch blieben mir nur ein paar Stunden zur Vorbereitung.
Am 23. November erschien ich auf Herbert von Karajans Probe. Ich konnte den Part zwar einigermaßen vom Blatt singen, war aber, wie man sagt, noch nicht sattelfest. Nun, es galt, die Aufführung zu retten, und ich hielt es für selbstverständlich, daß Karajan mir helfen und dies und das noch ausbügeln würde.
Statt dessen klopfte er ab, sah mich ungehalten an und rief mir zu: »Gehen Sie erst mal nach Hause und lernen Sie richtig!«
Ich war einen Moment wie vor den Kopf geschlagen. Erst hatte er mich dringend gebeten, ihm zu helfen, und nun vergalt er mir meinen guten Willen mit solcher Uneinsichtigkeit! Ich schluckte

meinen Zorn über sein ungerechtes Verhalten jedoch hinunter, warf die Partie nicht hin (wie ich es im ersten Augenblick gern getan hätte), sondern übte weiter mit Hilde Flatter die ganze Nacht hindurch.

Am 24. November war die Generalprobe. Meine Solo-Kollegen sangen alle vom Blatt, wie das so üblich ist, ich aber dachte mir an diesem Tage: So, mein Freund, jetzt werde ich dir mal zeigen, was ich gelernt habe.

Ich stellte mich hin und sang die schwierige Partie auswendig.

Nun, das war Herrn von Karajan natürlich auch nicht recht. Auswendig zu musizieren war ihm allein vorbehalten. So maß er mich mit unfreundlichen Blicken. Aber die Aufführung war gerettet ...

Das Jahr 1950 stellte mich vor immer weitere Aufgaben und immer schnellere Aufeinanderfolgen. Mit der Covent Garden Opera unternahm ich wieder Gastspiele nach Liverpool, Manchester, Birmingham, Edinburgh und vielen anderen Orten. Daneben gab ich die mir von der Gewerkschaft genehmigten zwei Konzerte – pro Spielzeit natürlich. Nicht immer – trotz oft überwältigender Erfolge – waren diese Abstecher ein reines Vergnügen.

Am 9. April hatte ich eines der erwähnten Konzerte im Wintergarten von Bournemouth zu singen: Das Programm enthielt eine ganze Reihe französischer und italienischer Arien, und man kann sich denken, daß ich danach sehr erschöpft war. Ich hatte mein Bestes gegeben, stürmischer Applaus hatte mich belohnt, doch davon konnte ich weder meinen Hunger stillen, noch meine trockene Kehle benetzen. Ich sagte zu Gisela: »So, nun gehen wir erst einmal anständig essen und führen uns einen guten Tropfen zu Gemüte. Wir haben es verdient. Ich habe gesungen und du hast jeden Ton kontrolliert, also auch keine Sekunde ausgespannt. Das muß belohnt werden.«

Doch wohin wir uns auch wandten, jedes Restaurant, jeder Pub war geschlossen. Es gab nicht einmal einen schäbigen Stehausschank, in dem ich meinen Durst hätte löschen können. Die Briten haben feste Schließzeiten, an die sich die Wirte eisern halten. Auf die Minute genau ist überall Zapfenstreich, wer später kommt, erhält ausnahmslos keinen Tropfen mehr, weder für Geld, noch für gute Worte, da mag er betteln, soviel er will. Ich muß ehrlich sagen, diese gastronomische Korrektheit hat mir imponiert – gefallen hat sie mir nicht. Sie ist wahrhaftig dazu angetan, einem den Englandaufenthalt zu verleiden. Zudem war der fragliche Tag ein Sonntag, in Großbritannien totaler Ruhetag. So waren wir also völlig ausgesperrt.

Mit knurrendem Magen wanderten wir ins Hotel zurück. Im Zimmer stillte ich meinen Durst mit gechlortem Leitungswasser...

Am 8. Mai hatte ich wieder zwei denkwürdige Schallplattenaufnahmen im »His Master's Voice«-Studio in der Londoner Abbey Road: das Schlußduett aus Umberto Giordanos *André Chenier* und das Kirschenduett aus Pietro Mascagnis wenig bekannter Oper *L'Amico Fritz*. Meine Duettpartnerin war die in Neuseeland geborene Sopranistin Joan Hammond, die von der Wiener Staatsoper kam und zur Zeit in London gastierte. Was mich betrifft, so halte ich gerade das Kirschenduett mit Joan Hammond für eine hervorragende, ja für eine meiner besten Aufnahmen überhaupt, weil hier mein »Mezza voce« stark zur Geltung kommt. Die Platte ist ein besonders in Ehren gehaltenes Prunkstück unseres Dürener Privatarchivs.

Es ist vielleicht interessant hinzuzufügen, daß die erwähnte Aufnahme zugleich mit einigen anderen in den USA zur Kritik stand. Eine davon stammte von Benjamino Gigli und seiner Tochter Rina, eine weitere hatte der damals sehr bekannte italienische Tenor Ferruccio Tagliavini mit einer nicht minder qualifizierten Partnerin besungen. Es wurden auch noch andere debattiert, den Lorbeer erkannten die Kritiker jedoch der Fassung von Joan Hammond und Rudolf Schock zu...

Obwohl wir in London ein sehr interessantes Leben führten, plagte uns das Heimweh. Da kam eines Tages ein Telegramm von der Berliner Staatsoper wie gerufen. Ernst Legal wollte mich dringend wiederhaben. Er plante Donizettis *Liebestrank* mit mir als Nemorino. Mit Freuden nahm ich an.
In Deutschland hatte sich inzwischen viel verändert, die Berlin-Blockade gehörte längst der Vergangenheit an, seit Monaten existierte eine Bundesrepublik mit einem Parlament, einem energischen Kanzler und einem Wirtschaftsminister, der dabei war, die Westdeutschen aus dem Nichts heraus einem sogenannten Wirtschaftswunder zuzuführen. Wir waren nun lange genug im Ausland gewesen und trachteten begreiflicherweise danach, uns und den Kindern ein deutsches Zuhause zu schaffen. Natürlich würde auch der Rück-Umzug mit Strapazen verbunden sein. Bevor alles eingefädelt und geregelt war, ließen wir Isolde und Dagmar noch im Internat in Seven Oaks. Ich aber brauchte dringender als je einen Urlaub, und den wollte ich diesmal mit Gisela auf der Insel Sylt verbringen. Wir mieteten uns ein Zimmer in einer Privatpension: pro Tag 1,50 DM mit Frühstück.
Ich sehe uns in Wenningstedt aus der damals verkehrenden Inselbahn steigen, als wäre es gestern gewesen. Unsere Wirtin erwartete uns mit einem Handwägelchen fürs Gepäck, und so wanderten wir frohgemut unserem Ferienhäuschen entgegen.
Die Insel war seinerzeit ein Paradies der Einsamkeit, man konnte sich stundenlang im Wasser und in den Dünen tummeln, privat FKK betreiben, ohne daß einem außer den Möwen andere Lebewesen begegneten.
Wir wollten uns endlich auch einmal wieder im Tennisspielen versuchen. Doch als wir eines Tages voller Tatendrang auf dem Clubgelände erschienen, waren beide Plätze besetzt. Ein sehr attraktives Paar, das geübt die Rackets schwang, bemerkte uns, sah uns wohl auch die Enttäuschung an. Man stellte sich vor: Es handelte sich um einen Herrn Leroy mit Gemahlin. Er ebenso drahtig wie charmant – seine Frau eine junge, äußerst hübsche

Person. Dieses Ehepaar bot uns an, im Doppel mit ihnen zu spielen, worauf wir nur zögernd eingingen, weil wir uns wegen unseres mangelnden Könnens genierten. Aber die netten Leute nahmen uns jede Befangenheit.
Wir freundeten uns miteinander an, und aus der zufälligen Sportbekanntschaft wurde eine Freundschaft fürs Leben. Herr Leroy entpuppte sich als Musikkenner, er wurde ein Bewunderer meiner Stimme, aber auch ein unentbehrlicher Berater und Helfer im Hinblick auf den Erlös meines Gesanges. Ihm habe ich zu verdanken, daß ich meine Honorare nicht unbedacht anlegte – oder gar vergeudete, wie so mancher unglückliche Kollege –, sondern daß ich lernte, Geld zu investieren. Damals war die – im Krieg dem Erdboden gleichgemachte – Stadt Düren in Aufbauschwierigkeiten. Die Stadtväter suchten Leute mit Initiative. Mein Freund Leroy empfahl mir dort eine Kapitalanlage. Ich, in solchen Dingen völlig ahnungslos, folgte seinem Rat und brauchte es niemals zu bereuen.
Daß Gisela und ich heute ein schönes, gemütliches Haus in Düren bewohnen, in dem wir uns – nach mancherlei Umwegen über andere Wohnsitze – sehr wohl fühlen, ist das Verdienst unserer Freunde Inge und Heinz Leroy.

Zurück in Berlin, mußten Gisela und ich wegen der dort herrschenden Wohnungsnot wieder bei meinem Bruder Alwin und meiner Schwägerin Else Unterschlupf suchen. Während Gisela eine eigene gute Bleibe suchte, was allerdings Monate dauern sollte, stürzte ich mich in die Proben zum *Liebestrank*. Ich war glücklich, nach langer Zeit wieder in der Staatsoper zu sein. Kollegen und Umgebung gaben mir unerhörten Auftrieb, außerdem hatte mich die Partie des Nemorino immer schon gereizt.
Rita Streich sang und spielte ganz entzückend die Adina, die Freundin Gianetta gab Ruth Keplinger, den Quacksalber Dulcamara der Baß Heinrich Pflanzl, den Sergeanten Belcore mein einstiger Kollege aus Hannover, der Bariton Kurt Rehm. (Rehm

kam auf meinen Vorschlag an die Staatsoper und blieb dort als eine der Säulen des Ensembles bis zu seiner Pensionierung.) Der Dirigent Hans Loewlein hatte die musikalische Leitung. Die Inszenierung lag in den Händen des hervorragenden Spielleiters Werner Kelch.

Kelch brachte Leben, Buntheit, Witz, Schwung und Laune auf die Bühne, es machte uns allen Spaß und das Ergebnis war so, wie eine italienische Buffooper eigentlich gespielt werden muß. Es gibt im *Liebestrank* eine ganz, ganz herrliche Tenorarie, ein Bravourstück auf den Schallplatten meiner Vorgänger: »Una furtiva lacrima«, übersetzt mit: »Heimlich aus ihrem Auge sich eine Träne stahl«. Auf dieses melodienselige Gesangsstück wartet das Publikum, mit ihm steht und fällt die Aufführung. Hier muß der Tenor nicht nur die berühmte eigene Träne in der Kehle haben, er muß sehr gewissenhaft singen, da ist kein Schummeln möglich – er braucht einen langen Atem. Dreimal sei's gesagt (und es steht in meinem Stammbuch!): Das Schwierige hat hier leicht zu klingen, mühelos, mühelos – und wieder mühelos!

Nun, das gelang mir am Premierenabend des 30. Juni über alles Erwarten. Es war gewissermaßen mein neuer Einstand in Berlin. Als ich die Arie – auf deutsch – gesungen hatte, brach ein Sturm der Begeisterung los. Das Publikum setzte eine Wiederholung durch, und diesmal brachte ich sie auf italienisch:

»Una furtiva lacrima ...«

Der Applaus ist nicht nach Phonstärken gemessen worden, doch er klingt bis heute in mir nach. Ich hatte die Berliner aufs neue gewonnen. Das machte mich unsagbar glücklich. Nun erst war ich wieder zu Hause. Nach einer ganzen Reihe weiterer Auftritte in der Staatsoper, mehreren Schallplattenaufnahmen und Rundfunksendungen beim RIAS (*Der Troubadour, La Traviata, Rigoletto, Ein Maskenball*) war ich urlaubsreif. Aber auch etwas anderes erschien mir nötig: der Kauf eines Autos.

Heute klingt es verwunderlich, daß ich das extra erwähne, in einer Zeit, in der der Besitz eines fahrbaren Untersatzes schon für

Schüler eine Selbstverständlichkeit ist. Man muß bedenken, wir hatten damals die Währungsreform erst zwei Jahre hinter uns, die Automobilproduktion war noch im Aufbau, die Haltung eines Neuwagens galt als begehrenswerter Luxus. Aber ich mußte flexibel sein, unabhängig von Fahr- und Flugplänen – im Inland und im angrenzenden Ausland.
Zu meinem 35. Geburtstag – am 4. September 1950 – stand vor dem Haus in der Friedbergstraße, wo wir immer noch bei Alwin und Else wohnten, mein erstes Auto. Ich hatte es mir selber zum Geburtstagsgeschenk gemacht, und Gisela meinte, ich hätte es redlich verdient. Es war ein schicker, grüner Wagen der Firma Borgward, das erste deutsche Kfz-Modell in Pontonform. Ich hatte erst kurz zuvor meinen Führerschein gemacht, und die Worte des Berliner Fahrlehrers klingen mir noch in den Ohren: »Mann, een Schalthebel is keene Brechstange!«
Jedenfalls waren wir sehr stolz auf unser grünes Prachtstück, das damals überall noch Aufsehen erregte. Ich gestehe, daß ich bei der Probefahrt über die Avus einige glückliche Minuten genoß. Wer will mir das verdenken? Übrigens: Auch Gisela bestand ihre Fahrprüfung einige Tage später.

Walter Felsenstein, der als Intendant und ungekrönter König die Komische Oper in der Ostberliner Behrenstraße – im Haus des ehemaligen Metropol-Theaters – beherrschte, bat mich, den Hans in Smetanas *Die verkaufte Braut* zu singen. Es war ein unglaubliches Erlebnis, mit diesem Regisseur zu arbeiten. Anny Schlemm war die Marie, Heinrich Pflanzl der Heiratsvermittler Kezal. Die musikalische Leitung hatte Arthur Grüber.
Die Premiere fand am 9. September 1950 statt. Ich muß hinzufügen, daß sie für mich wieder ein Erfolg ganz eigener Art war: Was das Schauspielerische in einer Operninszenierung betraf, so war ich nie aufsässig, ich ließ mich vom Regisseur führen. Aber ich wollte stets gern die Gründe für diese oder jene Anweisung wissen. Es muß dem Sänger ja einleuchten, warum er da oder

dort auf eine Treppe steigen, sich hier auf einen Brunnenrand setzen und dort etwa auf die Erde legen soll. Keiner konnte einem seine Regiekonzeption so gut klarmachen wie Walter Felsenstein. Alle Reaktionen, alle auszuführenden Bewegungen und Gänge auf der Bühne leuchteten mir ein, denn sie hatten immer Hand und Fuß, und Felsensteins Argumente waren stets verständlich und präzis. Ich habe von diesem bedeutenden Mann sehr viel gelernt. Die damalige Premiere ist zu Recht als ein Felsenstein-Ereignis in die Annalen der Berliner Komischen Oper eingegangen.

In der Folgezeit gondelte ich nun zwischen zwei Opernhäusern in Ostberlin und der Staatsoper in Hamburg hin und her, dazwischen machte ich in Berlin, Köln und Hamburg Rundfunksendungen und – immer häufiger – Schallplattenaufnahmen. (Von den vielen Konzertabstechern in den verschiedenen Städten ganz zu schweigen.)

Mitte Dezember 1950 trat eine amerikanische Fernsehgesellschaft an mich heran, um mit mir Ausschnitte aus Opern für die Television herzustellen. Das interessierte mich ganz besonders. Ich hatte nämlich bereits eine historische Fernseherfahrung hinter mir, in einer Zeit, da die meisten Leute noch gar nicht wußten, daß so etwas überhaupt produzierbar war! Es handelte sich damals – also noch im Kriege – um Versuchsaufnahmen des Reichsrundfunks während meiner Reklamation in Berlin 1943/44. Dort war alles noch reichlich primitiv zugegangen, und ich – als reklamierter Soldat – besaß ja nicht einmal einen anständigen Anzug, mit dem ich mich vor der Kamera sehen lassen konnte. Valentin Haller, ein Tenorkollege vom Deutschen Opernhaus, half mir aus der Verlegenheit, denn er hatte nicht nur eine elegante Garderobe, sondern auch meine Figur. Es handelte sich damals um eine Kurzfassung der *Fledermaus* in der Deutschlandhalle.

Jetzt, 1950, konnte ich mich fachgerecht und mit weiterentwickelter Stimme produzieren. Die Amerikaner nahmen einige Fernsehszenen mit Opernarien und Duetten auf, die dann auch später in Deutschland gezeigt wurden, und zwar in den Stundenkinos zwischen Wochenschauen und Kurzfilmen. Ich war sehr stolz, denn schließlich konnte ich als eine der ersten Schwalben des Fernsehens gelten ...

Das für mich so glückhafte Jahr 1950 brachte mir zwei weitere Höhepunkte. Der eine war privat und betraf die Rückkehr unserer Kinder aus England nach Berlin.

Isolde war jetzt neun Jahre, Dagmar fünf Jahre alt. Als wir die beiden aus der Boarding School holten, redete die Kleine nur noch englisch, und zwar Umgangston, fast Cockney. Im aufnahmefähigsten Alter war sie ständig unter Kindern gewesen, die kein Wort Deutsch sprachen. Isolde hatte ihre Muttersprache nicht verlernt, sich aber einen unverkennbar englischen Akzent angewöhnt.

Nun wollten wir aber mit den beiden kleinen Heimkehrern per Eisenbahn durch die DDR, deren Grenzposten und Transportpolizisten damals ein geradezu groteskes Mißtrauen gegen ausländische Einflüsse hatten. Mitunter glaubten sie, Leute mit Kindern seien besonders verdächtig, weil sie als listige Spione die Kleinen nur zur Tarnung mitführten (ähnlich, wie es Wilddiebe oder andere kriminelle Existenzen machen). Deshalb prägten wir besonders Dagmar an der Grenze bei Helmstedt ein: »Don't speak one word in English!« Aber als wir in der Schlange vor dem Abfertigungsschalter standen, konnte sich Dagmar nicht halten und sprach meine Frau laut und vernehmlich auf englisch an.

Sofort kam ein Volkspolizist herangestürzt: »Wer hat hier eben englisch gesprochen? Ich habe es genau gehört!«

Während er Gisela fixierte, sagte ich mit gespieltem Erstaunen: »Wer? Was? Hier kann keiner ein Wort Englisch. Da irren Sie sich! Was Sie da gehört haben, war Berlinerisch!«

Der Vopo zog sich zurück, wenn auch mit mißtrauischen Blicken. Wir aber atmeten auf. Wir Erwachsenen waren ja auch lange genug in England gewesen, und ein amtliches Verhör hätte zu häßlichen Mißverständnissen führen können...

Alwin und Else hatten einen sechsjährigen Sohn, Hajo, der sich sehr freute, seine Kusinen wiederzusehen. Er begrüßte sie begeistert: »Mensch, Dagmar, dufte, dette wieda da bist! Da könn wa ja prima zusamm spieln!«

Dagmar erwiderte hoheitsvoll: »Sorry, I don't understand!«

Der kleine Vetter rief: »Wat is'n mit dir?» Und vor Enttäuschung liefen ihm die Tränen über die Wangen.

Wenige Wochen später hatte Dagmar zwar nicht ihr Englisch vergessen, doch sich die deutsche Sprache so weit wiedererobert, daß sie problemlos mit dem Jungen spielen konnte.

Ein Höhepunkt beruflicher Art war am 21. Dezember eine Aufführung der Neunten Symphonie unter Wilhelm Furtwängler mit Elfride Trötschel, Margarete Klose und Josef Greindl. Furtwängler war freundlich wie stets, er ging ermutigend auf uns Sänger ein, bar jeder Attitüde, wie ich sie bei Karajan erlebt hatte.

In Berlin war die Bautätigkeit mittlerweile in Gang gekommen, und endlich, endlich fanden wir eine schöne und praktisch gelegene Neubauwohnung am Lietzensee-Ufer 5 in Berlin-Charlottenburg. Sie lag im fünften Stock, war zwar klein (2½ Zimmer mit Küche und Bad), bot aber einen für damalige Verhältnisse geradezu unglaublichen Komfort.

Gisela und ich waren über zehn Jahre verheiratet, die Kinder brauchten ein eigenes Zuhause, es war die höchste Zeit für uns, zu wissen, wohin wir eigentlich gehörten. Von unserer Wohnung aus hatten wir einen herrlichen Blick über den Lietzensee (den ich allerdings immer seltener genießen konnte). Was das Praktische betraf: Alwin und Else waren in einigen Minuten zu erreichen, beruflich hatte ich mit dem Wagen zu den drei Berliner Opernhäusern nur Minuten zu fahren, und schließlich wurde es meiner Mutter endlich möglich, uns von Hannover aus mit dem Bus zu besuchen und – was sie liebend gern tat – auf die Kinder aufzupassen, wenn Gisela mich auf meinen Reisen begleitete.

Am 3. März 1951 konnten wir unsere kleine Wohnung beziehen. Gisela ist bis heute der Meinung, daß wir uns dort auf engem Raum ebenso glücklich fühlten wie dann in unserer Dahlemer Villa oder später in unserem riesigen Haus am Starnberger See.

». . .wenn noch ein Schock vom Himmel fiel'«

Das Karriere-Karussell dreht sich immer schneller

Wo fange ich an? Wo höre ich auf? Meine Tagebücher der folgenden Jahre enthalten nur Stichworte. Dennoch sind sie randvoll.

Ich war ein beliebter und gefragter Sänger geworden, nun begann mein – wie es hieß – »kometenhafter Aufstieg zum Star«. (Star: ein gern gebrauchtes, schiefes Wort, das auch Anlaß zu vielen falschen Einschätzungen gibt.) Bisher hatte ich vorwiegend aus meiner Begabung und meinem ererbten Daseinsgefühl gesungen, schlicht aus der Freude am Singen. Meine Honorare hatten anfangs aus einem Stück Kuchen, ein paar Münzen und, beim Militär, aus Wodka und gelegentlicher Zusatzration bestanden. Die Theatergagen waren vor dem Krieg gering, im Krieg und danach nicht oder kaum der Rede wert gewesen. Die Währungsreform hatte keine rasch merkbare Wandlung gebracht.

Jetzt allmählich änderte sich das – und mit den wachsenden Produktionen auf dem Schallplatten-, Film- und Fernsehsektor wurde mir, später als den heutigen Sängern, klar, daß es beruhigend ist, ein Bankkonto zu besitzen. Angesichts meiner entbehrungsvollen Jugend erschien mir das sogar wie ein Wunder. Doch ich sang auch weiter im ungeschmälerten Bewußtsein meiner Freude am Beruf, optimistisch, vital und in ungebrochener Zielstrebigkeit.

Im Jahre 1951 war es mir möglich, mit dem Auto nach Magdeburg zu einem Liederabend im Kristall-Palast zu fahren. Ich hatte das Angebot trotz vieler anderer Verpflichtungen gern angenom-

men, da die Bewohner der DDR besonders aufgeschlossene und dankbare Konzertbesucher waren. Mein Reise- und Klavierbegleiter war wieder mein bewährter Freund Adolf Stauch.
Ich sang eine Gruppe von Hugo-Wolf-Liedern. Gleich das dritte Lied, mit dem eingängigen Titel »Der Rattenfänger« (Text von Goethe) ist keineswegs leicht, weder für den Sänger, noch für den Pianisten. Es ist ein Strophenlied, jedoch mit ganz kleinen musikalischen Abweichungen. Das kann dem Vortragenden zur Falle werden. Ich geriet auch prompt in den falschen Ablauf – und aus war's! Ich hörte auf zu singen, Freund Stauch spielte aber immer weiter. Da drehte ich mich um und rief ihm zu: »Schluß! Aus! Wir fangen noch mal von vorn an!«
Stauch warf mir einen entsetzten Blick zu, mußte sich aber fügen. Das Publikum reagierte mit betroffenem Schweigen. Wie das meist so ist: Die Leute schämten sich eher für mich, als daß sie mir den Patzer übelnahmen. Das war deutlich zu merken.
Ich sang das Lied also noch einmal, diesmal korrekt und sicher, wofür mich doppelter Beifall belohnte.
Es folgte das Lied »Kein Meister fällt vom Himmel« aber ohne jede Absicht, es gehörte zur Programmfolge. Nun paßte es herrlich auf die vorangegangene Panne. Wie herrlich, dessen war ich mir zunächst überhaupt nicht bewußt. Der Text lautet:

»Kein Meister fällt vom Himmel,
und das ist auch ein großes Glück,
der Meister sind schon viel zu viel,
wenn noch ein Schock vom Himmel fiel'...«

Die Zuhörer hatten schon anfangs amüsiert geschmunzelt. Bei den Worten »...wenn noch ein Schock vom Himmel fiel'« brachen sie in helles Gelächter aus, so daß ich beinahe wieder aufhören mußte. Die Stimmung hob sich so sehr, daß ich nicht ohne eine Reihe von Zugaben davonkam. Danach aber erklärte mir der Komponist und Kritiker Hans Chemin-Petit: »Schock, das haben Sie doch mit Absicht gemacht!«
»Nein. Das schwöre ich Ihnen«, erwiderte ich lachend. »Aber Sie

bringen mich auf eine Idee: Wenn man Erfolg haben will, kann man's natürlich auch mit solchen Tricks versuchen.«
Zum Glück brauchte ich keine Tricks, um es auf dem Gebiet des Liedgesangs zu Anerkennung zu bringen. So schrieb ein Rezensent:
»Eindrucksvoll nimmt Rudolf Schock den Wolf-Liedern die heute oft unverständliche Weltschmerzlichkeit. Die Klarheit seines Vortrages kommt den Liedern zugute, so daß wir sie mit anderen Ohren hören. Sehr zu unserem Gewinn!«
Mit Dr. Stauch gab ich künftig immer häufiger Liederabende in der Bundesrepublik. Das Konzertante, das Leise, die Dosierung waren stille, intensive Forderungen, denen ich mich gern, ja, mit Freude stellte.
In Berlin hatte ich den Lenski in *Eugen Onegin* an der Staatsoper zu singen, mit Elfride Trötschel, Anneliese Müller, Karl Wolfram, Josef Greindl und unter der musikalischen Leitung von Hans Loewlein. Es folgte unter anderem ein Konzert mit Anneliese Rothenberger im Großen Sendesaal des Hamburger Rundfunks, dem sich, mit derselben Partnerin, zwei Duettaufnahmen aus der *Lustigen Witwe* im Rundfunk anschlossen.
Und so ging es mit den unterschiedlichsten Anforderungen in schneller Aufeinanderfolge weiter. Was die Opernauftritte betraf, so hatte ich im Jahr 1951 schließlich drei Gastspiel-Verträge an den Staatsopern in Hamburg, in Berlin und in Wien – wo ich wieder mit der *Zauberflöte* begann. Daneben sang ich an der Ostberliner Komischen Oper immer noch den Hans in der *Verkauften Braut*. Ich war derart ausgelastet, auch schon mit den erwähnten Platten-Verpflichtungen, daß es mit der Hamburgischen Staatsoper zu einem sicherlich einmaligen Arrangement kam: Jeder Sänger drängt sich ja danach, Premieren zu singen. Ich aber hatte in Hamburg einen Vertrag, der, im Gegenteil, diese Verpflichtung ausnahm. Ich war dort von Premieren befreit, weil ich mir die Probenarbeiten dazu zeitlich einfach nicht leisten konnte.

Am 28. Juni aber trat ich dann doch als Premieren-Tamino einer neuen *Zauberflöte* vor das Hamburger Publikum – nach einer am 13. Juni absolvierten, unvergeßlich entzückenden Premiere des *Barbiers von Bagdad* von Peter Cornelius an der Berliner Staatsoper. Am 30. Juni wurde die Hamburger Inszenierung der *Zauberflöte* dann im Festspielhaus Recklinghausen wiederholt.
Die Recklinghauser Ruhr-Festspiele bestehen seit 1947. Sie sollen dadurch entstanden sein, daß die Recklinghauser die Stadt Hamburg mit Kohle versorgten, wofür die Hamburger als Entgelt künstlerische Veranstaltungen boten. Aus dieser »Tradition«, so heißt es, wurde dann eine »Institution«.
Wie dem auch sei, die *Zauberflöte* unter der musikalischen Leitung von Hans Schmidt-Isserstedt und in der Regie des genialen Günther Rennert wurde auch hier ein Riesenerfolg. Mit mir sangen Lore Hoffmann, Wilma Lipp, Anneliese Rothenberger, Horst Günther und Gottlob Frick. Übrigens bekamen wir am Ende dieser Festspielaufführung – wie damals üblich – unsere Honorare nicht per Scheck, sondern in Bargeld ausgezahlt. Die Herren hatten also ein ziemliches Polster in den Brieftaschen, die Damen entsprechend in ihren Handtaschen, vom Schmuck der die Herren begleitenden Ehefrauen ganz abgesehen.
Nach der Vorstellung fuhr das Hamburger Ensemble in das außerhalb der Stadt gelegene Hotel »Lohmühle«. Gottlob Frick, der den Sarastro so herrlich gesungen hatte, brauste mit seiner Frau im Wagen voran, Gisela und ich folgten ihm in unserem Borgward.
Plötzlich sah ich merkwürdige Hindernisse auf der einsamen, nächtlichen Landstraße. »Der Frick hat angehalten«, sagte Gisela.
Aber es war nicht nur mein Kollege, der dort vor uns neben seinem Wagen stand. Auf der Straße lag ein gestürztes Motorrad, dessen Scheinwerfer noch leuchtete. Schattenhaft erkannte ich Gestalten, die sich um den offenbar verunglückten Fahrer bemühten.

Ich stoppte und sprang hinaus. »Was ist los?« fragte ich Gottlob Frick.

»Der Motorradfahrer ist verletzt«, brummte er mit tieftragischer, tragender Baßstimme. »Ich meine, wir legen ihn erst mal an den Straßenrand. Er blutet stark.«

Wir hoben den Reglosen auf und trugen ihn zur Seite. In Bruchteilen von Sekunden hatte ich jedoch im Licht meiner Scheinwerfer erkannt, daß das angebliche Blut nur Farbe oder rote Sauce war, meinetwegen Ketchup, gleichviel: Ich war nicht umsonst lange Jahre Soldat gewesen.

Hier handelte es sich um eine Autofalle!

Der »Verunglückte« und die Burschen, die ihn in gespielter Ratlosigkeit umstanden, waren ganz offensichtlich Straßenräuber. Warum sie zögerten bedrohlich zu werden, wurde mir rasch klar: An meinen Bewegungen sahen sie, daß sie einen kräftigen und wendigen Mann vor sich hatten. Gottlob Fricks tiefschwarze Baßstimme signalisierte ebenfalls Stärke. Außerdem waren wir Theaterleute gewohnt unbefangen aufzutreten. Das verunsicherte die Kerle.

Ich sagte im Befehlston: »Vielleicht macht sich mal einer von euch auf, um einen Arzt herbeizutelefonieren!«

Frick und ich sprangen in unsere Autos und brausten in Richtung des einsamen Landhotels davon. Unseren Frauen hatte der Schreck die Sprache verschlagen. Die Fallensteller hätten an ihrem Festspielschmuck und unserer Gage eine reiche Beute gehabt, das wurde uns allen erst jetzt richtig klar.

Im Hotel erwarteten uns bereits die übrigen Sängerkollegen. Sofort versuchten wir, Verbindung mit der nächsten Polizeistation zu bekommen. Plötzlich aber fiel mir ein: »Um Himmels willen, Dr. Rennert fehlt noch! Der wollte allein in seinem Wagen nachkommen. Allein! Wenn wir den Kerlen schon durch die Lappen gegangen sind – an Rennert halten sie sich schadlos, der kriegt eins über den Schädel!!«

Gottlob Frick, zwei weitere Kollegen und ich, wir warfen uns in

ein Auto und rasten durch die Dunkelheit. Vier Sänger suchten ihren Regisseur!
Doch schon am Ende der Zufahrt begegnete uns Rennerts Wagen. Wir gaben Lichtzeichen, ich sprang hinaus und lief auf den Pkw zu. Seelenruhig beugte sich Günther Rennert aus dem Wagenfenster: »Was ist? Klappt's mit dem Quartier nicht?«
Ich sagte erleichtert: »Also war die Autofalle schon weg? Sie sind nicht angehalten worden?«
»Ach so«, erwiderte Rennert gleichmütig. »Die Sache mit dem quergelegten Motorrad? Natürlich. Die haben mich gestoppt.«
»Ja, und??«
»Lieber Schock«, lächelte Rennert. »Ich bin gar nicht erst ausgestiegen. Ein Blick hat genügt, die Inszenierung zu durchschauen. Ich habe Gas gegeben und bin vorbeigerast. Schlechte Regie erkenne ich sofort.«
So ernst der Vorfall auch war, wir mußten doch lachen. Rennert war eben als Meisterregisseur ein blitzschneller und blitzgescheiter Beobachter.
Übrigens blieb die polizeiliche Suche nach den Burschen ergebnislos. Die hatten wohl Lunte gerochen und sich rechtzeitig verdrückt.

Im Wirbel der frühen fünfziger Jahre folgten die Termine Schlag auf Schlag. Zum erstenmal sang ich bei den Salzburger Festspielen 1951 am 27. Juli in der Felsenreitschule eine tragende Partie: den Idomeneo in Mozarts gleichnamiger Oper, und zwar in italienischer Sprache. Der Dirigent war Georg Solti, die Inszenierung besorgte Josef Gielen vom Wiener Burgtheater, Bühnenbild und Kostüme stammten von Caspar Neher, es spielten die Wiener Philharmoniker. Die Elektra sang Jane Lawrence, die Ilia Hilde Güden, »meinen« Sohn Idamantes Richard Holm, den Oberpriester Kurt Böhme. Zwischen den Vorstellungen, die in Abständen von acht, fünf und einmal zehn Tagen stattfanden, mußte ich nach Berlin, um einen englischen Opernfilm, Offenbachs *Hoff-*

manns Erzählungen von Michael Powell und Emeric Pressburger, zu synchronisieren. Das war in meiner Sängerlaufbahn ein einzigartiges Kuriosum.
Der Stardirigent Sir Thomas Beecham hatte es abgelehnt, mich in der englischen Originalfassung die Titelpartie spielen zu lassen. Abweisend soll er gesagt haben: »Ein Deutscher? Nein!!« Der große Brite erwies sich hier als recht kleinlich.
Wie dem auch sei, ich hatte nun das nervenaufreibende Vergnügen, gemeinsam mit deutschen Kollegen den Film mit dessen Bilddarstellern zu synchronisieren.
Es war eine Mordsarbeit! Rita Streich, Anny Schlemm, Maria Reith, Anneliese Müller, mein Freund Josef Metternich und ich sangen die Hauptpartien. Wir bekamen das Bild eingespielt, dazu lief ein sogenanntes internationales Musikband, das wir über Kopfhörer vernahmen, und wir mußten nun die schwierigen Arien mundgerecht, also lippensynchron, den fremden Gesichtern auf der Leinwand unterlegen. (Das internationale Musikband ist ein Notbehelf, es gibt die Tempi nicht exakt, es ist nur eine Krücke, über die man manchmal eher stolperte, als daß sie einem half. Dazu kam ein deutscher Text, der auf die englischen Mundbewegungen zugestoppelt war.) Wir standen täglich sieben bis acht Stunden im dunklen Studio und mühten uns bis zur Ohnmacht, unseren Gesang sowohl schön als auch korrekt zu den Lippenbewegungen der Leinwandfiguren zu gestalten. Solistinnen und Solisten haben Heldenhaftes geleistet. Metternich und ich wankten anschließend wie Betrunkene aus dem Studio.
Der Film lief dann sehr erfolgreich. Die deutschen Sänger wurden im Vorspann erwähnt, auch ich – leider aber als Werner Schock, so daß ich um den Ruhm der Plage geprellt war.
Am Ende der Saison verzeichnete ich einen Rekord: 152 Vorstellungen, Konzerte, Funk- und Schallplattenaufnahmen. Wenn ich mir heute diese Bilanz ansehe, bin ich ehrlich genug, um zu sagen: Das war mindestens um ein Drittel zuviel. Hundert Auftritte wären reichlich genug gewesen. Ich begreife nicht mehr,

wie ich mir das überhaupt zumuten konnte, ja ich bedaure es rückblickend sogar. Denn ein Privatleben war unter solchen Umständen gar nicht möglich, und meine Kinder, auch meine Frau, haben sicher sehr darunter gelitten. Aber die Karriere hatte sich selbständig gemacht, ich war gar nicht mehr in der Lage zu bremsen, zumal meine physische Kondition und meine seelische Vitalität zu dieser Zeit auch gar nichts anderes zuließen.

In Düsseldorf sollte ich den Herzog in *Rigoletto* singen. Auch da konnte ich nicht nein sagen, denn das Düsseldorfer Ensemble spielte ja auch in meiner Heimatstadt Duisburg, und so hatten alte Freunde Gelegenheit, »ihren Rudi« in einer großen Rolle leibhaftig zu sehen und zu hören.

In Hamburg aber wartete auf mich eine in doppelter Beziehung »tolle« Aufgabe. Ich sollte den Wüstling und Irren Tom Rakewell in Strawinskys Oper *The Rake's Progress* (übersetzt mit: *Das Leben eines Wüstlings*) übernehmen. Daß das keine populäre Rolle war und ist, kann man sich denken, falls man's nicht weiß. Strawinskys Rang ist unbestritten, William Hogarths Bilderfolge, die dem Libretto von H. W. Auden und Chester Kallmann zugrunde liegt, ist graphische Weltliteratur. Darüber gibt es keine Diskussion.

Ob aber diese »Wüstlingsoper« musikalisch und dramaturgisch einen gelungenen Wurf darstellt, darüber gehen die Meinungen der Auguren auseinander. (Der ehemalige Chef der New Yorker »Met« – Sir Rudolf Bing – äußerte sich abfällig, wenn nicht gar angewidert.) Tatsächlich ist es auch für ein wohlwollendes Publikum ein seltsames Erlebnis, eine Frau mit einem Bart auf der Bühne agieren zu sehen.

Tom Rakewell, der Liebe, Geld und Leben verschleudert und in einem Irrenhaus des 18. Jahrhunderts auf einem Strohsack endet, war eine unvergleichliche Bewährungsprobe für mich, den bisher fast immer strahlenden Liebhaber-Tenor. Die Gesangspassagen sind ebenso diffizil wie die schauspielerischen Anforderungen, die ins Charakterfach weisen.

Dr. Rennert sagte zu mir: »Wenn einer das schafft, sind Sie's! Gesanglich habe ich nicht die geringste Sorge. Darstellerisch fällt mir schon was ein.«
Rennert erwirkte für sich und mich die Erlaubnis, eine psychiatrische Anstalt in Hamburg zu besuchen, um dort die Geisteskranken einen ganzen Tag lang zu beobachten. Ich sollte realistische Erkenntnisse für meine Rolle gewinnen. Wir mußten weiße Kittel anziehen und im Rahmen einer Kommission auch die Beschwerden der leichteren Fälle anhören. Ein kluger Arzt leitete die Aktion mit größtem Takt.
Als wir nach Beendigung unseres Besuches abends ins Auto stiegen, sagte ich zu Rennert: »Wenn ich die Fälle, die ich gesehen habe, mit der Normalität vergleiche, müßte entweder die halbe Welt in so ein Irrenhaus oder die Patienten müßten sofort freigelassen werden!«
Aber man hatte uns nur mit harmlosen Insassen konfrontiert. Da war zum Beispiel ein Mann, der stumm auf seinem Ruhebett lag und zur Zimmerdecke emporstarrte. »Er ist völlig teilnahmslos«, erklärte der Anstaltsleiter. »Aber achten Sie auf seinen angewinkelten rechten Arm und den ausgestreckten Zeigefinger! Wenn wir in zwei oder drei Stunden wieder hereinschauen, werden Sie Arm und Finger in derselben Haltung vorfinden.«
So war es dann auch. Diese Lage und den traurigen Tick mit dem zur Decke gestreckten Zeigefinger übernahm ich für meine Rolle. Den größten Teil des letzten Aktes von Strawinskys Oper lag ich auf einem Strohsack, hielt den Arm angewinkelt und den Zeigefinger ausgestreckt. Es war nicht nur die Pose, die das Publikum später – gleichermaßen in Hamburg, Berlin und Wien – so faszinierte. Rennert und ich verwendeten auch andere Eindrücke unserer traurigen Visite, um der Inszenierung die nötige Kontur und Tiefe zu verleihen.
Von daher gesehen ist mir *The Rake's Progress* ein wertvolles Erlebnis geblieben …

»Du bist die Welt für mich ...«

Filmarbeit und Opernfeste

Am 23. Februar 1952 sang ich an der Hamburgischen Staatsoper die Titelrolle in der Premiere von Verdis *Don Carlos*. Den Posa gab mein Freund Josef Metternich in vollendeter Form, aber auch Gottlob Frick ist mir besonders in der Auffassung der großen Arie König Philipps »Sie hat mich nie geliebt ...« in unvergeßlicher Erinnerung. Er sang so ausdrucksvoll mit perfekter Beherrschung das »Mezza voce«, wie ich es von einem »schwarzen Baß« noch nie gehört hatte.

Metternich, Frick und ich haben *Don Carlos* noch oft zusammen gesungen. Nicht nur in Hamburg, sondern – unter anderem – auch an der Wiener Staatsoper.

Im Zusammenhang mit dieser Verdi-Oper und meinen beiden Kollegen fällt mir ein recht prosaisches Erlebnis ein: Nach einer *Don Carlos*-Aufführung in Hamburg trafen wir drei uns nach getaner Arbeit im »Hotel zur Oper«, wo wir auch wohnten. Wir setzten uns ins Restaurant und genehmigten uns ein paar wohlverdiente Biere nach der Anstrengung des Abends. Zu dieser Zeit rauchte ich noch hin und wieder eine Zigarre. Josef Metternich schmauchte sowieso ganz gern, was ein Opernliebhaber wohl beobachtet haben mußte. Dieser Verehrer trat an unseren Tisch und machte uns Komplimente. Er wollte uns seinen Dank ausdrücken, indem er uns teure Havanna-Riesenzigarren reichte. Wir nahmen das Geschenk bereitwillig entgegen und pafften alsbald in vollen Zügen. Der Spender war hocherfreut und setzte sich, uns verbindlich zulächelnd, an den Nebentisch. Mit Genug-

tuung sah er zu, wie sich die blauen Wolken über unseren Köpfen verdichteten. Ich merkte, daß die Zigarren wohl erstklassig und teuer, aber auch entsprechend stark waren.
Mein Freund Frick hatte schon nach einer Viertelzigarre genug, was der Verehrer am Nebentisch sichtlich enttäuscht bemerkte. Mir war erst nach einer halben Zigarre deutlich klar, daß mir der Genuß nicht bekommen würde. Ich dachte: Das reicht! – und legte die andere Hälfte schleunigst beiseite, was dem Spender am Nebentisch wiederum nicht entging.
Metternich sah uns verdutzt, ja beinahe mißbilligend an, als wollte er sagen: Was ist denn mit euch? Ihr wißt wohl Qualität nicht zu schätzen?
Doch er hatte ungefähr dreiviertel seiner Zigarre geraucht, als ich sah, daß sich sein Gesicht verzerrte. Er wurde weiß wie eine Kalkwand, Schweiß trat ihm auf die Stirn. Ganz plötzlich warf er die Zigarre in den Aschenbecher und stürmte davon, in Richtung Toilette. Ich rannte gleich hinterher, und so erleichterten wir uns beide.
Nach einer geraumen Weile gingen wir wieder in das Lokal zurück. Gottlob Frick berichtete uns schmunzelnd, der edle Spender habe sich stillschweigend verdrückt. Offenbar hatte er gemerkt, was er mit seinem gutgemeinten Geschenk bei uns angerichtet hatte. Ich war dann später immer sehr vorsichtig mit Havanna-Zigarren.
Vor Überraschungen ist ein Sänger nie sicher, auch nicht vor ungeahnten Folgen, ob es sich nun um Zigarren handelt – oder um andere, weit größere Angebote.
Am 3. Oktober hatte ich wieder einmal den Hoffmann von Offenbach an der Wiener Staatsoper zu singen. Nach dem zweiten Akt kam ein lebhafter, korpulenter Herr in meine Garderobe, der sich als Ernst Marischka vorstellte und sehr bestimmt erklärte, daß er etwas Wichtiges mit mir zu besprechen habe.
Nun kannte ich Ernst Marischka, wenn auch nur dem Namen nach. Ich wußte, er war ein bekannter Filmregisseur. Er hatte

zum Beispiel in den dreißiger und vierziger Jahren die erfolgreichen Gigli-Filme gedreht.

Ohne Umschweife begann mein Besucher: »Ich habe Sie eben auf der Bühne gesehen. Und ich bin davon überzeugt: Sie sind für mich der einzig richtige Mann. Ich will einen Film über das Leben meines Freundes Richard Tauber drehen. Wären Sie bereit, die Hauptrolle zu übernehmen?«

»Selbstverständlich! Warum nicht?«

»Gut, dann sehen wir uns nach der Vorstellung im ›Sacher‹!«

Als ich, wie verabredet, das Restaurant Sacher betrat, sprang Marischka auf und rief spontan: »Das – das ist doch nicht möglich! Wie Sie da eben hereingekommen sind… Wahrhaftig! Der Schwung, das Lächeln… das erinnert mich unheimlich an Tauber! Noch einmal: Sie sind der richtige Mann für seine Rolle!«

Wir machten einen Vertrag, und ich war plötzlich Filmschauspieler. Die Musikaufnahmen zu diesem Film begannen am 27. Juli 1953 mit den Wiener Symphonikern unter der Leitung von Wilhelm Schüchter. Sie bildeten ja einen wesentlichen Bestandteil des Projekts. Denn als Sänger und Sängerdarsteller hatte ich eine ganze Reihe von Opern- und Operettenarien, Schlagern, Volks- und Kunstliedern zu bringen, die sowohl für Richard Tauber typisch waren, als auch meinem eigenen Image entsprachen. Das war für mich eine nicht ungefährliche Gratwanderung. Ich mußte Taubers Einzigartigkeit genügen, durfte mich dabei aber selber vor meinem Publikum nicht verleugnen. Den Hauptschlager bildete das Lied, dessen Titel der Film tragen sollte:

»Du bist die Welt für mich…«

Dieses Lied war eine mehr oder weniger gelungene Komposition von Richard Tauber selber, die ich nun besonders überzeugend zu bringen hatte. Überdies waren wir verpflichtet, meiner Rolle einige Originalschallplatten Richard Taubers zu unterlegen, wozu ich die nötige Synchron-Mimik bringen mußte. Taubers Witwe hatte diese Original-Unterlegungen gewünscht, und man kann sich die Schwierigkeiten vorstellen, die sich daraus ergaben. Dank Schüchters und Marischkas Hilfe meisterten wir das Problem. Es handelte sich auch nur um wenige Titel: das Volkslied »Ach, wie ist's möglich dann«, die Operettenarie »Dein ist mein ganzes Herz« und zwei oder drei weitere Einspielungen. Aber alles andere, die eigentlich tragenden Gesangshöhepunkte, hatte ich selber zu bringen: Das waren mehr als fünfzehn Titel, also das Vierfache, und die mußte ich an einem Tage hintereinander singen, weil uns die Wiener Symphoniker nicht länger zur Verfügung standen.

Ernst Marischka flehte mich an: »Junge, du mußt durchhalten! Du mußt es in einem Tag schaffen!«

Nun, es dauerte auch die ganze folgende Nacht hindurch. Morgens um fünf Uhr sollte ich noch die Stretta aus dem *Troubadour* singen. Schüchter und ich waren bereits am Boden zerstört. Wenn man weiß, was es heißt, auch nur eine einzige Arie aufzunehmen, kann man ermessen, welcher physischen Belastung wir ausgesetzt waren.

Vor der Stretta sagte ich zu Schüchter: »So, Willi, jetzt ein Glas Sekt – und dann ran!«

Zwischen fünf und sechs Uhr sang ich dann »Lodern zum Himmel seh ich die Flammen...« Als der Film später seinen Siegeszug durch die Kinos antrat, merkte zu unser aller Erleichterung niemand, daß die Arie unter dem Morgenstern gesungen worden war. Es ist paradox, sie klang taufrisch. Dabei hatte ich sie nach zwanzigstündigem Studio-Marathon geschmettert.

Eine Woche später wurde im NDR *Lohengrin* aufgenommen, eine Gemeinschaftsproduktion mit der Electrola. Wieder hatte Schüchter die Leitung, und wieder stand die Arbeit unter Zeitdruck, denn nach nur sieben Tagen mußten wir das Studio für eine andere Produktion räumen. Es war gegen sechs Uhr, als am letzten Morgen der Schlußton verklungen war. Schüchter und ich wankten aus dem Studio und aßen in einer Hamburger Kneipe eine Suppe: zwei ermattete Krieger nach gewonnener musikalischer Schlacht.

Zurück nach Wien. Am 20. Juli begannen die eigentlichen Dreharbeiten zu dem Tauber-Film *Du bist die Welt für mich*. Da meine Töchter Ferien hatten, konnten sie mit meiner Frau ebenfalls nach Wien kommen und die Außenaufnahmen teilweise beobachten. Isolde und Dagmar durften dann sogar in der *Evangelimann*-Szene des Films mitwirken.

Ich erinnere mich noch ganz genau an die allerersten Aufnahmen. Natürlich war ich schrecklich aufgeregt, denn das Medium Film war ja neu für mich.

Die erste Szene spielte vor den Toren Wiens, auf dem Kahlenberg, im Freien. Dort hatte man eine Gartenwirtschaft aufgebaut, und ich sollte mich mit Richard Romanowsky, der Taubers Lehrer Carl Beines darstellte, in einer längeren Szene unterhalten. Der Dialog lief auch eine ganze Weile völlig reibungslos. Schon dachte ich, die Szene sei »im Kasten«. Die Menge der Beteiligten (und Unbeteiligten) hinter der Kamera irritierte mich nicht mehr, ich war schön in Fahrt und bestellte textgemäß noch einen Wein, einen österreichischen »Nußberger«. Unglücklicherweise hieß Marischkas Regieassistent Nußgruber, so daß sich mir das falsche Wort aufdrängte. Ich rief: »Herr Ober, bitte noch einen Nußgruber!«

Alle brachen in schallendes Gelächter aus. Die Szene war geschmissen.

Eine Wiederholung ist immer eine heikle Sache, denn wenn sich der Stein des Anstoßes nähert, gerät man in die Gefahr, sich zu verkrampfen. Dann kommt womöglich ein »Grubnusser« oder ein »Gruberberg« oder ein noch viel schlimmerer Zungensalat heraus. Der liebenswürdige Romanowsky blieb jedoch ruhig und gab mir mein Selbstvertrauen zurück.

Richard Romanowsky war überhaupt ganz Kavalier der alten Schule, begrüßte zum Beispiel meine zwölfjährige Tochter Isolde mit vollendetem Handkuß, was ihr natürlich die Sprache verschlug. Meine Frau amüsierte sich um so mehr, und die kleine Dagmar war ein bißchen eifersüchtig.

Mit meinen Filmpartnern hatte ich großes Glück. Die weibliche Hauptrolle spielte Annemarie Düringer – von der »Burg« und vom Schiller-Theater her bekannt. Sie trägt heute den Titel einer Professorin. Ihre Stimme und ihre Sprechtechnik begeisterten mich. Ich hatte bisher immer gedacht, beides sei eher das Werkzeug eines Sängers, beim Schauspieler ergäbe es sich von selbst. Jetzt mußte ich lernen, daß Artikulation und Dialogakzentuierung eine eigene Kunst sind. Annemarie Düringer half mir außerordentlich. Sie gab mir einen Teil des sprechtechnischen Grundkapitals für all meine künftigen Filme.
Einige Szenen des Tauber-Films wurden in Venedig gedreht. Natürlich benutzten wir die Gelegenheit, um am Lido zu baden, wobei die Fotoreporter Wolfgang Lukschy und mich auf der Wasserrutschbahn knipsten. Als sie um Wiederholungen baten, sauste ich mit Schwung in die einsetzende Ebbe und verstauchte mir den linken Fuß. Anderntags war dadurch die Aufnahmearbeit so behindert wie ich selber. Meine Partner überbrückten das, indem sie mich in einer fröhlichen Cafészene einfach unter die Arme nahmen und mein Schwanken zum Schunkeln zu dritt umfunktionierten. Die Szene gewann dadurch sogar erheblich an Lebendigkeit, und der Regisseur Marischka war höchst zufrieden.
Am 15. Oktober fand die Uraufführung des Films in Frankfurt statt. In meinen kühnsten Träumen hätte ich einen solchen Publikumsandrang nicht erwartet. Aber schließlich gab es damals nur wenige Fernsehgeräte, die Menschen suchten Unterhaltung in den Kinos, außerdem war unser Streifen der erste große deutsche Musikfilm nach dem Kriege. Nach der Abendvorstellung, als der Schlußvorhang die Leinwand verdeckte, mußte ich zwei Stunden weitersingen, die Lieder und Arien des Films wiederholen, vor allem aber das Titellied »Du bist die Welt für mich!«
Die Berliner Premiere am 29. Dezember war womöglich eine noch größere Sensation – nicht zuletzt für Gisela und mich. In

der traditionsreichen »Filmbühne Wien« am Kurfürstendamm herrschte eine ganz und gar unkonventionelle Begeisterung. Man hob mich vor dem Kino auf die Schultern jubelnder Fans. Wieder und wieder mußte ich singen. Die Stimmung übertrug sich auf die Premierenfeier, an der auch Alwin und Else teilnahmen. Der Sekt floß in Strömen, wir waren alle sehr ausgelassen, aber weder Gisela noch ich ahnten, was für Auswirkungen dieser Film auf unser Leben haben würde.

Eine augenblickliche, unter solchen Umständen sehr naheliegende Folge war unsere angeheiterte Rückkehr in unsere kleine Wohnung am Lietzensee. Ich schwankte stark, hatte aber den dunklen Drang, auch meiner älteren Tochter etwas von der prächtigen Stimmung zu vermitteln, und ließ mich auf ihre Bettkante plumpsen.

»Ach, Isolde«, schwärmte ich. »Das war ein tol-ler A-abend! So was ha-ha-habe ich noch nie erlebt!«

Isolde setzte sich schlaftrunken auf, wurde aber rasch munter. »Jaaa...?« fragte sie interessiert.

»Und o-ob!« fuhr ich fort. »Die Leute haben ge-jubelt!«

Isolde fragte: »Na, und wie fühlt man sich dann so?«

»Wenn einem alle zujubeln?«

»Nee, wenn man so besoffen ist!«

Das war eine kalte Dusche! Gisela und ich haben später immer wieder darüber gelacht. Ja, es amüsiert uns noch heute...

Ich deutete an, daß der Film *Du bist die Welt für mich* ungeahnte Auswirkungen auf unser Leben haben sollte. Zunächst einmal bekamen wir das Echo der Öffentlichkeit zu spüren, und es mag zeitgeschichtlich interessant sein, daß die gewaltige positive Reaktion aus den Reihen der jungen Menschen kam. Ob männliche oder weibliche Teens und Twens – zentnerweise brachte die Post ihren Zuspruch.

Damals hieß es ja bereits, die Jugend sei vorwiegend materiell, meist an Krach und Lärm, wenig oder überhaupt nicht an »altmodischer« Musik interessiert. Tausende von Briefen bescheinigten das Gegenteil. Und immer wieder kam wortwörtlich das Bekenntnis: »So etwas habe ich noch nie gehört«, oder: »Der Film hat mein Interesse für Oper und Konzert geweckt. Jetzt weiß ich erst, was eine Arie ist.«

Von nun an – bis zum heutigen Tage – sollte die Flut der Briefe nicht enden. Viele, viele Korrespondenzen aber blieben nicht einseitig. Wir gewannen Freunde, die an unserem Leben teilzunehmen begannen.

So sprachen mich nach einem Konzert zwei sechzehnjährige Schüler an. Ich war sehr erstaunt, wie musikgebildet sie waren. Wir unterhielten uns angeregt über eine Rundfunksendung der Mozart-Oper *Die Entführung aus dem Serail* unter Schmidt-Isserstedt, in der ich den Belmonte gesungen hatte. Ich fragte sie: »Wie kommt es, daß Sie als junge Menschen sich schon so intensiv für klassische Musik interessieren?«

Die beiden gestanden mir: »Nachdem wir einen Film von Ihnen gesehen haben, kauften wir uns gleich am nächsten Tag Schallplatten von Ihnen und fuhren in der nächsten Woche nach Düsseldorf, wo Sie als Cavaradossi gastierten.«

Diese damals Sechzehnjährigen, Wilfried Chlosta, heute Oberstudienrat in Wetter an der Ruhr, und Günter Wempe, Goldwarenhändler aus Pforzheim, haben sich zu wahren Musikexperten entwickelt, denen kaum ein Sänger etwas vormachen kann. Nach einer Aufführung lege ich noch heute großen Wert auf ihr kritisches Urteil. Im Laufe der Jahre entstand eine echte Freundschaft zwischen uns.

Ich darf für mich in Anspruch nehmen, daß ich durch meine Filme und Konzerte viele junge Menschen zur klassischen Musik geführt habe.

Man kann sich vorstellen, wie überaus willkommen ein so echter Anklang einem Sänger ist. Ein Anklang im wahrsten Sinne des Wortes.

Sehr viele Eheleute schrieben uns. Und durch gemeinsame

Interessen an »Rudi Schocks Gesang« kam es zu Verlobungen und Hochzeiten. Gisela nahm mir den Löwenanteil der Korrespondenz ab und stiftete dadurch manche Ehe zwischen Verehrern. Unser Briefkasten wurde aber auch zum Kummerkasten einsamer älterer Menschen. Nur so viel möchte ich dazu sagen: Ich nehme sie alle ernster, als der Unbeteiligte glauben mag. Manch einer bereitete mir schlaflose Stunden. Ich bin ja selbst einst aus der Armut und der Kälte gekommen...

Man wird mir nach all dem glauben, daß ich meinem plötzlich einsetzenden Wohlstand zunächst mißtraute. Ich hatte bisher in meinem Leben schwer gearbeitet. Es war nun unumgänglich – und finanziell vertretbar–, daß ich mit meiner Familie in ein solides Haus übersiedelte. Allein meine Gesangsproben waren in einem Mietshaus mit vielen Bewohnern längst schon zu einem Problem geworden

Die Mittel zum Erwerb eines eigenen Hauses brachte uns ganz unerwartet der Plattenverkaufserlös des Titelliedes meines Films *Du bist die Welt für mich*. Richard Tauber hatte das Lied ja selber komponiert und auch seinerzeit populär zu machen versucht. Ihm, der Franz Lehárs letzten Operetten zu Welterfolgen verhalf, gelang der eigentliche Durchbruch mit seinem eigenen Lied nicht. Es war mir vergönnt, das nachzuholen und dem von mir so verehrten Vorgänger und Vorbild ein klingendes Denkmal zu erstellen. Es hat sich gelohnt, sowohl für die Urheber und deren Nachfolger, als auch – wie gesagt – für mich. Die Plattenverkäufe übertrafen alle Ziffern auf diesem Gebiet, sie waren geradezu sensationell. Und wir – die Familie Schock – konnten uns sozusagen sprunghaft verbessern.

Ich beauftragte einen Makler, der sich mit meiner Frau auf die Suche nach einem passenden Objekt machte, während ich ununterbrochen meinen vielen Verpflichtungen nachkam. Ich nehme vorweg: Es war nicht leicht, zu dieser Zeit das Richtige zu finden, doch nach monatelangen, fruchtlosen Kreuz- und Querfahrten mit teilweise niederschmetternden Besichtigungsergebnissen, fand Gisela Ende 1954 schließlich ein geeignetes Haus in Dahlem. Es lag im Hüttenweg, war 1933 gebaut worden, stabil, nicht prunkvoll, aber zweckmäßig. Als besonders schön haben wir den Glyzinienstrauch in Erinnerung, der vom Wintergarten im Parterre bis zum Balkon im ersten Stock reichte. Nur sah ich ihn leider sehr selten.

Da ich auch während des Umzugs nicht in Berlin war, halfen Alwin und Else beim Transport und bei der Einrichtung. Unsere Töchter zogen während dieser turbulenten Zeit zu unseren Freunden und Kollegen Josef Metternich und Frau nach Spandau. Josef Metternich war übrigens mit der bekannten Sopranistin Liselotte Losch verheiratet. Sie hatte gleichfalls bei Hofer studiert, und ich habe mit ihr an der Berliner Staatsoper unvergeßlich schöne Vorstellungen – *Zauberflöte, Manon, Entführung* – gesungen. Beide Metternichs und Oma Losch nahmen sich Isoldes und Dagmars in rührender Weise an.

Als das Haus eingerichtet war und der erste Bewohner – unser Wellensittich Papageno – die noch nach Malerarbeiten riechende Wohnung bezogen hatte, gab Gisela Alwin und Else eine kleine Dankesparty in einem nahegelegenen Weinstübchen. (Ich selber konnte an dem Ereignis nicht teilnehmen, denn ich mußte für meine Filmgesellschaft auf dem Münchner Filmball repräsentieren.)

Gisela ließ sich vorher vom Makler das etwas veraltete Patentschloß an der Haustür erklären. Er nahm den Riesenschlüssel – ein Staffelbart-Instrument mit vielen Stahlnasen – und sagte: »Sehen Sie, Frau Schock, das ist ganz einfach. Sie stoßen den Schlüssel bis zum Anschlag ins Schloß, drehen zweimal nach links, ziehen ihn ein Stück zurück, drehen einmal nach rechts, dann wieder vor, linksrum, ziehen ihn noch mal vor, drehen nach rechts: Zack! Offen ist die Tür!«

Gisela probierte es, während der Makler seinen Senf dazugab. »Na, also«, sagte er. »Es klappt ja.«

Als Gisela Alwin und Else nach der Feier mit dem Wagen in die

Friedbergstraße gebracht hatte, fuhr sie in der Geisterstunde durch menschenleere Straßen zurück, todmüde, nur von dem Wunsch beseelt, im neuen Haus ins Bett zu sinken. Im Dahlemer Haus Hüttenweg 10 erwartete Gisela nur der Wellensittich. Sie fuhr das Auto in die Garage, ging wohlig gähnend zur Vordertür und zog das Monstrum von Schlüssel aus der Tasche.

Wie hatte der Makler gesagt?

»Ganz einfach. Bis zum Anschlag ins Schloß, zweimal nach links drehen, ein Stück zurückziehen, dann...«

Ja, was dann? Gisela strapazierte ihr mathematisches Gedächtnis, versuchte schließlich auf gut Glück die Kombination zu finden. Das Schloß gab nicht nach, da half auch keine Zauberformel. Aus dem Haus hörte sie das erwartungsvolle Piepsen Papagenos, der es mit seiner Käfigtür leichter gehabt hatte und innen auf dem Knauf der Haustür saß. Es war klirrekalt, auf dem nächtlichen Hüttenweg in dem sowieso sehr ruhigen Dahlemer Viertel rührte sich nichts.

Gisela ging zur Hintertür, schlug eine Scheibe im oberen Drittel ein und tastete mit Schlangenbewegungen nach dem Innenriegel. Sie mühte sich lange ab und hatte den Riegel kaum erwischt, als die Polizei den Garten stürmte: »Halt! Keine Bewegung!«

Nachbarn, durch das Klirren geweckt, hatten den Notruf gewählt. Nun halfen die Polizisten der vermeintlichen Einbrecherin, deren Unschuld sich sofort herausstellte, in ihr Haus zu gelangen. Noch erleichterter als sie war der Wellensittich, als er sich nach Hangen und Bangen auf ihre Schulter setzen konnte.

Isolde und Dagmar, die bald bei Metternichs auszogen, hatten nun ihre eigenen geräumigen Zimmer und konnten sich treppauf, treppab im Haus austoben. Für mich war es eine große Erleichterung, daß ich auch meiner Mutter eine würdige Unterkunft bereiten konnte, wenn sie uns aus Hannover besuchte. Gern ist sie bei uns in Dahlem gewesen, um ihre geliebten Enkelkinder zu betreuen – was sich die beiden natürlich freudig gefallen ließen.

Leider forderte das Dahlemer Haus, wie in alten Mythen, auch ein Opfer. Kunststoffe, Produkte der Chemie, brachten den Wellensittich um sein kleines munteres Leben. Papageno war gewohnt, in den Zimmern umherzufliegen. Am Lietzensee hatte er es immer getan. Dort hatte er sich einmal sogar meinem alten Lehrer Hofer auf die Glatze gesetzt. Hier, in den größeren Räumen, gönnten wir ihm das Herumflattern erst recht. Aber die frischen Malerfarben an Decken, Wänden, Türen und Fensterbrettern bekamen ihm nicht. Er wetzte sein Schnäbelchen, wo immer es ihm paßte, und als wir bemerkten, daß er giftige Partikelchen verschluckt hatte, war es zu spät. Der Tierarzt riet uns, ihm Kamillentee hinzustellen. Weiß der Himmel, was der gute Mann sich dabei gedacht hat. Papageno setzte sich eines Abends hinter mein Ohr, als wolle er mir eine Botschaft zuflüstern. Am nächsten Morgen lag er tot in seinem Käfig.

Doch zurück ins Jahr 1954. Eine der Auswirkungen des Tauber-Films war meine sprunghaft ansteigende Popularität. War ich bisher einem bestimmten Publikum an Theatern, Festspielstätten und in Konzertsälen persönlich bekannt gewesen, dem Zeitungs- und Illustriertenleser durch Fotos und Artikel, so kannten weite Kreise mich doch nur als Stimme im Radio und auf der Platte. Das änderte der Film: Von nun an war ich für die breite Öffentlichkeit ein konkreter menschlicher Begriff. Mit meinen folgenden Filmen und mit der wachsenden Zahl der Fernsehzuschauer steigerte sich die Popularität so sehr, daß ich mich daran gewöhnen mußte, wo immer ich war, auf Schritt und Tritt erkannt zu werden. Jetzt mußte ich der Beliebtheit in den optischen Medien meinen Tribut zollen: Die Welt verlangte mich auf Leinwand und Bildschirm zu sehen. Ohne meine »klassischen« Verträge zu vernachlässigen, drehte ich nun Jahr für Jahr einen Kinostreifen. Einer davon brachte mir nicht nur manchen Ärger ein, sondern er brach mir auch fast den Hals.
Marischka bot mir die Hauptrolle in seinem Zirkusfilm *König der*

Manege an. Neben der Musik war Sport von Kind an ja meine große Leidenschaft gewesen, warum also nicht auch disziplinierte Artistik, die eine Geistesgegenwart ganz eigener Art erfordert?

Ich gestehe, die Aufgabe reizte mich sehr, und ich sagte zu Marischka: »Ich übernehme die Rolle nur, wenn ich in echten artistischen Szenen eingesetzt werde.«

Marischka meinte, wenn ich mir den Hals brechen wollte, sei das meine Sache: »Nur tu mir bitte den Gefallen und stürze erst ab, wenn der Film fertig ist!«

Doch alle derartigen Bemerkungen, alle Zweifel und Mahnungen prallten an meiner Beharrlichkeit ab. Ich wollte Publikum und Presse kein X für ein U vormachen und für die Dauer des Films ein echter Artist sein.

Das erforderte ein knochenhartes Körper- und Gemütstraining. Man gab mir erfahrene Trapezkünstler zur Seite, und ich begann zu üben. Am allerschlimmsten war die Überwindung der Angst. Als ich die ersten Male hoch oben auf der Plattform stand, zitterten mir die Knie, ich fühlte kalten Schweiß am ganzen Leibe, und trotz der grellen Beleuchtung flimmerten Schatten vor meinen Augen. Aber ich hatte mich auf das Abenteuer eingelassen, ich wollte es durchstehen. Ich wußte, es kam auf Zehntelsekunden und auf Millimeter an, es lag an mir, meine Reaktion unter Kontrolle zu behalten. Also riß ich mich zusammen.

Die Arbeit am Trapez, der Wechsel mit dem Luftpartner klappte dann auch unter den bangen Blicken des Aufnahmestabes – die Kameras begannen zu surren. Bei den Proben hatte man mich immer an der Longe, die einem unabsichtlichen Sturz in das Netz einen zusätzlichen Auffangeffekt gab und den Aufprall dämpfte. Das Netz bietet nämlich keine absolute Sicherheit, es erfordert eine besondere Kunst des Darin-Landens, eine Katzentaktik sozusagen. Der Anfänger hat den Eindruck, auf eine bretthart Unterlage zu stürzen. Nun, das hatte ich gelernt, und ich verließ mich auf die abfangende Wirkung der Longe.

Bei den Aufnahmen aber tat ich hoch oben am Trapez einen Fehlgriff. Wie ein Stein sauste ich in die Tiefe. Die Longe riß. Mit mörderischer Wucht landete ich im Netz, und zwar so unglücklich, daß ich mir um ein Haar das Genick gebrochen hätte.
Minutenlang war ich wie betäubt. Als ich wieder einigermaßen klar war, blickte ich in leichenblasse Gesichter. Ein Kameramann murmelte: »Das hätte ne Schlagzeile gegeben! ›Rudolf Schocks Todessturz‹!«
»Oder: ›Tod in der Manege!‹«, fügte ein Assistent hinzu.
Heinz Tietjen – bis 1945 Generalintendant aller Preußischen Staatstheater –, den ich als junger Chorsänger in Bayreuth kennengelernt hatte, war nun, nach seinem Berliner Zwischenspiel an der Städtischen Oper, Leiter der Hamburgischen Staatsoper. Dort stand ich ja unter Vertrag. Herr Tietjen war ganz und gar nicht erfreut über meine Zirkuskunst.
»Sagen Sie mal, Herr Schock«, kriegte er mich an, »was denken Sie sich eigentlich dabei, als seriöser Opernsänger solche Faxen zu machen?«
Ich erwiderte: »Das war ernste Arbeit! Der Artistenberuf ist so seriös wie jeder andere Künstlerberuf! Was meinen Sie, welche Disziplin ich dafür aufbringen mußte. Sie tun ja gerade so, als ob ich mich deshalb schämen müßte!«
Tietjen blieb bei seiner Meinung – und ich beharrte auf meiner Ansicht. Ich fand seinen Standpunkt veraltet und längst überholt. Doch Tietjen war nicht der einzige, der mir meinen *König der Manege* übelnahm. Auch Kollegen glaubten, spotten zu können. Und aus den Reihen des eingeschworenen Opernpublikums setzte es herbe Kritik, um so mehr, als der Film wieder ein sensationeller Erfolg wurde.
Ich ließ mich nicht beirren. »Es täte manchem Sänger gut«, sagte ich einmal, »sich seinen dicken Bauch am Trapez abzustrampeln, statt seine dicke Zigarre zu rauchen!« Ich stehe noch heute zu dieser Meinung, in einer Zeit, in der »Stars in der Manege« allerdings nichts Ungewohntes mehr sind.

Bei Tietjen habe ich trotzdem weiter meine Opernpartien gesungen.

Übrigens welch symbolische Ironie: Ausgerechnet während der Dreharbeiten zu *König der Manege* in Wien wurde ich ins österreichische Innenministerium gebeten. Es sei sehr, sehr wichtig, hieß es. Ich warf mir meinen Mantel über das Artistentrikot und stieg in den Wagen. Im Ministerium erwarteten mich einige feierlich gekleidete Herren, die aber meinem unpassenden Aufzug mit gutem Humor begegneten.

»Herr Schock«, sagte der Minister. »Ich habe die Ehre, Ihnen im Namen des Bundespräsidenten und der Bundesrepublik Österreich Ihre Ernennung zum Kammersänger der Wiener Staatsoper bekanntzugeben. Die Ernennung gründet sich auf Ihre großen Verdienste um unser kulturelles Leben. Meinen herzlichen Glückwunsch!«

Es blieb mir wenig Zeit, mich über diesen Staatsakt zu freuen. Nach den Dreharbeiten ging's nach London ins Schallplattenstudio zu einer Gesamtaufnahme der *Ariadne auf Naxos* von Richard Strauss. Zu den mitwirkenden Kollegen gehörten Elisabeth Schwarzkopf, Irmgard Seefried, Rita Streich, Karl Dönch und Hermann Prey. Der Dirigent war – Herbert von Karajan. Er hatte mir offenbar die kleine Brüskierung während der Neunten Symphonie in London nicht verargt ...

Noch einmal zum *König der Manege*: Ich erinnere mich an einen anderen Zwischenfall. Die Arbeit der Trapezkünstler fand über dem Löwengitter der Manege statt. Sepp, unser Kameramann, stand mitten in dem noch leeren Rund und maß die Beleuchtung aus. Da geschah eine Panne: Jemand öffnete zu früh die Käfigklappe und ließ die Löwen ein. Die Raubtiere schoben sich träge und selbstbewußt in die Arena, sahen den Kameramann und pirschten sich neugierig von hinten an ihn heran. Sepp bemerkte nichts davon und hantierte weiter an seinen Geräten, während die Löwen unschlüssig schienen, welchem sie den Vortritt zur Attacke auf den Ahnungslosen lassen sollten. Hätte der Sepp sich

jetzt umgedreht, einen Schreckensschrei ausgestoßen und panische Bewegungen gemacht, wär's um ihn geschehen gewesen.
Ernst Marischka schlich von außen ganz langsam auf den Kameramann zu und flüsterte eindringlich: »Sepp! Sepp!! Bleib ganz ruhig, ganz ruhig... Reg dich nicht!!! Hör zu, was ich dir jetzt sage. Aber keine Bewegung, verstanden...???«
Der Sepp bewegte nur leicht den Kopf und rollte seine Augäpfel zur Seite, um Marischka in den Blick zu bekommen. Was hinter ihm los war, ahnte er noch immer nicht.
»Die Löwen sind da!« flüsterte Marischka.
»W-wo...???« hauchte Sepp.
»Hinter dir! Genau hinter dir!«
Der Kameramann wurde sichtlich blaß, doch er befolgte die Mahnung und erstarrte zur Bildsäule. Der Dompteur erlöste ihn dann aus seiner bedrohlichen Lage.
Sepps Kommentar: »So lange hab ich den Atem noch nie angehalten!«
Aber uns war's nicht anders gegangen...

Ariadne auf Naxos folgte dann als Aufführung der Salzburger Festspiele, allerdings, außer Irmgard Seefried, die wieder als Komponist mit dabei war, mit anderen Partnern: Lisa della Casa, alternierend mit Hilde Zadek, Hilde Güden, Paul Schöffler und Alfred Poell. Dirigent war Karl Böhm. Diese Aufführung ist in die Musik- und Theatergeschichte eingegangen.
Anschließend hatte ich in Salzburg in einer Opern-Uraufführung zu singen, in einem Werk, das die Aufmerksamkeit der Musikwelt auf sich zog: *Penelope* von Rolf Liebermann mit dem Text von Hans Strobel. Der Schweizer Komponist Rolf Liebermann, später Intendant der Hamburgischen Staatsoper und ab 1973 Leiter der Pariser Opernhäuser, war damals ein führender Vertreter zeitgenössischer Musik. Sein *Penelope*-Libretto besteht aus einem geschickten Mixtum antiker und moderner Visionen, die Musik reicht vom Song bis zur Arie im Strauss- und Wagner-

stil. Die einst umstrittene Zwölftontechnik verbirgt sich in gefälligen Melodien.
Als Rolf Liebermann zu mir in die Klavierprobe kam und mich fragte: »Nun, Herr Schock, wie gefällt Ihnen die Oper?«, erwiderte ich halb scherzhaft: »Es ist ein schönes Duett darin, alles ist für Stimmen sehr geeignet. Allerdings mit einigen Akkorden Puccini würde es noch viel schöner klingen.«
Ebensogut hätte ich »eine Prise Lehár« oder »ein Schuß Johann Strauß« sagen können: Liebermann verstummte und sah mich groß an. Ich weiß, ich hatte mit meiner Bemerkung ein Sakrileg begangen. An Musik, die sich vom beliebten und geliebten Genre entfernt, soll ein Sänger nicht tippen. Daß das dem Komponisten nicht gefällt, wenn er es dennoch tut, ist klar. Es paßt aber auch der hochgestochenen Kritik nicht. Tatsächlich sind zeitgenössische Stücke – wie auch Strawinskys *Rake's Progess* – große Presseerfolge, doch das Opernpublikum geht manche Wege nicht mit. Nach einigen, auch von Teilen des Publikums begrüßten Aufführungen, verschwinden solche Werke von den Spielplänen, fristen ihre Existenz in Archiven und leben in akademischen Schriften weiter. Das kann man bedauern. Als Praktiker der Opernbühne verstehe ich das aber nur zu gut.
Die Salzburger Festspielaufführung der *Penelope* war das Tagesgespräch. Ich hatte mir die größte Mühe gegeben, die verschiedenen Stilebenen mit Glanz und Einfühlung zu bewältigen. Das Künstleraufgebot war sensationell. Dirigent: George Szell, Inszenierung: Oscar Fritz Schuh, Bühnenbild und Kostüme: Caspar Neher; es sangen Christel Goltz, Anneliese Rothenberger, Karl Dönch, Walter Berry, Max Lorenz und Kurt Böhme. Es spielten die Wiener Philharmoniker, den Chor stellte die Wiener Staatsoper.
Über Oscar Fritz Schuhs enorme Verdiente als Intendant und Festspielregisseur brauche ich nichts zu sagen. Aber bei einer Probe zu *Penelope* kam es zu einer kleinen Groteske. Ich hatte – als Herkules – im weißen Smoking aus dem Hintergrund eine

Treppe herunterzukommen, um Penelope Christel Goltz an der Rampe zu umarmen.
»Sehr schön!« sagte Schuh. »Aber nicht elegant genug. Ich mache Ihnen das mal vor!«
Nun muß man wissen, daß ich ein ausgesprochen eleganter und bühnengemäßer »Treppengeher« bin – gerade das ist mir oft bestätigt worden. Und leider war Schuh gehbehindert, er ging sogar am Stock. So fiel seine Demonstration alles andere als elegant aus. Einige Beobachter grinsten verstohlen ...
Von Salzburg mußte ich sofort nach Hamburg, um dort im Fernsehstudio eine ganze Oper durchzusingen. Pietro Mascagnis *Cavalleria rusticana* war die erste vollständige Fernsehoper für mich – und die zweite Fernsehoper in Deutschland überhaupt! Sie wurde als Direktübertragung aus dem Studio gegeben, etwas, das man sich heute gar nicht mehr vorstellen kann.
Von Hamburg ging's zurück nach Österreich, wo ich in Wien einen Liederabend im ausverkauften Großen Musikvereinssaal gab. Liederabende waren für mich ja nichts Neues, neu aber waren der Rahmen und die Stätte mit dem besonders kenntnisreichen und aufmerksamen Publikum. Die Kritik bescheinigte mir »schöne Einfühlung« und »einen wertvollen Dienst an der Liedkunst«.

Was gewisse Leute immer wieder irrtierte – mich jedoch niemals –, war mein rasches Umsatteln von einem Genre zum anderen. Eben noch feierliche Festspiele, dann seriöse Oper im Fernsehen, ein klassisch-romantischer Liederabend ... und nun schon wieder Film!
Mitte der fünfziger Jahre drehte ich den Streifen *Der fröhliche Wanderer*. Darin war das Musikalische wieder sehr wesentlich. Für die bewußt volkstümliche Note sorgte der Komponist Norbert Schultze, der ja mit »Lili Marleen« die ganze Welt erobert hatte. Hans Quest sollte Regie führen. Eines Abends versam-

melten wir drei uns bei dem Produzenten Kurt Ulrich in Berlin, um die Gesangsnummern durchzusprechen.
Kurt Ulrich war eine echte Berliner Type. Er hatte einen untrüglichen Sinn für Breitenwirkung und war schon mit seinen Filmen *Schwarzwaldmädel* und *Grün ist die Heide* unglaublich erfolgreich gewesen. (Bei den Kartenvorbestellungen zur Uraufführung von *Grün ist die Heide* brach seinerzeit ein gesamtes regionales Telefonnetz zusammen, so daß in dem betreffenden Gebiet zeitweilig Nachrichtennotstand herrschte.)
Kurt Ulrich sagte zu Norbert Schultze: »Hör mal, ick will für den Schock wat Besonderet! Wat, det bei die Leute haften bleibt, vastehste? Wat für't Jemüt, aba wat der ehrlich vakoofen kann. Een' richtigen Knüller!«
Norbert Schultze quälte sich die halbe Nacht am Klavier herum, aber immer wieder nörgelte Kurt Ulrich: »Nee, det nich. Det jeht nich unters Fell!«
Da erinnerte ich mich plötzlich an das Duett in Schultzes Märchenoper *Schwarzer Peter*, das ich ja einst in Braunschweig gesungen hatte. Ich sagte zu dem Komponisten: »Wie wär's denn damit?«
Norbert Schultze machte aus dem Duett »Ach, ich hab in meinem Herzen« ein Tenorsolo mit Kinderchor. Als ich den Refrain gesungen hatte, sprang Kurt Ulrich begeistert auf und rief: »Det is et!«
Kurt Ulrich hat recht behalten. Neben dem Lied »Du bist die Welt für mich« wurde »Ach, ich hab in meinem Herzen« mein allergrößter Erfolg, sowohl im Fernsehen als auch im Hörfunk und auf Platten. Bei den Hörerwünschen steht es unverändert bis auf den heutigen Tag stets obenan.
In dem Film *Der fröhliche Wanderer* spielte übrigens auch meine Tochter Dagmar mit, und ich finde, sie hat ihre Sache sehr nett gemacht. Der Film hatte nicht nur zum Schein etwas mit Wandern zu tun. Wir wanderten tatsächlich – und zwar durch die liebliche Landschaft der Fränkischen Schweiz. Dabei packte mich heftige

Sehnsucht nach den Wanderungen meiner Kinderzeit. Und in dieser Zeit beschlossen Gisela und ich, später einmal auf Schusters Rappen durch die deutschen Lande zu ziehen – gemeinsam für mehrere Tage oder sogar Wochen …

Natürlich hatte ich alle meine übrigen Verpflichtungen wie bisher zu erfüllen – vor allem an der Hamburgischen und an der Wiener Staatsoper. In Wien sang ich unter anderen zwei Vorstellungen *Don Giovanni* mit Birgit Nilsson als Donna Anna. An einem meiner spielfreien Abende hörte ich sie dann als Turandot in Puccinis gleichnamiger Oper. Ich lauschte hingerissen. Eine derart leuchtende, überzeugende stimmliche Deutung der Rolle hatte ich nie gehört.

Am nächsten Tag führte mich der Zufall ins Café Sacher, in dem die Nilsson saß. Ich dachte: Jetzt gehst du an ihren Tisch, sprichst ein paar höfliche Worte der Begrüßung, dann lädt sie dich vielleicht ein, ihr gegenüber Platz zu nehmen, und du kannst ihr sagen, wie herrlich du sie als Turandot fandest. Ich gab mir einen Ruck und wollte mich auf ihren Tisch »einsteuern«, aber da verließ mich der Mut. Ich war ja kein Unbekannter, hatte selber meine Fans, doch angesichts dieser göttlichen Sängerin befiel mich die Schüchternheit meiner Anfängerzeit. Ich wandte mich ungeschickt ab und setzte mich äußerst befangen an einen anderen Tisch.

Das erzählte ich Birgit Nilsson viele Jahre später, bei der Nachfeier zu meiner Fernsehshow *Ich erinnere mich gern.*

Sie lachte herzlich: »Mein lieber Rudi, mir ging's ja genauso! Ich weiß noch, wie ich da in Wien im Café Sacher saß. Ich sehe dich ganz deutlich, wie du hereinkamst und nach einem Tisch Ausschau hieltest. Ich dachte: Der Rudolf Schock, der kommt mir wie gerufen. Der singt wirklich herrlich, das muß ich ihm mal sagen. Hoffentlich kommt er an meinen Tisch! Ich war sehr enttäuscht, als du dich woanders hinsetztest – und auch ich hatte nicht den Mut, aufzustehen und einfach zu dir rüber zu gehen.«

Ich staunte. Diese kluge, überlegene Frau! Die Wagner-Primadonna assoluta, die von den New Yorkern mit Konfetti überschüttet worden war, scheute sich nicht, mir ein so nettes Geständnis zu machen. Man kann aber daraus ersehen, daß Künstler sich nicht sofort einander erschließen, wie das Bühnenspiel es täuschend vorgibt, sondern daß sie oft auch in jahrelanger Distanz verharren können. Ich liebe Birgit Nilssons Stimme, wie ich überhaupt jede schöne Stimme liebe, ob ich die Kollegin oder den Kollegen nun persönlich kenne oder nicht...

Doch nun zurück zur Filmarbeit: Im *Fröhlichen Wanderer* sang ich auch das populäre Lied »Mein Vater war ein Wandersmann«, und ich mußte während der Dreharbeiten oft daran denken, daß es eigentlich mein Vater war, auf den diese Verse paßten, denn er hatte mir ja in meiner Kindheit die Freude am Wandern beigebracht...

Filmfreunde mag die Besetzung des Films interessieren: Elma Karlowa, Waltraut Haas, Gunther Philipp, Willy Fritsch, Paul Hörbiger, Wolfgang Neuß, Trude Hesterberg, Edith Schollwer, Wolfgang Lukschy, Dagmar Schock, Peter Finkbeiner spielten mit.

Ich eilte weiter durch die Welt des Gesanges von Horizont zu Horizont und vertauschte den Wanderstiefel wieder mit dem hohen Kothurn: Der Festakt der Wiedereröffnung der Hamburgischen Staatsoper nahte. Mit Mozarts *Zauberflöte* unter der Intendanz und Regie Dr. Rennerts und in den Bühnenbildern und Kostümen von Ita Maximowna sollte das neue Haus am Dammtor am 15. Oktober 1955 feierlich eingeweiht werden. Die Pamina war Anne Bollinger, eine bildschöne junge Amerikanerin mit einer nicht minder schönen Stimme. (Ich hatte mit ihr bereits eine Premiere von Puccinis *Manon Lescaut*, eine Aufführung von Mozarts *Cosi* und andere Repertoirevorstellungen in Hamburg gesungen.) Arnold van Mill gab den Sarastro, Horst Günther den Papageno, Colette Lorand sang die Königin der Nacht, Anneliese Rothenberger die Papagena.

Dr. Rennert war der geeignete Mann für eine solche Festinszenierung. Er hatte unter anderem größten Wert darauf gelegt, daß die geheimnisvollen Drei Damen, die gleich zu Beginn des ersten Aktes auftreten, graziös und hübsch waren. Er wählte junge Sängerinnen, fast noch Elevinnen, obwohl die Gesangsparts große Übung erfordern und auf anderen Bühnen meist von Ersten Sängerinnen interpretiert werden. Natürlich konnten die jungen Kräfte dies und das nicht gleich so bringen, wie Mozart (und der Dirigent) es verlangten – wobei ich überzeugt bin, daß Mozart sicher ein Auge zugedrückt hätte. Aber sie hatten es mit dem musikalischen Leiter der Hamburgischen Staatsoper zu tun, der auch Dirigent dieser Inszenierung war: Leopold Ludwig.

Auf der Generalprobe packte die Drei (sehr jungen) Damen erhöhtes Lampenfieber, was zu vermehrten Patzern führte. Statt nun in Ruhe auf sie einzuwirken, wurde Ludwig immer nervöser, dann ärgerlich und schließlich wütend. Seine Anpfiffe machten die drei von Mal zu Mal unsicherer.

Da trat ich kurz entschlossen an die Rampe: »Herr Ludwig, so geht das nicht. Die Mädchen sind vollkommen kopfscheu. Sie müssen das anders anfangen.«

»Mischen Sie sich nicht ein«, unterbrach er mich. »Das ist meine Sache, und die geht Sie überhaupt nichts an!«

»Die geht mich sehr viel an!« rief ich im gleichen Ton zurück. »Ich habe ja mit ihnen zu singen!«

»Kümmern Sie sich um Ihre eigene Partie!« herrschte er mich an.

»Meine Partie ist aber von den anderen abhängig«, beharrte ich.

Ein Wort gab das andere, Leopold Ludwig richtete nun seinen ganzen Zorn auf mich.

Ich blieb eisern: »Sie wußten ja genau, daß diese schweren Partien immer von erfahrenen Kräften gesungen werden. Und wenn Sie nun schon junge Sängerinnen haben, dann machen

Sie sie nicht noch ganz verrückt, sonst geht die Premiere in die Binsen.«
Das traf den großen Meister hart. Aber er entschloß sich dann doch, die Generalprobe ohne Unterbrechung weiterlaufen zu lassen. Und plötzlich klappte es: Die Drei Damen sangen souverän ihren Part zu Ende.
Eines muß ich an Leopold Ludwig rühmen: Ich bin während meiner Karriere so manchesmal mit ihm zusammengeknallt, aber er hat mir niemals etwas nachgetragen. Insgesamt – über die Jahre hinweg – haben wir uns sogar großartig verstanden.
Die Hamburger *Zauberflöten*-Premiere, die auch vom Rundfunk übertragen wurde, war eine Premiere in der Premiere, denn es stand nicht nur Mozarts Oper zur Debatte, sondern auch das von dem Architekten Gerhard Weber erbaute neue Haus. Im Foyer machten gleich drei befrackte Persönlichkeiten die Honneurs: Intendant Rennert, sein Verwaltungschef Herbert Paris und der Hamburger Bürgerschaftspräsident Schönfelder. Der Hamburger Bürgermeister Sieveking, einige Bundes- und Landesminister, Intendanten anderer Theater, Vertreter der Diplomatie und der Industrie gaben sich ein hochnobles Stelldichein. Eine Zeitung schrieb: »Man sah Inderinnen und Damen aus Peru und Guatemala – man sah im heiteren Abglanz die ganze Handel treibende Welt.«
Als »Tafelaufsatz« erschien der beliebte, väterliche, erste Präsident der Bundesrepublik Deutschland, Professor Theodor Heuss.
Heuss hatte selber einmal öffentlich bekannt, er habe keinen Nerv für Musik, und tatsächlich hat er Bayreuth immer gemieden. Während der Vorstellung blickte ich einige Male verstohlen zu seiner Loge hoch und sah ihn mit geschlossenen Augen zurückgelehnt sitzen. Um Himmels willen, dachte ich. Jetzt schläft er sogar. Wir geben uns die größte Mühe, und nun ist er vor Langeweile eingeschlafen!
Doch später, bei der Feier, beglückwünschte Heuss Dr. Rennert

sehr herzlich. Er unterhielt sich auch mit mir äußerst lebhaft. Mozart interessierte ihn doch, wie ich hörte. In seinem Urteil wandelte er, der ja alles geistesgeschichtlich nahm, auf Goethes Spuren.
Das Publikum kritisierte an diesem Abend oft mehr das neue Opernhaus als die Premiere. Wie Gertrud Stolte-Adelt schrieb, stießen sich einige Besucher an der Nüchternheit des Zuschauerraums: »Eine Dame im Nerzcape betrat das Parkett, richtete das Lorgnon aufwärts und seufzte nur: ›Aber das ischa forchtbar traurig!‹« Es war auch von der »chemisch gereinigten Atmosphäre des Kunstpalastes« die Rede. Die Wirkung unserer Stimmen ging im Architektonischen etwas verloren.
Immerhin hatte ich die Genugtuung, in der Gäste- und Modebetrachtung zu lesen: »Eine der schönsten Erscheinungen des Gala-Abends war die Gattin Rudolf Schocks.«

Am 27. Januar 1956 trat ich zum erstenmal außerhalb der Festspiele in Salzburg aus Anlaß des 200. Geburtstages von Wolfgang Amadeus Mozart auf. Zur Feier wurde *Idomeneo* unter der Leitung von Karl Böhm gegeben. Ich verkörperte die Titelpartie. Christel Goltz, Gerda Scheyrer, Waldemar Kmentt, Eberhard Wächter und Kurt Böhme sangen die anderen Rollen. Die Aufführung habe ich als sehr, sehr stimmungsvoll in Erinnerung, und ich bedaure immer wieder, daß *Idomeneo* nicht öfter gegeben wird.
Zur Abwechslung schnallte ich mir einige Wochen später gemeinsam mit meiner Frau die Ski-Bretter an. Im Winter davor hatte ich die ersten Ski-Versuche unternommen, brachte es zuerst bis zum Stemmbogen, hatte aber Gefallen daran gefunden und beschloß, mich in dieser Sportart weiter zu vervollkommnen. Wir fuhren nach Obergurgl, wo Gerhard Winkler mich mit seiner Frau aufsuchte, um mit mir die Musik zu meinem nächsten Film *Stimme der Sehnsucht* zu besprechen.
Ein besonderes Glanzlicht in der Wiener Nachkriegsgeschichte

war die Eröffnung des wiedererrichteten Opernhauses am 5. November 1955. Als eine der ersten Premieren wurde im März 1956 Puccinis *Manon Lescaut* gegeben. Die Titelrolle sang Carla Martinis. Mir vertraute man den Des Grieux an, den ich ja schon in Hamburg gesungen hatte und der zu meinen Lieblingspartien zählte. In der eindrucksvollen Inszenierung Günther Rennerts und unter der musikalischen Leitung Rudolf Moralts war dieser Abend ein Opernereignis für Wien.

Dasselbe Jahr brachte mir im November einen weiteren Höhepunkt meiner Opernkarriere: die Wiener Premiere von Bizets *Carmen*. An der Partie des Don José reizte mich nicht nur die gesangliche, sondern auch die schauspielerische Herausforderung. Meine Carmen war die temperamentvolle Jean Madeira. Als Sergeant mußte ich sie im ersten Akt ins Gefängnis abführen, und laut Regie hatte sie mir einen kräftigen Stoß zu versetzen, um zu flüchten. Wir spielten diese Szene sehr realistisch: Carmens Gegenwehr brachte mich ins Wanken, und ich stürzte eine steile, hohe Treppe hinunter, wobei ich mich zweimal überschlug. Natürlich hatte ich den Sturz wieder und wieder geprobt. Das Publikum hielt meinen doppelten Überschlag jedoch für einen Unfall und schrie in der Premiere vor Entsetzen laut auf. Das steigerte zwar den theatralischen Effekt, von der ja auch die Oper lebt, aber ich muß gestehen, daß ich mir bei dieser Einlage jedesmal blaue Flecke holte ...

Der Film *Stimme der Sehnsucht* wurde in meiner Vaterstadt Duisburg uraufgeführt. Da ich wegen anderer Termine Verspätung bei der Anreise hatte, setzte man mich in Dortmund in einen Hubschrauber, und so wurde ich in Duisburg regelrecht eingeflogen.

Meine Landung war ein Spektakel eigener Art. Ich fand mich von einer Menschenmenge umringt, die nach Tausenden zählte. Bei einer ähnlichen Gelegenheit sind mir später einmal die Worte entflohen: »Um Gottes willen, das ist ja wie bei Hitler!« Hier dachte ich eher an meine Kindheit und gestehe gern, daß ich gerührt war.

Meine nachgiebige, vorübergehend weiche Stimmung wechselte aber, als ich anläßlich des großen Gesangswettbewerbs, der während der Duisburger Filmtage stattfand, in der Jury saß. Lange vorher war ein Ausschreiben für Nachwuchssänger angesetzt worden, die Vorentscheidungen waren bereits gefallen. Drei Kölner Musikprofessoren hatten von 350 Bewerbern siebzehn junge Sänger in die engere Wahl genommen.

Unter diesen Siebzehn hatte ich in Gegenwart der Professoren über die beste Stimme zu entscheiden und den Sieger auszuwählen. Jeden einzelnen Bewerber hörte ich mir aufmerksam an. Ich konnte auf eine zwanzigjährige Praxis zurückblicken, bei der ins Gewicht fiel, daß ich mit hervorragenden Sängern aus aller Welt zusammen aufgetreten war und deshalb ein absolutes Ohr für Qualität hatte.

Nach stundenlangem Vorsingen war mir klar: Da ist ein junger, in seinen Bewegungen noch unbeholfener Mann, der aber mit weitem Abstand als bester Sänger bezeichnet werden muß – Karl Ridderbusch, geboren 1932, irgendwo als Krankenkassenkontrolleur tätig. Der junge Mann hatte einen profunden Baß und verfügte über eine solide Gesangstechnik. Meine Wahl fiel also auf Karl Ridderbusch.

Die Herren der Jury mißbilligten einhellig meine Entscheidung. Jeder hatte einen anderen Vorschlag, sie meinten, ich sollte mir dann doch wenigstens diesen oder jenen Bewerber noch einmal anhören, um mein Urteil zu revidieren. Für Karl Ridderbusch plädierte keiner.

Ich blieb fest. Da die weitere Entwicklung mir recht gegeben hat, darf ich es sagen: Ich war nicht einen Augenblick darüber im Zweifel, daß meine Wahl auf den richtigen Kandidaten gefallen war.

Die Jury protestierte. Einer der Herren sagte verärgert: »Sie wollen sich doch nicht über den Rat dreier Gesangsfachleute hinwegsetzen?!«

»Doch«, erwiderte ich. »Man hat mir das letzte Wort eingeräumt.

Es ist abgemacht, daß ich den Sieger der Endausscheidung bestimmen kann. Und davon mache ich jetzt Gebrauch. Für mich kommt nur Karl Ridderbusch in Frage.«

Ridderbusch hat, wie man weiß, Weltkarriere gemacht: Deutsche Oper am Rhein, Wiener Staatsoper, Bayerische Staatsoper München, New Yorker »Met«, Bayreuth, Salzburg, um einige seiner Stationen zu nennen. Ridderbusch hat mir mehr als einmal in Fernsehinterviews seine Dankbarkeit bezeigt. Doch das ist für mich nicht der springende Punkt. Wichtiger ist und war mir immer, gute Stimmen zu hören. Um mit Wagners *Meistersinger* zu sprechen:

»Ja, holder Sänger! Nimm das Reis!
Dein Sang erwarb dir Meisterpreis!«

Wo für mich hier die Betonung liegt, ist – nach allem – wohl ganz klar.

»Ein Garten lud mich ein...«

»Meistersinger« in Bayreuth

Im August 1956, anläßlich einer Aufführung der *Zauberflöte* bei den Edinburgher Festspielen, wurde ich – zusammen mit Gottlob Frick und einigen anderen Solisten – von der Britischen Königsfamilie empfangen. Ich habe die Liebenswürdigkeit Queen Elizabeths ebenso in Erinnerung wie die erfrischend natürliche Art ihres Gemahls. Als mir die Königin sagte, ich hätte schön gesungen, freute ich mich für mein Muttchen. Ehrensache!

Im November/Dezember 1958 wurde in Hamburg eine *Carmen*-Aufführung vorbereitet, zu der man den Wagner-Enkel Wieland als Regisseur eingeladen hatte. Die musikalische Leitung lag in den Händen von Wolfgang Sawallisch. Die Schwedin Kerstin Meyer sang die Carmen, Melitta Muszely die Micaëla.

Ich ahnte nicht, daß Wieland Wagner, der Chef von Neu-Bayreuth, sich meine 1956 erschienene *Meistersinger*-Schallplattenaufnahme mehrfach angehört hatte und ihm auch bekannt war, daß man mich in den USA als »Germany's Rudolf Schock – Europe's greatest tenor« apostrophierte. Wieland Wagner beobachtete meine breitgefächerte Karriere tatsächlich schon eine ganze Weile. Das sollte nach der *Carmen*-Premiere seine Früchte tragen.

Der Probenstil Wielands war mir völlig neu. Hinter der ruhigen, überlegenen Art, dem Humor und der gelegentlichen Nachgiebigkeit verbarg sich ein beachtlicher, durch nichts zu erschütternder Wille. Seine Regiekonzeption richtete sich nach der Individualität des Darstellers, den er mit der Rollenauffassung vollendet in Einklang zu bringen wußte. Er versuchte nie, den Sänger zu einer Haltung, einer Geste zu zwingen, die der Persönlichkeit des Betreffenden nicht entsprach. Und er probte zunächst einmal mit jedem Solisten einzeln, ging mit ihm die Hauptpartien vollständig durch, so daß ein tätiger Arbeitsdialog zustande kam, wie ich ihn in dieser Form noch nie erlebt hatte. Der Erfolg dieser *Carmen* war für mich kein Wunder.

Trotzdem fiel ich aus allen Wolken, als Wieland Wagner nach der Premiere in meine Garderobe kam und strahlend verkündete: »Herr Schock, die Arbeit mit Ihnen hat mir große Freude gemacht. Sie sind mein nächster Stolzing in Bayreuth!«

Ich muß ihn fassungslos angestarrt haben, denn er lachte und rief: »Ja! Sie haben mein Wort! Sie werden mein Ritter in den *Meistersingern* sein!«

Nun war und bin ich ein lyrischer Tenor. Wohl hatte ich den *Lohengrin* schon auf der Bühne gesungen, andere Wagner-Opern oder Opernauszüge im Fernsehen, im Hörfunk und auf Schallplatten, aber an die Verkörperung der Paradefigur des Stolzing im geheiligten Bayreuth dachte ich nicht im Traum. Mir war sofort klar, daß die Augen und Ohren der gesamten musikalischen Welt auf mich gerichtet sein würden. Bayreuth war nicht nur eine Krönung – Bayreuth war ein gefährliches Risiko!

Wieland Wagner nahm meine Einwände gelassen hin. »Ich weiß, was ich tue, ich will einen Sänger mit Ihrer Ausstrahlung. Über die Probenarbeiten können wir uns einigen.«

Und wir einigten uns.

Lange vor den Festspielen, schon im April 1959, fuhr ich in Begleitung meiner Frau nach Bayreuth, um mich in die Rolle des Stolzing einzuarbeiten. Wir wurden beide von Wieland Wagner und seiner Gattin Gertrud in der Villa Wahnfried sehr herzlich begrüßt, und bei einem Mittagessen kam plötzlich mein Film *König der Manege* zur Sprache.

»Sie sind ja ein Hans Dampf in allen Gassen!« meinte Wieland.

»Nun«, sagte ich, »Herr Tietjen hat mir meinen Zirkusabstecher sehr übelgenommen.«
Wieland Wagner lachte: »Mir imponiert das. Aber ich bin doch gespannt, was meine alten Wagnerianer sagen werden, wenn der ›König der Manege‹ in Bayreuth auftritt!«
Er amüsierte sich bei dem Gedanken.
Doch dann begann die vereinbarte Probenarbeit sozusagen unter vier Augen ...
Selbstverständlich hatte ich die *Meistersinger* intensiv studiert. Dennoch ließ mich Wieland Wagner alles viel klarer und einfacher sehen. Es ist bis zum Überdruß darüber geschrieben worden, daß dieser Wagner-Enkel als Gründer des sogenannten Neu-Bayreuth-Stils der große Entrümpler gewesen ist. Gerade die *Meistersinger*, die mit ihrem »präfaschistischen« Gedankengut als künstlerisches Alibi der Hitlerzeit galten, ließen die Wogen der Kritik immer wieder hoch aufschäumen.
Wieland Wagner nahm sich meiner eine ganze Woche lang an, er ließ mich in die Rolle des jungen Ritters Walther von Stolzing ganz zwanglos hineinwachsen. Es war keine technische, sondern eine natürliche Regie. Wie es im Preislied sehr schlicht heißt: »Ein Garten lud mich ein«, so öffnete mir Wieland die Tür dazu. Er sagte: »So, nun spiel, wie du willst! Los, mach mal! Nicht nervös werden, es findet sich alles!«
Dann begann er mit mir zu diskutieren, billigte dies und jenes, machte Vorschläge, ohne strikt zu verwerfen oder mir eine unpassende Attitüde zu diktieren. Er kannte wie kein anderer die Gefahr der unfreiwilligen Komik in dem hehren Werk. Er ließ mich wie ich war – und machte dennoch einen Ritter aus mir, wie die Rolle es erforderte.
Während dieser Woche war ich mit meiner Frau bei einem ehemaligen Kameraden aus der amerikanischen Kriegsgefangenschaft untergekommen, der mir in den Jahren danach ein treuer Freund geworden war. Er – Heinz Nicklas – nahm uns in rührender Weise auf. (Von Beruf Metzger, war er dem Grünen Hügel

insofern verbunden, als seine fränkischen Bratwürste dort in den Pausen verkauft wurden.) Er gab uns den Tip, uns für die Festspielproben und die Zeit der Aufführungen ein Haus am Stadtrand von Bayreuth zu mieten und leitete dafür alles in die Wege.

Ende Juni zog ich mit Kind und Kegel von Berlin nach Bayreuth. Wobei ich unter Kegel die Reitpferde verstehe, die ich zum sportlichen Ausgleich brauchte und die wir in unseren knapp bemessenen Ferien auch immer nach Sylt transportieren ließen. Der Sommer 1959 war einer der heißesten des Jahrzehnts. Die Ausritte brachten nicht nur die Pferde in Schweiß. An Erholung vor und zwischen den Ensembleproben war gar nicht zu denken. Die Hitze machte allen nervlich sehr zu schaffen, sowohl bei der Arbeit als auch privat. Unser Schlafzimmer, so meint meine Frau noch heute, sei das heißeste in Bayreuth gewesen. Es lag nach Süden, und den ganzen Tag über knallte die Sonne darauf. In den Ruhestunden, die ich zwischen den Proben und später vor den Auftritten dringend nötig hatte, wälzte ich mich verzweifelt auf meinem Bett. Zu der Höllenhitze gesellte sich mörderischer Lärm. Neben unserem Haus entstand eine Straße. Die Preßluftbohrer ratterten wie Maschinengewehre, Rammen ließen die Wände wackeln, Bulldozer klirrten, schürften und krachten, daß ich mich in den Krieg zurückversetzt fühlte.

Und das vor meinem Bayreuther Solisten-Debüt!

Als ich mich am Tag der Premiere mittags hingelegt hatte, rannte Gisela hinaus und beschwor den Bauführer und seine Männer, mit dem Getöse wenigstens eine Stunde auszusetzen und die Arbeit auf einen anderen Abschnitt zu verlegen. Sie versprach den Leuten Bier und hielt ihnen eindringlich vor: »Es geht doch um die Festspiele! Wenn mein Mann sich nicht ausruhen kann, gibt's eine Katastrophe!«

Bier ist natürlich immer ein Argument, besonders bei großer Hitze. Hier aber geschah das Wunder, daß die Männer, die selber nichts von den Festspielen hatten, Einsicht zeigten. »Der Rudi

Schock singt da einen Siegfried oder so was Ähnliches!« rief einer mitfühlend. »Um Gottes willen, mit dem möcht ich nicht tauschen. Der braucht seine Ruhe!«
Ich habe das nie vergessen.

Das große Ereignis kam heran. Mit ihm nahten Rudolf-Schock-Clubs aus Berlin, Hamburg, Wien und anderen Städten. Die Wiener hatten sich einen Sonderbus gemietet. Natürlich erschienen auch nahezu vollständig die weiteren Familienmitglieder. Meine Mutter, meine Schwester mit ihrem Arzt-Gatten, die Brüder mit ihren Frauen sowie die Eltern meiner Frau. Und viele, viele Freunde.
Es war für mich ein ungeheurer Augenblick, als sich der Premierenvorhang im Festspielhaus öffnete. Ich dachte unwillkürlich 23 Jahre zurück, dachte an den kleinen Chorsänger, der sich immerhin noch in der Menge hatte verbergen können. Hier stand ich nun als Hauptperson, hier mußte ich vor einem skeptischen Publikum (und allen angeschlossenen Sendern der Welt!) eine Riesenpartie mit zwei der schönsten und schwersten Wagner-Arien inmitten einer fortlaufenden, sehr kniffligen Motiv-Präsenz liefern. Und zwar lupenrein!
Im ersten Auftritt hatte ich zu singen: »Oh, betrat ich doch nie sein Haus!« – was nach des Ritters flüchtiger Reue klingt. Ich bereute nicht, das Festspielhaus betreten zu haben. Wieland Wagner hatte mich geholt und für fähig gehalten und würdig befunden. Ich gewann schnell an Sicherheit. Überdies stand ich innerhalb einer ausgesuchten Kollegenschaft: Otto Wiener sang den Sachs, Josef Greindl den Pogner, Karl Schmitt-Walter den Beckmesser. Elisabeth Grümmer war das bezaubernde Evchen, Elisabeth Schärtel und Gerhard Stolze Magdalena und David. Die musikalische Leitung hatte Erich Leinsdorf – Otto Klemperer, der mir so wohlgesinnt war, hatte leider wegen Krankheit absagen müssen.
Wieland Wagner war es von Anfang an klar gewesen, daß er sich

38 Meine erste Begegnung mit Wieland Wagner hatte ich Ende 1958 in Hamburg bei der Neuinszenierung von Bizets »Carmen«. Meine Partnerin in der Titelrolle war die Schwedin Kerstin Meyer.

39 Anschließend an »Carmen« machte mir Wieland Wagner ein Angebot für die Bayreuther Festspiele, wo ich 1959 als Walther von Stolzing in den »Meistersingern von Nürnberg« auftrat. Meine Eva war Elisabeth Grümmer.

40 Geschafft: Nach der »Meistersinger«-Premiere mit Wieland Wagner und Karl Schmitt-Walter (als Beckmesser)

41 An vielen Opernabenden stand ich mit meinem Freund Josef Metternich gemeinsam auf der Bühne: hier in Verdis »Die Macht des Schicksals«, Hamburgische Staatsoper, 18. März 1959.

42 Thomas Stewart, Stina-Britta Melander und das Ensemble der Städtischen Oper Berlin hatten, wie ich, 1960 viel Spaß bei der Einstudierung von Adolphe Adams romantisch-komischer Oper »Wenn ich König wär'«. Die Aufführung wurde fürs Fernsehen nachproduziert und erschien als Schallplatte.

i3 Mit der rassigen ungarischen ;opranistin Elisabeth Hazy stand ch 1964 für die Fernsehverfilmung der Johann-Strauß-Operete »Der Zigeunerbaron« vor der Kamera.

i4 Kurz zuvor entstand die Fern-iehversion von Eugen d'Alberts Oper »Tiefland«. Hier eine Szene m Vorspiel mit Karl-Ernst Mercker als Nando.

45 Zum 100. Geburtstag von Franz Lehár drehte ich 1970 in Spanien mit Teresa Stratas den Fernsehfilm »Giuditta« nach dem letzten Werk des Meisters der Operette.

mit Rudolf Schock einen lyrischen Tenor für den Ritter von Stolzing geholt hatte, der sonst immer – und überall auf den Bühnen – von jugendlichen Heldentenören gesungen wird. Typischen Wagnerhelden mangelt es nicht an Kraft und Höhe, oft leider sehr an Geschmeidigkeit und Glanz, so daß aus einem ariosen Lied schnell ein Gebrüll werden kann, das dem Text widerspricht. Es ist unglaubwürdig, das berühmte Lied »Am stillen Herd« mit Stentorstimme zu beginnen, es sollte eher wie ein Schubert-Lied anfangen. Heldentenöre können nun mal nicht zart sein, wenigstens sehr viele nicht. Aufbau, Phrasierung, Ausdruck, wie sie das genannte Stück des ersten Aktes und vor allem das beliebte Preislied »Morgendlich leuchtend...« erfordern, lagen mir sehr. Ich habe den »neuen« Stolzing, wie er seither in Bayreuth stimmlich gesucht wird, eigentlich erst geschaffen. Nach meinem Debüt war der alte »Brüllhansel« für diese Rolle ein für allemal in Bayreuth gestorben. Der lyrische Tenor hatte gesiegt.

Später widmete sich die Presse nicht zuletzt meiner Erscheinung. Diese Hervorhebung hätte früher zu Hohn und Spott Anlaß gegeben. Es gilt für einen Insider als Beleidigung, zu einem Sänger zu sagen: »Vor allen Dingen hast du schön ausgesehen!« Schön aussehen kann jeder, aber wie hat der Betreffende gesungen? Das will er wissen!

Auch hier hatte Wieland Wagner ganz bewußt mich wegen meines sportlichen Typs gewählt. Die »Ritter vom Bauche« hatte er satt. Ob es einen Teil des Publikums nun provozierte oder nicht, er wollte den Schatten des Hofopernsängers auch optisch endgültig von den Bayreuther Brettern wischen. »An Rudolf Schocks idealer Erscheinung und Haltung mußte jedermann seine helle Freude haben«, schrieb die Presse. Aber auch:

»Das Neue war diesmal mit Rudolf Schocks jungem Ritter aus Franken auf unsere Bühne eingezogen. Der so beliebte und geschätzte Sänger gibt damit zweifellos sein Höchstes und Bestes, eine gültige Legitimation seiner künstlerischen Persönlichkeit.«

1936 hatte ich als Chorsänger bei den allerersten Bayreuther Festspielen mitgewirkt, die über den Hörfunk in die Welt gestrahlt wurden. Jetzt sollte der erste Aufzug »meiner« *Meistersinger* der Beginn der Bayreuther Fernsehaufzeichnungen und -übertragungen werden. Das war für mich eine bewegende Zeit-Zeugenschaft zweier technischer Epochen und zugleich ein großer persönlicher Triumph.

Nach der Premiere fand der traditionelle Prominentenempfang statt, auf dem alle Gäste von Rang und Namen vertreten waren. Mir hatte man bei Tisch den Platz neben der First Lady aller Festspiele eingeräumt: der Begum, Fürstinwitwe Aga Khans, des Sultans Mohammed Schah, der der internationale Sprecher der indischen Moslems gewesen war.

Die Begum ist eine Frau von beachtlicher Schönheit, Kultur und Bildung. Nur sprach sie leider kein Wort Deutsch. Durch meine Auslandstourneen und meine wiederholten Aufenthalte in Großbritannien konnte ich mich mit ihr auf englisch unterhalten, auch kam mir meine Schwester Elfriede dabei zu Hilfe, die sich gewandt in englischer Konversation zurechtfindet. Aber wie's der Teufel will, wenn mir eine Vokabel fehlte, fehlte sie meiner Schwester auch, so daß ich mit »yes« antwortete, während meine Schwester zu gleicher Zeit »no« sagte. Schließlich nickte ich immer heftig, um meiner Schwester zu signalisieren: Die Antwort gebe *ich*, ich hab's verstanden!, worauf sie das mißverstand und meinte, sie müsse nun »yes« sagen.

Die Begum amüsierte sich köstlich über unseren geschwisterlichen Eifer und übernahm dann mit Humor und Weltläufigkeit die Gesprächsführung. Das Eis war gebrochen, die Begum unterhielt sich schließlich so angeregt mit Elfriede, daß ich mir beinahe abgehängt vorkam. Dafür erregte mein Tête-à-tête mit der Begum um so mehr das Interesse der Fotografen. Die Bilder »Kammersänger Rudolf Schock und die Begum« gingen rund um die Welt, so daß für einen Uneingeweihten der Eindruck entste-

hen konnte, die »Gott-Gattin« Aga Khans sei meine Partnerin in den *Meistersingern* gewesen.
Zwischen den Bayreuther Vorstellungen hatte ich genug Zeit, die »Funk-, Fernseh- und Phono-Ausstellung« in Frankfurt zu besuchen. Es war üblich, daß die Spitzenkräfte der verschiedenen Schallplattenfirmen sich dort sehen ließen. Mein Freund und Manager von Electrola, Fritz Ganss, hatte mich dringend gebeten, auch in diesem Jahr zu kommen, um im Rahmen der Firmenpräsenz zwei, drei Opern- oder Operettenarien zu singen. Als ich aber nach Frankfurt kam, hatte man ohne mein Wissen den Rahmen gesprengt und alle Mitwirkenden in einem gemischten Großprogramm zusammengefaßt. Die Künstler der verschiedenen Firmen waren ausschließlich Schlagersänger, das Publikum in der Riesenhalle bestand aus achttausend Menschen. Ich, der Ritter Stolzing aus Bayreuth, war in diesem Mischmasch-Aufgebot der einzige seriöse Opernsänger. Zu keiner anderen Zeit hätte mir das etwas ausgemacht. Doch jetzt war ich entsetzt.
»Ganz unmöglich, hier aufzutreten, während die Festspiele laufen!« protestierte ich. »Die Wagnerianer springen mir ins Gesicht! Die verkraften das nicht! Ich kann nicht in Bayreuth der Stolzing sein und hier in der Musik-Modenschau mitsingen. Ein andermal mit Vergnügen. Nur um Himmels willen nicht heute!!«
Man hatte mich ja, den ehemaligen »König der Manege«, bereits mit genügend Skepsis beäugt, ich hatte alle Widerstände weggesungen. Nun fürchtete ich einen Rückschlag. Damals gab es ja noch die scharfe Unterscheidung zwischen E- und U-Musik (ernster und unterhaltender Kunst). Die Zeiten eines Peter Hofmann, der als Rocksänger plakatiert wird, während er Wagner singt, waren noch nicht gekommen.
»Es geht nicht!« beharrte ich.
Der Electrola-Chef Dr. Vedder und die Herren der Sendeanstalten baten mich dringend, doch aufzutreten: »Denken Sie daran, alles ist fixiert, sämtliche Rundfunkstationen sind angeschlossen!«
Nun gut. Ich konnte meine Firma, durch die ich so viel verdient

hatte, nicht im Stich lassen. Also sagte ich ja, obgleich mir gar nicht wohl bei der Sache war.

Am Abend traten die Topstars der Schlagerbranche auf, es war ein Festival der Publikumslieblinge, alles bedeutende Namen, die da vor Tausenden in die Mikrophone sangen. Die Stimmen erklangen über Verstärker. Als ich an die Reihe kam, nahm ich das Mikrophon und schleuderte es ostentativ und mit Schwung beiseite. Mit Wut im Herzen bekannte ich:

»Freunde, das leben ist lebenswert!«

Ich sang vor den achttausend Zuhörern in der Riesenhalle frei, wie ich es gewohnt war, ohne Mikrophon, ohne Verstärker, nur mit der natürlichen Tragkraft meiner Stimme. Die Wirkung auf das größtenteils jugendliche Publikum ist kaum zu schildern. Hunderte sprangen vor Begeisterung auf die Stühle, schrien und wollten sich nur schwer beruhigen.

Die Quittung für diesen Auftritt erhielt ich bei meiner Rückkehr nach Bayreuth. Anderntags brachte die dortige Tageszeitung die Schlagzeile:

»Bayreuther Stolzing Rudolf Schock sticht Peter Kraus aus«

Ein anderes Blatt meldete:

»Rudolf Schock besiegt Schlager-Stars«

und so weiter.

Ich erwähne nur harmlose Pressestimmen. Was einige andere schrieben, will ich hier lieber nicht wiedergeben.

Der Eklat war da! Meine Frau berichtete mir von heftigen Debatten in Restaurants und Parks. Die Wagnerianer waren außer sich, daß ich als Festspielheld es gewagt hatte, mit Schlagerleuten fremdzugehen. Die öffentliche Meinung in Bayreuth bestürzte mich sehr, sie übertraf alles, was ich befürchtet hatte.

Unter Auswechslung einer Worthälfte hätte Pogners *Meistersinger*-Vers auf meine Situation gepaßt:

»Hört doch, welch ganz besond're Fall!
Der Ritter hier, mir wohlbekannt,
Hat der *Schlager*kunst sich zugewandt!«

Ich aber wandte mich trotz aller Anfeindungen der »Meisterkunst« auf dem Grünen Hügel wieder zu und dachte gar nicht daran, das Handtuch zu werfen, wie es manche Sänger, wenn auch aus stimmlichen Gründen, heute bereits auf den Proben tun. Ich gewann auch mein Bayreuther Publikum wieder und stand alle Vorstellungen siegreich durch. Die Krönung meines Bayreuther Stolzing war dann die Fernsehübertragung aus dem Festspielhaus, die am 21. August 1959 stattfand.
Nach der Bayreuther Aufführungsserie lechzte ich nach Urlaub – und einem schon lange geplanten Ortswechsel. Ich brauchte ein Refugium in Süddeutschland, das mir nicht nur im Sommer, sondern vor allem auch im Winter sportliche Ausgleichs- und Fitneßmöglichkeiten bieten konnte. Dafür kam nur eine Gegend in Frage, die nicht allzu weit von den Skizentren entfernt war. Aus vielerlei Gründen war unsere Wahl auf Starnberg gefallen.
Und dort, am Hang über dem See, schräg gegenüber von Schloß Berg, war bereits unser neues Haus im Entstehen.

Stimme für Millionen

Fernsehauftritte, zwei Amerika-Tourneen und ein runder Geburtstag

Ich schicke voraus: Auch im neuen Jahrzehnt, wie auch dann in den siebziger und den beginnenden achtziger Jahren, sollte ich nicht zur Ruhe kommen.
Es ging weiterhin bergauf.
Zur wachsenden Gefragtheit meiner Stimme gesellte sich der ungeheure technische Fortschritt in den Medien.
Das Fernsehen hielt Einzug in jede Familie. Neben der ARD wurde eine zweite deutsche Sendeanstalt gegründet: das ZDF. Bereits bei der Eröffnung wollte man nicht auf mich verzichten. Der Beginn einer Ära der Breitenstreuung »rund um die Uhr« gab mir die Möglichkeit, von der Oper und Operette über das klassische Liedkonzert bis hin zu internationalen Evergreens, mein gesamtes Repertoire zu interpretieren. Insofern (aber davon rede ich noch) war meine Idee eines Refugiums am Starnberger See ein schöner Traum, denn auch dieser herrliche Wohnsitz sah mich nur selten. Bis zum Jahre 1959 hatten wir uns fast ein Jahrzehnt lang mit kurzen Aktiv-Urlauben auf Sylt zufrieden gegeben. Die Pferde wurden per Güterwagen – in Begleitung und unter Betreuung unserer Töchter – dorthin expediert, wir ritten, spielten Tennis und schwammen bei jedem Wetter.
Meine Schwimmleidenschaft brachte mich einmal in Lebensgefahr. Eines Tages war es besonders stürmisch, wobei das Zusammentreffen von Windsee und Unterströmung zum Verhängnis für den Schwimmer werden kann. Aber es war kein Badeverbot bekanntgegeben worden. Also vertraute ich meiner Kondition

und stürzte mich in die See. Bald kam ich über die ersten Brecher hinweg – oder tauchte unter ihnen hindurch. Eine ganze Weile meinte ich, Herr der Lage zu sein.

Ich hatte mich schrecklich geirrt!

Als ich einmal aus triefenden Augen zum Strand spähte, bemerkte ich mit Entsetzen, daß ich etliche hundert Meter abgetrieben war. Ich hatte mich zu sehr auf meine Schwimmkünste verlassen, meinte, nicht umsonst in der Jugend fünfzehn Jahre lang einem Schwimmverein angehört zu haben.

Doch jetzt konnte ich gegen die über mir zusammenstürzenden Wogen nichts, gar nichts mehr ausrichten. Wieder und wieder wurde ich in die Tiefe gerissen, als zerrten mächtige Hände an mir. Nun packte mich panische Angst. Die Panik wurde noch verstärkt, als ich bei jeweiligem kurzen Auftauchen bemerkte, daß die inzwischen ausgesetzten Rettungsboote nicht über die Brecher hinwegkamen. Man war auf mich aufmerksam geworden, konnte mir aber nicht helfen.

Mein Herz begann wie rasend zu schlagen. Wäre ich zu meiner Unbesonnenheit nun auch noch ein von Natur aus ängstlicher Mensch gewesen, hätte ich vielleicht einen Herzschlag bekommen, wie es in solchen Fällen manchmal geschieht. Aber hier bewährten sich meine Geistesgegenwart und Disziplin, Eigenschaften, die ich nicht zuletzt auf der Bühne erworben hatte. Ich beruhigte mich: Du kannst zehn Stunden schwimmen, wenn du dich nicht verkrampfst! Atmen, ohne Wasser zu schlucken! Nerven behalten!

Plötzlich kam mir die Idee, die Barriere der Brecher diagonal anzugehen und schräg auf das Ufer zuzuschwimmen.

Das Kunststück gelang. Fachleute sagten mir später, daß es das Beste gewesen war, was ich in meiner verzweifelten Lage hätte tun können.

Noch aber hatte ich keinen festen Boden unter den Füßen. Eine Stunde lang quälte ich mich auf das Ufer zu. Endlich erreichte ich es mit letzter Kraft und wankte mit schlotternden Knien über den

Sand. Am Strand waren mittlerweile Hunderte von Menschen zusammengelaufen, um den schon verloren geglaubten Schwimmer zu empfangen. Als man mich erkannte, klatschte man und rief mir herzlich gemeinte Worte zu. Ich konnte nur matt abwinken, ich hatte keine Kraft mehr, mich für die Begrüßung zu bedanken. Ein solcher Auftritt paßte nun wirklich nicht zu meinem Künstlerprogramm.
Ich war noch einmal davongekommen...

Die Zeit an der See war immer sehr bemessen, der Aufwand beträchtlich. Wir würden Sylt nicht missen wollen, dachten wir – doch das neue Haus in Starnberg sollte Sport, Erholung, Geselligkeit, vor allem aber die Familienzusammenkünfte weniger hektisch machen.
Am 4. September 1959, meinem Geburtstag, war in Starnberg das Richtfest gewesen. Das Wetter konnte nicht prächtiger sein, in Scharen kamen Neugierige herbei. Landrat, Bürgermeister und andere Honoratioren fehlten nicht, Musikkapellen spielten, das Bier floß in Strömen.
Für uns hätte der Tag beinahe ein böses Ende genommen, bevor er auch nur begonnen hatte. Sehr früh am Morgen, noch vor dem Richtfest, schlug uns der Sohn unseres Architekten einen Ausritt durch die herrliche Umgebung vor. Selbstverständlich sagten Gisela und ich nicht nein. Unsere Pferde hatten schon eine Unterkunft, wir brauchten sie nur aus dem Stall zu holen. Der Architektensohn mietete sich ein Vollblut auf einem nahegelegenen Reiterhof.
Los ging's. Wir vertrauten unserem berittenen Scout wie sich herausstellte leider zu sehr. Er hatte viel Ahnung von den Schönheiten, keine aber von den Gefahren in der Landschaft. Aus einem Waldstück heraus prallten die Pferde unvermittelt gegen einen elektrisch geladenen Zaun, Gisela flog in hohem Bogen vom Sattel. Mein Pferd ging im Galopp mit mir durch, und es gelang mir nur mit Mühe und Not, es wieder in die Gewalt zu

bekommen. Plötzlich sah ich das Vollblut des Architektensohns blindlings an mir vorüber preschen. Reiterlos! Das Tier, von Natur aus nervös, war in heller Panik. Ich versuchte es aufzuhalten und einzufangen, eher im Impuls als aus Überlegung – denn wie sollte mir das gelingen? Voller Entsetzen sah ich, wie das Pferd mit gerecktem Hals, flatternder Mähne und den typischen Schlingerbewegungen der Angstbesessenheit auf die Olympiastraße zustrebte. Dort fegten die Autos in beiden Richtungen hin und her.

Das gibt ein Unglück, fuhr es mir durch den Kopf. Eine Massenkarambolage!

Mitten auf der Olympiastraße rutschte das Pferd prompt aus und knallte regelrecht auf den Beton. Zufällig kam in diesem Augenblick, sowohl von links als von rechts, kein Auto, das Tier rappelte sich hoch und überquerte die Fahrbahn. Nicht auszudenken, was da hätte passieren können!

Gisela war unverletzt, auch der Architektensohn war mit dem Schrecken davongekommen. Er fing den Ausreißer wieder ein und brachte ihn in den Mietstall zurück. Außer ein paar Abschürfungen hatte das kostbare Pferd keinen Schaden erlitten.

Nach diesem wenig erfreulichen Auftakt feierten wir nun also das Richtfest unseres neuen Hauses am Starnberger See, Almeidaweg 7. In den großen, weitläufigen Räumen standen Holzbänke und Brettertische, dort verzehrten die Arbeiter unzählige Rostbratwürste – das Ganze glich in seiner Ausgelassenheit einem vorweggenommenen Oktoberfest. Ich spielte begeistert mit, stieg immer wieder auf eine Bank und gab den Arbeitern ein Wunschkonzert. Als Arbeiterkind, das darf ich sagen, fühlte ich mich unter den Arbeitern wohl, und wir nahmen diesen feuchtfröhlich-musikalischen Auftakt als ein gutes Omen.

Am 10. Mai 1960 bezogen wir das Haus, und wir behielten es zwanzig Jahre lang, bis sich 1980 ein Schatten über unsere Familie legte. Doch davon ahnten wir nichts, ich lebte weiterhin im Aufwind, mein Terminkalender wies nicht die kleinste Lücke auf. Ich stand im Zenit des Ruhms. Die Presse nannte mich den »Liebling der Götter«.

Das bekam ich an meinem 50. Geburtstag – am 4. September 1965 – zu spüren. An sich lege ich keinen Wert auf Geburtstagsfeiern, aber den Fünfzigsten mußte ich doch mit allem Drum und Dran über mich ergehen lassen, zumal es meiner Plattenfirma wichtig erschien. Der Vorabend gehörte der Familie, den angereisten Verwandten und engsten Freunden.

Wie eine Vision tauchte das armselige Kindheitsmilieu mitten in unserem großen, erlesen eingerichteten Starnberger Haus wieder auf, als meine Geschwister und ich unserem Muttchen vierstimmig vorsangen, wie es uns der Vater einst gelehrt hatte. Nur einer fehlte: Alwin. Alwin, der bereits 1959 an den Folgen langer russischer Gefangenschaft gestorben war. Doch das ist eine eigene Geschichte.

Die einfachen Lieder aus der Duisburger Kinderzeit erinnerten uns an unsere schwere, aber dennoch unbeschwerte Jugend unter der Obhut der Mutter: Sie war die Hauptperson am Vorabend des Festes.

Am gleichen Tage wurden von verschiedenen Sendern Interviews und musikalische Schock-Porträts ausgestrahlt. Zum 4., dem Höhepunkt der vielen Feiertage, erschienen Fernseh- und Aufnahmeteams der Kino-Wochenschauen. Nun, das war ich gewohnt. Es hagelte Telegrammne und Telefonate aus dem In- und Ausland, von Intendanten, Dirigenten, Ministern, Vereinen, alten Kollegen und langjährigen Verehrern. Die Post in Starnberg mußte Extraschichten einlegen, die Briefe meiner Fans wurden mir säckeweise ins Haus geliefert. Alle Glückwünsche und Zuschriften auf einmal zu lesen, war natürlich unmöglich. So griff ich in die Fülle hinein wie in eine Lotterietrommel. Das gefiel meiner Mutter nicht: »Die Menschen haben sich hingesetzt und dir geschrieben, nun mußt du dir das auch richtig ansehen!« meinte sie. Sie hatte ja recht!

Am Vormittag füllten sich Haus, Terrassen und Park mit offiziellen Persönlichkeiten, Kollegen, Freunden. Die Ehepaare Metternich und Hopf sowie Erika Köth mit Mann erschienen – und viele, viele andere Berufsgefährten. Nach dem Gala-Essen im »Seehof« ging's mit der ganzen Gesellschaft auf ein Schiff. Ich hatte hierzu den Starnberger Dampfer »Tutzing« gemietet. Und zum Glück war das Wetter dieser Jubiläumsfahrt günstig. Unterwegs gab's Kaffee und Kuchen und für die, die es nicht abwarten konnten, schon Sekt. Auch ein Fernsehteam fuhr mit. Der Tag war sommerlich klar und warm, die Ufer des Starnberger Sees bildeten die schönsten Kulissen, die sich ein Opern- und Operettensänger zu seinem Jubiläum nur wünschen konnte.

Am Landungssteg standen dann zwei Herren mit einem fürstlichen Geburtstagsgeschenk. Die Herren: Reinhard Mohn, Firmenchef des Gütersloher Hauses Bertelsmann, und sein Generalbevollmächtigter Dr. Manfred Köhnlechner. Das Geburtstagsgeschenk: eine wunderschöne vierjährige braune Stute, prächtig geputzt und aufgezäumt. Sie hieß Antigone und stammte aus der westfälischen Reiterhochburg Warendorf.

Herr Mohn übergab mir die Zügel mit den Worten: »Deutschlands beliebtestem Tenor, damit er weiterhin so frisch, beweglich und jugendlich bleibt!«

Isolde und Dagmar freuten sich womöglich über das Geschenk noch mehr als ich, denn sie waren, wie die meisten jungen Mädchen, pferdenärrisch. Aber nicht nur das, sie verstanden ja mittlerweile auch sehr viel von Pferdehaltung und -pflege. Aber an diesem Tag ließ ich keiner von ihnen den Vortritt (oder Vor-Ritt). Gleich auf dem Anlegesteg schwang ich mich in den Sattel und ritt zum Vergnügen der Gäste und vieler Schaulustiger auf dem Landesteg hin und her.

Mein Haus glich mehr und mehr – mit der immer noch wachsenden Blumenfülle – einem Treibhaus, die Terrassen wurden zu einem Botanischen Garten. Die »Rudolf-Schock-Clubs« Berlin, Wien, Hamburg hatten mich mit Arrangements überschüttet. Gisela, Isolde und Dagmar waren vollauf damit beschäftigt, die

Geschenke zu registrieren, um falsche Dankesbezeugungen zu vermeiden. Trotzdem kam es zu kuriosen Verwechslungen. Ein Bäckermeister hatte mir Brezeln in den Buchstaben meines Namens gebacken, der Bürgermeister des gleichen Ortes hatte mir eine kleine Nachbildung der historischen Kirchenglocke geschickt. Dem Bäckermeister dankte ich versehentlich für die gebackenen Kirchenglocken, dem Bürgermeister für die Nachbildung der historischen Brezel.

Auch am folgenden Tage wurde wieder gefeiert. Immer neue Gäste trafen ein. Alte Freunde, die ich nicht missen wollte, blieben. Mein einstiger Kamerad aus der Kriegsgefangenschaft, der Bayreuther Heinz Nicklas, durfte nicht fehlen. Er hatte aus seiner Metzgerei ganze Ketten, Schlingen und Kränze seiner köstlichen Rostbratwürste mitgebracht. Er half uns, die Gäste zu bewirten.

Bei Kriegsende war Heinz mit neunzehn Jahren als Pilot von der US-Flak abgeschossen und mit mir zusammen zu 30000 anderen Kriegsgefangenen in das Camp Fürstenfeldbruck gesteckt worden. In Bayreuth hatten wir unsere Freundschaft von damals erneuert, nachdem er meine Stimme im Radio gehört und spontan an den Sender geschrieben hatte. Er war die Verkörperung der Treue – in schlechten wie in guten Tagen. Und solche Menschen sind mir lieb und wert.

Aus Australien – eine lebendige Erinnerung an meine abenteuerliche Tournee – war Liesl Herman gekommen. Jene Dame, die aus politischen Gründen nie wieder deutschen Boden hatte betreten wollen. Mein Geburtstag veranlaßte sie, diesen Vorsatz zu durchbrechen. Das rührte mich tief.

Am Abend des dritten Festtags wartete mein Bruder Helmut mit einer besonderen Überraschung auf. Aus den Reihen der Familie und der Freunde hatte er einen gemischten Chor zusammengestellt, dem auch meine Töchter angehörten. Kurz vor Mitternacht baute sich dieser Chor ohne viele Umstände im Halbkreis auf, und Helmut entwickelte mit seinen Sängerinnen und Sängern

ein ebenso einfallsreiches wie exakt und ergreifend vorgetragenes Programm.
Vor meinen Blicken verschwamm die Umgebung. Ich dachte – und lauschte! – weit zurück. Hier fehlte Alwin, der mit seiner Else einst im *Rosenkavalier* so um mich gezittert hatte. Alwin, dem ich mein erstes »großes« Engagement nach Braunschweig verdankte. Er hatte nicht einmal das Richtfest hier miterlebt. Bereits im Winter 1959, als ich mit meiner Familie in Sankt Anton Ski-Urlaub machte, war er, nur wenig über 48 Jahre alt, ganz plötzlich gestorben. Die Nachricht traf mich nicht bei heiterem, sportlichem Treiben an, sondern auf dem Krankenbett. Ich hatte mich mit vierzig Grad Fieber hinlegen müssen, ein Opfer der dort zu dieser Zeit grassierenden Grippe, und so hielt ich die Todesbotschaft zunächst für einen bösen Traum. Aber dann drangen Einzelheiten an mein Ohr, die mich trotz des Fiebers ernüchterten: Wir mußten Alwins Sohn Hajo aus dem Landschulheim in Zwiesel im Bayerischen Wald abholen, um ihn zu seines Vaters Beerdigung mitzunehmen. Meine Schwägerin Else hatte uns telefonisch darum gebeten, aber sie hatte ihm noch nichts vom Tod des Vaters gesagt. So war die Fahrt nach Berlin in dreifacher Hinsicht eine Tortur. Wir trauten uns nicht, dem Jungen die schreckliche Wahrheit mitzuteilen. Mein geschwächter Zustand stellte äußerste Ansprüche an meine Selbstbeherrschung, erst recht dann an Alwins Grab – auf dem Friedhof in Berlin-Heiligensee. Adolf Stauch, mein Konzertbegleiter – langjähriger Gefährte auch der Schockschen Lebenswege seit der Braunschweiger Vorkriegszeit –, hielt die Abschiedsrede, während wir die völlig zusammengebrochene Else stützten.
Nun war es Helmut, der mir das häusliche Chorkonzert zum Abschluß meiner Geburtstagsfeier ausrichtete. Es waren Löns-Lieder dabei, volkstümliche Vertonungen sehr ernster, keinesfalls einfacher Texte. Dabei kam mir der Gedanke, auch einmal ein Hermann-Löns-Programm zusammenzustellen. Ich habe

dann besonders mit dem Lied »Rosemarie« einen gewaltigen Anklang gefunden.
Ja, was wollte ich alles noch machen – und wie viele Termine hatte ich hinter mir, seit wir nach Starnberg gezogen waren! Unseren Berliner Wohnsitz hatten wir übrigens vorläufig noch nicht aufgegeben, denn in Berlin fanden laufend Schallplattenaufnahmen statt. Auch an die Städtische Oper war ich 1960 gleich wieder gerufen worden, wobei ich mich einer besonders schwungvollen Premiere erinnere: *Wenn ich König wär'* von Adolphe Adam. Werner Kelch hatte mir die Titelpartie angetragen, ich nahm mit Freuden an, denn hier konnte ich nicht nur die Stimme, sondern auch meinen ganzen Witz entfalten. Thomas Stewart war der »richtige« König, Stina-Britta Melander und Ursula Schirrmacher sangen die weiblichen Parts; Peter Roth-Ehrang war der Baß, die Baritonrolle gab Georg Völker, der Sohn des von mir so sehr verehrten Tenors Franz Völker. Der Dirigent war Ernst Märzendorfer aus Wien. Die köstliche Aufführung wurde für das Fernsehen nachproduziert und erschien auch auf Schallplatte.
Während der Bühnenaufführung amüsierte sich das Publikum besonders über eine Improvisation. Im Stück hatte man mich, den »König für einen Tag«, um meine Wünsche zu bitten. Georg Völker fragte: »Wollen Majestät Schach spielen, Billard, Karten? Oder vielleicht eine Oper besuchen?«
Mit übertriebenem Entsetzen wehrte ich ab: »Oper...? Nein... Ein gutes Essen wär mir lieber!«
Das Publikum brüllte vor Lachen.
Ursula Schirrmacher berichtete mir später von einer Textpanne. Als jemand sein Stichwort versäumte, herrschte lähmende Stille. Wie erstarrt standen die Mitwirkenden da. Ich hätte die Szene mit dem Ausruf: »Bin ich nun König oder nicht? Also tummelt euch gefälligst und haltet nicht Maulaffen feil!« gerettet. Das löste die Erstarrung, und um so munterer sei das Spiel weitergegangen.
Vielleicht habe ich viel zu selten erwähnt, daß ich kein Freund von Traurigkeit bin. Auf Tourneen, natürlich vor allem zwischen

den Auftritten, leistete ich mir manchen Spaß. Nach einem Konzert mit Dr. Stauch in Innsbruck – ich glaube, es war auch im Jahre 1960 – ging meine Frau am folgenden Morgen zu einem dortigen Friseur. Stauch und ich bummelten durch die Stadt und sahen sie im Laden verschwinden. Ich sauste ihr auf leisen Sohlen nach, stellte mich dem Friseur im Flüsterton vor und ließ mir einen Kittel und eine Sonnenbrille geben.
Gisela hatte soeben in einer Kabine Platz genommen.
Nun nahte ich in der Maske eines Friseurs und sprach sie mit verstellter Stimme an: »Grüß Gott, gnä Frau! Wie möchten Sie's denn gern?« Ich fuhr ihr über die Haare: »Sehr schön, gnä Frau, sehr schön!« Da zuckte sie schon ein wenig. Dann strich ich ihr über den Hals: »Edel, gnä Frau ... sehr edel ...« Sie erstarrte. Ich fuhr ihr zärtlich mit den Händen in den Ausschnitt. Aber ehe ich noch etwas sagen konnte, schoß sie wie ein Pfeil in die Höhe, drehte sich auf dem Absatz um und blitzte mich an: »Sie unverschämter ...«
Ich nahm die Sonnenbrille ab und grinste freundlich.
Lautes Gelächter begleitete die Erkennungsszene. Der Friseur, das Personal, einige Kunden und Dr. Stauch waren das dankbare Publikum ...

An den Feiertagen zu meinem Geburtstag schaltete ich im Trubel hin und wieder ab und machte stille Bilanz, ohne daß es mir jemand anmerkte. Was war seit unserem Einzug in das Starnberger Paradies alles geschehen? Wieviel erwartete man noch von mir?! Daran durfte ich gar nicht denken!
Am 17. März 1961 hatte ich den »Goldenen Electrola-Ring« erhalten, die erste Auszeichnung, die diese traditionsreiche Firma vergab. Damals standen schon fast 400 Titel von mir in den Katalogen. Es hieß bei der Verleihung in Köln: »Kein Operntenor der Welt konnte bisher einen solchen Erfolg erzielen. Niemals zuvor ist die Stimme eines Opernsängers in so vielen Variationen millionenfach auf Schallplatten festgehalten worden.«

Bundeswirtschaftsminister Erhard, Vater des Wirtschaftswunders und späterer Bundeskanzler, war einer der ersten Gratulanten auf der Messe. Ich sehe noch seine Zigarre mit der fingerbreiten weißen Asche, die er – des Aromas wegen – nie zu früh abstreifte. »Ihre Stimme hat den Wiederaufstieg unseres Landes begleitet!« sagte er in herzlichem Tone zu mir. Die Szene dieser kleinen Unterhaltung existiert in einem sehr sprechenden Foto.

Im gleichen Jahr erhielt ich meine erste Goldene Schallplatte (es sollten noch fünf weitere »Goldene« folgen, eine davon mit Brillanten – und eine Platinschallplatte).

Der November 1961 brachte dann meine erste Begegnung mit dem Operettenkönig Robert Stolz. Es ist kaum zu glauben, aber ich hatte diesen legendären, damals 81jährigen Komponisten noch nie persönlich gesehen. Ich war sehr im Streß, hatte verschiedene Bühnen-, Fernseh- und Funkveranstaltungen hinter mir und sollte nun im holländischen s'Hertogenbosch in einem Orchesterkonzert unter der Leitung von Stolz mitwirken. Telefonisch war die Anfrage gekommen: »Können Sie nicht ein paar Lieder von Robert Stolz einlegen?«

Ich antwortete: »Es tut mir furchtbar leid, aber das ist ganz unmöglich. Mir ist keine seiner Kompositionen gegenwärtig. Und ich habe nicht die Zeit, sie zu lernen!«

Als ich dann in s'Hertogenbosch auftrat, merkte ich, daß der Meister ein wenig enttäuscht war. Doch er ließ es mich nicht entgelten und begleitete mich als ein hervorragender, einfühlsamer und lebhafter Dirigent. Dieser alte Herr war – weiß Gott – die verkörperte Musik!

Nach dem Konzert saßen wir zu einer fröhlichen kleinen Feier beisammen. Ich ergriff die Gelegenheit, mich bei Robert Stolz zu entschuldigen: »Es ist wirklich sehr schade, daß ich kein Lied von Ihnen singen konnte, aber es war mir in der Eile ganz und gar nicht möglich, etwas von Ihnen zu lernen.«

»O«, erwiderte der Altmeister liebenswürdig. »Das macht doch

nichts, ich bitte Sie! Sie haben alles andere so schön gesungen, der Abend war ein großer Erfolg. Was wollen Sie mehr?«
»Ich hätte aber sehr gern etwas von Ihnen gebracht«, beharrte ich. »Leider kenne ich keines Ihrer Lieder. Was sind denn Ihre bekanntesten Titel?«
Scham und Schande! Mein Wort darauf: Ich hatte damals tatsächlich keine Ahnung, unter welchen Benennungen die einzelnen Stolz-Lieder liefen.
»Nun«, erwiderte Robert Stolz lächelnd. »Meine bekanntesten Stücke? Beispielsweise Wiener Lieder. ›Im Prater blüh'n wieder die Bäume‹ oder ›Wien wird bei Nacht erst schön‹ ... Außerdem habe ich für Jan Kiepura die Filmlieder komponiert: ›Ob blond, ob braun, ich liebe alle Frau'n‹, na und noch so mancherlei ...«
»Waas?« rief ich. »Das kenn ich doch alles! Das habe ich oft und oft gesungen!«
Ich sprang auf und begann zu singen. Stolz lachte herzlich, setzte sich sogleich an das Klavier in der Ecke des Saals und ließ seine Finger über die Tasten gleiten. Er amüsierte sich köstlich, daß ich seine Lieder so sicher beherrschte, ohne den Namen ihres Schöpfers gekannt zu haben.
Ich sang ihm ein ganzes Stolz-Programm vor. Er begleitete mich mit wachsender Begeisterung – die ganze Nacht hindurch. Schließlich sagte er: »Das war kein Zufall, lieber Freund, das war mehr! Ich höre meine Lieder plötzlich mit neuen Ohren. Wir werden öfter zusammen musizieren, und das wird eine großartige Sache werden!«
Aus dieser Begegnung entwickelte sich eine langjährige intensive Zusammenarbeit, im Konzertsaal, im Fernsehen, in den Schallplattenstudios – hauptsächlich aber auf vielen weiteren Holland-Tourneen. Robert Stolz behielt recht. Wir hatten – ob in persönlichen Auftritten, ob auf Schallplatten – ungewöhnliche Erfolge: sowohl mit seinen eigenen Werken, als auch mit denen anderer Komponisten. 1973 wurde ich der erste Preisträger der neugegründeten »Robert-Stolz-Stiftung« ...

Silvester 1961 sang ich den Eisenstein in der *Fledermaus* am Zürcher Opernhaus. Am nächsten Morgen wurde ich im Hotel durch das Telefon aus schwerem Schlaf geweckt. Mein Kopf brummte noch von den Folgen der Neujahrsfeier.
Ich griff nach dem Hörer und vernahm eine sehr hohe Stimme, die einer aufdringlichen Verehrerin, wie ich meinte. Ich fiel »ihr« gleich in die Parade und rief: »Eine Unverschämtheit, mich so früh zu behelligen. Liebes Fräulein – oder liebe Frau ... melden Sie sich später wieder!«
Es war aber keine »liebe Frau«, sondern der allmächtige Dr. Egon Hilbert, damals Intendant der Wiener Festwochen, der da mit seiner hohen Stimme sprach. Er bot mir an, im Juni während der Festwochen den Alwa in Alban Bergs *Lulu* zu singen. Ich sagte zu, weil mich die Rolle sehr reizte, und ich schicke vorweg, daß ich es nicht bereut habe.
Der Oper des Zwölftöners Alban Berg liegen die Wedekind-Dramen *Erdgeist* und *Die Büchse der Pandora* zugrunde. Sein Werk konnte der Komponist nicht vollenden, und so blieb es Fragment. Dennoch ist seine Wirkung auf das moderne deutsche Opernschaffen anhaltend. Die Wiener Erstaufführung, die am 9. Juni 1962 im Theater an der Wien unter der Regie von Otto Schenk stattfand, stieß auf entsprechend großes Interesse. Und da ich hervorragende Partner hatte, fühlte ich mich auch hier, trotz meiner Vorbehalte gegen diese Art von Musik, ganz in meinem Element. Die Besetzung wies Namen wie Evelyn Lear, Gisela Litz, Paul Schöffler, Kurt Equiluz, Hilde Konetzni, Hans Braun, Margarete Ast und Ludwig Welter auf. Karl Böhm dirigierte, und es war mir seltsamerweise, als hörte ich ab und zu Mozart durchklingen. Nach der Premiere wollte die Witwe des Komponisten die Hauptdarsteller persönlich kennenlernen und lud uns zu sich nach Hause ein. Uns, das heißt Evelyn Lear und mich. Die Einladung galt auch für meine Frau. Wir kamen in Grinzing am vereinbarten Tag zur ausgemachten Stunde an, doch auf unser wiederholtes Läuten öffnete niemand. Erst nach einer ganzen Weile rührte sich

etwas auf dem Flur. Die Tür ging auf, und wir erblickten die alte Dame im Morgenrock. Sie war etwas bestürzt, als sie uns sah. Es stellte sich heraus, daß sie den Besuchstermin vergessen hatte, doch ließ sie uns mit großer Liebenswürdigkeit ein und zeigte uns Erinnerungsstücke des Verstorbenen, der mit seinem *Wozzeck* epochale Berühmtheit erlangt hatte. Als wir das Haus verließen, winkte sie uns aus einem Fenster nach. Wir hielten diesen letzten, freundlichen Eindruck auf einem Foto fest.

Zur Aufführung selber ist zu sagen, daß sie in Otto Schenks meisterhaft origineller Regie ein wahres Kabinettstück war. Die Liebesszene ging allerdings haarscharf bis an die Grenze des Schicklichen. Evelyn Lear und ich mußten das große, schwere Duett in lasziven Posen auf einem Kanapee singen. Wir entledigten uns der Aufgabe, dank Otto Schenk, mit viel Geschick, so daß die Besucher der öffentlichen Generalprobe für die sehr nötige Mundpropaganda sorgten. Das wirkte sich natürlich ganz erheblich auf den Kartenverkauf aus. Wir hatten dauernd ein volles Haus. Viele Briefe und persönliche Unterhaltungen attestierten mir, wie gut die »gefährliche« Liebesszene mit dem schwierigen Liebesduett beim Publikum angekommen war.

Bei den Proben fiel mir ein junger Repititor auf, der sich sehr große Mühe gab und uns Solisten das Studium der Zwölftonpartitur erleichterte. Und zwar so sehr, daß ich auch bei ihm, wie bei Böhm, manchmal nicht Alban Berg, sondern Mozart zu hören glaubte. Der junge Mann hieß Ivan Eröd. Nun war ich gerade auf der Suche nach einem Begleiter für meine Liederabende. Jahrzehntelang war ja Adolf Stauch mein Pianist gewesen, dann Robert Wallenborn, der aber eine Berufung nach den USA erhalten hatte. Nun fehlte mir ein Tourneepartner. Kurz entschlossen fragte ich Ivan Eröd, ob er Lust hätte, mich künftig auf meinen Konzerten zu begleiten. Er sagte zu.

Unser erstes gemeinsames Konzert hatten wir in Koblenz. Im Hotel gestand er mir danach bei einer Flasche Wein, daß er zum erstenmal in seinem Leben einen Sänger in einem klassischen

Konzert begleitet hatte. Ich war ein wenig fassungslos: Eröd hatte so sicher gespielt, als hätte er bereits Erfahrung und Übung. Ich habe mit ihm in den kommenden Jahren nicht nur weiterhin erfolgreich konzertiert, sondern auch einige sehr gelungene Schallplatten gemacht, unter anderem Schuberts *Winterreise* und die Loewe-Balladen.

Vor der Wiener *Lulu* hatte ich wieder einen Operettenabstecher gemacht, einen ziemlich weiten, nämlich nach den USA. Über amerikanische Eindrücke zu berichten wäre müßig. Der Tourismus hat uns die einstige Neue Welt näher gerückt, Presse und Fernsehen tun ja nahezu täglich ein übriges. Ich sang in der berühmten Carnegie Hall, in der bereits so viele legendäre Kollegen aufgetreten waren. Das Haus, einst der größte Konzertsaal der Welt, in Amerika noch einer der berühmtesten, faßt dreitausend Personen. Die *Lustige Witwe* mit Sari Barabas kam immerhin so gut an, daß ich im folgenden Jahr – zusammen mit Anneliese Rothenberger – zu einer *Land des Lächelns*-Tournee eingeladen wurde. Nur soviel: In der Carnegie Hall hatte ich wieder gegen den Schatten Richard Taubers anzusingen. Ich bestand die Prüfung, wie mir Kritiken bestätigten. Die »New York Times« schrieb: »Rudolf Schock hat als Danilo den Charme Maurice Chevaliers.« Der Vergleich freute und ehrte mich, allerdings hatte ich mich selber nie so gesehen. Die Tournee führte mich unter anderem nach Philadelphia und auch nach Toronto in Canada.
Übrigens drängte man mich nach der Wiener Premiere, Bergs *Lulu* in den USA zu singen. Das Angebot war verlockend, ich habe es gründlich erwogen, letzten Endes aber abgelehnt. Das Werk reizte mich auf die Dauer nicht so sehr. Ich hielt es für ratsamer, meine Programme mit klassischen Liederabenden in Deutschland zu erweitern und zu vervielfältigen.

Der 1. April 1963 war ein bedeutendes Datum in der deutschen

Mediengeschichte: An diesem Tag startete das ZDF, das Zweite Deutsche Fernsehen – lange vorher in der Presse teils skeptisch, teils optimistisch kommentiert. Die Bezeichnung zeigt ja schon eine gewisse Unsicherheit – und die Neigung, es im Schatten des bisherigen »Hauptfernsehens« zu sehen. Doch das änderte sich bald. Heute sucht man zu ARD und ZDF ja noch zusätzliche Ergänzungen und Möglichkeiten, die mit der rasenden technischen Entwicklung einhergehen sollen.

Der ZDF-Auftakt »mit Stars und Prominenten« verlangte auch von mir seinen Tribut. Es ist unmöglich, alle Mitwirkenden dieser Monster-Show aufzuzählen. Ich erwähne nur Berta Drews, Walter Gross, Lilo Pulver, Hildegard Knef, Curd Jürgens, Theo Lingen, Brigitte Mira, O.W. Fischer, Grethe Weiser. Ich sang: »Dein ist mein ganzes Herz!« – und hatte damit das bisher größte Echo.

Ein weiteres musikalisches Ereignis, allerdings ganz anderer Art, stand 1963 auch noch auf meinem Programm: die Eröffnung des Neuen Berliner Operettentheaters im umgebauten Titania-Palast. Daß ich da nicht fehlen durfte, war nun wirklich Ehrensache.

Mit einer Aufführung von Lehárs *Der Graf von Luxemburg* wurde das 1500 Plätze umfassende Haus »glanzvoll aus der Taufe gehoben«, wie die Presse schrieb. Es sollte an die Tradition des einst in der ganzen Welt berühmten Metropol-Theaters anknüpfen. Der Aufwand war so groß wie die Erwartung, die man mit dem Projekt verband. Direktor Robert hatte über hundert Mitglieder ganzjährig verpflichtet. Der Filmregisseur und einstige Direktor des Metropol-Theaters, Arthur-Maria Rabenalt, führte Regie, der Felsenstein-Mitarbeiter Hans Pfeiffenberger entwarf die Bühnenbilder. Die musikalische Leitung lag in Händen des Chefdirigenten des Bayerischen Rundfunk-Unterhaltungsorchesters, Werner Schmidt-Boelcke, der im Berlin der Vorkriegszeit bereits sechzehn Operetten uraufgeführt hatte.

Meine Partnerin war die junge Sopranistin Margit Schramm vom Münchner Staatstheater am Gärtnerplatz, die ich von gemeinsamen Vorstellungen dort bereits kannte und künstlerisch schätzte.

Ich hatte Margit selber empfohlen, und die Richtigkeit meiner Wahl wurde durch das nachhaltige Echo des Publikums bestätigt. Die Fans sahen das Duo Schramm und Schock dann jahrelang als eine Art Traumpaar an. Margit war quasi die Reinkarnation der Diva, die man aus der großen Zeit der Operette kannte: Gitta Alpar, Lilli Claus – die Frau Nico Dostals – und andere! Die Galapremiere am 11. September 1963 wurde zum Triumph der totgeglaubten Operette. (»Als Danilo«, so meinte eine Zeitung, »wandelt Schock auf Johannes Heesters' Spuren« – leider kommt der Danilo aber in der *Lustigen Witwe* vor, nicht im *Grafen von Luxemburg*.) Der Schlußapplaus dauerte jedenfalls eine halbe Stunde, und es war tatsächlich, als hätten die Berliner ihr Herz für die Operette neu entdeckt ...

Erst im März des folgenden Jahres konnte ich wieder ausspannen: vom 2. bis zum 7. März, auf Ski-Urlaub in Sankt Moritz – ganze sechs Tage! Heute erschrecke ich, wenn ich das bedenke! Aber was hilft's? Vorher hatte ich Schuberts Liederzyklus *Die schöne Müllerin* auf dem Programm (mit Ivan Eröd als Begleiter), und zwar in der Musikhalle in Hamburg, im Staatstheater Braunschweig und in zwei, drei anderen Städten und Stätten. Am 9. März war ich schon wieder in Berlin, mit Erika Köth, mit der ich viel und vieles gesungen habe. Im gleichen Jahr, nach meiner neuerlichen Amerika-Tournee und meinem Debüt in Verdis *Maskenball* am Staatstheater Saarbrücken, hatte ich mit Erika Köth einen Auftritt in Kulenkampffs Show *Einer wird gewinnen* in der Wiesbadener Rhein-Main-Halle. Daran erinnerte mich Erika Köth 1983, auf der Feier nach meiner eigenen Fernsehshow *Ich erinnere mich gern!*

Erika sagte zu mir: »Weißt du noch, Rudi, als wir in Kulis Show ein Duett zu singen hatten? Vorher luden wir dich ein, mein Mann und ich, in unserem neuen Haus Einstand zu feiern ...«

»Na klar!« erwiderte ich. »Ich kam mit Gisela und mit meiner alten Mutter.«

»Richtig. Wir holten Wein aus dem Keller. Einen guten Tropfen!«

»Mehrere gute Tröpfchen!«
Die Köth lachte, ihre schönen dunklen Augen funkelten verschmitzt: »Ja, Rudi, mehrere ... Deine Mutter ging zu Bett, sie war ja nicht mehr die Jüngste. Sie ermahnte uns noch: ›Macht nicht zu lange: Denkt daran, ihr müßt morgen singen!‹«
Ich beruhigte sie: »Keine Sorge, Mama, wir probieren nur noch.« Und in der Meinung, wir würden unser Duett probieren, entschwand sie.
Wir widmeten uns dem Wein, wurden immer fröhlicher und vergaßen die Zeit. Plötzlich stand meine Mutter wie eine Theatererscheinung in der Tür und rief mit strafender Stimme: »Eure Gesangsprobe klingt aber eher nach ner Weinprobe. Ihr dachtet wohl, ich kenne den Unterschied nicht mehr!?«
»Ein Auftritt wie in einem Lustspiel«, amüsierte sich Erika. »Ich sehe uns noch alle – erstarrt wie die leeren Flaschen auf dem Tisch ...«
Erika Köth blieb auch als Primadonna immer eine Sängerin ohne Starallüren. Darum war sie stets eine meiner liebsten Partnerinnen. Sie hat, wie ich auch, Schallplatten mit Liedfolgen des Kaiserenkels Louis Ferdinand von Preußen besungen.
Das erinnert mich an eine lustige Episode. Der Chef des Hauses Hohenzollern veranstaltet auf der Hechinger Stammburg alljährlich Wohltätigkeitskonzerte zu Gunsten der Prinzessin-Kira-von-Preußen-Stiftung. Ich war bereits mit Gisela in seinem Berliner Haus im Grunewald zu Gast gewesen. Dort hatte mich seine Tante mit den Worten: »Kommen Sie, setzen Sie sich neben mich!« bei der Hand genommen.
Diese Tante war die einzige Tochter Wilhelms des Zweiten, die Ex-Herzogin von Braunschweig, Viktoria Luise, Mutter der damaligen Königin Friederike von Griechenland. Diese muntere, anregend plaudernde Dame galt als eine Art Enfant terrible unter den Verwandten. Sie hatte recht ketzerische Ansichten und ein ziemlich ungeniertes Benehmen. Zum Beispiel spähte sie nach Rauchern aus, und sobald jemand sein Zigarettenetui zog, ließ sie

sich gern eine Zigarette anbieten – augenzwinkernd, denn sie selber hatte nie etwas Rauchbares in ihrem Täschchen. Sie war eine charmante Person, um kein Thema verlegen. Da sie leidenschaftlich gern wanderte, auch ambitionierte Bergsteigerin war, unterhielten wir uns äußerst angeregt, besonders über unser gemeinsames Hobby, das Wandern.

Prinz Louis Ferdinand lud also mich zu einem Wohltätigkeitskonzert auf Burg Hechingen ein. Zu dieser Zeit kamen wir gerade aus Wien, direkt von der Premiere des *Zigeunerbaron* an der Wiener Volksoper.

Wir fuhren in meinem neuen Mercedes 600 zur Hohenzollernburg hinauf, über einen schmalen, durch Tunnels führenden Weg und »bumms« hatte ich die erste Beule am Wagen. Meinen Ärger verbarg ich unter der Maske routinierten Charmes, ebenso wie ich der ungewohnten Ballung von Ministern, Botschaftern und Hoheiten mein unbefangenes Schock-Lächeln zeigte.

Das Publikum kam sozusagen aus der Tiefe deutscher Geschichte, aber auch aus klassischen und exotischen Gefilden. Da sah man den griechischen Botschafter, den italienischen Geschäftsträger, den Königlich Marokkanischen Außenminister. Der Norden war ebenfalls vertreten, unter anderem durch den Königlich Dänischen Botschafter. Ansonsten wimmelte es von Hoheiten und Durchlauchtigkeiten der Preußen- und der Hohenzollern-Linien sowie der Fürsten zu Löwenstein und derer von Württemberg. Und natürlich von monarchisch gesonnenen Herrschaften. Ich sang einige Lieder Louis Ferdinands (der seinen Vorfahren im Komponieren alle Ehre macht) und hatte verabredungsgemäß darauf hinzuweisen, daß ein Teil der Veranstaltung fürs Fernsehen aufgezeichnet würde. Ich sollte also sagen: »Würden Sie so freundlich sein, am Schluß noch sitzen zu bleiben, da ich zwei Lieder für die Fernsehsendung *Musik im Hause Hohenzollern* singe.«

Nun kam ich gerade aus Österreich. Und so versprach ich mich

und sagte vor sämtlichen anwesenden Hohenzollern: »Musik im Hause Habsburg.«
Das war so, als spräche man bei Rolls-Royce über Mercedes – oder umgekehrt. Ich sah erstarrte Mienen. Mein Begleiter, diesmal wieder Adolf Stauch, zischte mir zu: »Hohenzollern! Hohenzollern! Nicht Habsburg!«
Ich drehte mich zu ihm um und fragte: »Wie ...???«
»Hohenzollern! Musik im Hause Hohenzollern!«
Ich wandte mich an das Publikum. »Entschuldigen Sie, meine Herrschaften. Es muß natürlich heißen ...«
Prinz Louis Ferdinand lachte herzlich. Er amüsierte sich wahrhaft königlich und erwies sich als überlegener Hausherr. Aber bei einigen Gästen der Sigmaringer Linie hatte ich den Eindruck, daß sie mein Versehen für Absicht hielten.

»Freunde, das Leben ist lebenswert!«

Abschied von der Opernbühne – Freud und Leid im Familienkreis

Meinem Geburtstag folgte unsere Silberhochzeit am 21. September 1965.
Gisela und ich waren nun 25 Jahre verheiratet. Wir dachten mit wehmütiger Erheiterung an den Tag unserer armseligen Kriegstrauung zurück, wollten das Jubiläum aber dennoch nicht in großem Rahmen begehen, den wir uns nun hätten leisten können. Dagegen erfüllten wir uns den langgehegten Wunsch, wieder einmal zu wandern. Wir planten eine Tour auf Schusters Rappen durch die Eifel, und wir hatten errechnet, daß wir am 21. September – dem Hochzeitstag – in Monschau sein würden. Eine Freundin aus Düren mietete einen Raum in einem Monschauer Restaurant, wo wir uns sowohl mit Freunden aus der Gegend als auch mit unserer Wandergruppe zu einem fröhlichen Beisammensein vereinigen konnten.
In Bundhosen, festem Schuhwerk, Wollstrümpfen ging's über Stock und Stein. Gisela hielt wacker mit mir mit, ebenso ein Grüppchen unerschrockener Begleiter. Dreißig Kilometer waren wir an unserem Hochzeitstag marschiert. Am Spätnachmittag gelangten wir an die Rur (ohne »h«! Nicht zu verwechseln mit der heimatlichen Ruhr!). Weit und breit sahen wir keine Brücke. Kurz entschlossen entledigten wir uns der Schuhe und Strümpfe, krempelten die Hosen hoch und wateten durch das reißende Gewässer.
Ohne daß wir es ahnten, war uns ein Fotoreporter auf der Spur. Er schoß ein paar Fotos von unserer Flußüberquerung, die dann

in die Illustrierten kamen. Eines dieser Bilder ging um die ganze Welt und kam sogar in die »New York Times«.
Das Wandern war noch nicht wieder zur Mode geworden: Ein würdiger Kammersänger, der wie Lumpacivagabundus durch einen Fluß watete, bildete damals eine Sensation. Gisela hatte keine Möglichkeit gehabt, zum Friseur zu gehen, schließlich befanden wir uns ja auf einem Fußmarsch quer durchs Gelände. So erschienen denn auch entsprechende Fotos von ihr in verschiedenen Blättern, die sie keineswegs so zeigten, wie das Publikum es gewohnt war. Später rief mich mein Schwager an. Er war ganz entsetzt und meinte am Telefon: »Ihr seht ja auf den Bildern wie die Penner aus. Um Gottes willen! Gisela wirkt wie eine Oma!«
Die Wanderung hatte uns reichlich strapaziert. Wie ein Filmpaar aus der Traumfabrik konnten wir unter diesen Umständen nicht aussehen. Aber am Abend des Hochzeitstages, bei der Feier in Monschau, waren wir wieder einigermaßen »landfein«. Gisela präsentierte sich trotz Friseurmangels ganz entzückend, besonders für mich, den Silberbräutigam. Sie trug ein Myrthenkränzchen aus Silber im Haar, ich hatte ein silbernes Myrtensträußchen im Knopfloch. Diese Schmuckstücke hatte ich im Rucksack mitgenommen, weil es zur Familientradition gehört, sie bei der Silberhochzeit zu tragen. Wir halten sie besonders in Ehren, denn sie sind ein Geschenk, das meine Mutter einst ihren Eltern – also meinen Großeltern – machte ...
Unsere Silberhochzeitsgesellschaft bestand aus dreizehn Personen. Natürlich wurde ich auch in Monschau von Reportern aufgespürt und über dies und jenes befragt. Unter anderem – wie auch später noch oft – welche Marotten ich hätte und ob ich die Zahl 13 scheuen würde. Ich lachte, denn abergläubisch bin ich nicht. Allerdings fällt mir zu dieser Frage immer wieder ein merkwürdiges Erlebnis ein.
Vor vielen Jahren flog ich nach einem Londoner Gastspiel nach Berlin. Das Flugzeug war nur mäßig besetzt. Ich schnallte mich

an, griff nach einer Partitur, die ich unterwegs studieren wollte, und merkte, daß die Maschine zu rollen begann. Kurz bevor der Pilot Starterlaubnis bekam, horchte ich auf. Ich habe als Sänger sehr feine Ohren. Auch die »Musik« der Flugzeugmotoren war mir geläufig. Ich meinte, eine Unregelmäßigkeit zu hören, rief eine Stewardeß und sagte: »There is something wrong in the motors!«

Sie schüttelte den Kopf und meinte, ich müsse mich irren. Schließlich ging sie aber doch ins Cockpit zum Captain. Die Maschine rollte zum Ausgangspunkt zurück, Mechaniker wurden gerufen. Ergebnis: Motorschaden. Wir mußten aussteigen und konnten erst drei Stunden später mit einer anderen Maschine fliegen. Der Tag des Geschehens war ein Freitag, ein 13. des Monats – und im Flugzeug hatten genau dreizehn Passagiere gesessen. Ja, war es nun ein Glücks- oder ein Unglückstag für die Beteiligten? Die Sache ging ja gut aus! Mir ist die Episode wegen des Datums und der Anzahl der Reisenden im Gedächtnis geblieben. Wie gesagt, abergläubisch bin ich nicht, und vor der »13« scheue ich mich ebensowenig wie vor jeder anderen Ziffer...

Die Arbeit rief mich wieder, und was alles auf den Ex-Silberbräutigam wartete, war gewiß nicht zu knapp. Tourneen mit Robert Stolz, eine spektakuläre *Tiefland*-Produktion fürs Fernsehen, wie fast jedes Silvester eine *Fledermaus*-Aufführung, diesmal zur Jahreswende 1966/67 an der Hamburgischen Staatsoper, immer wieder TV-Aufzeichnungen, Schallplattenaufnahmen, Liederabende, Münchner Sonntagskonzerte und alle nur möglichen Zwischenveranstaltungen.

1967 hatte ich wieder einmal eine *Carmen*-Vorstellung im Ausland. Ich darf mit voller Überzeugung sagen, daß ich diese Oper sehr liebe und den Don José, wo auch immer, gern gesungen und gespielt habe. Um beim Äußeren zu beginnen, das ja gerade im dramatischen Ablauf so wichtig ist:

Don José ist Sergeant, also Soldat, dazu als Stellvertreter des

Leutnants auch noch Wachführer. Wenn man nun in dieser Rolle einen Tenor auf die Bühne stellt, der vor lauter Bauch nicht mal die eigenen Stiefel betrachten kann, wirkt das lächerlich. Einen weichlichen, kaum beweglichen Dickwanst verwendet man auch in der heutigen Realität nicht an irgendeinem Grenzübergang. Solche Leute setzt man in den Innendienst. Ich habe mich planvoll und mit Zähigkeit für solche Rollen (wie für meine Auftritte überhaupt) sportlich fit gehalten. Es widerstrebt mir, dem Publikum einen lächerlichen Anblick zu bieten. Und wie soll sich Carmen in einen subalternen Fettkloß verlieben? Als rassige Zigeunerschönheit hätte sie doch andere Chancen! Aber nun zum Gesanglichen: Wer den Don José oft gehört hat, wird sich wundern, wenn ich sage, daß diese Rolle eigentlich zwei Tenöre erfordert: einen lyrischen zu Beginn und einen heldischen zum Finale. Schon die berühmte Blumenarie macht das – in sich – deutlich. Sie beginnt mit einer lyrischen, durchaus zarten, zärtlichen Reflexion. In der Steigerung aber hadert der eben aus der Haft Entlassene mit seinem Schicksal, das geht bis zum wilden Trotz, um dann in einem dramatisch-glühenden Bekenntnis zu enden. Ein heldischer Tenor wird die Innigkeit der melancholischen Töne nicht finden, ein nur lyrischer dagegen nicht das geforderte Temperament. Das hat nichts mit der Stimmgewalt oder der Lautstärke zu tun, es ist eine Sache des Ausdrucks und des Ausdrucksvermögens. Daran habe ich gearbeitet, und das Gelingen ist mir nahezu ein Leben lang attestiert worden.
Bizets *Carmen*, mit der ich so großen Erfolg gehabt habe, unter anderem an den Staatsopern Wien und Hamburg, ging diesmal in Antwerpen über die Bretter. Darüber habe ich aber etwas zu berichten, das mit der Auffassung selber nichts zu tun hat. Der Laie glaubt oft, daß die Opernhäuser in großen Städten des Auslands, auch in den USA, unseren Verhältnissen entsprechen, wie wir sie sogar an einem beliebigen Landestheater gewohnt sind. Das ist aber ganz und gar nicht der Fall. (Ein

Zeuge dafür ist der ehemalige Generaldirektor der »Met«, Sir Rudolf Bing, mit seinen Berichten über Gastspiele in den Staaten.)

In Antwerpen fand ich sehr beengte und provisorische Verhältnisse in den Schmink- und Umkleideräumen vor. Die Ausstattung war denkbar primitiv. Die Garderobiere betreute nicht nur die Solokräfte, sondern auch die Statisten. Sie sauste also dauernd kopflos hin und her. Außerdem war die Garderobe offen, so daß jeder Unberufene Zutritt hatte. Ich besaß damals eine goldene Uhr mit goldenem Armband, ein Geschenk meiner Freunde aus der Schweiz, an dem ich sehr hing. Nun wußte ich nicht wohin damit! Am Handgelenk konnte ich sie als Don José nicht behalten. Nirgends sah ich ein geeignetes Versteck. Erst beim Gang zum Auftritt bemerkte ich auf der Heizung einen Teekessel, der leer war. Ich dachte, darin vermutet niemand einen Wertgegenstand und legte die kostbare Uhr in das Gefäß.

Auf der Bühne fuhr es mir auf einmal durch den Kopf: Was – o Schreck – wenn die Garderobiere den Kessel inzwischen zum Teekochen benutzt!?

Als der erste Akt zu Ende war, stürzte ich in die Garderobe.

Das erste, was ich sah, war der dampfende Kessel!

Ich fragte die Frau: »Ah, Sie haben sich Tee gekocht? Hat er Ihnen geschmeckt?«

»Ja«, erwiderte sie verwundert, »sehr gut!«

Ich nahm die Uhr aus dem Kessel und sagte: »Sie haben vergoldeten Tee getrunken!«

Das kostbare Stück war hin.

Ich mußte die Uhr an die Schweizer Herstellungsfirma schicken, wo das Werk ausgewechselt wurde. Wie heißt der Text der Blumenarie auf deutsch: »Ich fluchte ihr im wilden Grimme.« Aber sie konnte ja nichts dafür. Ich habe der geplagten Garderobiere längst verziehen …

Nach zwanzig Konzertabenden mit Margit Schramm und dem

Dirigenten Werner Schmidt-Boelcke sowie einem Auftritt in der riesigen Bremer Stadthalle wurde mir im November 1968 im Hause Bertelsmann in Gütersloh wiederum eine Goldene Schallplatte überreicht. Diesmal mit Brillanten. Meine Auszeichnungen, zu denen unter vielen, vielen anderen der Verdienstorden 1. Klasse der Bundesrepublik Deutschland (Bundesverdienstkreuz), der Goldene Schlüssel der Stadt Interlaken, zahlreiche Becher, Ehrenteller, Medaillen und Ehrentitel gehören, waren schon damals kaum noch zu registrieren. Dazu schenkte mir der Generalbevollmächtigte des Hauses Bertelsmann, Dr. Köhnlechner, wiederum ein Pferd. Es hieß Abdullah und wurde von mir auf den Namen Eurodisc umgetauft, worauf mich die Presse scherzhaft als »Eurodisc-Jockey« apostrophierte. Meine jüngere Tochter Dagmar, die an der Feier teilnahm, wünschte sich das Pferd sogleich als Verlobungsgeschenk, und zwar mit der trockenen Bemerkung: »Papa, du hast schon genug, und bei dir kommt ja dauernd noch was dazu!«

In Gütersloh hatte ich die Freude, meinem langjährigen Schallplattenproduzenten Fritz Ganss zu seinem siebzigsten Geburtstag gratulieren zu können. Mit ihm, dem Phono-Pionier, der auch Furtwängler, Karajan und Klemperer zu weltweiter Plattenverbreitung mitverhalf, hatte ich 21 Jahre zuvor meine erste schwarze Scheibe aufgenommen. Es war eine Schellack-Platte mit 78 Umdrehungen – die Blumenarie aus *Carmen*. Sie wurde zur Feier gespielt, danach auch gleich die neueste Aufnahme in modernster Technik.

Fritz Ganss sagte in seiner Dankesansprache:

»Vor 21 Jahren nahm ich mir vor, aus Rudolf Schock in zehn Jahren den führenden Schallplatten-Tenor zu machen. Aber Schock hat den Rekord bereits in drei Jahren unterboten.«

Am 14. November 1968 fand dann in der Deutschen Oper Berlin der »Gala-Abend der Schallplatte« statt, der auch vom Fernsehen übertragen wurde. Ich sang unter anderem die Bildnisarie aus der *Zauberflöte* und, zusammen mit Kurt Böhme, das berühmte

Duett aus der *Verkauften Braut* »Komm, mein Söhnchen, auf ein Wort...«. Meine anderen Kollegen in diesem Gala-Programm waren Edith Mathis, Anna Moffo, James King und Sylvia Geszty (meine bezaubernde Schallplatten-Partnerin in dem großen Liebesduett aus *Madame Butterfly*). An diesem Abend erhielt ich übrigens auch den Goldenen Becher der Fachkritik.
Der 16. November sah mich wieder in einer ganz anderen Umgebung, nämlich im Aktuellen Sportstudio des ZDF. Moderator Harry Valérien interviewte den damaligen Bundesliga-Torschützenkönig Gerd Müller. Es wurde auch zwischen mir und Müller ein Zweimann-Fußballgefecht auf die Torwand ausgetragen, das vor den Augen der Millionen Zuseher mit einem 1:0 für Gerd Müller endete. Ich erzählte ein kleines Erlebnis, das ich seinerzeit mit dem Bundestrainer Sepp Herberger gehabt hatte.
Wir trafen uns irgendwo bei einem Fußballspiel auf der Tribüne. Er grüßte: »Guten Tag, Herr...« Ich unterbrach ihn, da ich merkte, daß er mein Gesicht wohl kannte, aber im Augenblick nicht wußte, wo er mich »hintun« sollte. »Guten Tag, Herr Herberger!« nahm ich ihm freundlich lächelnd seine Verlegenheit. Später wurden wir einander offiziell vorgestellt. »Ach, Sie sind der Kammersänger Rudolf Schock!« rief Herberger. »Und ich hab die ganze Zeit überlegt, in welcher Mannschaft Sie früher gespielt haben!«

Das Jahr 1968 hatte mir beruflichen Gewinn gebracht. Ein Meinungsforschungsinstitut veranstaltete für die Illustrierte »Stern« eine Umfrage unter der bundesdeutschen Bevölkerung: »Welcher zeitgenössische Künstler spricht Sie am meisten an?« Das Ergebnis lautete: »Rudolf Schock«. Ich lag in der Umfrage vor Herbert von Karajan. Nun weiß ich – wie kaum ein anderer – daß Beliebtheitskurven schwanken und daß man sich nur durch Arbeit und Leistung an der Spitze halten kann, auf welchem Gebiet auch immer. Zehnmal war ich vom Fernsehpublikum bereits zum »Star der Woche« gewählt worden. Weitere Wahlerfolge dieser Art sollten noch folgen. Der Goldene Bildschirm stand mir sozusagen bereits ins Haus.

Dafür aber zeichnete sich der für mich bisher schmerzlichste persönliche Verlust ab, und das war der Tod meiner Mutter. Man darf mir glauben, daß ich alle äußeren Ehrungen nur allzugern hergegeben hätte, um mir die geliebte Mama zu erhalten. Gewiß, sie stand im gesegneten Alter, wie man so sagt. Sie war rüstig und munter in ihr neuntes Lebensjahrzehnt geschritten. Aber, um im Bild zu bleiben: Nun wollten ihre Beine nicht mehr. Es war rührend zu sehen, wie sie sich bemühte, meine Mahnungen zu befolgen. »Du mußt immer gehen«, sagte ich zu ihr. »Jeden Tag! Regelmäßig! Und wenn es nur ein paar Schritte sind.«

So oft ich nach Starnberg kam, berichtete sie mir stolz von ihren Erfolgen: »Heute bin ich auf der Terrasse hundert Schritte hin und her gegangen.« Oder: »Heute hab ich's auf über hundert Schritte gebracht.«

Doch ihr Zustand verschlechterte sich. Wir mußten sie in das Tutzinger Krankenhaus bringen. An einem trüben, regnerischen Dezembertag kam ich von einem Konzert nach Starnberg zurück und hörte von Gisela, daß es meiner Mutter sehr schlecht ginge. Sofort setzte ich mich ins Auto und fuhr zu ihr.

Als ich mich im Krankenhaus der Tür ihres Zimmers näherte, traute ich meinen Ohren nicht: Ich vernahm Gesang, ein hohes, entzückendes Singen einer weiblichen Stimme. Erst dachte ich, es sei eine der katholischen Schwestern, die die Patienten dort betreuten. Doch dann hörte ich die Melodie und den Text. Es war völlig unverkennbar meine Mutter. Sie sang in vergnügtem Ton ein Lied, das sie ihr Leben lang gern angestimmt hatte, wenn sie besonders glücklich war:

»All' Abend, bevor ich zur Ruhe geh'!,
dann schau ich hinaus in die Nacht.«

Ich dachte: Nun, wenn sie singt, muß es ihr besser gehen! Ich öffnete die Tür einen Spalt breit und blickte ins Zimmer. Das Bild, das sich mir bot, werde ich niemals vergessen. Meine arme alte

Mutter saß im Nachthemd auf der Bettkante, umgeben von lauschenden Nonnen, und sang. Auf dem Nachttisch sah ich einen Adventskranz mit drei brennenden Kerzen. Es war eine herzergreifende Stimmung. Auf Zehenspitzen trat ich näher, zögerte aber, als die Nonnen meine Mutter ermunterten, noch ein Lied zu singen. Da warf sie sich förmlich in Positur, was mir ein Schmunzeln unter Tränen entlockte. Sie sang: »Hast du da oben vergessen auf mich...«, als hätte sie nicht nur die Nonnen, sondern eine große Zuhörerschaft um sich her. Weiß Gott, für wen sie da sang! Leise begann ich mitzusingen. Da erschrak sie, sah mich und wollte aufhören. Doch ich gab ihr ein Zeichen, weiterzusingen. Beide sangen wir vor den Ohren der andächtigen Nonnen das Lied zu Ende.

Meine Mutter war danach ein wenig verlegen und wollte sich entschuldigen. Ich nahm sie in meine Arme: »Laß, Mama. So schön, wie du das Wolgalied gesungen hast, so schön hätte es mir niemand anders singen können!« Ich sah die bewegten Gesichter der Nonnen. Sie wußten ja, wie es um meine Mutter stand.

Als ich am 28. Dezember von einem Gastspiel aus Berlin zurückkam, wartete nicht – wie sonst – meine Frau am Flughafen, um mich abzuholen, sondern der Verlobte meiner Tochter Dagmar. Da wußte ich, daß meine Mutter gestorben war...

Früher hieß es »Lache Bajazzo!« Heute lautet das Gesetz des Bühnen-, Film- und Fernsehkünstlers: »The show must go on!«

1968 hatte ich bereits einen Fernsehfilm als wandernder Kammersänger für das Fernsehen gedreht. Das war für das Publikum etwas ganz Neues. Nun wollte man mich im Februar 1969 auch auf Skiern sehen. Am 22. Februar 1969 machte ich in einer Folge für das ZDF mit, die im Skiparadies Kitzbühel stattfand und sich *Luftsprünge* nannte. Der Ski-König war darin Toni Sailer, mehrfacher Olympiasieger. In den einzelnen Teilen dieser Serie wurde jedesmal ein anderer Prominenter aufgefordert, seine Brettl-Künste vorzuführen. Ich beteiligte mich gern, konnte ich doch

meine bereits erzielten Fortschritte öffentlich unter Beweis stellen. Es ging mir wie Honig runter, als Toni Sailer zu mir sagte: »Also, mit dir konnte ich wirklich phantastisch skilaufen!« Nun, ich hatte es mittlerweile in St. Anton bei meinen Skilehrern Schweiger Franz und Staffler Sepp gelernt.
Im März begannen in München die Fernseh-Außenaufnahmen für die Emmerich-Kálmán-Operette *Die Zirkusprinzessin* mit Ingeborg Hallstein. Man hatte in der Gegend des heutigen Olympiastadions ein Zirkuszelt aufgebaut, das aber wegen des plötzlich einsetzenden Schneefalls beinahe zusammenbrach. Kurz darauf setzte Regen ein, und wir stapften durch Matsch und Pfützen. Während weiterer Aufnahmen im Schloß Kleßheim bei Salzburg sank die Temperatur wieder unter Null. Ich brachte eine Erkältung mit nach Hause, wie ich sie selbst in Rußland nicht gehabt hatte. Trotz aller Mahnungen meiner Frau machte ich den Fehler, die Erkältung nicht auszukurieren. Ich ignorierte auch ungewohnte Anzeichen wie Schwindelgefühle, Abgeschlagenheit und plötzliches Auftreten von Fieber.
Wir reisten schließlich nach Sylt, wo wir ja in Kampen eine kleine Eigentumswohnung besaßen. Ich meinte, mich in der Nordseeluft erholen zu können. Mein Zustand besserte sich aber nicht, ich bekam zusätzlich Halsschmerzen und Schüttelfrost, so daß mich meine Frau nun energisch dazu bewog, einen Arzt aufzusuchen. Der aber murmelte nur: »Sieht nicht sehr gut aus«, und verschrieb mir Antibiotika. Hätte er mir nachdrücklich empfohlen, mich mit der schweren Angina ein paar Tage ins Bett zu legen, wäre mir wohl nichts weiter passiert. So aber folgte ich – zum Leidwesen meiner Frau – meiner trotzigen Devise: »Ignorieren!« Ich verließ mich ganz einfach auf meine sportliche Kondition und versuchte, die Gesundheit zu erzwingen.
An einem sonnigen Tag fuhr ich mit Gisela zum Strand. Aber die Außentemperatur hatte sich noch nicht auf das Wasser ausgewirkt. Die Differenz war enorm: Für die See waren an der

Badetafel nur vierzehn Grad angezeigt! Das hinderte mich nicht, eine Schwimmpartie zu machen. Als es Zeit zur Heimfahrt war, hielt ich stur an meiner »Schock-Therapie« fest. Ich sagte zu Gisela: »Nimm du das Auto und fahr voraus, ich komme im Dauerlauf nach!«

Ungeachtet ihrer Proteste ließ ich sie vorfahren und folgte zu Fuß. Dabei lief ich durch Dünensand, was eine doppelte Anstrengung bedeutete.

Plötzlich spürte ich einen furchtbaren Schmerz in der Brust: Ach, dachte ich, die Bronchitis ...

Es gelang mir noch, vor unserem Hause mit kühnem Schwung über den Friesenwall zu setzen. Aber als ich die Terrasse erreichte, überfiel mich der Schmerz verstärkt, so daß ich mir vorkam wie Jung-Siegfried mit einem glühenden Speer in der Brust.

Verzweifelt versuchte meine Frau, einen Arzt zu erreichen. Es war Sonntag, noch dazu in der Vorsaison. Der Doktor kam dann endlich, und er erkannte sofort, was los war: Herzinfarkt!

Alarm! Notarztwagen! Abtransport mit Sanitätern, Trage, Blaulicht – und all dem schrecklichen Drum und Dran.

Als ich zur Tür hinausgetragen wurde, hörte ich unsere Haushälterin fragen: »Herr Doktor, ist es was Ernstes?«

»Wenn er Glück hat, kommt er durch«, erwiderte der Arzt.

Kurz, ich kam in die Nordseeklinik. Dort mußte ich sieben Wochen bleiben – und hatte Zeit genug, zu bereuen und mich auf einen neuen Anfang einzustellen.

Nach diesen sieben Wochen fuhren wir nach Starnberg zurück, wo ich mich in die Behandlung von Professor Hallhuber nach Höhenried begab. Und unter seiner Aufsicht beging ich nun keinen weiteren Fehler. Vor allem resignierte ich nicht, ich ließ mich nicht gehen, nicht »hängen«, ich mobilisierte sämtliche seelisch-moralischen Kräfte, die meiner inneren Natur zu eigen waren. Ich baute mich allmählich körperlich wieder auf, und zwar nach einem eisernen Programm. Dazu gehörten Wassertre-

ten, Radfahren, Spazierengehen, Schwimmen, Gymnastik – und die Einhaltung einer Diät.
Nach einigen Monaten sagte Professor Hallhuber zu mir: »Ich habe noch nie einen Patienten gehabt, der sich so an meine Vorschriften gehalten hat. Sie waren meinen anderen Patienten ein gutes Vorbild. Das meine ich nicht nur, weil Sie zufällig der beliebte Rudolf Schock sind, sondern weil Sie Disziplin bewiesen haben. Wenn ich Ihnen einen Rat geben darf: Wandern Sie, wandern Sie ...«
Ich bin seinem Rat gefolgt und habe mittlerweile Deutschland von der Nordsee bis zum Bodensee abgewandert. Es freute mich, daß ich auch Freunde aus anderen Berufen zum Mitwandern anregen konnte, wie die Ehepaare Wahl und Wempe, die Familie Jost und Dr. Wolf aus Graz, der sich als »Facharzt für Wanderbeschwerden« bewährte.
Warum ich das erwähne? Es liegt mir am Herzen, zu bekennen, daß ich nicht prominentensüchtig bin. Wer – wie ich – in der eisigen Luft des Starwesens steht, sehnt sich aus dem Insidertum heraus. Er sucht Anregung, Belehrung, menschliche Wärme.
Auf den Wanderungen war ich nicht die Hauptperson. Da gab oft mein ältester Bruder Helmut den Ton an. Wortwörtlich: er, meine Schwägerin Klärchen und ihre Tochter Hannelore stimmten die Lieder an, und ich sang mit, wie einst auf Schülerwanderungen. Später, nach dem Tode unserer Tochter Isolde, sorgten unsere Freunde dafür, daß wir uns nicht in uns selbst zurückzogen. In unserer Tiefstimmung wandte das Ehepaar Werner das Golfspiel mit uns als Therapie an, damit wir nicht aus der seelischen auch noch in die körperliche Erstarrung verfielen. So, wie mein Freund Walter Schlemper mit mir nach meinem Herzinfarkt Tennis gespielt hatte, um mich meiner Depression zu entreißen, er, der in der Rangliste weit oben stand, brachte seine ganze Geduld auf, aus dem halben Menschen wieder einen ganzen zu machen. Wohl dem, der Freunde hat. Es brauchen natürlich nicht immer Golf- und Tennisspieler zu sein! Ausge-

dehnte, gemeinsame Spaziergänge tun's auch – Hauptsache, man hat jemanden an seiner Seite, dessen Sympathie man spürt. Aber das ist ein eigenes Buch wert, mit dessen Vorarbeiten ich längst begonnen habe ... Das Wandern, aber auch das systematische Weiterbetreiben anderer Sportarten hat mich nicht nur wieder voll einsatzfähig gemacht, es hat mich auch jung gehalten.

Der Beweis dafür ist die Tatsache, daß ich heute, im Jahre 1985, fünfmaliger westdeutscher Seniorenmeister im Riesentorlauf und Slalom bin und daß die sportliche Fitneß sich günstig auf meine Stimme ausgewirkt hat. Ich singe weiterhin auf Konzerttourneen im In- und Ausland und trete nach wie vor in Fernsehshows auf.

Das verhexte Jahr 1969 hatte mir trotz allem Glück gebracht. Wie ich schon sagte, verlieh man mir den »Goldenen Bildschirm«. In der Reihe der männlichen Publikumslieblinge des Jahres nahm ich mit 314,6 Punkten den ersten Platz ein – vor Heinz Rühmann, 144,5 Punkte, und Rudi Carrell, 48,5 Punkte.

1970 brachte mir den zweiten »Goldenen Bildschirm«, 1971 erhielt ich eine ganz besondere Ehrung meiner Vaterstadt Duisburg. Auf einstimmigen Beschluß der Ratsmitglieder wurde ich durch Oberbürgermeister Masselter als erster Deutscher mit der neuen Mercatorplakette ausgezeichnet. Mercator schuf die Erd- und Himmelskugel für Kaiser Karl V., die berühmte Europakarte im Maßstab 1:4360000, die große Weltkarte für Seefahrer und schließlich den ersten Atlas. (Übrigens erhielt auch Königin Elizabeth von Großbritannien die Mercatorplakette.)

In seiner Festansprache wies der Oberbürgermeister darauf hin, daß ich vom Männergesangverein »Erholung« zum Weltstar aufgestiegen sei, meine Herkunft aber nie vergessen oder gar verleugnet hätte. Er erwähnte meine erste Duisburger Theatergage von monatlich 96 Reichsmark zuzüglich Wäschegeld, setzte aber hinzu, daß die Duisburger dem schon berühmten Mercator noch weniger, nämlich »drei Taler und drei fette Ferkel« für mehrjährige Vorlesungen am Gymnasium als Entgelt gewährt hätten.

Der Feier, zu der auch Gisela und meine Schwester Elfriede eingeladen waren, wohnten nicht nur die Stadtväter bei, sondern auch ehemalige Gesangvereinsmitglieder aus meiner Jugendzeit, darunter der einstige Eisenbahner Klinkenberg, der mich Jahrzehnte zuvor mit seiner herrlichen Stimme so sehr beeindruckt hatte.

In meinem Dankeswort hob ich hervor, daß mein Vater und meine Mutter diese Ehrung sicher gern und mit Genugtuung miterlebt hätten, vergaß aber nicht, ihr schweres Schicksal zu erwähnen. Bevor Gisela und ich uns in das Goldene Buch der Stadt Duisburg eintrugen, sagte ich noch: »Ich möchte wieder einmal im Duisburger Wald wandern und im Strandbad Wedau schwimmen!«

Am Vorabend der Verleihung gab ich unter der Leitung des bewährten Freundes Werner Schmidt-Boelcke in der großen Mercatorhalle ein Operettenkonzert. Partnerin war Renate Holm, jetzt eine international beliebte Koloratursopranistin und Wiener Kammersängerin, die mit mir noch während meiner Berliner Zeit den Film *Schön ist die Welt* nach Franz Lehárs gleichnamiger Operette gedreht hatte. Damals war sie Schlagersängerin. Doch nicht zufrieden damit, gestand sie mir seinerzeit: »Ich will ins Opernfach. Ich möchte unbedingt eine richtige Sängerin werden!«

Ich gab ihr den Rat, auf der Stelle mit der Schlagersingerei Schluß zu machen und sich einer intensiven, ernsthaften Ausbildung zu unterwerfen. Ich sagte ihr: »Renate, überleg dir das genau! Du wirst es nicht leicht haben! Du mußt üben, üben und üben – du mußt auf Rückschläge und Enttäuschungen gefaßt sein und darfst dich durch nichts beirren lassen!«

Sie suchte sich einen guten Gesangslehrer und machte eine seriöse Schulung durch. Als ich sie später in der Wiener Volksoper hörte, war mir klar: »Die hat's geschafft!« Und wirklich machte sie eine schöne internationale Karriere. Sie kam an die Wiener Staatsoper, sang bei den Salzburger Festspielen und in anderen bedeutenden Musikzentren. Nun hatten uns unsere Wege wieder zusammengeführt. Wir sangen noch auf mancher Tournée miteinander. Und im Jahre 1983, nach meiner Show *Ich erinnere mich gern*, sprachen wir mit Vergnügen über Renates Anfänge und ihren glanzvollen Aufstieg ...

Die Ehrung durch meine Vaterstadt brachte mir den weiten und steilen Weg ins Bewußtsein, den ich in meiner Sängerlaufbahn zurückgelegt hatte. Auch mein Privatleben an Giselas Seite war ein Geschenk des Schicksals. Mit den Töchtern Isolde und Dagmar konnte ich zufrieden sein. Abgesehen davon, daß ich sie niemals für längere Zeit um mich gehabt hatte, war das gegenseitige Vertrauen in den Stunden und Tagen des Beisammenseins immer gegeben. Wenn ich die typischen Generationskonflikte vieler anderer Eltern und ihrer heranwachsenden Kinder bedenke, so hatten wir ein gutes Los gezogen. Kleinere Sorgen, gelegentliche Meinungsverschiedenheiten fallen – rückblickend betrachtet – kaum oder gar nicht ins Gewicht.
Als wir im Mai 1960 von Berlin nach Starnberg zogen, hatte Dagmar, unsere Jüngere, durch die Verschiedenheit der Schulsysteme gewisse Anfangsschwierigkeiten. Doch sie war fleißig und schaffte den Anschluß. Da sie sehr musikalisch war, begann sie bereits in Berlin Klavier zu spielen, verlor aber dann die Lust. In Starnberg übte sie wieder mit Eifer. Als sie mit bestandenem Abitur nach Hause kam, erhob sich die Frage nach dem Beruf. Sie wollte Musik studieren und belegte am Richard-Strauss-Konservatorium das Fach Klavier. Ihr Lehrer war Helmut Hideghéti, ein Konzertpianist, der mit illustren Orchestern und Solisten in vielen Städten Europas aufgetreten war. Hideghéti äußerte sich anerkennend über Dagmars Fleiß und Zielstrebigkeit. Ich meinerseits hatte einen so guten Eindruck von Hideghétis Fähigkeiten, daß ich ihm den Vorschlag machte, mich in meinen Konzer-

46 Mit Dagmar und Isolde 1971 nach dem Benefiz-Konzert, das ich in der Pfarrkirche von Imst bei Innsbruck zusammen mit Isolde gegeben hatte.

47 Im Kreise meiner Enkel, 1985

48 Familienbild aus den sechziger Jahren auf der Terrasse unseres Starnberger Hauses: links neben mir meine Frau Gisela, dann v.l.n.r. unser Neffe Helmut, Tochter Isolde, meine Mutter, Tochter Dagmar und Bruder Helmut

49 Sportliche Aktivitäten: In den fünfziger Jahren auf dem Tennisplatz in Westerland. Gisela links neben mir, dann v.l.n.r.: die befreundeten Ehepaare Reinhard und Martha Wahl sowie Inge und Heinz Leroy...

52 ... Bergwandern bei Garmisch-Partenkirchen mit Gisela (nächste Seite oben)

50 ... auf dem Starnberger See mit meinem Freund und Tennispartner Walter Schlemper...

51 ... ein kurvenreicher Weg zum Ziel...

53 »Ein Abend in Wien« mit Robert Stolz und Margit Schramm im Concert-Gebouw Amsterdam

MAHLER
FRANCK

54 Daheim vor dem Ölgemälde, das mich in meinem »Rigoletto«-Kostüm als Herzog von Mantua zeigt.

ten zu begleiten. (Der bewährte Ivan Eröd hatte nämlich eine Professur in Graz angenommen.) Als ich einer Einladung folgte, im großen Kursaal in Bad Aibling einen Lieder- und Arienabend zu singen, ergab sich für mich die erste Gelegenheit, mit Hideghéti öffentlich zu musizieren und die Harmonie des Zusammenspiels zu erproben. Das Ergebnis war überwältigend. »Eins ist sicher«, schrieb die Presse, »unter den bekannten und berühmten deutschen Sängern und Sängerinnen, die man dank der Aiblinger Kurverwaltung hören konnte, wie Hermann Prey, die Köth, Anneliese Rothenberger und Ingeborg Hallstein, wurde Rudolf Schock nun hier am meisten gefeiert.«

Das sagt natürlich nichts gegen die Kollegen, deren Qualitäten auch international unbestritten sind. Aber es ist ein Hinweis auf das gelungene Zusammenwirken mit Hideghéti, ohne den der Erfolg des programmatisch weit gespannten Konzerts – von Schubert, Brahms, Strauss bis zu Puccinis *Tosca* und Meyerbeers *Afrikanerin* – wohl kaum so triumphal gewesen wäre. Das war also Probe aufs Exempel, und ich habe danach im In- und Ausland noch viel mit Hideghéti konzertiert. Bis auf den heutigen Tag.

Dagmar hatte diesen Auftakt zu meiner Freude als fachlich geschulte Kollegin miterlebt. Sie blieb mit erhöhtem Eifer bei der Sache und errang ihre diplomierte Qualifikation als Musiklehrerin.

Isolde interessierte sich für Kirchenmusik und Oratorien. Wir schickten sie deshalb auf die Bayreuther Kirchenmusikhochschule, wo sie nach Abschluß des Studiums einen klassischen Liederabend gab. Mit ihrer schönen, warmen Sopranstimme beeindruckte sie nicht nur das sachverständige Publikum (zu dem übrigens auch Frau Winifred Wagner gehörte), sondern sogar den überaus kritischen Vater. Ich hatte ja immerhin Sopranistinnen von Weltrang sozusagen im Ohr. Weniger begeisterte mich dann Isoldes Entschluß, das mit einem guten Abschluß gekrönte Oratorienfach aufzugeben und ein zweites Studium zu beginnen, mit dem Ziel, Lehrerin für schwererziehbare Kinder

zu werden. Ich erklärte mich unter der Bedingung damit einverstanden, daß sie bis zum neuerlichen Examen auf jede Luxuszuwendung zu verzichten hatte.
Noch heute bewundere ich die Unbeirrbarkeit, mit der Isolde allen Privilegien entsagte (Sommerferien in Kampen, Ski-Urlaub in St. Moritz oder St. Anton), auf ein Auto verzichtete, um sich zäh dem neuen Studium zu widmen. Sie schloß es pünktlich ab und bestand ihr Lehrerinnen-Examen mit »gut«.
Beide Töchter bewährten sich, beide konnten mit staatlich anerkanntem Abschluß aufwarten. Hinzu kam – zunächst bei Isolde – das Familiäre, das sich, auch für Gisela und mich, so glücklich entwickelte. Isolde heiratete den Sozialpädagogen Wolfgang Dehn. Beide wurden 1969 am Ruhesitz meiner Schwiegereltern in der Wittgensteiner Gemeinde Fischelbach im Rothaargebirge getraut. Dort fand auch die Taufe unseres ersten Enkels Jens-Helge und – im Oktober 1972 – die Taufe der Zwillingsmädchen Bettina und Saskia statt. Gisela und ich verbanden die Teilnahme an der feierlichen Handlung mit einer Wanderung durch das Wittgensteiner Bergland.
Am 3. Oktober 1972 nahm Pfarrer Schmidt die Zeremonie in der entzückenden Dorfkirche von Fischelbach vor. Die Zwillinge Saskia und Bettina schliefen während der Taufe friedlich auf den Armen Isoldes und Giselas in ihren Kissen. Es war für meine Schwiegereltern und für alle anwesenden Verwandten ein unvergeßliches Erlebnis. Die Dorfbewohner und viele meiner Verehrer zeigten rührende Anteilnahme. Die Kirche war bis zum letzten Platz besetzt. Draußen standen Schaulustige im strömenden Regen, die allerdings mehr auf den Zwillingsgroßvater warteten, als auf die noch nicht sangesfähigen Täuflinge.
Dagmar heiratete drei Jahre später den Werbefachmann Johny Müller und schenkte uns ihrerseits 1976 das erste Enkelkind. Die Umstände der Geburt sind eine Story für sich.
Am 4. September 1976 hatte ich ein Konzert in Rotterdam. Es war an meinem Geburtstag, und ich erfuhr vor Beginn des Auftritts

telefonisch, daß es mit Dagmar nun stündlich so weit sei. Ich bezähmte meine Nervosität, ja, ich verwandelte sie geradezu in Optimismus. Freudig – wie eh und je – schmetterte ich das Lied »Du bist die Welt für mich« aus voller Kehle. Ich ahnte nicht, daß es meine Form der Begrüßung für das neue Enkelkind werden sollte, denn wie sich bei einem Telefonat nach dem Konzert herausstellte, war Dagmars Töchterchen Stefanie genau zur Zeit meiner strahlenden Beteuerung auf die Welt gekommen. Am 4. September, an meinem Geburtstag, während eines Liedes, das mir im eigenen Leben so viel Glück gebracht hatte...

Dagmar schenkte uns drei weitere Enkelkinder: außer Stefanie Caroline, Florian und Susanne; das letzte im Jahre 1983, so daß Gisela und ich – was die übernächste Generation betrifft – heute auf eine stolze »7« blicken können.

Für Gisela und mich – aber auch für die Verwandten – kaufte ich 1973 in Spanien ein Ferienhaus, da ich während der Außenaufnahmen zu der Fernsehproduktion von *Giuditta* festgestellt hatte, daß mir das Klima dort sehr zuträglich war und auch meiner Stimme gut bekam. *Giuditta*, Lehárs letztes Werk (mit dem berühmten Lied: »Freunde, das Leben ist lebenswert«) war zum 100. Geburtstag des Komponisten mit großem Aufgebot gedreht worden. Teresa Stratas spielte die Titelrolle.

Ja, das Leben war lebenswert in Spanien. Oder es schien doch, daß es so bleiben würde. Im Jahre 1976 verbrachte Isolde mit ihrem Wolfgang, dem kleinen Jens und den Zwillingen Saskia und Bettina viele glückliche Wochen dort. Niemand ahnte, daß es eigentlich der letzte große, schöne Urlaub, gemeinsam mit Gisela und mir, sein und bleiben sollte.

Auch meinen jüngsten Bruder Gerd, der eine schwere Krankheit überstanden hatte, ließ ich jedes Jahr nach Spanien kommen. Ich habe in diesem Buch von meinen älteren Brüdern Helmut und Alwin einiges erzählt, auch von meiner Schwester. Daß ich nur Gutes über sie sagen kann, liegt in der Natur der Drei, nicht etwa in der Absicht, zu beschönigen. (Wenn Helmut,

Alwin und ich uns gestritten haben, so war es meist nur beim Skat!) Was meine Schwester betrifft, so habe ich gelegentlich in der Kindheit in den Chor mit eingestimmt: »Der Storch hat lange Beene, doch Waden hat er keene!«, weil sie damals hoch aufgeschossen und spirrig war. Später konnte ich sie allerdings damit nicht mehr foppen, denn sie entwickelte sich zu einer wirklichen Schönheit (und nicht nur auf der Bühne, wovon ich ja schon sprach).

Nun zu meinem jüngsten Bruder Gerd. Er hat meiner Mutter Sorgen bereitet, weil er alles zu sehr auf die leichte Schulter nahm. Doch sie hat ihn immer verteidigt – auch später mir gegenüber, wenn ich einmal wütend auf ihn war. Sie meinte immer: »Er hat's am schwersten gehabt. Er ist ja ohne Vater aufgewachsen.« Das stimmte insofern, als uns der Vater in den aufnahmefähigsten Jahren noch mitgeprägt hatte. Der kleine Gerd saß immer traurig bei der Mama, wenn wir Älteren abends ausgingen. Tränenden Auges sang er dann: »Niemals ging ich von der Mutter, niemals ließ ich sie allein...«, worüber wir natürlich lachten. Gerd hatte Pech in der Lehre, Unglück im Krieg: Er wurde siebenmal verwundet.

Gerds Sängerlaufbahn begann zunächst hoffnungsvoll. Er war nach der Studio-Zeit an der Berliner Staatsoper ein gern gehörter Solist an guten Häusern, so in Regensburg, Brandenburg/Havel, Cottbus, Halberstadt und Kiel. Seine außergewöhnliche Musikalität, seine Fähigkeit, aus dem Stand heraus zum Beispiel ein hohes C zu bringen (ganz im Gegenteil zu mir, der ich mich erst einsingen mußte), berechtigte zu schönen Erwartungen. Er erzielte Erfolge in Opern wie *Pique Dame*, *Die Macht des Schicksals*, *La Bohème*, *Madame Butterfly*, *Der fliegende Holländer*, *Der Freischütz*, *Tiefland* – übrigens unter dem Namen Gerd Rick-Schock. Rick war der Geburtsname unserer Mutter. Gerds Handicap war, daß er den Beruf zu leicht nahm und deshalb letzten Endes scheiterte. Auch war er nicht für eine glückliche Ehe geboren. Trotzdem, sei es, wie es sei, er starb während der

Arbeiten an diesem Buch, ich habe bei der Bestattungsfeier in Berlin für ihn gesungen. Das ist meine Art, Abschied zu nehmen, obwohl jeder verstehen wird, wie schwer für mich das Singen in einer solchen Lage war.

Zu den beruflichen Erfreulichkeiten der Jahre bis 1980 gehörten neben meinen klassischen Liedvorträgen natürlich auch weiterhin die Tourneen durch die Niederlande und Belgien mit Wiener Abenden, erst mit Robert Stolz, dann mit Nico Dostal und Willy Boskowsky als Dirigent. Die Tourneen, die seit zwanzig Jahren stattfanden, waren die Idee des Holländers Wout van Liempt, den ich nicht nur als guten Manager, sondern auch als lieben Freund schätzen gelernt habe.

Aber zurück zu Robert Stolz. Am 4. November 1973 fand im Studio des RIAS Berlin unter der Schirmherrschaft des Regierenden Bürgermeisters eine Matinee der Robert-Stolz-Stiftung statt, die meinem Musikproduzenten Fritz Ganss und mir zur Verleihung des Preises der Robert-Stolz-Stiftung gegeben wurde. Der Intendant des Senders, Roland Müllerburg, der Regierende Bürgermeister Schütz und John Hendrik sprachen die Begrüßungsworte. Unter der Leitung von Werner Schmidt-Boelcke sangen Margit Schramm und ich einige Lieder von Robert Stolz unter der Ankündigung *Unsterbliche Melodien*.

Bei der Probe hatte Stolz als Zuhörer in der ersten Reihe gesessen. Nach meinem Liedvortrag »Vor meinem Vaterhaus steht eine Linde« äußerte er den Wunsch, dieses Lied während der offiziellen Gala selber zu dirigieren. Da er über neunzig war, mußte er auf die Bühne geleitet werden. Sobald er aber den Taktstock hob, stand da plötzlich ein jugendlicher Mann, von dem eine erstaunliche Motivation ausging. Das beflügelte meinen Vortrag erheblich. Am Schluß nahm mich der greise Komponist an die Hand, führte mich zum Mikrophon und sagte: »Noch nie hat jemand dieses Lied so schön gesungen wie Schock – und auch niemand wird es je wieder so schön singen.« Es war die Anerkennung eines Mannes, der ja immerhin schon Generationen von Interpreten gehört hatte.

In der mir überreichten Verleihungsurkunde wird daran erinnert, daß ich »den legendären Richard Tauber spielte und sang im Film *Du bist die Welt für mich*«, aber das Kuratorium erwähnt ebenso die Liederabend-Tourneen: »Hier sind es die Werke von Mozart, Schubert, Schumann, Wolf und Richard Strauss, die ihm besonders am Herzen liegen.« Darüber habe ich mich sehr gefreut.

Nach dem Tode dieses großen Komponisten, der mit seinen Liedern so viele erfreut hat, übernahm Nico Dostal die Holland-Tourneen unter dem bisherigen Motto *Ein Abend in Wien*. Meine Partnerin war diesmal Renate Holm.

Nico Dostal stand auch schon in hohem Alter, und so bat er sich aus, daß sein Sohn einen Teil der jeweiligen Vorstellung dirigieren sollte. Bei dem Duett »Ein Walzer zu Zweien« aus Dostals Operette *Monika* legten Renate und ich einen eleganten Walzertanz auf die Bühne. Danach kamen wir an einer Zugabe nicht vorbei. Einmal nahm ich Nico Dostal überraschend den Taktstock aus der Hand und forderte ihn auf, an meiner Stelle mit Renate zu tanzen. Das löste einen Riesenjubel beim Publikum aus, da sich der alte Herr mit großem Schwung der Aufgabe gewachsen zeigte ...

Mitte der siebziger Jahre sang ich die Premiere der Operette *Das Dreimäderlhaus* im Berliner Theater des Westens und gab in den folgenden Jahren etwa zweihundert Vorstellungen auf einer großen Europa-Tournee. Dabei traf es sich, daß ich auf einem dieser Gastspiele meine Nichte Karin Schock zur Partnerin hatte, was mich nach dem Bühnenkuß zu der Improvisation anregte: »Liebes Hannerl, ich hoffe, daß Sie durch diesen Kuß keinen kleinen Schock gekriegt haben!«

Zwischen all diesen Verpflichtungen war ich zu Silvester immer irgendwo in der *Fledermaus* zu hören, wobei mir eine Aufführ-

rung in der Wiener Staatsoper besonders im Gedächtnis geblieben ist. Mein größter Erfolg war an jenem Abend im ersten Akt nach dem Freudentanz ein übermütig eingelegter Handstand vor dem Souffleurkasten. Das Publikum war darüber sehr erheitert. Danach aber dachte ich still: Da sing ich mir einen »Eierkopf«, so sehr lege ich mich stimmlich ins Zeug – aber den größten Applaus bringt mir der Handstand ein!
Meinen letzten Mozart sang ich öffentlich auf der Luxemburger Freilichtbühne vor mehr als viertausend Menschen. Mit dem Belmonte aus der *Entführung aus dem Serail* nahm ich ganz bewußt Abschied von der Opernbühne. So, wie einst Richard Tauber seine letzte Opernpartie im *Don Giovanni* im Alter von 56 Jahren gab, beendete ich 1976 meine Bühnenlaufbahn als Sechzigjähriger. Ich hatte in Mozart-Opern vierzig Jahre gesungen und gespielt. Nun schloß sich der Kreis mit Mozart.
An jenem Sommerabend herrschte im Luxemburger Freilichttheater unter klarem Sternenhimmel eine zauberhafte Atmosphäre. Das Publikum war spürbar aufgeschlossen und voller Erwartung. Die Stimmung, auch unter den Kollegen, konnte gar nicht besser sein. Mir war festlich, ja feierlich zumute. Ich dachte: Mit diesem schönen Eindruck muß es enden.
So hatte ich es mir gewünscht. Das sollte der würdige Abschluß meiner Opernlaufbahn sein. Gleichzeitig war mir bewußt, daß ich einen Belmonte zu bieten hatte, der diesen Namen verdiente. Abschluß darf nicht Abstieg sein. Die Belmonte-Partie ist sehr schwierig. Und daß sie mir an diesem Abend so gut gelang, zeigt, wie sehr ich mir der Bedeutung des Ereignisses bewußt war. Ich versuchte, dem Publikum alles zu geben, was es an meiner Mozartstimme so sehr liebte. Grit van Jüten und Oscar Czerwenka waren meine enthusiastisch mitgehenden Partner...

Zeitungskritiken haben mich nie irritiert. Aber eine hat mich besonders nachdenklich gemacht. Ich zitiere aus dem Berliner »Tagesspiegel«, weil da etwas Zeitloses aufscheint. Es handelt sich um einen meiner Liederabende im Berliner Hochschulsaal. Da heißt es:

»Schock hatte das Programm in kluger Erkenntnis seiner Möglichkeiten ausgewählt. Lieder von Schubert und Schumann gestaltet er mit hoher stimmlicher Kultur und sorgfältiger Interpretation des Textes, Schuberts ›Doppelgänger‹ wird zu einer Szene von dramatischer Suggestionskraft.«

Ja: »... in kluger Erkenntnis seiner Möglichkeiten« soll der Sänger seine Stimme einsetzen. Und »Suggestionskraft« muß er haben. Das setzt Selbstkritik voraus, Einsatz in der richtigen Sparte, und, wenn er seine persönliche Ausstrahlung behalten will, auch körperliches Training.

Es ist ganz normal, daß eine Singstimme sich im Laufe der Jahrzehnte abnützt, der Tenor zum Beispiel in der Höhenlage, der Bassist in der für sein Fach charakteristischen Tiefe. Andererseits gibt es in der Musik, besonders in gewissen Liedern, so vieles, worin sich eine geschulte Stimme ausdrucksvoller und überzeugender einsetzen läßt. Hierbei spielt natürlich die seelische Reife eine ausschlaggebende Rolle.

Aber, wie schon gesagt, das körperliche Training ist auch wichtig. Mit Schwimmen, Gymnastik, Waldlauf, Wandern, Skilaufen und Golfspielen halte ich mich fit. Meine Stimme ist einsatzfähig geblieben, in Erkenntnis veränderter Möglichkeiten. Ich habe ein Publikum von Millionen auch mit meinen Hermann-Löns-Liedern erobert, und ich erwähnte bereits, daß man Text und Musik nicht unterschätzen soll. Beide haben einen hohen Reiz. Löns-Lieder singe ich noch heute gern. (Die Löns-Stiftung hat mir meine Interpretation freundlich gelohnt: mit Bronze-, Silber-, Gold- und Platinmedaillen.) Die siebziger Jahre brachten reichliche und buntgemischte Ernte: viele, viele Fernsehauftritte, Liederabende und die *Ein Abend in Wien*-Tournee beendeten ein wiederum von Erfolgen gekröntes »Schock-Jahrzehnt« – wie es die Vorsitzende des Berliner Rudolf-Schock-Clubs, Brunhilde Meinel, Herausgeberin der »Meistersinger«-Hefte, scherzhaft nannte. (Übrigens gibt es in Wien auch einen Rudolf-Schock-Club, der bald sein dreißigjähriges Bestehen feiert, und dessen treue Leiterin Frau Grete Hiltl ist.)

Wenn ich an den genannten Liederabend im Berliner Hochschulsaal zurückdenke, fällt mir wieder jemand ein, der durch meinen ersten Film *Du bist die Welt für mich* Interesse an der Oper bekam: Kurt Wendel. Er war erst Arbeiter, dann Vertreter und Geschäftsführer in einer Schuhfabrik gewesen. Durch Fleiß und Initiative hat er es verstanden, sich zum Inhaber einer eigenen Schuhfirma in Pirmasens zu machen. In seiner Vertreterzeit schenkte ihm sein damaliger Chef eine Flugkarte, damit er, dessen Schock-Verehrung bekannt war, meinen Liederabend im Berliner Hochschulsaal besuchen konnte. Nach dem Konzert stand Kurt Wendel vor Ehrfurcht schlotternd und völlig aufgelöst am Bühnenausgang. Ich merkte sofort: Das ist wieder einer, den ich zur Musik bekehrt habe. Erfahrung hat man, sie läßt sich bekanntlich nicht lernen. Musikjünger, denen man die Brücke bauen durfte (und das ist ein Geschenk auch für den Sänger), behandelt man nicht wie einen flüchtigen Fan, der weiter nichts als ein Autogramm verlangt. Auf diese Menschen geht man ein. Ich jedenfalls habe mich stets zu solchen Verehrern hingezogen gefühlt. Wir kamen damals miteinander ins Gespräch, Kurt Wendel bestätigte meinen ersten Eindruck. Er wurde mir im Laufe der Jahre ein guter Freund.
Als es seine finanziellen Verhältnisse zuließen, versäumte er nicht, alle meine Opernvorstellungen aufzusuchen. Aber warum ich das extra anführe: Kurt Wendel wurde nicht nur ein kenntnisreicher Musikfreund. Er entwickelte sich sogar zum Mäzen, der Talente zu fördern begann – eine Seltenheit in heutiger Zeit.

»Mit allen seinen Tiefen, seinen Höhen ...«

Unsere geliebte Tochter Isolde –
Heimkehr

Bis zu Beginn des Jahres 1980 war das Glück nicht nur mein beruflicher, sondern auch mein privater Weggefährte gewesen. In der Ehe hatte es nie Disharmonie gegeben, die Töchter hatten sich in ihren Berufen bewährt. Jetzt gingen sie als Mütter und Ehefrauen in ihren eigenen Familien auf, und Gisela und ich beobachteten das mit Freude. Aber es heißt in den alten Mythen, daß dem Liebling der Götter auch der Zorn der Götter nahe ist, und wenn ich auch nicht abergläubisch bin, so hat mir doch die auf mich gemünzte Bezeichnung »Götterliebling« von seiten der mir freundlich gesonnenen Presse nie gefallen. In der Arie des Nureddin aus Cornelius' Oper *Der Barbier von Bagdad* heißt es:

»Ach, das Leid hab' ich getragen,
wie ertrag' ich nun mein Glück?«

Für das, was jetzt kam, hätte der Text umgekehrt werden müssen: »... wie ertrag' ich nun mein Leid?« Und zwar nicht nur für mich, sondern auch für Gisela, meinen Schwiegersohn Wolfgang Dehn und die drei Kinder. Vor allem aber für die Betroffene selbst: unsere Tochter Isolde.

Im Januar 1980 hatten Gisela und ich einen herrlichen Ski-Urlaub hinter uns, wir hatten Rennen gewonnen, Siegespokale errungen und fröhlich Abschied gefeiert. Prächtig erholt und gut gelaunt kehrten wir nach Starnberg zurück. Dort erfuhren wir zum erstenmal telefonisch von unserem Schwiegersohn Wolfgang aus Düren, daß Isolde linksseitig – zwischen Hals und Schlüsselbein – eine kleine Verhärtung habe, eine Art Knoten. Es hieß, es sei ein

harmloses Gewebeknötchen, das der Arzt mit einer Salbe behandle.
Schon im Vorjahr hatte Isoldes Gesichtsfarbe eine ungesunde Rötung mit Unreinheiten des Pigments gezeigt, die man aber zunächst als Allergie ansah. Isolde war bei dem Facharzt für Naturheilkunde, Dr. Wilhelm Misgeld, in der Nähe von Düren in Behandlung. Dieser hatte die Diagnose Allergie verworfen und festgestellt, daß die Gesichts-Symptome auf eine Störung der Darmflora zurückzuführen seien. Er verordnete ihr zur Sanierung des Darms eine Mayr-Kur in Bad Wiessee, die sie im Sommer 1979 durchführte. Als wir sie dort besuchten, hatte sich das Hautleiden gebessert. Nach der Kur fühlte sie sich wieder sehr wohl.
Doch nun, im Winter und Frühjahr 1980 war dieses Knötchen da, und der Naturheilarzt hielt es doch für besser, sie nach Köln in die Universitätsklinik zu schicken, um sie genauer untersuchen zu lassen.
Aber von all dem ahnten Gisela und ich noch nichts. Denn als Letztes hatten wir nur von der Salbenbehandlung und der Harmlosigkeit dieser kleinen Gewebeverdickung gehört. Nach einigen anstrengenden Konzerten war ich im April mit Gisela nach Spanien gefahren. Als wir ahnungslos zurückkehrten, erreichte uns die niederschmetternde Nachricht: »Gewebeprobe positiv«. Das hieß auf deutsch: »bösartig«. Jeder weiß, was das bedeutet.
Nun war keine Zeit zu verlieren. Isolde wurde in der Kölner Universitätsklinik operiert. Der Chirurg hatte mehrere Schnitte machen müssen, um das Ausmaß der Komplikationen festzustellen. Wir fanden unsere Tochter in einem bestürzenden Zustand vor. Aus der Art der Operationsausweitung folgerte Gisela auf Drüsen-Krebs. Wir ahnten etwas sehr Schlimmes, aber nicht, daß es noch fürchterlicher werden würde. Isolde teilte uns mit, wir sollten am 8. Mai zum behandelnden Professor kommen. Nun konnte ich mir nicht mehr vorstellen, daß das etwas Gutes bedeutete.

Der Professor begann auch gleich mit den Worten: »Wie sollen wir es der Patientin sagen?«
Er eröffnete uns, daß Isolde einen Tumor im Nasen-Rachen-Raum hatte. Das war das Todesurteil.
Gisela hielt sich tapfer unter diesem seelischen Keulenschlag. Ich glaubte, mir wiche der Boden unter den Füßen. Aber wir mußten uns beherrschen, um Isolde unser Entsetzen nicht merken zu lassen. Ich sehe noch ihr erwartungsvolles Gesicht, als wir an ihr Bett traten. Sie fragte, was der Professor gesagt habe. Wir brachten es nicht übers Herz, auch nur die geringste Andeutung über die Hoffnungslosigkeit ihres Zustandes zu machen.
Aber was heißt Hoffnungslosigkeit? Jedes Elternpaar hätte sich in dieser Lage an den letzten Strohhalm geklammert. Wir konnten, wenn wir ihr beistehen wollten, nie und nimmer mit Hoffnungslosigkeit reagieren. Also wandten wir uns an alle medizinischen Kapazitäten Europas. Wir fuhren sogar nach Amerika, nun doch in der zähen Hoffnung, neue Behandlungsmethoden zu finden. Ich bin eine Kämpfernatur, es lag meinem Wesen sternenweit fern, aufzugeben. Isolde, in diesem Punkte ganz der Vater, überließ sich nicht der Krankheit. Solange noch ein Funke Leben in ihr war, hat sie sich gegen den Verfall gewehrt. Alle Ärzte, denen wir den Befund unterbreiteten, sagten uns: »Da kann man nur eines machen: Lassen Sie Ihre Tochter bestrahlen. Das ist zwar schwierig und gefährlich wegen der heiklen Lage des Tumors, aber versuchen Sie es! Das Gehör kann geschädigt werden, das Augenlicht, das Gehirn – wie gesagt, es ist sehr riskant, aber unter diesen Umständen das einzige!«
Wir setzten uns mit Dr. Misgeld in Verbindung, der als Naturheilkundler dagegen war. Er meinte, die körperlichen Abwehrkräfte würden dadurch geschwächt, der Schaden sei also größer als ein gar nicht einmal verbürgter Nutzen.
Was nun? Wir sprachen mit vielen Ärzten, auch solchen, die zu unserem Freundeskreis zählten. Zudem war ja auch mein Schwager Helge Petzold ein erfahrener Mediziner. Nicht zuletzt stand

uns mein Freund Manfred Köhnlechner in schwerer Zeit immer hilfreich zur Verfügung. Nach endlosen Beratungen und vielen schlaflosen Nächten waren wir gemeinsam mit Isolde zu der Ansicht gekommen, sie doch bestrahlen zu lassen.
Obwohl Dr. Misgeld nach wie vor Bedenken hatte, empfahl er uns einen der besten Fachärzte, der für Bestrahlung in Frage käme: Dr. Krukowski mit seiner hochspezialisierten Klinik in Kassel.
Wir versäumten keine Zeit, uns mit Isoldes Familie am Stadtrand von Kassel eine Wohnung zu mieten, so daß die Patientin jeden Morgen zur Bestrahlung gehen und die übrige Zeit im Kreis der ihren verbringen konnte. Das dauerte sieben Wochen. Isolde war unglaublich tapfer, sie trieb mit uns Sport, soweit ihr das erlaubt war. Sie durfte trotz ihrer Behinderung sogar Golf lernen, und sie beherrschte es bald so perfekt wie andere erst nach Jahren.
Die Bestrahlung schien so gut zu verlaufen, daß wir nun wieder ganz ehrliche, nicht von der Verzweiflung eingegebene Hoffnung schöpften...
Schon vorher hatten wir, um unserer Tochter nahe zu sein, kurz entschlossen einen Wohnungswechsel von Starnberg nach Düren vorgenommen. Das war ein tiefgreifender Entschluß. Es fiel uns nicht leicht, denn wir hatten Bayern schätzen und lieben gelernt. Im Juni 1980 verkauften wir ohne viel Umstände unser herrliches Haus in Starnberg, in dem wir so glücklich gewesen waren. Mein Dürener Freund, der Wirtschaftsprüfer Dr. Fred Stoffels, vermittelte uns ein zum Verkauf stehendes Haus in Düren, dessen Grundstück zufällig an das seine angrenzte. Hier zogen wir nun am 1. Oktober 1980 ein.
Optimismus beherrschte uns, der bis zum Dezember 1981 andauerte. Schon glaubten wir an eine Art Wunder, denn Isolde lebte, betreut von Dr. Misgeld, wieder ein ganz normales Leben. Sie widmete sich ihrem Mann und den Kindern, ja, sie unternahm sogar mit uns eine achttägige Wanderung durch die nahe gelegene Eifel. Im Dezember 1981 fuhr sie übers Wochenende mit

ihrer Familie zum Ski-Langlauf ins Hohe Venn. Da wurde ihr plötzlich schlecht, sie mußte schnellstens nach Hause zurück.
Eine neuerliche Fachuntersuchung ergab, daß das vorübergehend aufgehaltene Krebsleiden wieder im Fortschreiten war. Wir brachten sie im Frühjahr 1982 in eine Bonner Klinik zur Chemotherapie. Es war für uns eine schreckliche Überwindung, diese Methode zu wählen. Der dortige Chefarzt sagte uns sogleich: »Das ist ein Weg durch die Hölle.«
Aber wir hatten keine andere Wahl mehr. Und was die Hauptsache war, Isolde erklärte sich tapfer bereit, sich dieser Behandlung zu unterziehen.
Das zog sich über Monate hin. Ich hatte alle Verpflichtungen – bis auf langfristig vorher abgeschlossene – abgesagt. Gisela, Wolfgang und ich wechselten einander ab, Isolde in der Klinik zu besuchen. Es lag uns daran, daß immer jemand um sie war, die bei dieser Behandlung möglichen Depressionen überwinden zu helfen. Es war kaum zu ertragen, machtlos mit ansehen zu müssen, was Isolde zu leiden hatte.
Immer, wenn ich am späten Abend von der Klinik nach Hause fuhr, hatte ich die allergrößte Mühe, mich auf der Autobahn zu konzentrieren und die Kontrolle über mich und den Wagen zu behalten, so sehr erschütterten mich solche Besuche. Mein Beruf hat mich gelehrt, die Grenzen seelischer Belastung zu erkennen. Wäre ich der übermenschlichen Beanspruchung nicht gewachsen gewesen, so hätte ich mich gar nicht erst ans Steuer gesetzt.
Doch das änderte nichts an den schrecklichen Tatsachen. Trotz der schwächenden Behandlung bestand Isolde darauf, mit uns spazierenzugehen. An einem besonders schönen Tag gingen wir sogar von Königswinter zum Drachenfels hinauf. Und immer wieder redete ich meiner Tochter zu. Ich versuchte beharrlich, ihr Mut einzuflößen, bat sie eindringlich, nicht aufzugeben, immer zu kämpfen und nie die Hoffnung zu verlieren. Ich weiß nicht, ob ich nicht in Wahrheit nur mir selber etwas habe vormachen wollen ...

Als Isolde wieder zu Hause war und ständig unter Kopfschmerzen litt, massierte ich sie (das hatte ich ja gelernt).
Aber eines Tages sagte sie stockend und nach Worten ringend: »Papa … ich glaube … es hat keinen Sinn mehr. Ich mag nicht mehr.«
Ich mußte mich zusammennehmen, um nicht in Tränen auszubrechen …
Da sie sehr fromm war, trug sie ihr Schicksal mit Fassung. Sie diskutierte mit mir über religiöse Themen, und ich bedauerte nun aus tiefstem Herzen, daß mich mein Vater in dieser Beziehung nicht mit der nötigen Grundlage ausgestattet hatte.
Zu Weihnachten 1982 schenkte sie mir die Dünndruck-Jubiläumsausgabe der Taschenbibel mit ihrer handschriftlichen Widmung:
»Meinem lieben Papa zum segensreichen Studium dieser Bibel – von Deiner Tochter Isolde.«
Sie hatte sich so sehr gefreut, mit mir über theologische und religiöse Dinge sprechen zu können. Ich spürte förmlich, wie glücklich sie war, wenn ich mich wieder mit einer Bibelstelle intensiv beschäftigt hatte. Mit Geduld und liebevollem Ernst versuchte sie ihrem Vater zu erläutern, was ihm noch unklar war und worüber er sie befragte. Das hat mich zutiefst angerührt und erschüttert.

In der Nacht vom 16. auf den 17. März 1983 wirkte sich der Tumor auf das Sehvermögen aus, so daß Isolde erblindet war. Die folgenden Wochen entziehen sich der Schilderung. Ich ging auch jetzt noch mit ihr täglich spazieren. Aber nun bekam ich auf einmal den Nachteil der Popularität zu spüren. Fotoreporter lauerten hinter Büschen und Hecken, um den »berühmten Kammersänger« mit seiner blinden Tochter im Bilde festzuhalten. Nun, ich will mich darüber nicht weiter äußern.
Die verbleibende Lebensfrist Isoldes ist ein Hohelied ihrer Tapferkeit und Ergebenheit, aber auch ein besonderes Kapitel der

Liebe von seiten der Familie. Wir alle, Gisela und ich, mein Schwiegersohn Wolfgang und nicht zuletzt die Kinder, waren bestrebt, ihr das schwere Los zu erleichtern. Wolfgangs Aufopferung kann man überhaupt nicht in Worte fassen. Hatte ich ihn längst schon schätzen gelernt, so liebte ich ihn jetzt wie einen eigenen Sohn.

Zu Pfingsten 1983 hatte ich ein langfristig vereinbartes Konzert zu geben. Als ich am Dienstag, dem 24. Mai, zurückkehrte, wartete mein Freund und Nachbar Dr. Stoffels am Flughafen auf mich. Ich sah ihn – und wußte Bescheid. Nach dem Tod meiner Mutter hatte mich Gisela auch nicht abgeholt, sondern ein anderer.
Isolde war am Morgen des vergangenen Tages, am Pfingstmontag 1983, friedlich eingeschlafen …
Für Gisela und mich war eine Welt zusammengebrochen. Unsere Isolde, das Kind, das unter Kriegsumständen zur Welt gekommen war, an das sich Gisela während meiner Rußlandzeit geklammert hatte, verkörperte ja für uns ein gemeinsames Lichtlein aus der Ferne unserer Anfänge. Den Tod hatte ich im Kriege tausendfach gesehen. Auf der Opernbühne war er mir romantisch verklärt erschienen: Rudolf, der seine Mimi beweint, Alfred, der die sterbende Violetta in den Armen hält, Des Grieux mit Manon Lescaut – immer war es ein Abschied im schönen Schein, im Wohlklang der Musik, gefolgt vom Applaus des Publikums.
Der Tod der Tochter war bitterster Ernst. Kein Vorhang würde sich mehr öffnen, damit sie lächelnd hervortreten könnte, um Blumen der Freude entgegenzunehmen.
Es hatte der Stein sich über ihr geschlossen. Aber auch, so kam es uns vor, über unserem Leben und unserer Zukunft.
Meine Kehle war wie zugeschnürt. Nie wieder würde ich singen können. Dann aber erinnerte ich mich an das Konzert, das ich mit meiner Tochter Isolde gegeben hatte, als sie schon verheiratet war und ihr kleiner Jens mich bereits Opa nennen konnte.
Das war 1971 gewesen, in der Pfarrkirche von Imst bei Innsbruck

in Tirol. Zur Erhaltung des schönen Gebäudes gab ich dort mit Isolde ein Benefiz-Konzert, dessen Erlös der Renovierung zugute kommen sollte. Nahezu die ganze Einwohnerschaft der 5500-Seelen-Gemeinde war auf den Beinen, um Vater und Tochter zu sehen. Hinzu kamen Touristen aus vielen Ländern. Die achthundert Sitzplätze in der Kirche reichten längst nicht aus, um das spendenfreudige Publikum zu fassen. Adolf Stauch, mein alter Freund und Mitstreiter, hatte die Begleitung übernommen.
Zuerst kam der bekannte Domorganist Michael Mayr aus Innsbruck zu seinem Recht, denn er begleitete mich zu Händels Arioso »Dank sei Dir, Herr« auf der Orgel. Nach einer Einlage des Imster Kirchenchors folgte Isolde mit dem Lied für Sopran: »Kommt, Seelen...« von Johann Sebastian Bach, ebenfalls zur Orgelbegleitung. Mit ihrem schönen, dunklen Sopran sang sie makellos und mit einer Andacht, die sich auf das Publikum spürbar übertrug.
Nach der Pause begann Isolde dann mit einer Gruppe von Schubert-Liedern. Unter anderen sang sie das »Ave Maria«. Gerade dies gehört für mich zu den schwierigsten Gesangsaufgaben, weil man dazu einen langen Atem haben muß und leicht in Gefahr gerät, zu detonieren; außerdem braucht man ein wirklich schönes Timbre, wenn das Lied überzeugen soll. Isolde hatte das Timbre. Sie sang ihr »Ave Maria« so innig, daß das Publikum ergriffen war.
Als Zugabe brachten wir unser Lieblingsduett »Ach, ich hab' in meinem Herzen...«. Der Zusammenklang unserer Stimmen begeisterte die Hunderte von Kirchenbesuchern, die dicht gedrängt auf den Bänken saßen und in den Gängen standen. Viele konnten sich ihrer Tränen nicht erwehren.
Die Zugabe war unzweifelhaft der Höhepunkt!
Auch vor der Kirche war der Jubel groß. Isolde strahlte. Scherzhaft und glücklich sagte sie zu mir: »Papa, das war eine Weltpremiere.«
Daran dachte ich in den folgenden Monaten oft.

Ich wurde immer aufmerksamer, wenn mir sorgenbeladene Menschen schrieben, ich hätte ihnen mit meinem Gesang Trost gegeben. Jetzt verstand ich sie besser. Es kamen Briefe aus Krankenhäusern und Heimen. Unter anderem von Menschen, die ähnliches erlebt haben. Nein, ich durfte nicht aufhören. Ich mußte weitersingen.

Leider zog unsere Tochter Dagmar mit ihrer Familie nach Bayern zurück. Ausschlaggebend dafür waren berufliche Gründe ihres Mannes. Dafür hatten wir Verständnis, aber natürlich tat es uns in dieser Situation ein bißchen weh.
In Düren aber verblieben unser Schwiegersohn Wolfgang, der nun mit Jens und den Zwillingen Bettina und Saskia alleinstand. Mit ihm zusammen hatten wir die schwerste Zeit unseres Lebens zu bestehen, und im Interesse gerade dieser drei Kinder mußten wir all unsere Willenskräfte mobilisieren.
Daß das ein schmerzlicher Prozeß war, wird uns jedes Eltern- oder Großelternpaar nachfühlen. Doch die drei Kinder machen uns große Freude, sie verkörpern ja die lebendige Erinnerung an unsere Tochter Isolde …

Im November 1984 übernahm ich die Schirmherrschaft über einen Liederabend mit Karl Ridderbusch und dem Apollo-Chor Düsseldorf im dortigen Robert-Schumann-Saal. Das Konzert wurde zu Gunsten des »Verbandes der Rollstuhlfahrer« veranstaltet. Vom Erlös sollte ein VW-Spezialbus erworben werden, und man hatte es so eingerichtet, daß der Bus schon bereitstand und daß ich die Fahrzeugschlüssel zur feierlichen Übergabe vorher ausgehändigt bekam.
Nach Beendigung des Konzerts entledigte ich mich vor den Augen des Publikums meiner Aufgabe, indem ich dem Vorsitzenden des Verbandes mit einigen Worten die Schlüssel für den Bus überreichte; nun verlangte das Publikum stürmisch eine Gesangsdarbietung von mir.

Ridderbusch erklärte schmunzelnd, ich müsse dem Wunsch entsprechen, denn ich käme auf keinen Fall »ungesungen« davon, dafür sorgten allein schon die Türschließer.
Ich trug also zwei Lieder vor. Dabei blieb es nicht. Jetzt wurden Zurufe laut, Schock und Ridderbusch sollten gemeinsam singen. Wir brachten das Duett »Komm, mein Söhnchen, auf ein Wort...« aus der *Verkauften Braut* und – unter anderem – zweistimmig das Lied: »Guten Abend, gute Nacht...« Wenn es nach dem Publikum gegangen wäre, hätte es für uns gar keine gute Nacht gegeben – wir hätten bis zum Morgen durchsingen können! Als das Konzert ohne Ende endlich doch zu Ende gegangen war, lud mich Karl Ridderbusch zur Duisburger Premiere der Lortzing-Oper *Zar und Zimmermann* ein, in der er den Bürgermeister van Bett singen würde.
Die Aufführung sollte Mitte Dezember 1984 in meiner Vaterstadt Duisburg stattfanden. Hier war nun endlich einmal die Gelegenheit, noch dazu an dem für meine Laufbahn historischen Ort, Isoldes Kinder in die Oper einzuführen. Bis dahin hatten meine Enkel ja noch keine Oper gehört und gesehen. Es war ein Zufall, daß sowohl Gisela als auch ich, etwa in dem gleichen Alter und im gleichen Hause, unsere ersten Opernerlebnisse gehabt hatten. Gisela hatte als Kindheitserinnerung den *Fliegenden Holländer*, ich die *Aida*. Und nun sollte sich für Jens, Saskia und Bettina bei *Zar und Zimmermann* zum erstenmal der Vorhang öffnen.
Am Tag der Premiere befand ich mich in einem seltsamen Spannungszustand, als ob ich selber einen Auftritt hätte. In Gedanken stand ich wieder vor meinen eigenen Anfängen.
Abends stellte ich mich mit den Kindern auf die gegenüberliegende Seite vor das Duisburger Theater, deutete auf den Sinnspruch unter dem Dachfirst und erklärte ihnen, welche Empfindungen mich beherrschten: »Mit allen seinen Tiefen, seinen Höhen...«
Jens, Bettina und Saskia hörten aufmerksam zu und blickten mit großen Augen an den Säulen des Gebäudes empor, das damals,

1934, ein ehrfurchtgebietender Tempel für mich und meinesgleichen gewesen war.
Ehrfurcht erfüllte mich auch jetzt wieder, und ich spürte, daß meine Stimmung auf die Kinder überging. Natürlich wurde ich von Opernbesuchern, die dem Portal zustrebten, erkannt. Ich sah mich umringt, hörte freundliche und bittende Worte und kam, wie stets, geduldig den Autogrammwünschen nach. In Gedanken war ich aber plötzlich nicht mehr der arrivierte Sänger, sondern der arme kleine Junge, der einst barfuß – und ahnungslos – an diesem Theater vorbeigetrabt war.
Dann aber verwandelte ich mich wieder in den Kammersänger im Smoking, der mit seiner Frau und der Familie der Tochter – jener Tochter, die mir fehlte – zu einer festlichen Premiere geladen war. Doch kaum saßen wir auf unseren Plätzen, als ich mich neuerlich um fünfzig Jahre zurückversetzt fühlte.
Der Vorhang öffnete sich, wie er sich 1934 für mich geöffnet hatte, nur, daß ich damals dort oben – und auf der anderen Seite – gestanden hatte.
Karl Ridderbusch war in großartiger Spiellaune, er sang prachtvoll. Ich merkte gleich: Das ist die geeignete Oper, der vergnüglichste Einstieg für meine Enkelkinder. Sie würden Spaß an der quirligen Vorstellung haben.
Dann aber trat auf der Bühne das junge Brautpaar auf, das nur dekorativen Sinn hat, weil es stumm bleibt. Mich durchzuckte es: Bin ich das nicht selber, der stumme Bräutigam da oben? Der Spieler jener stimmlosen Rolle, die man mir vor fünfzig Jahren zugeschoben hatte, weil ich der Jüngste im Chor gewesen war? Erkenne ich mich nicht zumindest in ihm?
Ich folgte dem Geschehen auf der Bühne – und ich folgte ihm doch wieder nicht, zu sehr war ich hin- und hergerissen zwischen Gegenwart und Vergangenheit.
Was die Kinder betraf, so hatte ich richtig getippt: Das war eine Oper für sie! In der Pause äußerten sie ihre helle Begeisterung. Viele Opernbesucher lächelten uns zu, ich spürte mehr als

Wohlwollen in ihren Blicken. Der Oberbürgermeister der Stadt Duisburg lud Gisela und mich zu einem kleinen Sektempfang ein. Es wurden freundliche Worte gewechselt, wir streiften die Theatergeschichte, die Entwicklung des (immerhin traditionsreichen) Hauses... Als das Klingelzeichen zum nächsten Akt ertönte, beeilten wir uns, unsere Plätze zu erreichen. Doch Gisela und ich kamen trotzdem zu spät.

Der Zuschauerraum war noch hell. Das Publikum hatte seine Plätze vollzählig eingenommen. Wir waren die letzten, die sich durch die Reihe zwängten.

Nun erkannten mich alle.

Plötzlich klatschten einige, und dann brach ein begeisterter Applaus aus, der erst abebbte, als das Licht langsam erlosch. Aber selbst jetzt wurde noch applaudiert...

Ich war nicht nur gerührt, ich war zutiefst bewegt. Von meinen Landsleuten, Bürgern der Stadt Duisburg, war mir eine Woge der Sympathie und Freude entgegengekommen, als wollten sie mir kundtun: Du bist einer von uns! Du gehörst zu uns, und du hast immer zu uns gehört!

Der Vorhang öffnete sich wieder, doch ich nahm es nicht wahr. Meine Gedanken schweiften ab, gingen zurück in die Kindheit, zu dem früh gestorbenen Vater, zur Mutter und den Geschwistern in der jammervollen Arbeiterwohnung jener Elendszeit nach dem Ersten Weltkrieg. Ich sah mich und die Brüder im Rhein schwimmen, sah Elfriede mit ihrem Sonntagshütchen ins Wasser fallen. Ich erinnerte mich an die Tage, in denen der junge Rudi Kuchen und Bratenstücke als Straßensänger verdient hatte. Und ich dachte daran, daß meine Mutter hier in diesem Hause Putzfrau und – bis in die Nacht hinein – Garderobenfrau gewesen war.

Der Tag des Vorsingens für die Stelle eines Ersten Chortenors stand mir vor Augen: Als ich aus der Stickigkeit des Friseurladens unter einem Vorwand ins Theater gelaufen war und mir eine beschämende Abfuhr geholt hatte. Elfriede war angenommen

worden, ich nicht! Später aber hatte es geklappt. Und von hier, von diesem Duisburger Theater aus, hatte sich dem jungen Rudi das Tor zur Welt geöffnet!
Nun sang der Bariton auf der Bühne: »O selig, o selig, ein Kind noch zu sein ...«
Das paßte zu meiner Stimmung. Ich war ja als Kind zum ersten Male als Zuschauer hier gewesen, hatte mit großen Augen und weit geöffneten Ohren *Aida* in mich aufgenommen, hatte gedacht: »Ach, könntest du doch auch einmal auf der Bühne singen!« Meine Kindheit unter Duisburger Kindern, im Kreise kleiner und großer Vereinssänger war ja so entscheidend gewesen für meine große und lange Karriere. An Rückschlägen und bitterem Leid war mir nichts erspart geblieben, aber Leid schafft Reife, wie mir der alte Richard Romanowsky in meinem Tauber-Film zu sagen gehabt hatte. Und, nach Schiller: »Es ist die Aufgabe des Künstlers, anderen Freude zu bereiten.« So hatte man es wohl aufgefaßt, als man mir, dem Kind der Stadt Duisburg, die Plakette mit der Aufschrift »Für Verdienste« verlieh. Und so verstand ich jetzt den Applaus, die Freude, die Sympathie und – die Treue der Duisburger Mitbürger.
Ja, ich war das Duisburger Kind, auch als berühmter Kammersänger. Hier saß ich im Publikum und blickte auf die Bühne, voll kindlichen Dankes. Ich suchte die Hand meiner Frau, mit der ich so viele Jahre des Glücks, aber auch des Leids geteilt habe. Gisela erwiderte den Druck meiner Hand. Sie hatte verstanden, was mich in diesem Augenblick bewegte.
Und plötzlich spürte ich es wieder:

»Ach, ich hab' in meinem Herzen
da drinnen einen wundersamen Schmerz ...«

Unmittelbar vor Antritt einer Vortrags- und Signiertournee für seine Lebenserinnerungen erlag Kammersänger Rudolf Schock am 13. November 1986 in seinem Dürener Haus einem Herzversagen. Dieses Buch war sein »Schwanengesang«, wie es im letzten Kapitel anklingt.

Anhang

Verzeichnis des Repertoires auf Bühnen und Podien

Zusammengestellt von Friedhelm Holle

Die beiden folgenden Übersichten weisen das Bühnen- und Konzertrepertoire von Rudolf Schock aus. Gleichzeitig wird deutlich gemacht, auf welchen Podien und Bühnen der Sänger auftrat. Bei den Bühnenauftritten wurde jeweils nur das erste Auftreten in einer Inszenierung aufgeführt.
Für eine Anzahl von Vorstellungen, vor allem die Premieren, ist versucht worden, die Partnerinnen und Partner in den Hauptrollen, den Dirigenten und den Regisseur zu nennen, soweit diese Informationen aus den Aufzeichnungen des Künstlers hervorgingen. In einigen Fällen stellten die Archive der Opernhäuser dankenswerterweise die Premierenzettel zur Verfügung und halfen somit einige Lücken zu schließen.
Aus Platzgründen konnten nicht alle Mitwirkenden abgedruckt werden.
Im Anschluß an das Verzeichnis der Konzert- und Bühnenauftritte werden noch einige Künstler, mit denen Rudolf Schock gemeinsam auftrat, sowie einige Dirigenten, unter deren Leitung er sang, die nicht in den Übersichten genannt sind, aufgeführt. Die Namen der Künstler, die schon in der Konzertübersicht erscheinen, werden nicht noch einmal erwähnt, da sie in fast allen Fällen auch Partner von Rudolf Schock auf der Bühne waren.
Hinzugefügt ist das erste gesicherte Datum des gemeinsamen mehrmaligen Auftretens, das Werk sowie die Bühne der Aufführung.
Auch in diesem Fall konnte keine Vollständigkeit erreicht werden.
In Verbindung mit dem Verzeichnis der Sendungen von Bühnenwerken im Funk und im Fernsehen und des Verzeichnisses der Schallplatten des Künstlers ergibt sich ein fast lückenloses Bild der künstlerischen Spannbreite des Sängers Rudolf Schock.

Konzerte (Auswahl)

Hinweise, Vorbemerkungen

Es handelt sich nur um eine Auswahl mit einer anschließenden Übersicht über die ungefähre Anzahl der Konzerte, einer Auswahl der Begleiter bei Liederabenden, einer Auswahl der Städte, in denen Konzerte stattgefunden haben, und einer Auswahl der Partnerinnen, Partner und Dirigenten bei diesen Konzerten.
In der dritten Spalte erscheint zunächst der Name des Dirigenten, dann – hinter dem Schrägstrich – werden die Namen der weiteren Mitwirkenden, dann die des Orchesters und eventuell des Chores aufgeführt.

Abkürzungen:

HH	=	Hamburg	Rdfk.	=	Rundfunk
Orch.	=	Orchester	RO	=	Rundfunkorchester
Ph. oder Philh.	=	Philharmoniker, philharmonisch	RSO	=	Rundfunk-Sinfonie-Orchester
			Symph.	=	Symphoniker

Konzerte (Auswahl)

Komponist/Werk/Rolle	Datum/Ort	Sonstige Mitwirkende
Beethoven, Missa solemnis	29. u. 30.9.1951 Berlin	Carl Schuricht / Gunthild Weber, Margarete Klose, Gottlob Frick, Berl. Ph., Chor d. St. Hedwigskath. Berlin
	10.2.1952 Hamburg	Joseph Keilberth / Clara Ebers, Gusta Hammer, Kurt Böhme, Philh. Staatsorch. HH, Chor d. Hamb. Singakademie
	6.6.1955 Köln	Otto Klemperer / Annelies Kupper, Sieglinde Wagner, Kurt Böhme, Kölner RO u. Kölner Rundfunkchor
Beethoven, 9. Sinfonie	25.11.1949 London	Herbert v. Karajan / Elisabeth Schwarzkopf, Jean Watson, Boris Christoff, Philh. Orch. London, BBC Choral Society
	20.–22.12.1950 Berlin	Wilhelm Furtwängler / Elfride Trötschel, Margarete Klose, Josef Greindl, Berl. Philh.
Bruckner, Große Messe Nr. 3	6.10.1946 Berlin	Karl Forster / Helma Prechter, Ursula Fröhlich, Hanns-Heinz Nissen, RSO Berlin, Chor d. St. Hedwigskathedrale
Bruckner, Te Deum	11.10.1946 Berlin	Karl Forster / Erna Berger, Anneliese Müller, Jaro Prohaska, RSO Berlin, Chor d. St. Hedwigskathedrale Berlin
Händel, »Der Messias«	5. u. 6.1.1953 Köln	Hans Schmidt-Isserstedt / Anny Schlemm, Lore Fischer, Kurt Böhme, Hamburger und Kölner Rundfunkchor, Kölner RO
Haydn, »Die Jahreszeiten«	3.–5.5.1947 Hamburg	Hans Schmidt-Isserstedt / Erna Berger, Theo Herrmann, SO d. NWDR, Chor des NWDR
	27.11.1960 Münster	Robert Wagner / Mimi Coertse, Kieth Engen, Das Orch. d. Provinzialhauptstadt Münster, Der Musikvereinschor
Mozart, Große Messe c-moll	21.9.1946 Berlin	Karl Forster / Erna Berger, Anneliese Müller, Jaro Prohaska, RSO Berlin, Chor d. St. Hedwigskathedrale
Mahler, »Das Lied von der Erde«	21.12.1948 Hamburg	Hans Schmidt-Isserstedt / Margarete Klose, SO d. NWDR, Chor d. NWDR
Orff, »Catulli Carmina«	17.9.1951 Berlin	Felix Raabe / Hella Krahé, a-cappella-Chor d. Stadt Aachen

Dazu über 300 Liederabende (Schubert, »Die schöne Müllerin«, »Die Winterreise« u.a. Lieder; Schumann, »Dichterliebe« u.a. Lieder. Lieder von Brahms, Dvorak, Mozart, Mendelssohn, Strauss, Wolf u.a.) in ca. 130 Städten. Begleiter waren u.a. Werner Baer, Dr. F.W. Donat, Ivan Eröd, Prof. Victor Graef, Hellmut Hideghéti, Hertha Klust, Dr. Adolf Stauch, Robert Wallenborn, Günther Weißenborn.
Über 400 Konzerte: Opernkonzerte (ca. 140 in ca. 40 Städten), Operettenkonzerte (ca. 200 in ca. 55 Städten), Konzerte in Gesangsvereinchören (ca. 40 in ca. 25 Städten), volkstümliche Liederabende (ca. 35 in über 30 Städten) u.a. in Aachen, Adelaide, Amsterdam, Antwerpen, Basel, Bayreuth, Berlin, Bern, Bielefeld, Bochum, Bonn, Bornemouth, Braunschweig, Bremen, Brisbane, Brüssel, Chicago, Cleveland, Columbia, Den Haag, Dortmund, Düren, Düsseldorf, Duisburg, Essen, Frankfurt/Main, Frankfurt/Oder, Freiburg, Flensburg, Gelsenkirchen, Gent, Göttingen, Graz, Hamburg, Hannover, Innsbruck, Interlaken, Karlsruhe, Kassel, Kiel, Köln, Krefeld, Leipzig, Linz, London, Lübeck, Lüttich, Luzern, Luxemburg, Magdeburg, Mainz, Mannheim, Melbourne, Mönchengladbach, München, Münster, New York, Nürnberg, Omaha, Ostende, Passau, Perth, Philadelphia, Rotterdam, Saarbrücken, Salzburg, St. Louis, Stuttgart, Straßburg, Toronto, Ulm, Utrecht, Wien, Wiesbaden, Würzburg, Wuppertal, Zürich.
u.a. mit: Sari Barabas, Irma Beilke, Erna Berger, Johanna Blatter, Diana Eustrati, Sylvia Geszty, Margot Guilleaume, Ingeborg Hallstein, Renate Holm, Mirjana Irosch, Margarete Klose, Erika Köth, Marjon Lambricks, Tiana Lemnitz, Elfie Mayerhofer, Melitta Muszely, Lucia Popp, Anneliese Rothenberger, Elfriede Schock, Isolde Schock-Dehn, Rosl Schwaiger, Margit Schramm, Christiane Sorell, Rita Streich, Margarete Teschemacher, Elfride Trötschel, Elfriede Wasserthal;
Mathieu Ahlersmeyer, Kurt Böhme, Gottlob Frick, Ernst Gutstein, Theo Herrmann, Tom Krause, Erich Kunz, Josef Metternich, Karl Ridderbusch, Karl Schmitt-Walter, Giuseppe Taddei;
u.a. unter der Leitung von: Sir Thomas Beecham, Willy Boskowsky, Wilhelm Brückner-Rüggeberg, Nico Dostal, Kurt Eichhorn, Hans Gierster, Eugene Goosens, Rudolf Kempe, Otto Klemperer, Henry Krips, Rafael Kubelik, Felix Lederer, Hans Löwlein, Walter Martin, Artur Rother, Werner Schmidt-Boelcke, Wilhelm Schüchter, Horst Stein, Robert Stolz.

Bühnenauftritte

Kleine Anfängerrollen sind nicht erwähnt worden.
In der 5. Spalte sind die wichtigsten Mitwirkenden erwähnt.
Es wird immer das erste Auftreten in einer bestimmten Rolle in einem bestimmten Haus dargelegt. Bei Doppelnennung einer Bühne handelt es sich zwar um die gleiche Partie, aber um das Auftreten in einer anderen Inszenierung an diesem Haus. (ML: Musikalische Leitung, R: Regie)
Hinter dem Datum wird angegeben, ob es sich um eine Premiere, Rollenübernahme u.ä. handelte.
Es bedeuten in dieser Spalte:

P = Premiere	G = Gast
N = Neuinszenierung/ Neueinstudierung	T = Tournee
R = Rollenübernahme	K = Konzertante Aufführung

Bühnenauftritte/Partien in Oper und Operette (soweit feststellbar)

Komponist	Werk	Partie	Bühne/Ort	weitere Mitwirkende	Datum
Adam, Adolphe	Wenn ich König wär'	Zephoris	Deutsche Oper Berlin	Stina-Britta Melander, Ursula Schirrmacher, Georg Völker, Thomas Stewart, Peter Roth-Ehrang ML: Ernst Märzendorfer R: Werner Kelch	17.3.1960 P
d'Albert, Eugen	Tiefland	Pedro	Volksoper Wien	Christiane Sorell, Monique Lobasa, Ernst Gutstein, Jens Flottau, Adolf Dallapozza ML: Dietfried Bernet R: Adolf Rott	26.1.1967 P
			Stadttheater Aachen		1.5.1967 G
			Hessisches Staatstheater Wiesbaden		28.6.1967 G
			Städtische Bühnen Osnabrück		14.4.1968 G
Auber, Daniel François Esprit	Fra Diavolo	Marquis	Staatsoper Hamburg	Anneliese Rothenberger, Hildegard Lorenz, Fritz Lehnert, Toni Blankenheim ML: Arthur Grüber R: Alfred Siercke	3.5.1951 P
Beethoven, Ludwig van	Fidelio	Jaquino	Landestheater Hannover		11.1.1946 R
			Festspielhaus Salzburg (Salzburger Festspiele)	Erna Schlüter, Lisa della Casa, Julius Patzak, Ferdinand Frantz, Herbert Alsen, Otto Edelmann ML: Wilhelm Furtwängler R: Günther Rennert	31.7.1948 P
			Staatsoper Wien	Hans Hopf (Florestan)	1.6.1953 R
			Musikvereinssaal Wien	Martha Mödl, Elisabeth Schwarzkopf, Wolfgang Windgassen, Josef Metternich, Hans Braun ML: Herbert von Karajan	6. und 7.6.1953 K
			Staatsoper Wien	Martha Mödl, Sena Jurinac, Wolfgang Windgassen, Otto Edelmann, Gottlob Frick, Alfred Poell	12.10.1953 P
			Staatsoper Wien	ML: Wilhelm Furtwängler R: Herbert Graf	2.11.1956 R

Komponist	Werk	Partie	Bühne/Ort	weitere Mitwirkende	Datum
Berg, Alban	Lulu	Alwa Schön	Theater an der Wien (Wiener Festwochen)	Evelyn Lear, Gisela Litz, Margarete Ast, Hilde Konetzni, Paul Schöffler, Alois Pernerstorfer, Hans Braun, Kurt Equiluz, Ludwig Welter ML: Karl Böhm R: Otto Schenk	9.6.1962 P
Berté, Heinrich	Das Dreimäderlhaus	Schubert	Theater d. Westens (en suite, anschließend Tournee)	Heidi Dancke, Dagmar von Hiltl, Karin Schock, Peter Luitpold, Kurt Schuh ML: Fried Walter R: Robert Herzl	21.3.1974 P
			Schleswig-Holsteinisches Landestheater Flensburg (anschließend Tournee)	Gisela Zok, Helma Reichle, Charlotte Schaible, Otto Kneidinger, Werner Dietrich ML: Werner Stiefel R: Ernst Buder	23.3.1979 P
Bizet, Georges	Carmen	Don José	Staatsoper Hamburg	Martha Mödl, Lisa Jungkind, Caspar Bröcheler ML: Franz Konwitschny R: Alfred Noller	11.5.1948 P
			Staatsoper Wien	Georgine von Milinkovič (Carmen)	28.3.1952 R
			Staatsoper Wien	Jean Madeira, Traute Richter, Premisl Koci ML: Heinrich Hollreiser R: Josef Gielen	19.11.1956 P
			Opernhaus Düsseldorf		1956/57 R
			Staatstheater Braunschweig	Elisabeth Schärtel (Carmen)	13.4.1957 G
			Staatsoper Hamburg	Kerstin Meyer, Melitta Muszely, Richard Collett ML: Wolfgang Sawallisch R: Wieland Wagner	21.12.1958 P
			Theater der Freien Hansestadt Bremen		20.3.1959 G
			Bühnen der Landeshauptstadt Kiel	Grace Bumbry (Carmen)	20.6.1961 G
			Stadttheater Aachen		19.12.1962 G

Komponist	Werk	Partie	Bühne/Ort	weitere Mitwirkende	Datum
			Hessisches Staatstheater Wiesbaden	Sona Cervena (Carmen)	27.3.1963 G
			Theater Oberhausen		13.1.1964 G
			Antwerpen		26.3.1968 G
			Opernhaus Graz		23.5.1968 G
Bliss, Arthur	The Olympians (engl. ges.)	Hector	Royal Opera House Covent Garden London	Margherita Grandi, Adele Leigh, Edith Coates, Murray Dickie ML: Karl Rankl R: Peter Brook	1.10.1949 R
	(engl. ges.)		Birmingham (Gastspiel der Covent Garden Opera)		7.4.1950 T
Busoni, Ferruccio	Arlecchino	Leandro	Staatsoper Berlin	Irma Beilke, Carl-Heinz Schroth, Otto Hopf, Franz Stumpf, Willi Domgraf-Fassbaender ML: Johannes Schüler R: Wolf Völker	3.9.1946 P
Cornelius, Peter	Der Barbier von Bagdad	Nureddin	Staatsoper Berlin	Elfride Trötschel, Anneliese Müller, Heinrich Pflanzl, Kurt Rehm ML: Leopold Ludwig R: Ernst Legal	13.6.1951 P
Donizetti, Gaëtano	Don Pasquale	Ernesto	Staatstheater Braunschweig	Margarete Vogel, Carl Momberg, Heinrich Cramer ML: Kurt Teichmann R: Heinz Arnold	1939 P
			Deutsches Opernhaus Berlin	Irma Beilke, Michael Bohnen, Karl Schmitt-Walter ML: Leopold Ludwig R: Günther Rennert	2.3.1944 P
	Der Liebestrank	Nemorino	Staatsoper Berlin	Rita Streich, Kurt Rehm, Heinrich Pflanzl ML: Hans Löwlein R: Werner Kelch	30.6.1950 P
Flotow, Friedrich von	Martha	Lyonel	Landestheater Hannover	Ingeborg Schmidt-Stein, Milly Stolle, Josef Correck ML: Arno Grau R: Bruno Heyn	23.10.1945 P
			Städtische Oper Berlin		28.7.1947 R

Komponist	Werk	Partie	Bühne/Ort	weitere Mitwirkende	Datum
Gounod, Charles	Margarethe	Siebel	Landestheater Braunschweig	Thea Kempff, Josef Witt, Erhard Zimmermann, Carl Momberg ML: Ewald Lindemann R: Alexander Schum	1938 P
Janacek, Leos	Jenufa	Laca	Landestheater Braunschweig		1938 R
Kienzl, Wilhelm	Der Evangelimann	Mathias Freudhofer	Volksoper Wien		30.5.1972 G
Lehár, Franz	Der Graf von Luxemburg	René, Graf von Luxemburg	Titania Palast Berlin (en suite)	Margit Schramm, Hans Wocke ML: Werner Schmidt-Boelcke R: Arthur Maria Rabenalt	6.9.1963 P
			Opernhaus Zürich		26.12.1963 G
			Stadttheater Aachen		31.12.1964 G
	Das Land des Lächelns	Sou-Chong	Landestheater Braunschweig		1938 R
			Johann Strauß-Theater Hannover	Elfriede Schock (Lisa)	14.12.1946 G
			Antwerpen		24.4.1956 G
			Volksoper Wien		24.11.1956 G
			Theater der Freien Hansestadt Bremen	Gretel Hartung (Lisa)	21.6.1960 G
			Stadttheater Aachen		24.11.1960 G
			Stadttheater Hagen		13.1.1962 G
			Carnegie Hall New York	Anneliese Rothenberger (Lisa)	6.3.1963 K
			Saarländisches Staatstheater Saarbrücken		30.6.1963 G
			Pfalztheater Kaiserslautern		3.11.1963 G
			Luxemburg		5.5.1964 G
			Badisches Staatstheater Karlsruhe		12.6.1965 G
			Stadttheater Klagenfurt		11.2.1967 G
			Hessisches Staatstheater Wiesbaden		12.7.1967 G
			Gent		31.3.1968 G
			Theater des Westens Berlin		19.5.1972 G
			Stadttheater Augsburg		8.9.1972 G
			Operettenhaus Hamburg (en suite, anschließend auf Tournee)	Virginia Town, Irene Ziedek ML: Fritz Giesler R: Ludwig Boder	25.12.1972 P

Komponist	Werk	Partie	Bühne/Ort	weitere Mitwirkende	Datum
			Opernhaus Wuppertal		27.1.1973 G
			Stadttheater Ingolstadt		28.4.1973 G
	Die lustige Witwe	Rossillon	Stadttheater Duisburg		1936 R
		Danilo	Opernhaus Zürich		2.7.1961 G
			Carnegie Hall New York	Sari Barabas, Anneliese Rothenberger, Nicolai Gedda	13.3.1962 K
			Philadelphia		15.3.1962 T
			Theater der Stadt Koblenz (auf dem Rhein) (en suite)	Margit Schramm ML: Werner Schmidt-Boelcke	4.7.1964 P
			Gent		23.1.1966 G
			Stadttheater Aachen		25.1.1966 G
			Kostrijk		1.2.1966 G
			Brügge		14.3.1967 G
			Württembergisches Staatstheater Stuttgart		31.12.1971 G
			Volksoper Wien		1.6.1972 G
			Badisches Staatstheater Karlsruhe		4.11.1972 G
Leoncavallo, Ruggero	Der Bajazzo	Canio	Saarländisches Staatstheater Saarbrücken		8.7.1962 G
			Badisches Staatstheater Karlsruhe		10.5.1964 G
Liebermann, Rolf	Penelope	Ercole	Festspielhaus Salzburg (Salzburger Festspiele)	Christel Goltz, Anneliese Rothenberger, Max Lorenz, Kurt Böhme ML: George Szell R: Oscar Fritz Schuh	17.8.1954 P (Uraufführung)
			Staatsoper Wien	(wie Salzburger Festspiele)	11.11.1954
Lortzing, Albert	Die beiden Schützen	Gustav	Landestheater Braunschweig		12.10.1937 P
	Der Wildschütz	Baron Kronthal	Staatsoper Berlin	Irmgard Armgart, Petra Boser, Leonore Born, Willi Domgraf-Fassbaender, Josef Greindl ML: Richard Jäger R: Frida Leider	29.6.1946 P
			Staatsoper Hamburg	Anneliese Rothenberger, Christine Görner, Hedi Gura, Adolf Meyer-Bremen, Horst Günther ML: Horst Stein R: Günther Rennert	17.2.1953 P
			Deutsche Oper am Rhein Düsseldorf		26.4.1957 R

Komponist	Werk	Partie	Bühne/Ort	weitere Mitwirkende	Datum
	Zar und Zimmermann	Marquis de Chateauneuf	Landestheater Braunschweig	Margarete Vogel, Carl Momberg, Heinz Cramer R: Heinz Arnold	1938 P
			Deutsches Opernhaus Berlin	Hans Reinmar (Peter Michaelow)	1943 R
Mascagni, Pietro	Cavalleria rusticana	Turiddu	Staatsoper Berlin	Hilde Scheppan, Elisabeth Aldor, Kurt Uhlig ML: Karl Schmidt R: Heinrich Altmann	8.12.1951 P
Massenet, Jules	Manon	Chevalier Des Grieux	Staatsoper Berlin	Irma Beilke, Kurt Rehm ML: Leopold Ludwig R: Paul Schmidtmann	27.1.1948 P
			Staatsoper Wien		24.3.1952 R
Millöcker, Carl	Der Bettelstudent	Janicki	Landestheater Braunschweig		31.12.1937
Mozart, Wolfgang Amadeus	Cosi fan tutte	Ferrando	Landestheater Braunschweig	Margarete Vogel, Carl Momberg, Heinz Cramer	14.3.1938 R
			Staatsoper Hamburg	Anne Bollinger, Gisela Litz, Erna-Maria Duske, Hermann Prey, Theo Herrmann ML: Joseph Keilberth R: Günther Rennert	30.11.1955 N
			Theater der Stadt Duisburg		1.4.1957 R
			Staatstheater Braunschweig	Judith Beckmann, Lieselotte Vollrath, Gerti Zeumer, William Murray, Franz Mazura ML: Heinz Zeebe R: Hans Wolfgang Hirschland	15.9.1962 G
			Interlaken	Margarita Kyriaki, Eva Gilhofer, Olivera Miljakovic, Heinz Holecek, Rudolf Jedlicka ML: Albrecht E. Kaiser R: Josef Witt	10.7.1968 P
	Don Giovanni	Don Ottavio	Staatsoper Berlin	Eugenie Emmerich, Irmgard Klein, Rita Streich, Karl Schmitt-Walter, Heinrich Pflanzl, Gottlob Frick, Willy Pollow ML: Joseph Keilberth R: Ernst Legal	20.6.1948 P
			Staatsoper Wien		11.3.1951 R

Komponist	Werk	Partie	Bühne/Ort	weitere Mitwirkende	Datum
			Staatstheater Wiesbaden (Gastspiel der Wiener Staatsoper)	Ludwig Weber (Komtur)	13.5.1952 T
			Brüssel (Gastspiel der Wiener Staatsoper)	Hilde Zadek (Donna Anna)	6.5.1953 T
			Festspiele Genf (Gastspiel der Wiener Staatsoper)		23.6.1956 T
		(ital. ges.)	Staatsoper Wien		22.2.1958 R
		(ital. ges.)	Festwochen Interlaken	Lisa della Casa, Mimi Coertse, Rudolf Jedlicka, Erich Kunz ML: Albert E. Kaiser R: Josef Witt	4.7.1965 P
	Die Entführung aus dem Serail	Belmonte	Staatsoper Berlin		4.10.1946 R
			Staatsoper Hamburg		4.4.1948 R
			Staatsoper Wien	Erna Berger, Emmy Loose, Peter Klein, Endre Koreh	21.3.1952 R
			Staatsoper Hamburg	Valerie Bak, Anneliese Rothenberger, Theo Herrmann, Kurt Marschner ML: Heinz Wallberg R: Günther Rennert	19.11.1953 P
			Antwerpen		5.4.1955 G
			Festspielhaus Salzburg (Salzburger Festspiele)	Erika Köth, Lisa Otto, Kurt Böhme, Murray Dickie ML: George Szell R: Oscar Fritz Schuh	25.7.1956 P
			Staatsoper Wien		14.11.1956 R
			Staatsoper Wien (Redoutensaal)	D: Josef Krips	11.1.1958 R
			Saarländisches Staatstheater Saarbrücken		15.12.1963 G
			Festwochen Interlaken	Colette Lorand, Renate Holm, Oscar Czerwenka, Murray Dickie ML: Albert E. Kaiser R: Josef Witt	11.7.1965 P
			Europäische Festwochen Passau (anschl. Tournee)	Sylvia Geszty, Renate Holm, Oscar Czerwenka, Erik Geisen ML: Walter Hornsteiner R: Enayet Rezay	5.7.1975 P

Komponist	Werk	Partie	Bühne/Ort	weitere Mitwirkende	Datum
	Idomeneo	Idomeneo	Festspielhaus Salzburg (Salzburger Festspiele)	Jane Lawrence, Hilde Güden, Richard Holm, Kurt Böhme ML: Georg Solti R: Josef Gielen	27.7.1951 P
			Festspielhaus Salzburg (Mozartwoche)	Christel Goltz, Gerda Scheyrer, Waldemar Kmentt, Kurt Böhme ML: Karl Böhm R: Oscar Fritz Schuh	27.1.1956 P
			Festspielhaus Salzburg (Salzburger Festspiele)	Hildegard Hillebrecht statt Gerda Scheyrer, sonst wie Januar	30.7.1956
	Die Zauberflöte	Tamino	Staatstheater Braunschweig	Thea Kempff, Rose Schaffrian, Erhard Zimmermann, Carl Momberg ML: Ewald Lindemann R: Heinz Arnold	8.6.1939 P
			Staatsoper Wien	Esther Réthy, Else Boettcher, Dora Komarek, Herbert Alsen, Alfred Poell, Paul Schöffler ML: Rudolf Moralt R: Erwin Kerber	25.9.1940 G
			Staatsoper Hamburg	Martina Wulff, Fritz Göllnitz, Georg Mund	1.5.1947 G
			Staatsoper Berlin		4.7.1947 R
	(engl. ges.)		Royal Opera House Covent Garden London	Maria Stader (Pamina)	4.11.1948 R
	(engl. ges.)		Empire Theatre Liverpool (Gastspiel der Covent Garden Opera)	Dora Lindgren (Pamina)	7.3.1950 T
	(engl. ges.)		Manchester (s. o.)		21.3.1950 T
	(engl. ges.)		Edinburgh (s. o.)		26.4.1950 T
			Staatsoper Wien	Wilma Lipp (Königin der Nacht)	3.3.1951 R
			Staatsoper Hamburg	Lore Hoffmann, Wilma Lipp, Anneliese Rothenberger, Horst Günther, Gottlob Frick ML: Hans Schmidt-Isserstedt R: Günther Rennert	28.6.1951 P

Komponist	Werk	Partie	Bühne/Ort	weitere Mitwirkende	Datum
			Ruhrfestspiele Recklinghausen (Gastspiel der Staatsoper Hamburg)		30.6.1951 T
			Edinburgh (Gastspiel der Staatsoper Hamburg)		19.8.1952 T
			Genf		14.10.1952 G
			Bayerische Staatsoper München	Maud Cunitz, Hans Hermann Nissen	5.3.1953 G
			Städtische Oper Berlin		6.4.1954 G
			Staatsoper Hamburg (Eröffnung des neuen Hauses)	Anne Bollinger, Colette Lorand, Anneliese Rothenberger, Arnold van Mill, Horst Günther, Kurt Marschner ML: Leopold Ludwig R: Günther Rennert	15.10.1955 P
			Staatsoper Wien	Leontyne Price (Pamina)	25.2.1956 R
			Edinburgh		20.8.1956 G
			Städtische Bühne Hagen		9.3.1957 G
			Deutsche Oper am Rhein Duisburg/Düsseldorf	Benno Kusche (Papageno)	7., 10., 29.4.1957 G
			Theater Oberhausen		6.4.1958 G
			Bühnen der Landeshauptstadt Kiel		17.6.1962 G
			Stadttheater Pforzheim		9.5.1965 G
			Festwochen Interlaken	Lisa della Casa, Frederick Guthrie, Erich Kunz ML: Albert E. Kaiser R: Josef Witt	5.7.1967 P
Nicolai, Otto	Die lustigen Weiber von Windsor	Fenton	Landestheater Braunschweig	Margarete Vogel (Anna) ML: Ewald Lindemann	9.7.1938 P
			Deutsches Opernhaus Berlin	Michael Bohnen, Hans Wocke, Margarethe Pfahl, Marie-Luise Schilp, Ludwig Windisch ML: Walter Lutze R: Alexander d'Arnals	24.2.1940 G
Offenbach, Jacques	Hoffmanns Erzählungen	Hoffmann	Staatsoper Berlin	Fritz Soot (Spalanzani)	16.7.1947 R
			Staatsoper Hamburg	Helene Werth (Giulietta)	7.4.1948 R 27.10.1950 R
			Landestheater Hannover	Elfriede Weidlich (Antonia)	20.12.1952 G
			Staatsoper Wien		31.3.1952
			Bayerische Staatsoper München	Hertha Töpper, Elisabeth Lindermeier	7.3.1953 G

Komponist	Werk	Partie	Bühne/Ort	weitere Mitwirkende	Datum
			Opernhaus Köln	Maria Kallitsi, Ingeborg Kjell-gren, Hildegard Hillebrecht, Hanna Ludwig, Carlos Alex-ander ML: Wolfgang Sawallisch R: Christian Stange	18.2.1961 P
			Theater Oberhausen		1.4.1961 G
			Bühnen der Landeshaupt-stadt Kiel		23.6.1961 G
			Saarländisches Staatstheater Saarbrücken		24.9.1961 G
			Stadttheater Aachen		16.12.1961 G
Puccini, Giacomo	La Bohème (engl. ges.)	Rudolf	Royal Opera House Covent Garden London	Elisabeth Schwarzkopf, Ljuba Welitsch, Paolo Silveri, Gerant Evans, David Franklin ML: Karl Rankl R: Peter Brook	15.10.1948 P
			Staatsoper Hamburg		12.12.1948 R
			Städtische Oper Berlin	Irma Beilke, Eva Carolan, Her-bert Brauer, Robert Koffmane, Wilhelm Lang ML: Hans Lenzer R: Hans Stüwe	5.2.1949 P
	(engl. ges.)		Empire Theatre Liverpool (Gastspiel der Covent Garden Opera)		12.3.1949 T
	(engl. ges.)		Manchester (s. o.)		26.3.1949 T
	(engl. ges.)		Leeds (s. o.)		9.4.1949 T
	(engl. ges.)		Birmingham (s. o.)		16.4.1949 T
			Royal Opera House Covent Garden London	Victoria de los Angeles (Mimi)	1.3.1950 G
			Komische Oper Berlin		17.4.1953 G
			Bayerische Staatsoper München		12.12.1953 G
			Staatsoper Wien		14.1.1953 R
			Staatsoper Wien		25.2.1956 R
	Madame Butterfly	Linkerton	Landestheater Braun-schweig	Margarete Vogel, Carl Mom-berg	1938 R
			Deutsches Opernhaus Berlin	Lore Hoffmann (Cho-Cho-San)	1943 R
			Staatsoper Dresden	Helena Rott, Arno Schellenberg	10.11.1943 G

Komponist	Werk	Partie	Bühne/Ort	weitere Mitwirkende	Datum
			Landestheater Hannover		26.8.1945 R
			Staatsoper Berlin	Ilse Mentzel (Cho-Cho-San)	4.2.1946 G
	(engl. ges.)		Royal Opera House Covent Garden London		22.2.1950 R
	(engl. ges.)		Empire Theatre Liverpool (Gastspiel der Covent Garden Opera)		18.3.1950 T
	(engl. ges.)		Manchester (s. o.)		25.3.1950 T
	(engl. ges.)		Birmingham (s. o.)		8.4.1950 T
			Staatsoper Hamburg		29.10.1950 G
			Staatsoper Wien	D: Wilhelm Loibner	4.3.1951 R
			Bayerische Staatsoper München	Trude Eipperle (Cho-Cho-San)	17.12.1953 G
	Manon Lescaut	Des Grieux	Staatsoper Hamburg	Anne Bollinger, Toni Blankenheim, Theo Herrmann ML: Albert Bittner R: Günther Rennert	5.10.1954 P
			Staatsoper Wien	Carla Martinis, Walter Berry, Adolf Vogel ML: Rudolf Moralt R: Günther Rennert	17.2.1956 P
			Saarländisches Staatstheater Saarbrücken	Paula Bukovac, Dan Richardson, Walter Hoffmann ML: Carl Johannson R: Johannes Treffny	12.7.1962 P
	Tosca	Cavaradossi	Staatsoper Hamburg	Elfriede Wasserthal, Mathieu Ahlersmeyer, Gustav Neidlinger ML: Wilhelm Schüchter R: Kurt Puhlmann	27.11.1947 P
			Staatsoper Berlin		24.3.1951 R
			Städtische Oper Berlin		21.4.1953 G
			Staatsoper Wien		30.9.1953 R
			Deutsche Oper am Rhein Duisburg	Hildegard Hillebrecht, Otto Wiener, Fritz Ollendorf ML: Arthur Grüber R: Kurt Ehrhardt	5.10.1957 P
			Theater Oberhausen		28.6.1958 G
			Staatsoper Hamburg		19.11.1958 R
			Bayerische Staatsoper München		8.12.1959 G

Komponist	Werk	Partie	Bühne/Ort	weitere Mitwirkende	Datum
			Stadttheater Mainz		7.6.1960 G
			Saarländisches Staatstheater Saarbrücken		5.5.1965 G
Rimsky-Korsakow, Nicolai	Sadko	Indischer Kaufmann	Staatsoper Berlin	Erna Berger, Margarete Klose, Ludwig Suthaus, Jaro Prohaska ML: Johannes Schüler R: Ernst Legal	10.4.1947 P
Rossini, Gioacchino	Der Barbier von Sevilla	Graf Almaviva	Staatstheater Braunschweig	Margarete Vogel, Carl Momberg, Erhard Zimmermann, Heinrich Cramer ML: Kurt Teichmann R: Heinz Arnold	27.6.1939 P
Schultze, Norbert	Schwarzer Peter	Roderich	Landestheater Braunschweig	Margarete Vogel, Heinz Cramer, Carl Momberg R: Heinz Arnold	31.10.1937 P
Smetana, Friedrich	Die verkaufte Braut	Hans	Landestheater Hannover		11.4.1946 R
			Komische Oper Berlin	Anny Schlemm, Heinrich Pflanzl ML: Arthur Grüber R: Walter Felsenstein	9.9.1950 P
Strauß, Johann	Eine Nacht in Venedig	Caramello	Theater am Nollendorfplatz, Berlin		1944 G
		Herzog	Theater an der Wien (en suite)	Christiane Sorell, Helga Papouschek, Peter Minich, Franco Steinberg ML: Paul Walther R: Otto Fritz	17.7.1963 P
	Die Fledermaus	Eisenstein	Opernhaus Zürich	Adele Leigh, Elfriede Pfleger, Ralph Telasko, Wolfram Merz, Robert Thomas ML: Samuel Krachmalnik R: Herbert Graf	31.12.1961 P
			Saarländisches Staatstheater Saarbrücken		13.4.1962 G
			Badisches Staatstheater Karlsruhe		28.6.1962 G
			Staatstheater am Gärtnerplatz München		23.1.1963 G
			Staatsoper Hamburg		31.12.1966 G
			Hessisches Staatstheater Wiesbaden		31.12.1967 G

Komponist	Werk	Partie	Bühne/Ort	weitere Mitwirkende	Datum
			Gent		20.12.1971 G
			Brügge		24.1.1972 G
			Staatsoper Wien	Edda Moser, Heinz Rühmann	31.12.1975 G
			Operettenhaus Hamburg (anschl. Tournee)	Teresa Galambos, Helma Reichle, Gennaro de Sica, Gustl Promper, Manfred Kusch ML: Ernst Günther Scherzer R: Hans Fretzer	22.1.1976 P
	Der Zigeunerbaron	Barinkay	Volksoper Wien	Elisabeth Hazy, Hilde Rössl-Majdan, Renate Holm, Walter Slezak, Eberhard Wächter, Ferry Gruber ML: Robert Stolz R: Adolf Rott	24.5.1965 P
			Antwerpen		17.3.1967 G
			Theater Oberhausen		19.3.1967 G
			Theater des Westens Berlin		27.12.1968 G
			Gent		3.1.1969 G
Strauss, Richard	Ariadne auf Naxos	Bacchus	Stadttheater Göttingen		1938/39
			Staatstheater Braunschweig	Renate Specht (Ariadne) ML: Ewald Lindemann	1938/39 P
			Staatstheater Braunschweig	Hildegard Fischer, Fritzi Göhrum ML: Ewald Lindemann R: Ludwig F. Schiedermair	11.6.1944 P
			Festspielhaus Salzburg (Salzburger Festspiele)	Lisa della Casa, Hilde Güden, Irmgard Seefried, Paul Schöffler, Alfred Poell ML: Karl Böhm R: Josef Gielen	7.8.1954 P
			Staatsoper Hamburg		8.9.1954 R
			Deutsche Oper am Rhein Duisburg		27.4.1957 R
			Staatsoper Wien	(wie Salzburg 1954)	5.1.1958
			Holland-Festival Den Haag, Rotterdam, Amsterdam, Utrecht		1.7., 3.7., 5.7., 6.7.1958 R, T

Komponist	Werk	Partie	Bühne/Ort	weitere Mitwirkende	Datum
	Der Rosenkavalier	Sänger	Landestheater Braunschweig	Thea Kempff, Margarete Vogel, Lotte Schrader, Hermann Notnagel ML: Ewald Lindemann R: Heinz Arnold	1937
			Staatsoper Berlin		12.3.1948 R
			Royal Opera House Covent Garden London		28.10.1948 R
			Staatsoper Hamburg		18.4.1951 R
			Edinburgh (Gastspiel der Staatsoper Hamburg)		28.8.1952 T
			Staatsoper Wien	Maria Reining (Marschallin)	3.9.1952 R
			Brüssel (Gastspiel der Wiener Staatsoper)		8.5.1953 T
			Bayerische Staatsoper München		29.10.1953 G
	Salome	Narraboth	Landestheater Hannover	Liselotte Enck, Condi Siegmund, Reiner Minten ML: Rudolf Krasselt R: Max Hofmüller	23.5.1946 P
			Staatsoper Wien		6.4.1952 R
Strawinsky, Igor	The Rake's Progress	Tom Rakewell	Staatsoper Hamburg	Käthe Maas, Hedi Gura, Sigmund Roth, Toni Blankenheim ML: Wilhelm Schleuning R: Günther Rennert	14.10.1951 P
			Staatsoper Wien	Erna Berger, Elisabeth Höngen, Ludwig Hofmann, Alfred Jerger ML: Heinrich Hollreiser R: Günther Rennert	25.4.1952 P
			Städtische Oper Berlin (Gastspiel der Staatsoper Hamburg; Berliner Festwochen)		26.9.1952 T
Tschaikowsky, Peter	Eugen Onegin	Lenski	Staatsoper Berlin	Tiana Lemnitz, Hans Reinmar R: Wolf Völker	12.12.1947 R
			Staatsoper Wien	Alexander Welitsch (Eugen Onegin) D: Meinhard von Zallinger	7.3.1951 R
			Staatsoper Berlin		24.11.1951 R

Komponist	Werk	Partie	Bühne/Ort	weitere Mitwirkende	Datum
Verdi, Giuseppe	Don Carlos	Don Carlos	Staatsoper Hamburg	Elfriede Wasserthal, Martha Mödl, Josef Metternich, Gottlob Frick, Theo Herrmann ML: Leopold Ludwig R: Günther Rennert	23.2.1952 P
			Städtische Oper Berlin	Martha Musial, Dietrich Fischer-Dieskau	12.12.1952 G
			Staatsoper Wien		29.5.1953 R
			Staatsoper Wien		9.2.1955 R
			Staatsoper Hamburg	Anne Bollinger, Helga Pilarczyk, Josef Metternich, Arnold van Mill, James Pease ML: Albert Bittner R: Günther Rennert	23.10.1955 N
			Deutsche Oper am Rhein Düsseldorf	Hildegard Hillebrecht, Heinz Imdahl, Walter Kreppel, Randolph Symonette ML: Alberto Erede R: Franco Enriquez	5.5.1957 P
			Staatsoper Wien		7.12.1957 R
			Opernhaus Zürich	D: Nello Santi	6.11.1959 G
	Ein Maskenball	Richard	Saarländisches Staatstheater Saarbrücken	Nancy Tatum, Regine Fonseca, Eva Temper, Dan Richardson ML: Carl Johannson R: Hermann Wedekind	25.4.1964 P
	Die Macht des Schicksals	Alvaro	Staatsoper Hamburg	Edith Lang, Gisela Litz, Josef Metternich, Ernst Wiemann ML: Leopold Ludwig R: Ernst Poettgen	18.3.1959 P
	Rigoletto	Herzog	Staatstheater Braunschweig	Margarete Vogel (Gilda)	1938 P
			Staatsoper Dresden	Maria Cebotari, Arno Schellenberg	20.10.1944 G
			Staatsoper Berlin	Erna Berger, Josef Burgwinkel ML: Johannes Schüler R: Wolf Völker	9.2.1946 G
			Staatsoper Hamburg		5.10.1950 R
			Deutsche Oper am Rhein Düsseldorf	Ilse Hollweg, Liselotte Fischer, Heinrich Nillius, Helmut Fehn ML: Arnold Quennet R: Hartmut Boebel	18.9.1951 P

Komponist	Werk	Partie	Bühne/Ort	weitere Mitwirkende	Datum
			Städtische Oper Berlin	Rita Streich, Margarete Klose, Josef Metternich, Gottlob Frick ML: Ferenc Fricsay R: Georg Reinhardt	5.2.1952 P
			Staatsoper Wien		7.9.1952 R
	Die sizilianische Vesper	Arrigo	Städtische Oper Berlin	Hildegard Hillebrecht, Rolf Polke, Peter Roth-Ehrang ML: Richard Kraus R: Wolf Völker	28.4.1960 P
	La Traviata	Alfred	Staatsoper Berlin		18.12.1946 G
	(engl. ges.)		Royal Opera House Covent Garden London		7.12.1948 R
	(engl. ges.).		Empire Theatre Liverpool (Gastspiel der Covent Garden Opera)		10.3.1949 T
	(engl. ges.)		Palast Theatre Manchester (s. o.)		24.3.1949 T
	(engl. ges.)		Leeds (s. o.).		5.4.1949 T
	(engl. ges.)		Birmingham (s. o.)		15.4.1949 T
			Edinburgh (s. o.)		20.4.1954 T
			Staatsoper Hamburg		13.2.1951 R
			Staatsoper Wien		18.3.1952 R
		(ital. ges.)	Antwerpen	Virginia Zeani (Violetta)	10.3.1953 G
			Bayerische Staatsoper München		10.12.1953 G
			Staatstheater Braunschweig	Stina-Britta Melander, Carl Momberg ML: Heinz Zeebe R: Carl Momberg	27.3.1960 G
			Theater Oberhausen	Teresa Zylis-Gara (Violetta)	5.5.1962 G
	Der Troubadour	Manrico	Landestheater Hannover	Hilde Singenstreu (Leonore)	14.5.1946 R
			Staatsoper Hamburg		10.4.1951 R
			Staatsoper Wien		17.1.1953 R
			Deutsche Oper am Rhein Düsseldorf/Duisburg		5.4.1957 u. 10.5.1957 R
			Saarländisches Staatstheater Saarbrücken		15.4.1962 G
			Hessisches Staatstheater Wiesbaden		10.10.1963 G
Wagner, Richard	Der fliegende Holländer	Steuermann	Landestheater Braunschweig		1938/39 R

Komponist	Werk	Partie	Bühne/Ort	weitere Mitwirkende	Datum
			Staatsoper Wien	Gertrude Grob-Prandl, Torsten Ralf	4.11.1952 R
	Lohengrin	Lohengrin	Staatstheater Braunschweig	Gerda Wismar, Lise Sorrell, Herbert Fliether, Gerd Nienstedt ML: Arthur Grüber	1.9.1957 G
			Staatsoper Hamburg		31.5.1959 R
			Theater der Freien Hansestadt Bremen		3.6.1959 G
	Die Meistersinger von Nürnberg	Kunz Vogelsang	Landestheater Braunschweig		1938/39 P
		Walther von Stolring	Festspiele Bayreuth	Elisabeth Grümmer, Elisabeth Schärtel, Otto Wiener, Josef Greindl, Karl Schmitt-Walter, Gerhard Stolze, Eberhard Wächter ML: Erich Leinsdorf R: Wieland Wagner	24.7.1959 P
			Staatsoper Wien		24.1.1960 R
	Das Rheingold	Froh	Opernhaus Duisburg	Karl Schlottmann, Robert Blasius, Leonhard Kistemann, Paul Erthal, Ilse Ihme, Ellen Schiffer ML: Paul Drach R: Rudolf Scheel	19.10.1936 R
	Tristan und Isolde	Junger Seemann	Staatsoper Berlin	Günther Treptow (Tristan)	15.6.1952 R
			Staatsoper Wien	Anny Konetzni (Isolde) D: Clemens Krauss	19.9.1952 R
Ziehrer, Carl Michael	Die Landstreicher	Roland	Landestheater Braunschweig		1937 P

Neben den in den vorhergehenden Übersichten genannten Sängerinnen und Sängern trat Rudolf Schock u. a. auch noch an der Seite folgender Künstler auf: Rosette Anday (Staatsoper Wien, »Die Zauberflöte«, 3. 9. 1953), Oda Balsborg (Staatsoper Hamburg, »Carmen«, 4. 10. 1959), Ingrid Bjoner (Staatsoper Wien, »Don Giovanni«, 30. 4. 1959), Inge Borkh (Staatsoper Hamburg, »Tosca«), Paula Buchner (Staatsoper Berlin, »Der Rosenkavalier«, 12. 3. 1948), Maria Corelli (Staatsoper Berlin, »Die Entführung aus dem Serail«, 12. 1. 1955), Christina Deutekom (Interlaken, »Die Zauberflöte«, 4. 7. 1968), Annie Felbermayer (Staatsoper Wien, »Die Zauberflöte«, 1. 11. 1952), Joan Hammond (Covent Garden, »La Bohème«, 8. 11. 1948), Madlon Harder (Staatsoper Berlin, »Madame Butterfly«, 12. 7. 1948), Mira Kalin (Staatsoper Wien, »Eugen Onegin«, 15. 9. 1952), Gladys Kuchta (Städtische Oper Berlin, »Tosca«, 2. 3. 1960), Liselotte Losch (Staatsoper Berlin, »Die Zauberflöte«, 1. 1. 1948), Christa Ludwig (Staatsoper Wien, »Carmen«, 7. 1. 1957), Ira Malaniuk (Staatsoper Wien, »Don Carlos«, 3. 2. 1958), Birgit Nilsson (Staatsoper Wien, »Don Giovanni«, 1957/58), Marta Rohs (Staatsoper Wien, »Carmen«, 18. 2. 1954), Teresa Stich-Randall (Staatsoper Wien, »Traviata«, 11. 10. 1952), Gisela Vivarelli (Staatsoper Hamburg, »Zauberflöte«, 1. 5. 1961). – Robert Burg (Dresden, »Rigoletto«, 16. 12. 1943), Marcel Cordes (Köln, »Hoffmanns Erzählungen«, 8. 7. 1961), Eugen Fuchs (Staatsoper Berlin, »Don Giovanni«, 17. 2. 1949), Rudolf Gonszar (Staatsoper Berlin, »Rigoletto«, 25. 4. 1948), Walter Großmann (Staatsoper Berlin, »Madame Butterfly«, 4. 2. 1946), Hans Hotter (Staatsoper Wien, »Hoffmanns Erzählungen«, 17. 5. 1953), John van Kesteren (Gärtnerplatztheater München, »Fledermaus«, 4. 5. 1963), Albert Krafft-Lortzing (Braunschweig, »Die beiden Schützen«, 24. 11. 1937), George London (Staatsoper Wien, »Eugen Onegin«, 15. 9. 1952), Claudio Nicolai (Gärtnerplatz München, »Fledermaus«, 4. 5. 1963), Karl Paul (Staatsoper Berlin, »Zauberflöte«, 3. 3. 1951), Alfred Pfeifle (Staatsoper Hamburg, »Zauberflöte«, 4. 4. 1948), Helge Rosvaenge (Staatsoper Wien, »Fidelio«, 12. 2. 1954), Vladimir Rudzak (Staatsoper Hamburg, »Macht des Schicksals«, 22. 3. 1959), Heinrich Schlusnus (Staatsoper Berlin, »Rigoletto«, 31. 5. 1948), Georg Schnapka (Volksoper Wien, »Zigeunerbaron«, 25. 4. 1969), Set Svanholm (Staatsoper Wien, »Tristan und Isolde«, 19.9.1952), Gerhard Unger (Staatsoper Berlin, »Entführung aus dem Serail«, 12. 1. 1955), Hermann Uhde (Staatsoper Hamburg, »Tosca«, 2. 4. 1948), Lawrence Winters (Staatsoper Hamburg, »Tosca«, 9. 12. 1958), Josef Witt (Braunschweig, »Aida«, 1937), Karl Wolfram (Staatsoper Berlin, »Hoffmanns Erzählungen«, 3. 9. 1947), Gottlieb Zeithammer (Staatsoper Berlin, »Entführung aus dem Serail«, 5. 3. 1947).

Außer unter den oben erwähnten Dirigenten sang der Künstler u. a. auch noch unter der Stabführung von: Miltiades Caridis (Köln, »Hoffmanns Erzählungen«, 3. 3. 1961), Michael Gielen (Staatsoper Wien, »Ariadne auf Naxos«, 26. 1. 1959), Erich Kleiber (Staatsoper Berlin, »Der Rosenkavalier«, 17. 6. 1951), Berislav Klobucar (Staatsoper Wien, »La Bohème«, 14. 1. 1954), Hans Knappertsbusch (Staatsoper Berlin, »Der Rosenkavalier«, 23. 1. 1952), Dimitri Mitropoulos (Staatsoper Wien, »Manon Lescaut«, 1956/57), Reinhard Peters (Städtische Oper Berlin, »Rigoletto«, 20. 6. 1952), Silvio Varviso (Städtische Oper Berlin, »Tosca«, 2. 3. 1960).

Insgesamt kann Rudolf Schock auf über 2000 Bühnenauftritte in tragenden Rollen zurückblicken, trotz der Kriegsjahre, in denen der damals 24- bis 30jährige ja nur vereinzelt eingesetzt wurde.

Zieht man dazu noch seine Tätigkeit auf Konzertpodien, vor den Mikrofonen der Schallplattenfirmen und der Funkhäuser, vor den Film- und Fernsehkameras in Betracht, so kam Rudolf Schock an über 5000 Tagen seinen Verpflichtungen als Sänger und Medienstar nach. Dabei sind die zahlreichen Reisetage und die Zeit für die Proben zur Einübung neuer Rollen, Arien und Lieder nicht berücksichtigt.

Gesamtaufnahmen von Bühnenwerken im Funk

Zusammengestellt von Friedhelm Holle

In das Verzeichnis der Funkaufnahmen wurden nur die Aufzeichnungen aufgenommen, die 1. Gesamtaufnahmen darstellen und 2. nicht als Schallplatte vorliegen (vgl. hierzu das Schallplattenverzeichnis).

Die Abkürzungen bedeuten:

BR	=	Bayrischer Rundfunk
NWDR	=	Nordwestdeutscher Rundfunk
WDR	=	Westdeutscher Rundfunk
ORF	=	Österreichischer Rundfunk

In der letzten Spalte:

F	=	Funkübertragung, Aufzeichnung ungewiß. Band nicht mehr vorhanden
A	=	Aufzeichnung, noch erhalten
G	=	Aufzeichnung, jedoch gelöscht

Der Dirigent ist jeweils vor den weiteren Mitwirkenden genannt und durch einen Schrägstrich (/) von diesen abgehoben.

Rundfunk

Komponist	Werk	Partie	Bühne/Ort	weitere Mitwirkende	Datum
Bizet, Georges	Carmen	Don José	NWDR Hamburg	Hans Schmidt-Isserstedt / Margarete Klose, Trude Eipperle, Hermann Uhde	22.3.1948 F
			BR München	Eugen Jochum / Georgine von Milinković, Elisabeth Grümmer, James Pease	14.12. u. 18.–20.12.1954 F/A
Bliss, Arthur	The Olympians (engl. ges.)	Hector	BBC London	Karl Rankl / Margherita Grandi, Adele Leigh, Edith Coates, Murray Dickie	18.12.1949 F/A
Cornelius, Peter	Der Barbier von Bagdad	Nureddin	NWDR Köln	Joseph Keilberth / Anny Schlemm, Kurt Böhme, Karl Schmitt-Walter	19.12.1951 F/G
			ORF Wien	Heinrich Hollreiser / Sena Jurinac, Gottlob Frick, Alfred Poell	5.12.1952 F/A
			BR München	Hans Gierster / Dorothea Siebert, Kurt Böhme, Marcel Cordes	18.9.1957 F/A
Fall, Leo	Die Rose von Stambul	Achmed	NWDR Köln	Franz Marszalek / Ursula Kerp, Ruth Zillger, Otto Falvay	5.–7.12.1950 F/A
Flotow, Friedrich von	Martha	Lyonel	NWDR Hamburg	Walter Martin / Clara Ebers, Hedi Gura, Siegmund Roth, Adolf Meyer-Bremen	23.9.1947 F
Kálmán, Emmerich	Die Csardasfürstin	Fürst Edwin	NWDR Hamburg	Wilhelm Stephan / Colette Lorand, Anneliese Rothenberger, Rupert Glawitsch, Josef Meinrad	6.–8.12.1953 F/A
	Gräfin Mariza	Graf Tassilo	BR München	Werner Schmidt-Boelcke / Sari Barabas, Harry Friedauer	März 1958 F
Künnecke, Eduard	Die große Sünderin	Schrenk	NWDR Köln	Franz Marszalek / Maud Cunitz	1.–4.7.1951 F/A
Lehár, Franz	Der Graf von Luxemburg	Rene, Graf von Luxemburg	NWDR Hamburg	Wilhelm Stephan / Lore Hoffmann, Anneliese Rothenberger	14.–17.2.1951 F/A
	Das Land des Lächelns	Sou-Chong	BR München	Werner Schmidt-Boelcke / Dorothea Siebert	15.–18.3.1955 F/A
	Die lustige Witwe	Danilo	NWDR Hamburg	Wilhelm Stephan / Elfride Trötschel, Anneliese Rothenberger, Alfred Pfeifle, Josef Olah	14.–16.11.1950 F/A

Komponist	Werk	Partie	Bühne/Ort	weitere Mitwirkende	Datum
	Paganini	Paganini	BR München	Werner Schmidt-Boelcke/Anny Schlemm	25.–28.3.1956 F/A
	Schön ist die Welt	Georg	BR München	Werner Schmidt-Boelcke/Anny Schlemm	29./30.3.1954 F/A
	Zigeunerliebe	Joszi	RIAS Berlin	Fried Walter/Lisa Otto, Jean Löhe	16.–19.11. 1951 F/G
			NWDR Hamburg	Wilhelm Stephan/Helene Werth, Gisela Litz, Rupert Glawitsch, Gustav Neidlinger	27.–29.1.1953 F/A
Mascagni, Pietro	Cavalleria rusticana	Turridu	NWDR Hamburg	Walter Martin/Liselotte Enck, Maria von Ilosvay, Hans-Herbert Fiedler	10.12.1946 F
			NWDR Hamburg	Wilhelm Schüchter/Maria Kinasiewicz, Gisela Litz, Anneliese Rothenberger, Alexander Welitsch	12./13.4.1954 F/A
Miljutin, Juri Sergejewitsch	Die Brautschau	Juri	Berliner Rundfunk	Otto Dobrindt/Irma Beilke, Wilhelm Schirp	8.11.1947 F
Mozart, Wolfgang Amadeus	Cosi fan tutte	Ferrando	NWDR Hamburg	Hans Schmidt-Isserstedt/Suzanne Danco, Ira Malaniuk, Edith Oravez, Horst Günther, Benno Kusche	20.–23.1.1953 F/A
			BR München	Eugen Jochum/Annelies Kupper, Hertha Töpper, Erika Köth, Horst Günther, Walter Berry	21.–25.2.1957 F/A
	Die Zauberflöte	Tamino	NWDR Köln	Joseph Keilberth/Teresa Stich-Randall, Wilma Lipp, Josef Greindl, Erich Kunz, Kurt Marschner, Hans Hotter	15.–17.12.1954 F/A
Mussorgsky, Modest Petrowitsch	Boris Godunow	Dimitri	NWDR Hamburg	Wilhelm Schüchter/Martha Mödl, Anneliese Rothenberger, Margot Guilleaume, Maria von Ilosvay, Alexander Welitsch, Georg Hann, Gustav Neidlinger, Peter Markwort	17.–19.10.1950 F/A

Komponist	Werk	Partie	Bühne/Ort	weitere Mitwirkende	Datum
Offenbach, Jacques	Hoffmanns Erzählungen	Hoffmann	NWDR Köln	Eugen Szenkar / Wilma Lipp, Martha Mödl, Elfride Trötschel, Maria von Ilosvay, Alexander Welitsch	28.9.–1.10.1950 F/A
	Die schöne Helena	Paris	RIAS Berlin	Fried Walter / Anneliese Rothenberger, Bruno Fritz, Victor de Kowa	22.–24.3.1956 F/A
Puccini, Giacomo	Madame Butterfly	Linkerton	NWDR Hamburg	Walter Martin / Lore Hoffmann, Maria von Ilosvay, Georg Mund	25.3.1948 F
Strauß, Johann	Eine Nacht in Venedig	Herzog	NWDR Köln	Franz Marszalek / Rita Streich, Franz Fehringer, Peter Alexander, Willy Schneider	30.11.–2.12.1953 F/A
Strauss, Richard	Capriccio	Flamand	BR München	Clemens Krauss / Viorica Ursuleac, Hertha Töpper, Hans Hotter, Hans Braun, Karl Schmitt-Walter	29.10.–3.11.1953 F/A
	Salome	Narraboth	NWDR Hannover	Franz Konwitschny / Liselotte Enck, Reiner Minten	8.5.1947 F
Thomas, Ambroise	Mignon	Wilhelm Meister	WDR Köln	Peter Maag / Hertha Töpper, Mimi Coertse, Gottlob Frick	12.–16.12.1956 F/A
Verdi, Giuseppe	Rigoletto	Herzog	RIAS Berlin	Ferenc Fricsay / Rita Streich, Margarete Klose, Josef Metternich, Gottlob Frick	20. u. 22.9.1950 F/A
	La Traviata	Alfred	NWDR Hamburg	Wilhelm Schüchter / Margot Guilleaume, Josef Olah	31.1.1949 F
Wagner, Richard	Das Rheingold	Froh	NWDR Hamburg	Wilhelm Schüchter / Res Fischer, Lore Hoffmann, Ferdinand Frantz, Gustav Neidlinger, Wolfgang Windgassen, Paul Kuën, Gottlob Frick, Josef Greindl, Josef Metternich	12.10.1952 F/A

Verzeichnis der auf Schallplatten erschienen Aufnahmen

Zusammengestellt von Friedhelm Holle

Einzelaufnahmen im Funk, Privataufnahmen, Mitschnitte und Soundtracks von Filmen und TV-Produktionen, die nicht in Rillen gepreßt wurden, sind weder bei den Funkaufnahmen noch im Schallplattenverzeichnis berücksichtigt.
Der besseren Übersicht halber sind die Aufnahmen in sieben Kategorien unterteilt. Es hätte den Rahmen dieses Buches gesprengt, alle Schallplatten, auf denen der Künstler vertreten ist, zu nennen. So mußten die zahlreichen Aus- und Umkopplungen einzelner Nummern ebenso unberücksichtigt bleiben wie die Auflistung von Querschnitten aus Gesamtaufnahmen.
Die Nennung der Einzeltitel aus Querschnitten und die Aufzählung aller Mitwirkender mußte ebenfalls aus Platzgründen unterbleiben.
Da Bestellnummern und Preiskategorien häufig wechseln, wurde auf die Angabe der zum großen Teil nicht mehr gültigen Bestellnummern verzichtet.
Die zur Zeit gültigen, verfügbaren Zusammenstellungen sind den einschlägigen Katalogen in den Fachgeschäften zu entnehmen.
Der Aufnahmeort ist, wenn nicht anders angegeben, Berlin.
Zu danken ist den zuständigen Abteilungen der Ariola-Eurodisc, München, der EMI-Electrola, Köln, und der fono-team, Hamburg, für die Hilfe bei der Zusammenstellung des Verzeichnisses der Schallplattenaufnahmen.

Die Abkürzungen im Schallplattenverzeichnis bedeuten:

GA	= Gesamtaufnahme
G-A-Chor u. ä.	= Günther-Arndt-Chor
B	= Berlin
Dt.	= Deutsch (z. B. Deutsche Oper Berlin)
BS	= Berliner Sinfoniker
RO	= Rundfunkorchester
RSO	= Rundfunksinfonieorchester
SO	= Sinfonieorchester
Orch.	= Orchester
PH	= Philharmonie, philharmonisch
NWD Philh. u. ä.	= Nordwestdeutsche Philharmonie
Rdfk	= Rundfunk
DVl	= Deutsche Volkslieder
VKl	= Volkskinderlieder

In der Spalte »Label« bedeuten:

A	= Ariola-Eurodisc
E	= Electrola, EMI, Columbia, Odeon, HMV
AC	= Acanta, im Vertrieb der RCA
AR	= Allegro Royal (USA)

Opern, Messen

Schallplatten

Komponist, Werk, Titel, Opus	Orchester/ Begleiter	weitere Mitwirkende	Dirigent	Datum, Ort der Aufnahme	Label
Adam, Adolphe *Der Postillon von Lonjumeau* »Freunde, vernehmet die Geschichte« (Chapelou)	Chor des Landestheaters Hannover, NWD Philharmonie		Wilhelm Schüchter	5.2.1955 Bielefeld	E
Wenn ich König wär' Querschnitt (Zephoris)	Chor und Orch. d. Dt. Oper Berlin	Stina-Britta Melander, Thomas Stewart, Georg Völker	Ernst Märzendorfer	2./3.5.1960	E
Albert, Eugene d' *Tiefland* Gesamtaufnahme (Pedro)	RIAS-Chor, Berliner Symphoniker	Isabel Strauß, Angelika Fischer, Margarete Klose, Gerd Feldhoff, Ivan Sardi	Hans Zanotelli	10.4.1963	A
Auber, Daniel F. Esprit *Fra Diavolo* Gesamtaufnahme (Marquis)	Chor und Orch. des NWDR Hamburg	Wilma Lipp, Ursula Zollenkopf, James Pease, Ernst August Steinhoff	Wilhelm Schüchter	10/1954 Hamburg	A
»Dieser Plan ist mißlungen« (Marquis)	BS		Fried Walter	3/4.1978	A
»Ewig will ich dir gehören« (Lorenzo)	BS		Werner Schmidt-Boelcke	28.1.1968	A
Beethoven, Ludwig van *Fidelio* Gesamtaufnahme (Jaquino)	Chor der Wiener Staatsoper, Wiener Philh.	Erna Schlüter, Lisa della Casa, Julius Patzak, Herbert Alsen, Ferdinand Frantz, Otto Edelmann	Wilhelm Furtwängler	1948 Salzburger Festspiele (Live-Mitschnitt)	Rococo
Gesamtaufnahme (Jaquino)	Chor der Wiener Staatsoper, Wiener Philh.	Martha Mödl, Sena Jurinac, Wolfgang Windgassen, Gottlob Frick, Otto Edelmann, Alfred Poell	Wilhelm Furtwängler	12.10.1953 Theater an der Wien (Live-Mitschnitt)	Replica
Gesamtaufnahme (Jaquino und 1. Gefangener)	Chor der Wiener Staatsoper, Wiener Philh.	Martha Mödl, Sena Jurinac, Wolfgang Windgassen, Gottlob Frick, Otto Edelmann, Alfred Poell	Wilhelm Furtwängler	10/1953 Wien	E
»Gott! Welch dunkel hier« (Florestan)	BS		Wilhelm Schüchter	28.9.1966	A
Missa Solemnis	Kölner Rundfunk Chor und Kölner RO	Annelies Kupper, Sieglinde Wagner, Josef Greindl	Otto Klemperer	6.6.1955 Köln	Cetra

Komponist, Werk, Titel, Opus	Orchester/ Begleiter	weitere Mitwirkende	Dirigent	Datum, Ort der Aufnahme	Label
Bizet, Georges *Carmen* Gesamtaufnahme (Don José)	BS, Chor d. Dt. Oper Berlin Schöneberger Sängerknaben	Christa Ludwig, Melitta Muszely, Hermann Prey	Horst Stein	3/1961	E
Querschnitt (Don José)	Chor u. Orch. der Dt. Oper Berlin	Sieglinde Wagner, Anny Schlemm, Josef Metternich	Wilhelm Schüchter	26.4.1954	E
Blumenarie (»Hier an dem Herzen treu geborgen – La fleur que tu m' avais jetée«), dtsch. ges.	Adolf Stauch, Klavier			Juli 1947? (unveröff., Probeaufnahme der Electrola)	E
dto.	Berliner RSO		Felix Lederer	13.10.1946 Konzertmitschnitt	AC
dto.	Orch. d. Dt. Oper Berlin		Artur Rother	28.2.1952	E
dto.	BS		Wilhelm Schüchter	10.1968	A
dto. frz. ges.	BS		Wilhelm Schüchter	10.1968	A
Die Perlenfischer »Der Tempel Brahmas strahlt« (Nadir)	Großes Opernorch.	Josef Metternich	Wilhelm Schüchter	1.12.1957	E
»Hör ich die Stimme im Traum«	Orch.		Wilhelm Schüchter	2.3.1957	E
»Hör ich die Stimme im Traum«	BS		Wilhelm Schüchter	10.1968	A
Brandts-Buys, Jan *Die Schneider von Schönau* »Ich sehe dort Veronika«	Hamburger RO	Lore Hoffmann	Wilhelm Schüchter	3.1951 Hamburg	AC
Ciléa, Francesco *L'Arlesiana* »'s ist die alte Geschichte«	BS		Wilhelm Schüchter	2.6.1969	A
Cornelius, Peter *Der Barbier von Bagdad* »Ach, das Leid hab' ich getragen« (Nureddin)	BS		Fried Walter	3./4.1978	A
»O holdes Bild in Engelsschöne«	Hamburger RO	Lore Hoffmann	Walter Martin	3.1951 Hamburg	AC
»Sanfter Schlummer wiegt sie ein«	RIAS Chor, RIAS SO		Walter Sieber	28.5.1947	AC
»So leb ich noch – Vor deinem Fenster die Blumen«	Großes Opernorch.		Horst Stein	11./13.12.1961	E

Komponist, Werk, Titel, Opus	Orchester/ Begleiter	weitere Mitwirkende	Dirigent	Datum, Ort der Aufnahme	Label
Donizetti, Gaetano *Don Pasquale* »Laß es, ach laß es mich hören« (Ernesto)	Berliner RSO	Irma Beilke	Felix Lederer	17.11.1946 (Konzert-mitschnitt)	AC
Der Liebestrank Gesamtaufnahme (Nemorino)	BS, Berl. Kammerchor	Stina Britta-Melander, Lothar Ostenburg, Ludwig Welter	Ernst Märzendorfer	10.2.1962	A
»Heimlich aus ihrem Auge« – Una furtiva lacrima, ital. ges.	Berliner RSO		Hans Löwlein	15.7.1950	AC
dto.	NWD Philh.		Wilhelm Schüchter	25.8.1955 Bielefeld	E
dto., dtsch. ges.	NWD Philh.		Wilhelm Schüchter	25.8.1955 Bielefeld	E
dto., ital. ges.	Bamberger Sinfoniker		Wilhelm Schüchter	12.6.1963 Bamberg	A
Lucia di Lammermoor »Wer vermag's den Zorn zu hemmen« (Edgardo)	Orch.	Erika Köth, Hertha Töpper, Josef Metternich, Gottlob Frick, Manfred Schmidt	Wilhelm Schüchter	30./31.1.1957	E
Flotow, Friedrich *Alessandro Stradella* »Wie freundlich strahlt der Tag – Jungfrau Maria« (Alessandro Stradella)	Orch. d. Dt. Oper Berlin		Wilhelm Schüchter	14.11.1952	E
dto.	BS		Kurt Gaebel	10.1.1963	A
Martha Querschnitt (Lyonel)	Chor d. Dt. Oper Berlin; BS	Erika Köth, Elisabeth Steiner, Manfred Röhrl, Walter Kreppel	Wilhelm Schüchter	28.4.1965	A
»Ach, so fromm«	Orch. d. Berl. Staatsoper		Artur Rother	23.7.1947	E
dto.	BS		Heinz Wallberg	15.1.1963	A
»Nancy! Julia – So bleibt doch«	Orch.	Anneliese Rothenberger	Wilhelm Schüchter	12.6.1955	E
»Wie das schnattert, wie das plappert«		Walter Kreppel	Wilhelm Schüchter	15.1.1963	A
Giordano, Umberto *André Chenier* »Vicino à te«, ital. ges. (André Chenier)	Philh. Orch. London	Joan Hammond	Issay Dobrowen	5.1950 London	E
»Den Blick hatt' ich einst erhoben« – Un di all azzuro spazio, ital. ges.	SO d. NDR		Wilhelm Schüchter	5/1951 Hamburg	AC
dto. (dtsch. ges.)	Orch.		Wilhelm Schüchter	25.9.1956	E
»Gleich einem Frühlingsabend	Orch.		Wilhelm Schüchter	25.9.1956	E
Fedora »Amor ti vieta«, ital. ges.	Bamberger Sinfoniker		Wilhelm Schüchter	12.6.1963	A

Komponist, Werk, Titel, Opus	Orchester/ Begleiter	weitere Mitwirkende	Dirigent	Datum, Ort der Aufnahme	Label
Glinka, Michael *Ruslan und Ludmilla* »Dort gen Mitternacht« (Bajan)	Chor d. Dt. Oper Berlin SO		Artur Rother	2.3.1949	AC
Gluck, Christoph Willibald *Iphigenie auf Tauris* »Nur einen Wunsch, nur ein Verlangen« (Pylades)	BS		Fried Walter	3./4.1978	A
Orpheus und Eurydike »Ach, ich habe sie verloren« (Orpheus)	BS		Wilhelm Schüchter	30.5.1965	A
Paris und Helena »O del mio dolce ardor« (Paris)	BS		Fried Walter	28.9.1966	A
Godard, Benjamin *Jocelyn* »Ach, war es nicht ein Traum«	BS		Wilhelm Schüchter	12.11.1962	A
Goldmark, Karl *Die Königin von Saba* »Magische Töne« (Assad)	NWD Philh.		Wilhelm Schüchter	25.8.1955 Bielefeld	E
Gounod, Charles *Margarethe* Querschnitt (Faust)	Chor u. Orch. d. Dt. Oper, Berlin	Hilde Güden, Hugh Beresford, Gottlob Frick	Wilhelm Schüchter	20.12.1963	A
»Gegrüßt sei mir, o keusche Stätte«	RIAS SO		Gustav König	7.9.1951	AC
dto.	Orch.		Wilhelm Schüchter	2.3.1957	E
»Da ich nun verlassen soll« (Valentin)	BS		Fried Walter	3/4. 1978	A
Händel, Georg Friedrich *Rinaldo* »Armida, die spietate – Lascia ch' io pianga« ital. ges.	BS		Fried Walter	28.9.1966	A
Xerxes »Ombra mai fu« (Largo, ital. ges.) (Xerxes)	SO des NDR		Wilhelm Schüchter	5/1951 Hamburg	AC
dto.	Streichorchester		Wilhelm Schüchter	9.8.1952	E
dto.	BS		Wilhelm Schüchter	12.11.1962	A
Halévy, Jacques *Die Jüdin* »Recha, als Gott dich einst zur Tochter mir gegeben« (Eleazar)	Orch.		Wilhelm Schüchter	3.6.1969	A

Komponist, Werk, Titel, Opus	Orchester/ Begleiter	weitere Mitwirkende	Dirigent	Datum, Ort der Aufnahme	Label
Haydn, Joseph *Missa in Augustiis* (Nelson-Messe) Gesamtaufn.	Akademie Kirchenchor Orch. d. Wiener Staatsoper	Teresa Stich-Randall, Mona Paulee, Gottlob Frick	Jonathan Stemberg	Wien	DBB
Kienzl, Wilhelm *Der Evangelimann* Querschnitt (Mathias Freudhofer)	Chor d. Bayr. Rdfk., Orch. d. Bayr. Rdfk., Tölzer Knabenchor	Gerti Zeumer, Margarita Lilowa, Gerd Feldhoff	Hans Gierster	2.–5.7.1973 München	A
»Selig sind die Verfolgung leiden«	Orch. d. Dt. Oper Berlin	Knabenchor St. Hedwigs Kathedrale	Wilhelm Schüchter	14.11.1952	E
dto.	NWD Philh.	Gisela Hambach, Bielefelder Kinderchor	Wilhelm Schüchter	17.1.1958 Bielefeld	E
dto.	BS	Hertha Töpper, Knabenchor St. Hedwigs Kathedrale	Kurt Eichhorn	14.2.1963	A
dto.	Duisburger Sinfoniker	Schulchor des Gymnasiums Stadtmitte	Miltiades Caridis	30.10.1979 Duisburg	A Platte der Sparkasse Duisburg
dto.	Orch.	Frauenchor d. Volendams Opernkoor	Dick Kuys	22.3./ 26.4.1980 Volendam	A Benelux
Der Kuhreigen »Lug' Dursel, lug' – Zu Straßburg auf der Schanz«	Chor u. Orch. d. Dt. Oper Berlin	Alfons Herwig	Richard Kraus	25.10.1955	E
Klenau, Paul August von *Rembrandt von Rijn* »Es neigt sich der Tag«	BS		Fried Walter	3./4.1978	A
Korngold, Erich Wolfgang *Die tote Stadt* »Ich werde sie nie wiederseh'n« (Paul)	RIAS SO		Heinrich Hollreiser	19./ 20.10.1951	AC
dto.	Großes Opern-Orch.		Berislav Klobucar	17.4.1959	E
»Glück, das mir verblieb«	Großes Opern-Orch.	Melitta Muszely	Berislav Klobucar	17.4.1959	E
Leoncavallo, Ruggero *Der Bajazzo* Gesamtaufnahme (Canio)	Chor und Orch. d. Staatsoper Berlin	Melitta Muszely, Josef Metternich, Marcel Cordes	Horst Stein	2.–6.4.1962	E
»Schaut her, ich bin's« (Tonio)	BS		Fried Walter	3./4.1978	A

Komponist, Werk, Titel, Opus	Orchester/ Begleiter	weitere Mitwirkende	Dirigent	Datum, Ort der Aufnahme	Label
Lortzing, Albert *Casanova* »Frei sein ist das wahre Leben«	Hamburger RO		Walter Martin	1/1951 Hamburg	AC
Undine Querschnitt (Hugo von Ring-stetten)	BS Chor d. Dt. Oper Berlin	Lisa Otto, Ferry Gruber, Benno Kusche, Gottlob Frick	Wilhelm Schüchter	12.10.1963	A
»Vater, Mutter, Schwestern, Brüder« (Veit)	SO d. NDR		Wilhelm Schüchter	1/1951 Hamburg	AC
dto.	Orch. d. Dt. Oper Berlin		Wilhelm Schüchter	14.11.1952	E
dto.	BS		Kurt Gaebel	1.10.1963	A
Der Wildschütz Querschnitt (Baron Kronthal)	RIAS-Chor u. Kinderchor, BS	Renate Holm, Erika Köth, Čvetka Ahlin, Marcel Cordes, Gottlob Frick, Heinz Stoll	Wilhelm Schüchter	15.3.1963	A
Billardszene	Hamburger RO	Lore Hoffmann, Hedy Gura, Horst Günther, Benno Kusche	Walter Martin	1/1951 Hamburg	AC
Zar und Zimmermann »Lebe wohl, mein flandrisch Mädchen«	Chor des NDR, Hamburger RO	Margot Guilleaume	Walter Martin	1/1951 Hamburg	AC
dto.	Orch. Städt. Oper Berlin und Chor	Lisa Otto	Wilhelm Schüchter	14.11.1952	E
dto.	RIAS-Chor BS	Lisa Otto	Kurt Gaebel	10.1.1963	A
Maillart, Aimé *Das Glöckchen des Eremiten* »O schweige still« (Sylvain)	Orch.		Wilhelm Schüchter	30.5.1969	A
Mascagni, Pietro *Cavalleria rusticana* Gesamtaufnahme (Turiddu)	Chor und Orch. d. Dt. Oper Berlin	Hildegard Hillebrecht, Eberhard Wächter	Heinrich Hollreiser	18.12.1964	A
Querschnitt	Chor St. Hedwigs Kathedrale, Chor und Orch. d. Dt Oper Berlin	Leonie Rysanek, Liselotte Losch, Josef Metternich	Wilhelm Schüchter	14./19./20. 10. 1955	E
Abschied von der Mutter	Hamburger RO		Wilhelm Schüchter	3/1951 Hamburg	AC
dto.	Orch. d. Dt. Oper Berlin		Artur Rother	28.2.1952	E
»Nach Hause, nach Hause – Schaumt der süße Wein im Becher«	Chor des NDR Hamburger RO	Anneliese Rothenberger	Wilhelm Schüchter	4/1954 Hamburg	AC
Freund Fritz »Suzel, buon di« (Kirschenduett), ital. ges.	Philh. Orch. London	Joan Hammond	Issay Dobrowen	5/1950 London	E

Komponist, Werk, Titel, Opus	Orchester/ Begleiter	weitere Mitwirkende	Dirigent	Datum, Ort der Aufnahme	Label
Massenet, Jules *Manon* »Flieh, o flieh, holdes Bild«	Orch.		Wilhelm Schüchter	15.6.1955	E
dto.	BS		Wilhelm Schüchter	3.3.1969	A
»En fermant les yeux – Ich schloß die Augen«, frz. gesungen	Philh. Orch. London		Walter Süßkind	5/1949 London	E
dto. (dtsch. gesungen)	Sinf.-Orch.		Hans Löwlein	15.7.1950	AC
dto. (dtsch. gesungen)	Orch.		Wilhelm Schüchter	15.6.1955	E
dto. (dtsch. gesungen)	BS		Wilhelm Schüchter	3.6.1969	A
Werther »Was bin ich aufgewacht« (Werther)	RIAS SO		Heinrich Hollreiser	19./20.10.1951	AC
dto.	BS		Wilhelm Schüchter	1.4.1963	A
dto. (frz. gesungen)	BS		Wilhelm Schüchter	1.4.1963	A
Meyerbeer, Giacomo *Die Afrikanerin* »Land, so wunderbar« (Vasco da Gama)	Orch. d. Staatsoper Berlin		Artur Rother	21.7.1947	E
dto.	Orch. d. Staatsoper Berlin		Leopold Ludwig	2.2.1948	E
dto.	Hamburger RO		Wilhelm Schüchter	3/1951 Hamburg	AC
dto. (frz. ges.)	Orch.		N. N.	16.12.1950	AR
dto.	Großes Opern-Orch.		Horst Stein	11./13.12.1961	E
Mozart, Wolfgang Amadeus *Cosi fan tutte* Gesamtaufnahme (Ferrando)	SO des NDR	Suzanne Danco, Ira Malaniuk, Edith Oravez, Horst Günther, Benno Kusche	Hans Schmidt-Isserstedt	1/1953	AC
»Der Odem der Liebe«	Berliner RSO		Hans Löwlein	15.7.1950	AC
dto.	Orch. d. Dt. Oper Berlin		Wilhelm Schüchter	4.2.1953	E
Don Giovanni »Il mio tesoro – Folget der Heißgeliebten«, ital. ges.	Orch.		N. N.	16.12.1950	AC
(dtsch. ges.)	BS		Wilhelm Schüchter	28.9.1966	A
»Bande der Freundschaft«	BS		Wilhelm Schüchter	28.9.1966	A
Die Entführung aus dem Serail Gesamtaufnahme (Belmonte)	Chor des NDR SO des NDR	Teresa Stich-Randall, Emmy Loose, Murray Dickie, Theodor Schlott	Hans Schmidt-Isserstedt	1956 Hamburg	AC
Querschnitt	RIAS-Chor, Orch.	Erna Berger, Lisa Otto, Gerhard Unger, Gottlob Frick	Wilhelm Schüchter	22.–25.9.1953	E
»Konstanze, dich wiederzusehen«	BS		Wilhelm Schüchter	28.9.1966	A
Idomeneo Gesamtaufnahme (ital. ges.) (Idomeneo)	Chor d. Wiener Staatsoper, Wiener Philh.	Christel Goltz, Hildegard Hillebrecht, Waldemar Kmentt, Eberhard Wächter, Kurt Böhme	Karl Böhm	30.7.1956 Salzburg Live-Mitschnitt	MM Movimento Musica

Komponist, Werk, Titel, Opus	Orchester/ Begleiter	weitere Mitwirkende	Dirigent	Datum, Ort der Aufnahme	Label
Die Zauberflöte Querschnitt	Chor d. Dt. Oper Berlin BS und SO d. Bayr. Rdfks.	Ingeborg Hallstein, Wilma Lipp, Gottlob Frick, Erich Kunz	Heinrich Hollreiser, Wilhelm Schüchter, Horst Stein	13.9.1965	A
»Dies Bildnis ist bezaubernd schön«	Orch. d. Dt. Oper Berlin		Wilhelm Schüchter	28.6.1952	E
dto.	BS		Wilhelm Schüchter	12.6.1963	A
Mussorgsky, Modest *Boris Godunow* Querschnitt (Dimitri)	Chor und Orch. d. Dt. Oper Berlin	Gottlob Frick, Marti Talvela	Lovro von Matačič	13.6.1965	A
»Im Garten heut nacht«	Chor d. NDR SO d. NDR	Martha Mödl, Hans-Herbert Fiedler	Wilhelm Schüchter	17.10.1950 Hamburg	AC
»Noch eine Kunde«	Chor des NDR SO d. NDR	Georg Hann	Wilhelm Schüchter	17.10.1950 Hamburg	AC
Nicolai, Otto *Die lustigen Weiber von Windsor* »Horch, die Lerche singt im Hain« (Fenton)	BS		Fried Walter	3./4.1978	A
Offenbach, Jacques *Hoffmanns Erzählungen* Querschnitt (Hoffmann)	Chor d. Dt. Oper Berlin, Orch.	Rita Streich, Sieglinde Wagner, Margarete Klose, Josef Metternich	Wilhelm Schüchter	1./5.11.1954	E
Querschnitt	Chor d. Dt. Oper Berlin, Orch.	Ruth-Margret Pütz, Hildegard Hillebrecht, Pilar Lorengar, Marcel Cordes	Berislav Klobucar	6./7./8./12. und 17.6.1961	E
»Die Liebe für's Leben ist nur ein Wahn«	Chor u. Orch.		N. N.	16.12.1950	AR
»Es war einmal am Hofe von Eisenack«	Chor u. Orch. d. Staatsoper Berlin	Gert Rieck	Artur Rother	24.7.1947	E
dto.	Chor u. Orch.	Alwin Hendricks	Wilhelm Schüchter	5.11.1954	E
»Ha, wie in meiner Seel'«	Orch. d. Staatsoper Berlin		Artur Rother	24.7.1947	E
dto.	Hamburger RO		Walter Martin	3/1951 Hamburg	AC
Paumgartner, Bernhard *Rossini in Italien* »Ach, manche vergangene Nacht«	BS		Werner Eisbrenner	6.2.1968	A
Ponchielli, Amilcare *La Gioconda* »Cielo e mar«, ital. ges.	BS		Wilhelm Schüchter	1.4.1963	A
Puccini, Giacomo *La Bohème* Querschnitt (Rudolf)	Chor d. Dt. Oper Berlin, Knabenchor, Orch.	Erna Berger, Erika Köth, Dietrich Fischer-Dieskau, Gottlob Frick, Hermann Prey	Wilhelm Schüchter	7./10./11.9. 1954	E

Komponist, Werk, Titel, Opus	Orchester/ Begleiter	weitere Mitwirkende	Dirigent	Datum, Ort der Aufnahme	Label
»O du süßestes Mädchen«	Sinf.-Orch. d. Berl. Rdfk.	Sigrid Ekkehard	Felix Lederer	13.10.1946 Konzertmitschnitt	AC
»Wie eiskalt ist dies Händchen«	Sinf.-Orch. d. Berl. Rdfk.		Felix Lederer	13.10.1946 Konzertmitschnitt	AC
dto.	Orch. d. Dt. Oper Berlin		Wilhelm Schüchter	30.4.1968	A
Madame Butterfly Querschnitt (Linkerton)	Frauenchor d. Dt. Oper Berlin, Orch.	Erna Berger, Sieglinde Wagner, Dietrich Fischer-Dieskau	Wilhelm Schüchter	29.11. u. 5.12.1954	E
»Leb wohl, mein Blütenreich«	Hamburger RÖ	Joseph Olah	Wilhelm Schüchter	3/1951 Hamburg	AC
dto.	Orch. d. Dt. Oper Berlin		Wilhelm Schüchter	2.5.1968	A
»Mädchen, in deinen Augen«	Berliner RSO	Irma Beilke	Felix Lederer	17.11.1946 Konzertmitschnitt	AC
dto.	Orch. d. Dt. Oper Berlin	Sylvia Geszty	Wilhelm Schüchter	30.4.1968	A
Das Mädchen aus dem goldenen Westen »Chella mi creda – Lasset sie glauben«, dtsch. ges.	Orch.		Wilhelm Schüchter	24.9.1956	E
dto., ital. ges.	Orch.		Wilhelm Schüchter	24.9.1956	E
dto., dtsch. ges.	Orch. d. Dt. Oper Berlin		Wilhelm Schüchter	2.5.1968	A
Manon Lescaut »Den Wahnsinn seht in meinen Augen« (Des Grieux)	Orch. d. Dt. Oper Berlin		Wilhelm Schüchter	30.4.1968	A
»Du, du, Geliebter, du«	Orch. d. Dt. Oper Berlin	Sylvia Geszty	Wilhelm Schüchter	30.4.1968	A
»Wo lebte wohl ein Wesen« (»Donna non vidi mai«) (dtsch. ges.)	Orch.		Wilhelm Schüchter	24.9.1956	E
dto. (ital. ges.)	Orch.		Wilhelm Schüchter	24.9.1956	E
dto. (dtsch. ges.)	Orch. d. Dt. Oper Berlin		Wilhelm Schüchter	30.4.1968	A
Tosca Gesamtaufnahme (Cavaradossi)	Chor und Orch. des NDR	Carla Martinis, Josef Metternich, Benno Kusche	Wilhelm Schüchter	11.–13.4.1953 Hamburg	A
Querschnitt	Chor d. Dt. Oper, Orch.	Lisa della Casa, Josef Metternich, Wilhelm Strienz	Berislav Klobucar	28.–30.9.1959	E
»Wie sich die Bilder gleichen«	Orch. d. Dt. Oper Berlin		Wilhelm Schüchter	2.5.1968	A

Komponist, Werk, Titel, Opus	Orchester/ Begleiter	weitere Mitwirkende	Dirigent	Datum, Ort der Aufnahme	Label
»E lucevan le stelle« – Und es blitzten die Sterne, ital. ges.	Philh. Orch. London		Walter Süßkind	5/1949 London	E
dto., dtsch. ges.	Groß. Opern-Orch.	Hanns Pick	Richard Kraus	3.2.1959	E
dto., ital. ges.	Orch. d. Dt. Oper Berlin		Wilhelm Schüchter	30.4.1968	A
dto., dtsch. ges.	Orch. d. Dt. Oper Berlin		Wilhelm Schüchter	2.5.1968	A
Turandot »Nessun dorma – Keiner schlafe«, ital. ges.	Philh. Orch. London		Walter Süßkind	5/1949 London	E
dto., dtsch. ges.	Hamburger RO		Wilhelm Schüchter	3/1951 Hamburg	AC
dto., dtsch. ges.	Großes Opern-Orch.		Richard Kraus	3.2.1959	E
dto., dtsch. ges.	Orch. d. Dt. Oper Berlin		Wilhelm Schüchter	2.5.1968	A
»Non piangere Liu – O weine nicht, Liu«, ital. ges.	Philh. Orch. London		Walter Süßkind	5/1949 London	E
dto., dtsch. ges.	RIAS-SO		Leopold Ludwig	30.8.1950	AC
dto., dtsch. ges.	Großes Opern-Orch.		Richard Kraus	3.2.1959	E
dto., dtsch. ges.	Orch. d. Dt. Oper Berlin		Wilhelm Schüchter	2.5.1968	A
Rimsky-Korsakoff, Nikolai *Sádko* »Die Südsee birgt in tiefen Felsenhöhlen« (Hindulied)	Dt. Staatskapelle		Leopold Ludwig	29.1.1948	E
dto.	BS		Werner Eisbrenner	12.11.1962	A
Saint-Saëns, Camille *Samson und Dalila* »Sieh, mein Herz erschließet sich« und anschl. Szene (Samson)	Groß. Opern-Orch.	Hertha Töpper	Wilhelm Schüchter	31.3.1958	E
Schubert, Franz *Deutsche Messe* »Wohin soll ich mich wenden«		Tölzer Knabenchor, Hans Tild, Orgel	Fried Walter	17.6.1973	A
»Heilig, heilig, heilig«		Tölzer Knabenchor, Hans Tild, Orgel	Fried Walter	17.6.1973	A
Smetana, Friedrich *Die verkaufte Braut* Querschnitt (Hans)	NWD Philh. Chor des Landestheaters Hannover	Erna Berger, Gottlob Frick, Hanns-Heinz Nissen, Christa Ludwig, Marga Höffgen, Theodor Schlott	Wilhelm Schüchter	15.–17.2.1955 Bielefeld	E
Querschnitt	Chor u. Orch. d. Dt. Oper Berlin	Melitta Muszely, Čvetka Ahlin, Ruth Hesse, Kurt Böhme, Barry McDaniel, Marti Talvela	Heinrich Hollreiser	12.2.1963	A

Komponist, Werk, Titel, Opus	Orchester/ Begleiter	weitere Mitwirkende	Dirigent	Datum, Ort der Aufnahme	Label
»Komm, mein Söhnchen, auf ein Wort«	Duisburger Sinfoniker	Karl Ridderbusch	Miltiades Caridis	30.10.1979 Duisburg	A Schallplatte der Sparkasse Duisburg
Strauss, Richard *Ariadne auf Naxos* Gesamtaufnahme (Bacchus)	Philh. Orch. London	Elisabeth Schwarzkopf, Rita Streich, Irmgard Seefried, Karl Dönch	Herbert von Karajan	5.–7.7.1954 London	E
Gesamtaufnahme	Chor d. Wiener Staatsoper Wiener Philh.	Lisa della Casa, Hilde Güden, Irmgard Seefried, Paul Schöffler	Karl Böhm	7.8.1954 Salzburger Festspiele Live-Mitschnitt	Melodram
Querschnitt	Berl. Philh.	Lisa della Casa	Alberto Erede	28.–30.6.1959	E
Capriccio Gesamtaufnahme (Flamand)	RSO München	Viorica Ursuleac, Hertha Töpper, Karl Schmitt-Walter, Hans Hotter, Hans Braun	Clemens Krauss	11/1953 München	Rococo
Der Rosenkavalier »Di rigori armato«	BS		Fried Walter	3.4.1978	A
Thomas, Ambroise *Mignon* »Leb wohl, Mignon« (Wilhelm Meister)	Orch.		Wilhelm Schüchter	13.4.1955	E
dto.	Orch.		Wilhelm Schüchter	4.6.1969	A
»Wie ihre Unschuld auch«	Orch.		N. N.	16.12.1950	AR
dto.	Orch.		Wilhelm Schüchter	4.6.1969	A
Tschaikowsky, Peter Iljitsch *Eugen Onegin* Gesamtaufnahme (Lenski)	Chor und Orch. d. NDR	Sena Jurinac, Maria von Ilosvay, Gisela Litz, Hugo Hasslo, Gottlob Frick	Wilhelm Schüchter	10./11.9.1952 Hamburg	A
»Wohin seid ihr entschwunden«	Dt. Staatskapelle		Leopold Ludwig	29.1.1948	E
dto.	Sinf.-Orch.		Artur Rother	2.3.1949	AC
dto.	Großes Opern-Orch. (FFB-Orch.)		Wilhelm Schüchter	31.3.1958	E
Pique Dame Gesamtaufnahme (Hermann)	Chor d. Dt. Oper Berlin	Elisabeth Grümmer, Margarete Klose, Jaro Prohaska, Hanns-Heinz Nissen	Artur Rother	15./27.4.1947	Urania u. Auszüge auf AC
Verdi, Giuseppe *Aida* »Celeste Aida – Holde Aida«, ital. ges.	Orch.		N. N.	16.12.1950	AR

Komponist, Werk, Titel, Opus	Orchester/ Begleiter	weitere Mitwirkende	Dirigent	Datum, Ort der Aufnahme	Label
dto., dtsch. ges.	Hamburger RO		Wilhelm Schüchter	1951 Hamburg	AC
dto., dtsch. ges.	Orch.		Wilhelm Schüchter	21.11.1953	E
dto., dtsch. ges.	Orch.		Wilhelm Schüchter	23.10.1968	A
»Am Ufer des Nils« (3. Akt)	Orch.	Leonie Rysanek, Sieglinde Wagner, Josef Metternich, Peter Roth-Ehrang	Wilhelm Schüchter	16.5.1955	E
»Allmächt'ger Phtà!« (Tempelszene)	Chor d. Dt. Oper Berlin; Orch	Hildegard Hillebrecht, Betty Allen, Gottlob Frick, Pilar Lorengar	Horst Stein	13./14.9.1960	E
»Es hat der Stein sich über uns geschlossen – Leb wohl, o Erde«, ital. ges. (Duett)	Orch.	Maria Corelli	N. N.	16.12.1950	AR
»Es hat der Stein sich über mir geschlossen« (Schlußszene), dtsch. ges.	Chor d. Dt. Oper Berlin; Orch.	Leonie Rysanek, Sieglinde Wagner	Wilhelm Schüchter	16.5.1955	E
Don Carlos »Gott, der entflammte der Liebe heiße Glut« (Carlos)	Orch.	Josef Metternich	Wilhelm Schüchter	29.12.1954	E
Ein Maskenball Querschnitt (Richard)	Chor d. Dt. Oper Berlin, Großes Opern-Orch.	Marlies Siemeling, Ruth Siewert, Lisa Otto, Marcel Cordes	Horst Stein	6.–8.12.1960	E
Querschnitt	Chor u. Orch. d. Dt. Oper Berlin	Hildegard Hillebrecht, Hertha Töpper, Lisa Otto, Eberhard Wächter	Heinrich Hollreiser	19.12.1964	A
»O sag, wenn ich fahr auf schäumenden Wogen«	Chor d. Dt. Oper Berlin; Orch.		Wilhelm Schüchter	23.10.1968	A
»Wohl kam im sicheren Heime«	RIAS-Unterhaltungs-Orch.		Kurt Gaebel	19.7.1950	AC
dto.	Orch.		Wilhelm Schüchter	21.11.1953	E
dto.	Orch.		Wilhelm Schüchter	23.10.1968	A
Macbeth »O Kinder! Meine Kinder!« (Macduff)	Orch.		Wilhelm Schüchter	23.10.1968	A
Die Macht des Schicksals Gesamtaufnahme (Alvaro)	Chor und Orch. d. NDR	Carla Martinis, Martha Mödl, Josef Metternich, Gottlob Frick	Hans Schmidt-Isserstedt	26.11.–2.12.1952 Hamburg	A
Querschnitt	Chor und Orch. d. Dt. Oper Berlin	Hildegard Hillebrecht, Brigitte Fassbaender, Thomas Tipton, Gottlob Frick	Wilhelm Schüchter	14.12.1964	A
»In dieser heil'gen Stunde«	Orch.	Josef Metternich	Wilhelm Schüchter	29.12.1954	E
»Umsonst, Alvaro«	Orch.	Josef Metternich	Wilhelm Schüchter	16.5.1955	E

Komponist, Werk, Titel, Opus	Orchester/ Begleiter	weitere Mitwirkende	Dirigent	Datum, Ort der Aufnahme	Label
Othello »Bei des Himmels ehernen Dache« (Othello)	Orch.	Josef Metternich	Wilhelm Schüchter	1.12.1957	E
»Jeder Knabe kann ein Schwert mir entreißen«	Orch.		Wilhelm Schüchter	13.9.1957	E
dto.	Orch.		Wilhelm Schüchter	23.10.1968	A
»Nun in der nächt'gen Stille«	Orch. d. Dt. Oper Berlin	Elisabeth Grümmer	Richard Kraus	13.2.1958	E
Requien »Ingemisco tamquam reus«	Orch.		Wilhelm Schüchter	23.10.1968	A
Rigoletto »Als Tänzerin erschienst du mir – Holdes Mädchen sieh mein Leiden« (Herzog)	Orch.	Erika Köth, Sieglinde Wagner, Josef Metternich, Gottlob Frick	Wilhelm Schüchter	26. 3.1954	E
»Freundlich blick ich«	Orch.		Wilhelm Schüchter	13.6.1953	E
dto. und Szene Herzog-Borsa/ Szene Herzog-Gräfin	Orch.	Gerd Schock, Helga Wisniewska	Wilhelm Schüchter	23.10.1968	A
»Giovanna, mir ist so bange – Liebe ist Seligkeit«	Orch.	Erika Köth, Sieglinde Wagner	Wilhelm Schüchter	28.4.1954	E
»La donna è mobile – O wie so trügerisch«, ital. ges.	Orch.		N. N.	16.12.1950	AR
dto., dtsch. ges.	Orch.		Wilhelm Schüchter	13.6.1953	E
dto., dtsch. ges.	Orch.		Wilhelm Schüchter	23.10.1968	A
»Sie wurde mir entrissen – Ich seh die heißen Zähren«	RIAS-Unterhaltungs-Orch.		Kurt Gaebel	18.7.1950	AC
dto.	Orch.		Horst Stein	11./ 13.12.1961	E
La Traviata Querschnitt (Alfred)	Chor u. Orch. d. Staatsoper Berlin	Melitta Muszely, Josef Metternich	Wilhelm Schüchter	4./5./7./8. 3. 1958	E
»De miei bollenti spiriti – Ach ihres Auges Zauberblick«, ital. ges.	Orch.		N. N.	16.12.1950	AR
dto., dtsch. ges.	Orch.		Wilhelm Schüchter	23.10.1968	A
»O laß uns fliehen«, ital. ges.	Orch.	Maria Corelli	N. N.	16.12.1950	AR
dto.	Orch.	Erika Köth	Wilhelm Schüchter	16.3.1953	E
»E strano –s' ist seltsam«, ital. ges.	Orch.	Maria Corelli	N. N.	16.12.1950	AR
»Ich sah euch lieblich«, ital. ges.	Orch.	Maria Corelli	N. N.	16.12.1950	AR
Der Troubadour Querschnitt (Manrico)	Chor d. Dt. Oper Berlin; Orch.	Melitta Muszely, Sieglinde Wagner, Josef Metternich	Hans Zanotelli, Wilhelm Schüchter	2.3.1959	E

Komponist, Werk, Titel, Opus	Orchester/ Begleiter	weitere Mitwirkende	Dirigent	Datum, Ort der Aufnahme	Label
»Ah si ben mio – Daß nur für dich mein Herz erbebt«, dtsch. ges.	Orch. d. Staatsoper Berlin		Johannes Schüler	23.6.1948	E
dto., ital. ges.	Orch.		N. N.	16.12.1950	AR
dto., dtsch. ges.	Orch.		Wilhelm Schüchter	19.4.1953	E
dto., dtsch. ges.	Orch.		Horst Stein	11./ 13.12.1961	E
dto., dtsch. ges.	Orch.		Wilhelm Schüchter	23.10.1968	A
»Di quella pira – Lodern zum Himmel« (Stretta), dtsch. ges.	Orch. d. Staatsoper Berlin		Johannes Schüler	23.6.1948	E
dto., ital. ges.	Orch.		N. N.	16.12.1950	AR
dto., dtsch. ges.	Chor u. Orch.		Wilhelm Schüchter	19.4.1953	E
»In unsere Heimat«	RIAS-Unterhaltungs-Orch.	Johanna Blatter	Kurt Gaebel	18.7.1950	AC
»Schon in der Todesstunde« (Miserere), ital. ges.	Chor u. Orch.	Maria Corelli	N.N.	16.12.1950	AR
Wagner, Richard *Der fliegende Holländer* Gesamtaufnahme (Erik)	Chor u. Orch. d. Staatsoper Berlin	Marianne Schech, Dietrich Fischer-Dieskau, Gottlob Frick, Fritz Wunderlich	Franz Konwitschny	15.–20.2.1960	E
Lohengrin Gesamtaufnahme (Lohengrin)	Chor u. RSO NDR Hamburg	Maud Cunitz, Margarete Klose, Josef Metternich, Gottlob Frick	Wilhelm Schüchter	5.–12.7.1953	E
»In fernem Land«	BS		Wilhelm Schüchter	3.4.1963	A
»Mein lieber Schwan«	BS		Wilhelm Schüchter	3.4.1963	A
Die Meistersinger von Nürnberg Gesamtaufnahme (Walther von Stolzing)	Berlin Philh. Chöre d. Staatsoper, d. Dt. Oper, d. St. Hedwigs Kathedrale	Elisabeth Grümmer, Ferdinand Frantz, Gottlob Frick, Benno Kusche, Gerhard Unger	Rudolf Kempe	7.–19.4.1956	E
Gesamtaufnahme	Chor u. Orch. d. Bayr. Festspiele	Elisabeth Grümmer, Otto Wiener, Josef Greindl, Toni Blankenheim, Gerhard Stolze, Elisabeth Schärtel	Erich Leinsdorf	1959 Bayreuth Live-Mitschnitt	Melodram
Das Rheingold Querschnitt (Froh)	Orch. d. Staatsoper Berlin	Johanna Blatter, Ruth Siewert, Ferdinand Frantz, Josef Metternich, Benno Kusche, Lisa Otto, Melitta Muszely, Sieglinde Wagner	Rudolf Kempe	10./11.3.1959	E
Rienzi »Allmächt'ger Vater« (Rienzi)	BS		Kurt Eichhorn	14.2.1963	A
Tannhäuser »O du mein holder Abendstern« (Wolfram)	BS		Fried Walter	3.4.1978	A
Tristan und Isolde Gesamtaufnahme (Junger Seemann, Hirt)	Chor Covent Garden, Philh. Orch. London	Kirsten Flagstad, Blanche Thebom, Ludwig Suthaus, Josef Greindl, Dietrich Fischer-Dieskau	Wilhelm Furtwängler	11.6./21.6. 1952 London	E

Komponist, Werk, Titel, Opus	Orchester/ Begleiter	weitere Mitwirkende	Dirigent	Datum, Ort der Aufnahme	Label
Die Walküre »Winterstürme wichen dem Wonnemond«	BS		Fried Walter	3.4.1978	A
Weber, Carl Maria von *Der Freischütz* Gesamtaufnahme (Max)	Chor d. Dt. Oper Berlin, Berl. Philh.	Elisabeth Grümmer, Lisa Otto, Karl-Christian Kohn	Joseph Keilberth	18. u. 27.6.1958	E
Gesamtaufnahme	Chor u. Orch. d. Dt. Oper Berlin	Claire Watson, Lotte Schädle, Gottlob Frick	Lovro von Matačič	18.2.1967	A
»Durch die Wälder, durch die Auen«	SO des NDR		Wilhelm Schüchter	5/1951 Hamburg	AC
Oberon »Von Jugend auf« (Hüon)	BS		Fried Walter	3.4.1978	A
Wolf-Ferrari, Ermanno *Der Schmuck der Madonna* »Madonna unter Tränen« (Gennaro)	BS		Werner Eisbrenner	6.2.1968	A

Operetten, Musicals

Komponist, Werk, Titel, Opus	Orchester/ Begleiter	weitere Mitwirkende	Dirigent	Datum, Ort der Aufnahme	Label
Abraham, Paul *Ball im Savoy* »Ich hab einen Mann, der mich liebt«	Hamburger RO	Valerie Bak	Wilhelm Stephan	1/1955 Hamburg	AC
Die Blume von Hawaii Querschnitt (Prinz Lilo Taros)	G-A-Chor FFB-Orch.	Anneliese Rothenberger, Liselotte Schmidt, Harry Friedauer	Werner Schmidt-Boelcke	11./ 12.10.1959	E
Querschnitt	G-A-Chor BS	Margit Schramm, Liselotte Ebnet, Ferry Gruber	Werner Schmidt-Boelcke	6.3.1965	A
»Blume von Hawaii«	Chor des NDR Hamburger RO		Wilhelm Stephan	1/1955 Hamburg	AC
»Du traumschöne Perle der Südsee«	Chor des NDR Hamburger RO		Wilhelm Stephan	1/1955 Hamburg	AC
Viktoria und ihr Husar Querschnitt (Stefan Koltay)	FFB-Orch.	Anneliese Rothenberger, Liselotte Schmidt, Harry Friedauer	Werner Schmidt-Boelcke	11./ 12.10.1959	E
Querschnitt	G-A-Chor, BS	Renate Holm, Liselotte Ebnet, Ferry Gruber	Werner Schmidt-Boelcke	6.3.1965	A
»Reich mir zum Abschied noch einmal die Hände«	Chor des NDR Hamburger RO	Valerie Bak	Wilhelm Stephan	1/1955 Hamburg	AC
dto.	G-A-Chor, BS	Anna Moffo	Werner Schmidt-Boelcke	5.4.1971	A
Benatzky, Ralph *Im weißen Rößl* Gesamtaufnahme (Dr. Otto Siedler)	Chor u. Orch.	Ingeborg Hallstein, Erika Köth, Uschi Glas, Peter Alexander, Peter René Körner, Gunther Philipp, Paul Hörbiger	Johannes Fehring	18.9.1970	A
Bernstein, Leonard *West Side Story* »Maria«	BS		Werner Eisbrenner	31.3.1971	A
»Tonight«	BS	Anna Moffo	Werner Eisbrenner	31.3.1971	A
Berté, Heinrich *Das Dreimäderlhaus* Querschnitt	G-A-Chor, FFB Orch.	Erika Köth, Erich Kunz	Frank Fox	6.–8.11.1958	E
Querschnitt (Schubert)	BS	Renate Holm, Isolde Schock-Dehn, Karin Schock, Peter Luitpold, Kurt Schuh	Fried Walter	13.–22.4.1974	A
»Was Schön'res könnt's sein als ein Wiener Lied«	BS		Werner Eisbrenner	6.2.1968	A

Komponist, Werk, Titel, Opus	Orchester/ Begleiter	weitere Mitwirkende	Dirigent	Datum, Ort der Aufnahme	Label
Dellinger, Rudolf *Don César* »Komm herab, o Madonna Theresa«	G-A-Chor, BS		Werner Schmidt-Boelcke	30.1.1965	A
Dostal, Nico *Clivia* Querschnitt (Juan)	G-A-Chor, BS	Margit Schramm, Monika Dahlberg, Ferry Gruber	Nico Dostal	20.4.1970	A
Flucht ins Glück »Meines Herzens brennende Sehnsucht«	G-A-Chor, BS		Nico Dostal	30.4.1964	A
Manina Querschnitt (Mario)	G-A-Chor, BS	Sylvia Geszty, Monika Dahlberg, Ferry Gruber	Nico Dostal	16.3.1970	A
»Ich such in jeder Frau Manina«	G-A-Chor, BS		Nico Dostal	30.4.1964	A
»Niemand weiß, warum auf einmal süß und heiß«	G-A-Chor, BS		Nico Dostal	30.4.1964	A
Monika Querschnitt (Horst-Dietrich)	G-A-Chor, BS	Margit Schramm, Monika Dahlberg, Ferry Gruber	Nico Dostal	20.4.1970	A
»Einen Walzer zu zweien«	BS	Erika Köth	Nico Dostal	30.4.1964	A
»Heimatland, dein gedenk ich immerdar«	G-A-Chor, BS		Nico Dostal	30.4.1964	A
Die ungarische Hochzeit Querschnitt (Stefan)	G-A-Chor, BS	Sylvia Geszty, Monika Dahlberg, Ferry Gruber	Nico Dostal	12.3.1970	A
»Märchentraum der Liebe«	BS		Nico Dostal	30.4.1964	A
Die Vielgeliebte »Ein Spiel mit der Liebe ist gefährlich«	BS		Nico Dostal	30.4.1964	A
Eysler, Edmund *Bruder Straubinger* »Küssen ist keine Sünd«	BS		Fried Walter	13.–16.4.1977	A
Der lachende Ehemann »Fein, fein schmeckt uns der Wein«	BS		Robert Stolz	20.2.1969	A
Fall, Leo *Die geschiedene Frau* »Du ach du bist wieder mein«	BS	Margit Schramm	Werner Schmidt-Boelcke	17.10.1964	A
»Gonda, liebe Gonda«	BS	Liselotte Ebnet	Werner Schmidt-Boelcke	17.10.1964	A
»Kind, du kannst tanzen«	BS	Margit Schramm	Werner Schmidt-Boelcke	17.10.1964	A
Der liebe Augustin »Laß dir Zeit – Was es Schönres gibt«	BS		Werner Schmidt-Boelcke	17.10.1964	A

Komponist, Werk, Titel, Opus	Orchester/ Begleiter	weitere Mitwirkende	Dirigent	Datum, Ort der Aufnahme	Label
»Sei mein Kamerad«	BS	Margit Schramm	Werner Schmidt-Boelcke	17.10.1964	A
»Und der Himmel hängt voller Geigen«	BS	Margit Schramm	Werner Schmidt-Boelcke	17.10.1964	A
»Und wenn wir morgen – Was es Schönres gibt«	BS	Margit Schramm	Werner Schmidt-Boelcke	17.10.1964	A
Madame Pompadour Querschnitt (René)	G-A-Chor FFB-Orch.	Melitta Muszely, Karl-Ernst Mercker	Werner Schmidt-Boelcke	14.12.1960	E
Die Rose von Stambul Querschnitt (Achmed	G-A-Chor, BS	Erika Köth, Horst Wilhelm	Frank Fox	11.10.1962	A
»O Rose von Stambul«	Orch. d. Dt. Oper Berlin	Wilhelm Schüchter		28.6.1952	E
Friml, Rudolf *Rosemarie* »O Rosemarie, ich lieb dich«	Orch.		Werner Eisbrenner	18.2.1950	E
dto.	BS		Werner Eisbrenner	14.11.1962	A
»Über die Prärie«	Orch.		Werner Eisbrenner	18.2.1950	E
dto.	G-A-Chor, BS		Werner Eisbrenner	6.10.1962	A
Jarno, Georg *Die Försterchristel* Querschnitt (Franz Földessy)	G-A-Chor, BS	Margit Schramm, Helga Wisniewska	Werner Schmidt-Boelcke	20.2.1970	A
Jessel, Leon *Schwarzwaldmädel* Querschnitt (Hans)	G-A-Chor FFB-Orch.	Erika Köth, Hermann Prey	Werner Schmidt-Boelcke	1.10.1959	E
Querschnitt	RIAS-Kammerchor BS	Margit Schramm, Lotte Schädle, Fritz Ollendorf, Willy Reichert	Werner Schmidt-Boelcke	25.3.1966	A
Kálmán, Emmerich *Die Bajadere* »O Bajadere«	BS		Werner Schmidt-Boelcke	30.1.1965	A
Die Csardasfürstin Querschnitt (Edwin Ronald)	Chor und Orch.	Sari Barabas, Herta Staal, Rupert Glawitsch	Wilhelm Schüchter	8.12.1954	E
Querschnitt	RIAS-Kammerchor, BS	Sari Barabas, Guggi Löwinger, Rupert Glawitsch	Frank Fox	2./5.4.1962	E
Querschnitt	G-A-Chor, BS	Margit Schramm, Dorothea Chryst, Julius Katona, Ferry Gruber	Robert Stolz	5.6.1967	A
»Machen wir's den Schwalben nach«	Hamburger RO	Anneliese Rothenberger	Wilhelm Stephan	12/1953 Hamburg	AC
»Tausend kleine Engel singen«	Hamburger RO	Colette Lorand	Wilhelm Stephan	12/1953 Hamburg	AC
»Weißt du es noch«	Hamburger RO	Colette Lorand	Wilhelm Stephan	12/1953 Hamburg	AC

Komponist, Werk, Titel, Opus	Orchester/ Begleiter	weitere Mitwirkende	Dirigent	Datum, Ort der Aufnahme	Label
Gräfin Mariza Querschnitt (Graf Tassilo)	Chor und Orch. d. Metropol-Theaters Berlin	Oda Troll, Lilli Schubert, Otto Falvay	Paul Huhn	30.6.1947	E
Querschnitt	Chor, Orch.	Sari Barabas, Herta Staal, Rupert Glawitsch	Wilhelm Schüchter	8.12.1954	E
Querschnitt	RIAS-Kammerchor, BS	Sari Barabas, Guggi Löwinger, Rupert Glawitsch	Frank Fox	2./5.4.1962	E
Querschnitt	G-A-Chor, BS	Margit Schramm, Dorothea Chryst, Ferry Gruber	Robert Stolz	5.6.1967	A
»Einmal möcht ich wieder tanzen«	BS	Anna Moffo	Werner Schmidt-Boelcke	6.4.1971	A
»Mein lieber Schatz – Sag ja, mein Lieb, sag ja«	BS	Anna Moffo	Werner Schmidt-Boelcke	6.4.1971	A
»Wenn es Abend wird – Grüß mir mein Wien«	Orch.		Wilhelm Schüchter	4.2.1953	E
dto.	Das Orch. Harry Hermann		Harry Hermann	11/1958 Hamburg	AC
Das Veilchen von Montmartre »Heut nacht hab ich geträumt von dir«	Chor u. Orch.		Gerhard Becker	4.7.1958	E
dto.	Orch.		Fried Walter	13.–16.4.1977	A
Die Zirkusprinzessin Querschnitt (Mister X)	Chor d. Dt. Oper Berlin, BS	Margit Schramm, Guggi Löwinger, Ferry Gruber, Julius Katona	Robert Stolz	10.11.1966	A
»My darling, my darling muß so sein wie du«	Sunshines, Orch.		Gerhard Becker	4.7.1958	E
»Zwei Märchenaugen«	Orch.		Wilhelm Schüchter	23.9.1956	E
dto.	Orch.		Gerhard Becker	4.7.1958	E
Kattnig, Rudolf *Balkanliebe* Querschnitt (Marko Franjopan)	G-A-Chor, FFB-Orch.	Melitta Muszely	Werner Schmidt-Boelcke	7./8.12.1961	E
Querschnitt	G-A-Chor, BS	Margit Schramm	Werner Schmidt-Boelcke	10.3.1970	A
»Leise erklingen Glocken vom Campanile«	RIAS-Kammerchor Orch. d. Dt. Oper Berlin		Wilhelm Schüchter	28.6.1952	E
Der Prinz von Thule »Juble, mein Herz«	BS		Werner Schmidt-Boelcke		A
Kern, Jerome *Showboat* »You are love«	BS	Anna Moffo	Werner Eisbrenner	1.4.1971	A
Kollo, Walter *Derfflinger* »Heimat, du Inbegriff der Liebe«	BS		Werner Schmidt-Boelcke	30.1.1965	A

Komponist, Werk, Titel, Opus	Orchester/ Begleiter	weitere Mitwirkende	Dirigent	Datum, Ort der Aufnahme	Label
Künneke, Eduard *Die große Sünderin* Querschnitt (Georg von Schrenk)	Kölner Rdfk.-Chor Kölner RSO	Maud Cunitz, Ruth Weigelt, Marianne Schröder, Helmi Rau, Kurt Großkurth	Franz Marszalek	7/1951 Köln	AC
»Immerzu singt mein Herz deinem Herz zu«	BS	Anna Moffo	Werner Schmidt-Boelcke	5.4.1971	A
Lied vom Leben des Schrenk	Hamburger RO		Wilhelm Stephan	6/1952 Hamburg	AC
dto.	Orch.		Wilhelm Schüchter	23.9.1956	E
Herz über Bord »Ich hab dich lieb«	BS	Günther Gürsch, Klavier	Fried Walter	10/1978	A
Die lockende Flamme »Ich träume mit offenen Augen«	Orch.		Wilhelm Schüchter	23.9.1956	E
Traumland »Ich sing mein schönstes Lied«	BS		Fried Walter	10/1978	A
Der Vetter aus Dingsda Querschnitt (Ein Fremder)	FFB-Orch.	Erika Köth, Helga Hildebrand, Manfred Schmidt, Wilhelm Strienz	Werner Schmidt-Boelcke	2.10.1959	E
Querschnitt	BS	Renate Holm, Ursula Schirrmacher, Brigitte Mira, Karl-Ernst Mercker, Ernst Krukowski	Werner Schmidt-Boelcke	20.12.1965	A
»Ich bin nur ein armer Wandergesell«	Orch.		Wilhelm Schüchter	4.2.1953	E
Zauberin Lola »Du warst von Anbeginn«	Hamburger RO	Helene Werth	Wilhelm Stephan	11/1952 Hamburg	AC
Lehár, Franz *Eva* »War es auch nichts als ein Augenblick«	BS		Fried Walter	13.–16.4.1977	A
Frasquita »Hab ein blaues Himmelbett«	BS		Werner Schmidt-Boelcke	30.1.1965	A
Friederike Querschnitt (Johann Wolfgang Goethe)	Orch.	Erika Köth	Wilhelm Schüchter	26.5.1957	E
Querschnitt (dto.)	BS	Margit Schramm	Werner Schmidt-Boelcke	30.6.1968	A
»O Mädchen, mein Mädchen«	Orch.		Wilhelm Schüchter	29.12.1954	E
dto.	BS		Werner Eisbrenner	26.1.1968	A
Giuditta Querschnitt (Octavio)	FFB-Orch.	Melitta Muszely	Werner Schmidt-Boelcke	20./21.5.1959	E

Komponist, Werk, Titel, Opus	Orchester/ Begleiter	weitere Mitwirkende	Dirigent	Datum, Ort der Aufnahme	Label
Querschnitt	G-A-Chor, BS	Sylvia Geszty, Dorothea Chryst, Ferry Gruber	Werner Schmidt-Boelcke	12.12.1967	A
»Du bist meine Sonne«	Hamburger RO		Wilhelm Stephan	3/1952 Hamburg	AC
dto.	Orch.		Wilhelm Schüchter	3.9.1954	E
»Freunde, das Leben ist lebenswert«	Männerchor des NDR Hamburger RO		Wilhelm Stephan	3/1952 Hamburg	AC
dto.	Orch. Chor		Wilhelm Schüchter	3.9.1954	E
»Schön wie die blaue Sommernacht«	Hamburger RO	Helene Werth	Wilhelm Stephan	3/1952 Hamburg	AC
»Schönste der Fraun«	Hamburger RO		Wilhelm Stephan	6/1952 Hamburg	AC
Der Graf von Luxemburg Querschnitt (René, Graf von Luxemburg)	Chor und Orch.	Erika Köth, Helga Hildebrand, Manfred Schmidt, Gustav Neidlinger	Frank Fox	22. u. 29.11.1957	E
Querschnitt	G-A-Chor, BS	Margit Schramm, Lotte Schädle, Claudio Nicolai, Ernst Krukowski	Robert Stolz	27.2.1966	A
»Lieber Freund, man greift nicht nach den Sternen – Bist du's, lachendes Glück«	Chor des NDR Hamburger RO	Lore Hoffmann, Rupert Glawitsch	Wilhelm Stephan	2/1951 Hamburg	AC
dto.	BS	Anna Moffo	Werner Schmidt-Boelcke	4.4.1971	A
»Mein Ahnherr war der Luxemburg«	Chor d. NDR Hamburger RO		Wilhelm Stephan	2/1951 Hamburg	AC
»Trèfle incarnat«	Hamburger RO		Wilhelm Stephan	2/1951 Hamburg	AC
Das Land des Lächelns Gesamtaufnahme (Sou-Chong)	G-A-Chor, BS	Margit Schramm, Liselotte Schmidt, Ferry Gruber	Robert Stolz	13.10.1965 u. 25.5.1971	A
Querschnitt	Orch.	Erika Köth, Helga Hildebrand, Manfred Schmidt	Wilhelm Schüchter	10.–12.9.1957	E
»Von Apfelblüten einen Kranz«	Hamburger RO		Wilhelm Stephan	6/1952 Hamburg	AC
dto.	Orch.		Wilhelm Schüchter	29.12.1954	E
Die lustige Witwe Gesamtaufnahme (Danilo)	Chor d. Dt. Oper Berlin, BS	Margit Schramm, Dorothea Chryst, Jerry J. Jennings, Benno Kusche	Robert Stolz	11/1966	A
Querschnitt	G-A-Chor, FFB-Orch.	Melitta Muszely	Werner Schmidt-Boelcke	20./21.5.1959	E
»Es waren zwei Königskinder« und Finale	Chor des NDR Hamburger RO	Elfride Trötschel	Wilhelm Stephan	11/1950 Hamburg	AC
»Ich hol dir vom Himmel das Blau«	BS		Werner Schmidt-Boelcke	30.1.1965	A

Komponist, Werk, Titel, Opus	Orchester/ Begleiter	weitere Mitwirkende	Dirigent	Datum, Ort der Aufnahme	Label
»Ich bin eine anständ'ge Frau«	Hamburger RO	Anneliese Rothenberger	Wilhelm Stephan	28.1.1951 Hamburg	AC
»Lippen schweigen«	BS	Anna Moffo	Werner Schmidt-Boelcke	4.4.1971	A
dto.	S-Orch. Graunke	Melanie Holliday	Fried Walter	7/1983	AC
»O Vaterland – Da geh ich ins Maxim«	Hamburger RO		Wilhelm Stephan	11/1950 Hamburg	AC
dto.	FFB-Orch.		Werner Schmidt-Boelcke	13./16.1.1954	E
»Wie eine Rosenknospe – Komm in den kleinen Pavillon«	Hamburger RO	Anneliese Rothenberger	Wilhelm Stephan	28.1.1951 Hamburg	AC
dto.	BS		Fried Walter	13.–16.4.1977	A
Paganini Querschnitt (Paganini)	G-A-Chor, FFB-Orch.	Melitta Muszely, Ursula Schirrmacher, Karl-Ernst Mercker	Werner Schmidt-Boelcke	29./30.5. und 3./4.6.1961	E
Querschnitt	G-A-Chor, BS	Margit Schramm, Dorothea Chryst, Ferry Gruber	Robert Stolz	4.11.1967	A
»Gern hab ich die Frau'n geküßt«	Orch.		Wilhelm Schüchter	25.9.1953	E
Der Rastelbinder »Wenn zwei sich lieben«	BS	Sylvia Geszty	Werner Eisbrenner	28.1.1968	A
Schön ist die Welt Querschnitt (Georg)	G-A-Chor und die »Ping-Pongs«, FFB-Orch.	Renate Holm	Frank Fox	24./27./28./31. 5. 1957	E
Querschnitt	BS	Sylvia Geszty	Werner Schmidt-Boelcke	28.1.1968	A
Der Zarewitsch Querschnitt (Zarewitsch)	Männerchor u. Orch.	Erika Köth	Wilhelm Schüchter	26.5.1957	E
Querschnitt	Chor d. Dt. Oper Berlin, BS	Renate Holm, Pelz von Felinau	Robert Stolz	27.5.1967	A
»Allein, wieder allein« (Wolgalied)	Orch.		Wilhelm Schüchter	23.9.1956	E
Zigeunerliebe Querschnitt (Jonel Bolescu und Józsi)	G-A-Chor, BS	Margit Schramm, Dorothea Chryst, Julius Katona	Robert Stolz	6/1967	A
»Es liegt in blauen Fernen«	Hamburger RO	Helene Werth	Wilhelm Stephan	2/1953 Hamburg	AC
»Glück hat als Gast«	RIAS-Unterhaltungs-Orch.		Fried Walter	15./16.12.1951	AC
»Ich bin ein Zigeunerkind«	Hamburger RO		Wilhelm Stephan	2/1953 Hamburg	AC
Lincke, Paul *Casanova* »Isola bella«	BS		Werner Eisbrenner	30.5.1965	A
Im Reiche des Indra »Es war einmal«	BS		Werner Eisbrenner	20.1.1963	A

Komponist, Werk, Titel, Opus	Orchester/ Begleiter	weitere Mitwirkende	Dirigent	Datum, Ort der Aufnahme	Label
Nakiris Hochzeit »Ob du mich liebst«	BS		Werner Schmidt-Boelcke	30.1.1965	A
Meisel, Will *Die Frau im Spiegel* »Das Lied der Liebe«	BS	Margit Schramm	Fried Walter	24.6.1967	A
Königin einer Nacht »Es kann keinen Frühling mehr geben«	BS	Margit Schramm	Fried Walter	24.6.1967	A
Millöcker, Carl *Der Bettelstudent* Gesamtaufnahme (Symon)	Chor d. Dt. Oper Berlin, BS	Hilde Güden, Hilde Konetzni, Lotte Schädle, Peter Minich, Fritz Ollendorf	Robert Stolz	24.2.1966	A
Querschnitt	G-A-Chor Orch.	Erika Köth, Hertha Töpper, Liselotte Schmidt, Fritz Wunderlich, Gustav Neidlinger	Werner Schmidt-Boelcke	1.–3. u. 5./ 6.10.1960	E
»Durch diesen Kuß – Nur das eine«	BS	Anna Moffo	Werner Schmidt-Boelcke	6.4.1971	A
»Ich setz den Fall«	Hamburger RO	Helene Werth	Wilhelm Stephan	11/1952 Hamburg	AC
»Ich hab kein Geld, bin vogelfrei«	Orch.		Wilhelm Schüchter	11.6.1955	E
»Ich knüpfte manche zarte Bande«	Orch.		Wilhelm Schüchter	11.6.1955	E
Gasparone »Dunkelrote Rosen«	BS		Werner Eisbrenner	16.11.1962	A
»O daß ich doch ein Räuber wär«	BS		Werner Schmidt-Boelcke	30.1.1965	A
»Wie freu ich mich, Sie hier zu sehen«	Hamburger RO	Helene Werth	Wilhelm Stephan	11/1952 Hamburg	AC
Millöcker, Carl / Mackeben, Theo *Die Dubarry* Querschnitt (René)	G-A-Chor FFB-Orch.	Melitta Muszely	Werner Schmidt-Boelcke	29./30.5. u. 4.6.1961	E
»Es lockt die Nacht«	BS	Anna Moffo	Werner Schmidt-Boelcke	6.4.1971	A
Nedbal, Oskar *Polenblut* Querschnitt (Boleslaw Baranski)	G-A-Chor, BS	Margit Schramm, Ursula Schirrmacher, Ferry Gruber, Fritz Ollendorf	Werner Schmidt-Boelcke	1.11.1966	A

Komponist, Werk, Titel, Opus	Orchester/ Begleiter	weitere Mitwirkende	Dirigent	Datum, Ort der Aufnahme	Label
Nick, Edmund *Das kleine Hofkonzert* »Einen Sommer lang blühte uns das Glück«	BS		Fried Walter	10/1978	A
Offenbach, Jacques *Ritter Blaubart* Legende des Blaubart	G-A-Chor, BS		Werner Eisbrenner	30.1.1965	A
Pariser Leben Gesamtaufnahme (Ein Brasilianer)	Chor d. Dt. Oper Berlin, BS	Lisa della Casa, Ingeborg Hallstein, Margit Schramm, Peter Alexander, Eberhard Wächter, Kurt Böhme	Franz Allers	2/1968	A
Die schöne Helena Urteil des Paris	RIAS-Unterhaltungs-Orch.		Fried Walter	3/1955	AC
Traumduett	RIAS-Unterhaltungs-Orch.	Anneliese Rothenberger	Fried Walter	3/1955	AC
Raymond, Fred *Maske in Blau* Querschnitt (Armando Cellini)	Chor d. Dt. Oper Berlin, BS	Margit Schramm, Marika Rökk, Karl-Ernst Mercker	Werner Schmidt-Boelcke	10.6.1966	A
»Schau einer schönen Frau«	BS		Werner Schmidt-Boelcke	30.1.1965	A
Rodgers, Richard *Oklahoma!* »People will say«	Peter Conehlsen-Chor, BS	Anna Moffo	Werner Eisbrenner	29.3.1971	A
Romberg *The Desert Song* The Desert Song	BS	Anna Moffo	Werner Eisbrenner	31.3.1971	A
The Student Prince »Deep in my heart«	BS	Anna Moffo	Werner Eisbrenner	2.4.1971	A
»Hör die Abendglocken klingen«	BS		Fried Walter	10/1978	A
Schröder, Friedrich *Hochzeitsnacht im Paradies* »Ein Glück, daß man sich so verlieben kann«	Das Orch. Harry Hermann		Harry Hermann	2/1955 Hamburg	AC
dto.	BS		Fried Walter	13.–16.4.1977	A
Stolz, Robert *Frühjahrsparade* »Oft genügt ein Gläschen Sekt«	BS	Margit Schramm	Robert Stolz	20.9.1964	A
Frühling im Prater »Du bist auf dieser Welt«	BS		Robert Stolz	23.6.1963	A
Der Hampelmann »Sag Du, sag Du zu mir«	BS		Heinz Alisch	18.5.1974	A
Himmelblaue Träume Melodienfolge	G-A-Chor, BS	Erika Köth, Melitta Muszely, Margit Schramm	Robert Stolz	1963	A

Komponist, Werk, Titel, Opus	Orchester/ Begleiter	weitere Mitwirkende	Dirigent	Datum, Ort der Aufnahme	Label
»Himmelblaue Träume«		Erika Köth	Robert Stolz	27.6.1963	A
Liebeskommando »Im Traum hast du mir alles erlaubt«	Rosi-Singers, BS		Heinz Alisch	16.–18.5.1974	A
»Ich möcht einmal wieder verliebt sein«	BS		Heinz Alisch	16.–18.5.1974	A
Trauminsel »Ich hab mich tausendmal verliebt«	BS	Erika Köth	Robert Stolz	27.6.1973	A
Venus in Seide Querschnitt (Der Fremde)	G-A-Chor, BS	Margit Schramm, Liselotte Schmidt, Ferry Gruber	Robert Stolz	19.10.1965	A
»Spiel auf deiner Geige das Lied von Leid und Lust«	BS	Hans-Georg Arlt, Violine	Heinz Alisch	16.–18.5.1974	A
Wenn die kleinen Veilchen blühn Querschnitt (Fritz)	Chor d. Wiener Volksoper, Orch. d. Wiener Volksoper	Melitta Muszely, Hedy Fassler, Ferry Gruber	Robert Stolz	30.6.1965 Wien	A
Zwei Herzen im Dreivierteltakt Querschnitt (Toni Hofer)	Orch. d. Wiener Volksoper	Melitta Muszely, Renate Holm, Adolf Dallapozza, Ferry Gruber	Robert Stolz	6/1965 Wien	A
Straus, Oscar *Ein Walzertraum* Querschnitt (Leutnant Niki)	Chor und Orch.	Melitta Muszely, Lisa Otto, Brigitte Mira, Manfred Schmidt, Bruno Fritz	Wilhelm Schüchter	7./8.1.1958	E
Querschnitt	Frauenchor, BS	Wilma Lipp, Margit Schramm, Liselotte Schmidt, Ferry Gruber	Robert Stolz	23.10.1965	A
»Da draußen im duftigen Garten«	Orch.		Wilhelm Schüchter	4.2.1953	E
dto. (Duett)	Sinf.-Orch. Graunke	Ludwig Baumann	Fried Walter	7/1983 München	AC
Der letzte Walzer »Das ist der letzte Walter«	BS	Margit Schramm	Robert Stolz	11.10.1965	A
Rund um die Liebe »Es gibt Dinge, die muß man vergessen«	BS		Robert Stolz	18.10.1965	A
Strauß, Johann *Das Apfelfest* »Einsame Sterne«	BS		Fried Walter	13.–16.4.1977	A
Cagliostro in Wien »Die Rose erblüht, wenn Sonne sie küßt«	Orch.		Wilhelm Schüchter	11.6.1955	E
Eine Nacht in Venedig Querschnitt (Herzog)	G-A-Chor, Orch.	Lisa Otto, Fritz Wunderlich, Karl-Ernst Mercker, Georg Völker	Fried Walter	30.6. u. 1.9.1960	E
Querschnitt (Caramello)	RIAS-Chor, BS	Erika Köth, Cesare Curzi, Ernst Pauly, Heinz Stoll	Werner Schmidt-Boelcke	29.1.1964	A
»Ach wie so herrlich zu schaun«	BS		Werner Eisbrenner	12.1.1963	A

Komponist, Werk, Titel, Opus	Orchester/ Begleiter	weitere Mitwirkende	Dirigent	Datum, Ort der Aufnahme	Label
»Komm in die Gondel«	Hamburger RO		Wilhelm Stephan	3/1952 Hamburg	AC
dto.	Orch.		Wilhelm Schüchter	9.8.1952	E
dto.	BS		Werner Eisbrenner	12.1.1963	A
»Sei mir gegrüßt, du holdes Venezia«	FFB-Orch.		Werner Schmidt-Boelcke	13. u. 16.1.1959	E
»Treu sein, das liegt mir nicht«	FFB-Orch.		Werner Schmidt-Boelcke	13. u. 16.1.1959	E
Die Fledermaus Gesamtaufnahme (Eisenstein)	Chor d. Wiener Staatsoper Wiener Symph.	Wilma Lipp, Renate Holm, Elisabeth Steiner, Cesare Curzi, Claudio Nicolai, Walter Berry	Robert Stolz	26.6.1964 Wien	A
Querschnitt (Eisenstein, Alfred)	Chor d. Landestheaters Hannover, NWD Philh.	Sari Barabas, Anneliese Rothenberger, Horst Günther, Hermann Prey, Gustav Neidlinger	Wilhelm Schüchter	25./26.8.1954 Bielefeld	E
»Ich lade gern mir Gäste ein«	BS		Werner Eisbrenner	12.1.1963	A
Indigo und die 40 Räuber »Wie schön war diese Nacht«	BS		Fried Walter	10/1978	A
Die Tänzerin Fanny Elßler »Draußen im Sievering«	BS		Robert Stolz	20.2.1969	A
Wiener Blut Gesamtaufnahme (Balduin Graf Zedlau)	Chor d. Wiener Staatsoper, Wiener Symph.	Hilde Güden, Margit Schramm, Wilma Lipp, Ferry Gruber, Benno Kusche, Erich Kunz	Robert Stolz	6/1965 Wien	A
Der Zigeunerbaron Gesamtaufnahme (Barinkay)	Chor u. Orch. d. Dt. Oper Berlin	Elisabeth Hazy, Lotte Schädle, Elisabeth Schärtel, Benno Kusche, Eberhard Wächter, Karl Schmitt-Walter	Robert Stolz	27.5.1964	A
Querschnitt	Chor d. Dt. Oper Berlin Orch.	Erika Köth, Sieglinde Wagner, Benno Kusche, Marcel Cordes, Wilhelm Strienz	Werner Schmidt-Boelcke	13./15./16. 1. 1959	E
»Als flotter Geist – Ja, das alles auf Ehr'«	Chor u. Orch.		Wilhelm Schüchter	9.8.1952	E
»Mein Aug' bewacht«	Orch.	Anny Schlemm, Gertrud Stilo	Wilhelm Schüchter	20.4.1953	E
»Wer uns getraut«	Chor u. Orch.	Anny Schlemm	Wilhelm Schüchter	20.4.1953	E
Suppé, Franz von *Boccaccio* Querschnitt (Boccaccio)	G-A-Chor, BS	Renate Holm, Ursula Schirrmacher, Alice Oelke, Rupert Glawitsch, Ernst Krukowski	Frank Fox	11.10.1962	A
»Hab ich nur deine Liebe«	Orch.	Anneliese Rothenberger	Wilhelm Schüchter	13.4.1955	E
»Mia bella fiorentina«	Orch.	Anneliese Rothenberger	Wilhelm Schüchter	13.4.1955	E
dto.	BS	Anna Moffo	Werner Schmidt-Boelcke	4.4.1971	A

Komponist, Werk, Titel, Opus	Orchester/ Begleiter	weitere Mitwirkende	Dirigent	Datum, Ort der Aufnahme	Label
Wright *Song of Norway* »Strange Music«	BS	Anna Moffo	Werner Eisbrenner	1.4.1971	A
Zeller, Carl *Der Kellermeister* »Laß dir Zeit«	BS		Fried Walter	13.–16.4.1977	A
Der Obersteiger »Sei nicht bös«	BS		Wilhelm Schüchter	30.1.1965	A
Der Vogelhändler Querschnitt (Adam)	G-A-Chor, BS	Erika Köth, Renate Holm, Ernst Pauly, Rupert Glawitsch	Frank Fox	6.10.1962	A
»Schenkt man sich Rosen in Tirol«	G-A-Chor, BS	Anna Moffo	Werner Schmidt-Boelcke	6.4.1971	A
Ziehrer, Carl Michael *Das dumme Herz* Das Herz ist nur ein Uhrwerk	Tölzer Knabenchor, Instrumentalgruppe		Fried Walter	17.–19.10.1975 München	A
Der Fremdenführer »Wien, mein liebes Wien«	G-A-Chor, BS		Robert Stolz	20.2.1969	A
Die Landstreicher »Sei gepriesen du lauschige Nacht«	G-A-Chor, BS		Werner Schmidt-Boelcke	30.1.1965	A
Treffpunkt Herz Operettenmedley aus der ZDF-Sendung	Orch.	Anneliese Rothenberger, Peter Alexander	Heinz Kiessling	14.6.1965 Köln	A

Kunstlieder

Komponist, Werk, Titel, Opus	Orchester/ Begleiter	weitere Mitwirkende	Dirigent	Datum, Ort der Aufnahme	Label
Balakirew, Mily Alexejewitsch Grusinisches Lied	Erhard Michel, Klavier			1948	AC
Brahms, Johannes »Ach Gott, wie weh tut scheiden«, D. Vl. Nr. 17	Hellmut Hideghéti, Klavier			21./22.6.1975 München	
»All mein Gedanken, die ich habe«, D. Vl. Nr. 30	Hellmut Hideghéti, Klavier			21./22.6.1975 München	A
Alte Liebe (»Es kehrt die dunkle Schwalbe«), op. 72 Nr. 1	Ivan Eröd, Klavier			8.6.1966	A
»Die Blümelein, sie schlafen« (Sandmännchen) V. Vl. Nr. 4	Ivan Eröd, Klavier			18.2.1965	A
Botschaft (»Wehe, Lüftchen, lind und lieblich«), op. 47 Nr. 1	Ivan Eröd, Klavier			8.6.1966	A
»Da unten im Tale«, D. Vl. Nr. 6	Hellmut Hideghéti, Klavier			21./22.6.1975 München	A
»Dein blaues Auge«, op. 59 Nr. 8	Ivan Eröd, Klavier			8.6.1966	A
»Des Abends kann ich nicht schlafen«, D. Vl. Nr. 38	Hellmut Hideghéti, Klavier			21./22.6.1975 München	A
»Erlaube mir, fein's Liebchen«, D. Vl. Nr. 2	Hellmut Hideghéti, Klavier			21./22.6.1975 München	A
»Es steht ein Lind«, D. Vl. Nr. 41	Hellmut Hideghéti, Klavier			21./22.6.1975 München	A
»Es wohnt ein Fiedler«, D. Vl. Nr. 36	Hellmut Hideghéti, Klavier			21./22.6.1975 München	A
»Feinsliebchen, du sollst mir nicht barfuß gehn«, D. Vl. Nr. 12	Hellmut Hideghéti, Klavier			21./22.6.1975 München	A
Feldeinsamkeit (»Ich ruhe still im hohen, grünen Gras«), op. 86 Nr. 2	Adolf Stauch, Klavier			10./12.6. und 15./17./19. 9. 1959	E

Komponist, Werk, Titel, Opus	Orchester/ Begleiter	weitere Mitwirkende	Dirigent	Datum, Ort der Aufnahme	Label
»Gar lieblich hat sich gesellet«, D. Vl. Nr. 3	Hellmut Hideghéti, Klavier			21./22.6.1975 München	A
»Guten Abend, gut Nacht« (Wiegenlied), op. 49 Nr. 4	Ivan Eröd, Klavier			18.2.1965	A
Heimkehr (»Oh brich nicht, Steg«), op. 7 Nr. 6	Adolf Stauch, Klavier			10./12.6. und 15./17./19. 9. 1959	E
»Ich stand auf hohem Berge«, D. Vl. Nr. 27	Hellmut Hideghéti, Klavier			21./22.6.1975 München	A
»Ich weiß mir ein Maidlein«, D. Vl. Nr. 40	Hellmut Hideghéti, Klavier			21./22.6.1975 München	A
»In stiller Nacht«, D. Vl. Nr. 42	Hellmut Hideghéti, Klavier			8.6.1966 München	A
Die Mainacht (»Wann der silberne Mond«), op. 43 Nr. 2	Adolf Stauch, Klavier			10./12.6. und 15./17./19. 9. 1959	E
»Meine Liebe ist grün«, op. 63 Nr. 5	Ivan Eröd, Klavier			8.6.1966	A
»Mein Mädel hat ein Rosenmund«, D. Vl. Nr. 25	Hellmut Hideghéti, Klavier			21./22.6.1975 München	A
Minnelied (»Holder klingt der Vogelsang«), op. 71 Nr. 5	Ivan Eröd, Klavier			21./22.6.1975 München	A
»Mir ist ein schön's braun Maidelein«, D. Vl. Nr. 24	Hellmut Hideghéti, KLlavier			21./22.6.1975 München	A
»O liebliche Wangen«, op. 47 Nr. 4	Ivan Eröd, Klavier			8.6.1966	A
»Schöner Augen, schöne Strahlen«, D. Vl. Nr. 39	Hellmut Hideghéti, Klavier			21./22.6.1975 München	A
»Soll sich der Mond nicht heller scheinen«, D. Vl. Nr. 35	Hellmut Hideghéti, Klavier			21../22.6.1975 München	A
»Die Sonne scheint nicht mehr«, D. Vl. Nr. 5	Hellmut Hideghéti, Klavier			21./22.6.1975 München	A
Sonntag (»So hab ich doch die ganze Woche«), op. 47 Nr. 3	Adolf Stauch, Klavier			10./12.6 und 15./17./19. 9. 1959	A
»So will ich frisch und fröhlich«, D. Vl. Nr. 32	Hellmut Hideghéti, Klavier			21./22.6.1975 München	A

Komponist, Werk, Titel, Opus	Orchester/ Begleiter	weitere Mitwirkende	Dirigent	Datum, Ort der Aufnahme	Label
»So wünsche ich ihr eine gute Nacht«, D. Vl. Nr. 18	Hellmut Hideghéti, Klavier			21./22.6.1975 München	A
»Unbewegte laue Luft«, op. 57 Nr. 8	Ivan Eröd, Klavier			8.6.1966	A
»Wach auf, mein' Herzenschöne«, D. Vl. Nr. 16	Hellmut Hideghéti, Klavier			21./22.6.1975 München	A
»Wo gehst du hin, du Stolze«, D. Vl. Nr. 22	Hellmut Hideghéti, Klavier			21./22.6.1975 München	A
»Wie bist du meine Königin«, op. 32 Nr. 9	Ivan Eröd, Klavier			8.6.1966	A
Cornelius, Peter Christbaum (»Wie schön geschmückt der festliche Raum«), op. 8 Nr. 1	Ivan Eröd, Klavier			28.2.1964	A
Das Christkind, (»Da einst ein Kind auf Erden war), op. 8 Nr. 6	Ivan Eröd, Klavier			28.2.1964	A
Die Könige (»Drei Könige wandern aus Morgenland«), op. 8 Nr. 3	Ivan Eröd, Klavier			28.2.1964	A
Dargomyschkij, Alexander »Bald wirst du nicht mehr an mich denken«	Adolf Stauch, Klavier			1948	AC
»Bezaubere mich«	Adolf Stauch, Klavier			1948	AC
Dvořak, Antonin Liebeslieder, op. 83 Nr. 1-8	Ivan Eröd, Klavier			21.7.1972	A
Gretschaninow, Alexander »Vor mir die Steppe«, op. 5 Nr. 1	BS		Werner Eisbrenner	9.6.1973	A
Grieg, Edward Ein Traum, op. 4 Nr. 1	BS		Werner Eisbrenner	6.2.1968	A
»Ich liebe dich«, op. 5 Nr. 3	BS		Werner Eisbrenner	6.2.1968	A
»Im Kahne (»Möven, Möven in weißen Flocken«), op. 60 Nr. 3	BS		Werner Eisbrenner	9.6.1973	A

Komponist, Werk, Titel, Opus	Orchester/ Begleiter	weitere Mitwirkende	Dirigent	Datum, Ort der Aufnahme	Label
Liszt, Franz »Es muß ein Wunderbares sein«	Chor und Orchester		Wilhelm Schüchter	19.12.1953	E
dto.	BS		Wilhelm Schüchter	30.5.1965	A
Loewe, Carl Das Erkennen (»Ein Wanderbursch, den Stab in der Hand«), op. 65 Nr. 2	BS		Werner Eisbrenner	6.–9.6.1973	A
Glockentürmers Töchterlein (»Mein hochgebornes Schätzelein«), op. 112a	BS		Fried Walter	24.4.1970	A
Heinrich der Vogler (»Herr Heinrich sitzt am Vogelherd«), op. 56 Nr. 1	Ivan Eröd, Klavier			10/1980	A
Herr Oluf (»Herr Oluf reitet spät und weit«), op. 2 Nr. 2	Ivan Eröd, Klavier			10/1980	A
Meeresleuchten (»Wieviel Sonnenstrahlen fielen«), op. 145 Nr. 1	Ivan Eröd, Klavier			10/1980	A
»Mein Herz, ich will dich fragen«, op. 86	Ivan Eröd, Klavier			10/1980	A
Der Nöck (»Es tönt des Nöcken Harfenschall«), op. 129 Nr. 2	Ivan Eröd, Klavier			10/1980	A
Odins Meeresritt (»Meister Oluf, der Schmied«), op. 118	Ivan Eröd, Klavier			10/1980	A
Prinz Eugen, der edle Ritter (»Zelte, Posten, Wer-da-Rufer«), op. 92	Ivan Eröd, Klavier			10/1980	A
Der Sänger (»Was hör ich draußen vor dem Tor«), op. 59 Nr. 2	Ivan Eröd, Klavier			10/1980	A
Spirito Santo, op. 143	Ivan Eröd, Klavier			10/1980	A
Tom der Reimer (»Der Reimer Tomas lag am Bach«), op. 135	BS		Werner Eisbrenner	19.12.1964	A
dto.	Ivan Eröd, Klavier			10/1980	A

Komponist, Werk, Titel, Opus	Orchester/ Begleiter	weitere Mitwirkende	Dirigent	Datum, Ort der Aufnahme	Label
Die Uhr (»Ich trage, wo ich gehe«), op. 123 Nr. 3	BS		Werner Eisbrenner	19.12.1964	A
dto.	Ivan Eröd, Klavier			10/1980	A
Mendelssohn-Bartholdy, Felix »Leise zieht durch mein Gemüt«, op. 19a Nr. 5	Orch.	Tölzer Knabenchor	Fried Walter	17.– 19.10.1975 München	A
Mozart, Wolfgang Amadeus Abendempfindung (An Laura), KV 523	Adolf Stauch, Klavier			10./12.6. u. 15./17./19. 9. 1959	E
An Chloe (»Wenn die Lieb aus deinen blauen Augen«), KV 524	Adolf Stauch, Klavier			10./12.6. u. 15./17./19. 9. 1959	E
Sehnsucht nach dem Frühling (»Komm lieber Mai«), KV 596	Adolf Stauch, Klavier			10./12.6. u. 15./17./19. 9. 1959	E
Preußen von, Prinz Louis Ferdinand Abendständchen (»Hör, es klagt die Flöte wieder«)	Adolf Stauch, Klavier			4/1964	A
In Danzig (»Dunkle Giebel, hohe Fenster«),	Adolf Stauch, Klavier			4/1964	A
Meeressehnsucht (»Das Meer ist wie flüssige Jade«)	Adolf Stauch, Klavier			4/1964	A
Musikantengruß (»Zwei Musikanten ziehn daher«)	Adolf Stauch, Klavier			4/1964	A
Der Tote spricht (»Höre mich im Regenrauschen«)	Adolf Stauch, Klavier			4/1964	A
Russische Romanze (»Ach, alle Blumen neigen«)	Adolf Stauch, Klavier			4/1964	A
Reger, Max Mariä Wiegenlied (»Maria sitzt im Rosenhag«), op. 76 Nr. 52	BS		Günter Arndt	10.6.1966	A
Rimsky-Korsakow, Nicolai Das Echo	Erhard Michel, Klavier			1948	AC

Komponist, Werk, Titel, Opus	Orchester/ Begleiter	weitere Mitwirkende	Dirigent	Datum, Ort der Aufnahme	Label
Schubert, Franz Am Meer (»Das Meer erglänzte«), D 957 Nr. 12	Ivan Eröd, Klavier			8.6.1966	A
An die Leier (»Ich will von Atreus Söhnen«), D 737	Adolf Stauch, Klavier			10./12.6. u. 15./17./19.9. 1959	E
An die Musik (»Du holde Kunst«), D 547	Ivan Eröd, Klavier			3.4.1965	A
An Silvia (»Was ist Silvia, sagt an«), D 891	Ivan Eröd, Klavier			4.6.1966	A
Auf dem Wasser zu singen (»Mitten im Schimmer der spiegelnden Wellen«), D 774	Adolf Stauch, Klavier			10./12.6. u. 15./17./19.9. 1959	E
Aufenthalt (»Rauschender Strom, brausender Wald«), D. 957 Nr. 5	Ivan Eröd, Klavier			18.6.1968	A
Ave Maria (»Ave Maria! Jungfrau mild«), D 839	BS		Werner Eisbrenner	21.6.1967	A
Der Doppelgänger (»Still ist die Nacht«), D 957 Nr. 13	Ivan Eröd, Klavier			18.6.1968	A
»Du bist die Ruh«, D 776	Ivan Eröd, Klavier			3.4.1965	A
Erlkönig (»Wer reitet so spät«), D 328	Ivan Eröd, Klavier			18.6.1968	A
Das Fischermädchen (»Du schönes Fischermädchen«), D 957 Nr. 10	Ivan Eröd, Klavier			8.6.1966	A
Die Forelle (»In einem Bächlein helle«), D 550	Ivan Eröd, Klavier			3.4.1965	A
Frühlingsglaube (»Die linden Lüfte sind erwacht«), D 686	Ivan Eröd, Klavier			3.4.1965	A
Frühlingstraum (»Ich träumte von bunten Blumen«), Die Winterreise, D 911 Nr. 11	Ivan Eröd, Klavier			18.6.1963	A

Komponist, Werk, Titel, Opus	Orchester/ Begleiter	weitere Mitwirkende	Dirigent	Datum, Ort der Aufnahme	Label
Geheimes (»Über meines Liebchens Äugeln«), D 719	Ivan Eröd, Klavier			8.6.1966	A
Heidenröslein (»Sah ein Knab ein Röslein stehn«), D 257	Ivan Eröd, Klavier			18.6.1968	A
Ihr Bild (»Ich stand in dunklen Träumen«), D 957 Nr. 9	Ivan Eröd, Klavier			8.6.1966	A
Im Abendrot (»O wie schön ist deine Welt«), D 799	Adolf Stauch, Klavier			10./12. u. 15./ 17./19. 9. 1959	E
dto.	Ivan Eröd, Klavier			18.6.1968	A
»Leise flehen meine Lieder« (Ständchen), D 957 Nr. 4	Adolf Stauch, Klavier			10./12. u. 15./ 17./19. 6. 1959	E
dto.	BS		Werner Eisbrenner	6.2.1968	A
»Die Liebe hat gelogen«, D 751	Ivan Eröd, Klavier			3.4.1965	A
Liebesbotschaft (»Rauschendes Bächlein, so silber und hell«), D 957 Nr. 1	Ivan Eröd, Klavier			8.6.1966	A
Der Lindenbaum (»Am Brunnen vor dem Tore«), Die Winterreise, D 911 Nr. 5	Ivan Eröd, Klavier			10.6.1968	A
Lob des Tokayers (»O köstlicher Tokayer«), D 248	Ivan Eröd, Klavier			18.6.1968	A
Der Musensohn (»Durch Feld und Wald zu schweifen«), D 764	Adolf Stauch, Klavier			10./12.6. u. 15./17./19. 9. 1959	E
Nacht und Träume (»Heilge Nacht, du sinkest nieder«), D 827	Adolf Stauch, Klavier			10./12.6. u. 15./17./19. 9. 1959	E
Die Post (»Von der Straße her ein Posthorn klingt«), Die Winterreise, D 911 Nr. 13	Ivan Eröd, Klavier			16.6.1968	A
Rastlose Liebe (»Dem Schnee, dem Regen, dem Wind entgegen«), D 138	Ivan Eröd, Klavier			18.6.1968	A

Komponist, Werk, Titel, Opus	Orchester/ Begleiter	weitere Mitwirkende	Dirigent	Datum, Ort der Aufnahme	Label
Der Schiffer (»Im Winde, im Sturme befahr ich den Fluß«), D 536	Ivan Eröd, Klavier			3.4.1965	A
»Schlafe, schlafe holder süßer Knabe«, Wiegenlied, D 498	Ivan Eröd, Klavier			18.2.1965	A
Die schöne Müllerin, D 795 Nr. 1-20	Gerald Moore, Klavier			11/1958	E
Sehnsucht – »Die Scheibe friert, der Wind ist rauh«), D 879	Ivan Eröd, Klavier			3.4.1965	A
Sei mir gegrüßt (»O du Entrißne mir«), D 741	Ivan Eröd, Klavier			8.6.1966	A
Seligkeit (»Freuden sonder Zahl«), D 433	Ivan Eröd, Klavier			8.6.1966	A
Ständchen (»Horch, horch, die Lerch«), D 889	Ivan Eröd, Klavier			18.6.1968	A
Ungeduld (»Ich schnitt es gern in alle Rinden ein«), Die schöne Müllerin, D 795 Nr. 7	Ivan Eröd, Klavier			18.6.1968	A
Der Wanderer (»Ich komme vom Gebirge her«), D 489	Ivan Eröd, Klavier			18.6.1968	A
Der Wanderer an den Mond (»Ich auf der Erd, am Himmel du«), D 870	Adolf Stauch, Klavier			10./12.6. u. 15./17./19. 6. 1959	E
Wanderers Nachtlied (»Über allen Gipfeln ist Ruh«), D 768	Ivan Eröd, Klavier			18.6.1968	A
Die Winterreise D 911 Nr. 1-24	Ivan Eröd, Klavier			12/1970	A
Wohin (»Ich hört ein Bächlein rauschen«), Die schöne Müllerin, D 795 Nr. 2	Ivan Eröd, Klavier			18.6.1968	A

Komponist, Werk, Titel, Opus	Orchester/ Begleiter	weitere Mitwirkende	Dirigent	Datum, Ort der Aufnahme	Label
Schumann, Robert					
An den Sonnenschein (»O Sonnenschein, o Sonnenschein«), Op. 36. Nr. 4	Ivan Eröd, Klavier			3.4.1965	A
Aufträge (»Nicht so schnelle, nicht so schnelle«), op. 77 Nr. 5	Ivan Eröd, Klavier			3.4.1965	A
Der arme Peter, op. 53 Nr. 3	Ivan Eröd, Klavier			10.–13.7.1974	A
Die beiden Grenadiere (»Nach Frankreich zogen zwei Grenadier«), op. 49 Nr. 1	Ivan Eröd, Klavier			10.–13.7.1974	A
Belsazar (»Die Mitternacht zog näher schon«), op. 57	Ivan Eröd, Klavier			10.–13.7.1974	A
Dein Angesicht, op. 127 Nr. 2	Ivan Eröd, Klavier			3.4.1965	A
Dichterliebe, op. 48 Nr. 1–16	Adolf Stauch, Klavier			20.–23.1.1957	E
dto.	Ivan Eröd, Klavier			10.–13.7.1974	A
»Du bist wie eine Blume«, op. 25 Nr. 24	Ivan Eröd, Klavier			3.4.1965	A
Frühlingsfahrt (»Es zogen zwei rüst'ge Gesellen«), op. 45 Nr. 2	Adolf Stauch, Klavier			4.3.1957	E
dto.	Ivan Eröd, Klavier			3.4.1965	A
Der Hidalgo (»Es ist so süß zu scherzen«), op. 30 Nr. 3	Ivan Eröd, Klavier			3.4.1965	A
Die Lotosblume, op. 25 Nr. 7	Adolf Stauch, Klavier			15./17./19. 9. 1959	A
Die Mondnacht (»Es war als hätt der Himmel«), op. 39 Nr. 5	Ivan Eröd, Klavier			3.4.1965	A
Der Nußbaum (»Es grünet ein Nußbaum«), op. 25 Nr. 2	Adolf Stauch, Klavier			15./17./19. 9. 1959	E

Komponist, Werk, Titel, Opus	Orchester/ Begleiter	weitere Mitwirkende	Dirigent	Datum, Ort der Aufnahme	Label
Wanderlied (»Wohlauf, noch getrunken«), op. 35 Nr. 3	Adolf Stauch, Klavier			4.3.1957	E
dto.	Ivan Eröd, Klavier			3.4.1965	A
Widmung (»Du meine Seele, du mein Herz«), op. 25 Nr. 1	Adolf Stauch, Klavier			10./12.6. u. 15./17./19.9. 1959	E
Strauss, Richard »Ach weh, mir unglückhaftem Mann«, op. 21 Nr. 4	Adolf Stauch, Klavier			10./12.6. u. 15./17./19.9. 1959	E
dto.	Ivan Eröd, Klavier			22.7.1972	A
Allerseelen (»Stell auf den Tisch, die duftenden Reseden«), op. 10 Nr. 8	Orch.		Wilhelm Schüchter	29.11. u. 1.12.1957	E
dto.	Ivan Eröd, Klavier			22.7.1972	A
Cäcilie (»Wenn du es wüßtest«), op. 27 Nr. 2	Adolf Stauch, Klavier			12.3.1948	E
Freundliche Vision (»Nicht im Schlafe hab' ich das geträumt«), op. 48 Nr. 1	Orch.		Wilhelm Schüchter	29.11. u. 1.12.1957	E
dto.	Ivan Eröd, Klavier			22.7.1972	A
Heimkehr (»Leiser schwanken die Äste«), op. 15 Nr. 5	Ivan Eröd, Klavier			22.7.1972	A
Heimliche Aufforderung (»Auf, hebe die funkelnde Schale«), op. 27 Nr. 3	Orch.		Wilhelm Schüchter	29.11. u. 1.12.1957	E
dto.	Ivan Eröd, Klavier			22.7.1972	A
»Ich trage meine Minne«, op. 32 Nr. 1	Orch.		Wilhelm Schüchter	29.11./ 1.12.1957	E
dto.	Ivan Eröd, Klavier			22.7.1972	A
Junggesellenschwur	Adolf Stauch, Klavier			10./12.6. u. 15./17./19.9. 1959	E
Morgen (»Und morgen wird die Sonne wieder scheinen«), op. 27 Nr. 4	Orch.		Wilhelm Schüchter	29.11. u. 1.12.1957	E

Komponist, Werk, Titel, Opus	Orchester/ Begleiter	weitere Mitwirkende	Dirigent	Datum, Ort der Aufnahme	Label
Die Nacht (»Aus dem Walde tritt die Nacht«), op. 10 Nr. 3	Adolf Stauch, Klavier			10./12.6. u. 15./17./19. 9. 1959	E
Ständchen (»Mach auf, mach auf, doch leise, mein Kind«), op. 17 Nr. 2	Orch.		Wilhelm Schüchter	29.11. u. 1.12.1957	E
dto.	Ivan Eröd, Klavier			22.7.1972	A
Traum durch die Dämmerung (»Weite Wiesen im Dämmergrau«), op. 29 Nr. 1	Orch.		Wilhelm Schüchter	29.11. u. 1.12.1957	E
dto.	Ivan Eröd, Klavier			22.7.1972	A
Waldesseligkeit (»Der Wald beginnt zu rauschen«), op. 49 Nr. 1	Adolf Stauch, Klavier			10./12.6. u. 15./17./19. 9. 1959	E
Zueignung (»Ja, du weißt es, teure Seele«), op. 10 Nr. 1	Orch.		Wilhelm Schüchter	29.11. u. 1.12.1957	E
dto.	BS		Wilhelm Schüchter	30.5.1965	A
Tschaikowsky, Peter Im wogenden Tanze	Erhard Michel, Klavier			1948	AC
»O du mondhelle Nacht«, op. 73 Nr. 3	Erhard Michel, Klavier			1948	AC
»O heller Tag«, op. 47 Nr. 6	Erhard Michel, Klavier			1948	AC
Pimpinella, op. 38 Nr. 6	Erhard Michel, Klavier			1948	AC
Weber, Carl Maria von Wiegenlied (»Schlaf, Herzens-söhnchen«), op. 13 Nr. 2	Ivan Eröd, Klavier			18.2.1965	A
Weingartner, Felix Liebesfeier (»An ihren bunten Liedern«), op. 21 Nr. 4	Adolf Stauch, Klavier			12.3.1948	E
dto.	BS		Wilhelm Schüchter	30.5.1965	A
Wolf, Hugo Anakreons Grab (»Wo die Rose hier blüht«)	Adolf Stauch, Klavier			10./12.6. u. 15./17./19. 9. 1959	E

Komponist, Werk, Titel, Opus	Orchester/ Begleiter	weitere Mitwirkende	Dirigent	Datum, Ort der Aufnahme	Label
Der Freund (»Wer auf den Wogen schliefe«)	Adolf Stauch, Klavier			10./12.6. u. 15./17./19. 9. 1959	E
Fußreise (»Am frischgeschnittnen Wanderstab«)	Adolf Stauch, Klavier			10./12.6. u. 15./17./19. 9. 1959	E
Der Gärtner (»Auf ihrem Leibrößlein«)	Adolf Stauch, Klavier			10./12.6. u. 15./17./19. 9. 1959	E
Gesang Weyla's (»Du bist Orplid, mein Land«)	Adolf Stauch, Klavier			10./12.6. u. 15./17./19. 9. 1959	E
Gesellenlied (»Kein Meister fällt vom Himmel«)	Adolf Stauch, Klavier			10./12.6. u. 15./17./19. 9. 1959	E
Heimweh (»Wer in die Fremde will wandern«)	Adolf Stauch, Klavier			28.2.1949	E
dto.	Adolf Stauch, Klavier			10./12.6. u. 15./17./19. 9. 1959	E
Der Musikant (»Wandern lieb ich für mein Leben«)	Adolf Stauch, Klavier			10./12.6. u. 15./17./19. 9. 1959	E
Der Rattenfänger (»Ich bin der wohlbekannte Sänger«)	Adolf Stauch, Klavier			10./12.6. u. 15./17./19. 9. 1959	E
Verborgenheit (»Laß, o Welt, o laß mich sein«)	Adolf Stauch, Klavier			10./12.6. u. 15./17./19. 9. 1959	E
Verschwiegene Liebe (»Über Wipfel und Saaten«)	Adolf Stauch, Klavier			28.2.1949	E
dto.	Adolf Stauch, Klavier			10./12.6. u. 15./17./19. 9. 1959	E
Zelter, Carl Friedrich Der König in Thule (»Es war ein König in Thule«)	BS	Chor d. Dt. Oper Berlin	Werner Eisbrenner	9.6.1973	A

Festliche Lieder – Konzertarien

Komponist, Werk, Titel, Opus	Orchester/ Begleiter	weitere Mitwirkende	Dirigent	Datum, Ort der Aufnahme	Label
Agnus Dei (Bizet)	Bielefelder Kinderchor, Orch.		Wilhelm Schüchter	26.1.1955 Bielefeld	E
Agnus Dei (Bizet)	Tölzer Knabenchor	Hans Tild, Orgel	Fried Walter	15.–19.6.1973 München	A
Ave Maria (Bach/Gounod)	Chor u. Orch.	Hellmut Heller, Violine	Wilhelm Schüchter	19.12.1953	E
Ave Maria (Bach/Gounod)	Bielefelder Kinderchor, Orch.		Wilhelm Schüchter	26.1.1955 Bielefeld	E
Ave Maria (Bach/Gounod)	Chor d. St. Hedwigskathedrale Berlin, BS		Werner Eisbrenner	21.6.1967	A
Ave Maria (Stolz)	RIAS Kammerchor, BS		Robert Stolz	1.6.1967	A
Ave verum corpus (Mozart), KV 618	Tölzer Knabenchor	Hans Tild, Orgel	Fried Walter	15.–19.6.1973 München	A
Begli occhi mercè (Tenaglia)	BS		Fried Walter	28.9.1966	A
Dank sei dir Herr (Händel)	BS	Wolfgang Meyer, Orgel	Wilhelm Schüchter	30.5.1965	A
Das ist der Tag des Herrn (Kreutzer)	Tölzer Knabenchor	Hans Tild, Orgel	Fried Walter	15.–19.6.1973 München	A
»Heil'ge Nacht, o gieße du«, nach Sonate op. 57 (Beethoven)	Tölzer Knabenchor	Hans Tild, Orgel Horst Ramthor, Harfe	Fried Walter	15.–19.6.1973 München	A
Die Himmel rühmen des Ewigen Ehre (Beethoven), op. 48 Nr. 4	Tölzer Knabenchor	Hans Tild, Orgel Horst Ramthor, Harfe	Fried Walter	15.–19.6.1973 München	A
Ich bete an die Macht der Liebe (Bortniansky)	Tölzer Knabenchor	Hans Tild, Orgel Horst Ramthor, Harfe	Fried Walter	15.–17.6.1973 München	A
Jubilate (Stevenson)	Tölzer Knabenchor, Orch.	Hans Tild, Orgel Horst Ramthor, Harfe	Fried Walter	17.6.1973 München	A
»O Jesulein süß« (Bach) BWV 493	Ivan Eröd, Cembalo			28.2.1964	A
Pietá Signore (Stradella)	BS	Wolfgang Meyer, Orgel	Fried Walter	28.9.1966	A
So nimm denn meine Hände (Silcher)	BS		Wilhelm Schüchter	30.5.1965	A
Sonntag ist's (Breu)	Tölzer Knabenchor, Orch.		Fried Walter	17.–19.10.1975	A

Weihnachtslieder

Komponist, Werk, Titel, Opus	Orchester/ Begleiter	weitere Mitwirkende	Dirigent	Datum, Ort der Aufnahme	Label
Am Weihnachtsbaum die Lichter brennen	BS		Werner Eisbrenner	24.4.1970	A
Es ist ein Ros' entsprungen	Günther-Arndt-Chor, BS		Günther Arndt	11.3.1964	A
Herbei, oh ihr Gläubigen	Günther-Arndt-Chor, BS		Werner Eisbrenner	24.4.1970	A
Ihr Kinderlein kommet	RIAS-Kinderchor, BS		Günther Arndt	11.3.1964	A
In dulci jubilo	Günther-Arndt-Chor, BS		Werner Eisbrenner	24.4.1970	A
Kommet Ihr Hirten	Günther-Arndt-Chor, BS		Werner Eisbrenner	24.4.1970	A
Leise rieselt der Schnee	Günther-Arndt-Chor, BS		Günther Arndt	11.3.1964	A
Morgen Kinder wird's was geben	Günther-Arndt-Chor, BS		Werner Eisbrenner	24.4.1970	A
Morgen kommt der Weihnachtsmann	Günther-Arndt-Chor, BS		Werner Eisbrenner	24.4.1970	A
O du fröhliche	Günther-Arndt-Chor, BS		Günther Arndt	11.3.1964	A
O Tannenbaum	Günther-Arndt-Chor, BS		Werner Eisbrenner	24.4.1970	A
Schlaf wohl, du Himmelsknabe du	Günther-Arndt-Chor, BS		Werner Eisbrenner	24.4.1970	A
Stille Nacht, heilige Nacht	Günther-Arndt-Chor, BS		Günther Arndt	11.3.1964	A
Süßer die Glocken nie klingen	Günther-Arndt-Chor, BS		Günther Arndt	11.3.1964	A
Vom Himmel hoch, da komm ich her	Günther-Arndt-Chor, BS		Günther Arndt	11.3.1964	A
Vom Himmel hoch, o Englein kommt	Günther-Arndt-Chor, BS		Werner Eisbrenner	24.4.1970	A
Zu Bethlehem geboren	Günther-Arndt-Chor, BS		Werner Eisbrenner	24.4.1970	A

Volkslieder – Wanderlieder – Studentenlieder – volkstümliche Lieder

Komponist, Werk, Titel, Opus	Orchester/ Begleiter	weitere Mitwirkende	Dirigent	Datum, Ort der Aufnahme	Label
Aba haidschi bumbaidschi	Instrumental-Ensemble	Tölzer Knabenchor	Fried Walter	17.– 19.10.1975	A
Abendglocken	BS		Werner Eisbrenner	15.–19.6.1973 München	A
Abend wird es wieder	Studio Orchester Köln	Männerchor Germania, Siegburg	Fried Walter	11/1979 Kloster St. Augustin Siegburg	A
Ach, das Exmatrikulieren	BS		Werner Eisbrenner	13.12.1969	A
Ach du klarblauer Himmel (Silcher)	BS	Chor d. Dt. Oper Berlin	Fried Walter	10/1976 u. 1/1977	A
Ach, wie ist's möglich dann	BS		Werner Eisbrenner	17.12.1965	A
Ade zur guten Nacht	BS	G-A-Chor	Werner Eisbrenner	27.5.1967	A
Ännchen von Tharau (Silcher)	BS		Werner Eisbrenner	22.11.1971	A
All mein Gedanken, die ich hab'	BS	Wolfgang Meyer, Orgel	Wilhelm Schüchter	30.5.1965	A
Als wir jüngst in Regensburg waren	BS	G-A-Chor	Werner Eisbrenner	22.11.1971	A
Alt Heidelberg, Du Feine (Zimmermann)	BS	Chor d. Dt. Oper Berlin	Werner Eisbrenner	13.12.1969	A
Am Brunnen vor dem Tore (nach F. Schubert)	BS		Werner Eisbrenner	27.5.1967	A
Am Rhein (Humperdinck)	BS		Frank Fox	2.3.1965	A
Am Rhein bei St. Goar (Robrecht)	BS		Frank Fox	2.3.1965	A
An der Saale hellem Strande (Fesca)	BS		Werner Eisbrenner	22.11.1971	A
An der Weser (Pressel)	BS	G-A-Chor	Werner Eisbrenner	22.11.1971	A
Auf, auf zum fröhlichen Jagen	Studio Orch. Köln	Männerchor Germania, Siegburg	Fried Walter	11/1979 u. 3/1980 St. Augustin, Siegburg	A
Auf den Bergen die Burgen (Stade)	BS		Werner Eisbrenner	6.12.1969	A
Auf der Lüneburger Heide (Rahlfs)	BS	G-A-Chor	Fried Walter	2.4.1966	A
Aus der Jugendzeit (Radecke)	NWD-PH	Bielefelder Kinderchor	Wilhelm Schüchter	17.1.1958 Bielefeld	E
dto.	BS	RIAS-Chor	Werner Eisbrenner	17.12.1965	A
Bald gras ich am Neckar	BS		Fried Walter	10/1976 u. 1/1977	A

Komponist, Werk, Titel, Opus	Orchester/ Begleiter	weitere Mitwirkende	Dirigent	Datum, Ort der Aufnahme	Label
Beim Holderstrauch (H. Kirchner)	BS		Fried Walter	10/1979	A
Bin ein fahrender Gesell (Baumbach)	BS	G-A-Chor	Werner Eisbrenner	27.5.1967	A
Bleib bei mir / Greensleeves	BS		Fried Walter	13.–16.4.1977	A
Das Lieben bringt groß Freud	BS		Fried Walter	10/1979	A
Das schönste Land der Welt	BS	G-A-Chor	Werner Eisbrenner	22.11.1971	A
Das war der Zwerg Perkeo (Gruwe)	BS	Chor d. Dt. Oper Berlin	Werner Eisbrenner	13.12.1969	A
Der Jäger in dem grünen Wald	BS		Fried Walter	10/1979	A
Des Sonntags in der Morgenstund (Seiffert)	BS		Werner Eisbrenner	27.5.1967	A
Die alten Straßen noch (Redl)	BS		Werner Eisbrenner	24.4.1970	A
Die Gedanken sind frei	BS		Fried Walter	10/1979	A
Droben im Oberland (Silcher)	Studio-Orch. Köln	Männcherchor Germania, Siegburg	Fried Walter	11/1979 u. 3/1980 St. Augustin Siegburg	A
Du, du liegst mir im Herzen	BS	RIAS-Chor	Werner Eisbrenner	17.12.1965	A
Du hast Diamanten und Perlen	BS	G-A-Chor	Fried Walter	11.6.1968	A
Ein Heller und ein Batzen	Studio Orch. Köln	Männerchor Germania	Fried Walter	11/1979 St. Augustin Siegburg	A
Ein Jäger aus Kurpfalz	BS	G-A-Chor	Werner Eisbrenner	22.11.1971	A
Ein Jäger längs dem Weiher ging	BS		Fried Walter	10/1979	A
Ein rheinisches Mädchen bei rheinischem Wein (Hoppe)	BS	Chor d. Dt. Oper, Berlin	Frank Fox	2.3.1965	A
Ein Sträußchen am Hute (Silcher)	BS	RIAS-Chor	Werner Eisbrenner	17.12.1965	A
Ein Tiroler wollte jagen	Instrumentalensemble	Tölzer Knabenchor	Fried Walter	17.–19.10.1975 München	A
Eintönig klingt hell das Glöckchen	Horst Ramthor, Harfe	Tölzer Knabenchor	Fried Walter	15.–19.6.1973 München	A
Elsein von Caup (Filke)	BS		Frank Fox	3.3.1965	A
Ergo bibamus (Eberwein)	BS	Chor d. Dt. Oper Berlin	Werner Eisbrenner	7.12.1969	A
Es blies ein Jäger wohl in sein Horn	Studio-Orch. Köln	Männerchor Germania, Siegburg	Fried Walter	11/1979 u. 3/1980 St. Augustin Siegburg	A
Es dunkelt schon in der Heide	BS		Fried Walter	10/1976 u. 1/1977	A
Es, es, es und es	BS		Fried Walter	10/1976 u. 1/1977	A

Komponist, Werk, Titel, Opus	Orchester/ Begleiter	weitere Mitwirkende	Dirigent	Datum, Ort der Aufnahme	Label
Es liegt eine Krone im grünen Rhein (Hill)	BS	Chor d. Dt. Oper Berlin	Frank Fox	2.3.1965	A
Es ritten drei Reiter	Instrumentalensemble	Tölzer Knabenchor	Fried Walter	17.–19. 10. 1975 München	A
Es war ein Knab gezogen	BS	G-A-Chor	Werner Eisbrenner	27.5.1967	A
Es waren zwei Königskinder	BS		Fried Walter	10/1976 u. 1/1977	A
Es wollt ein Mägdlein früh aufsteh'n	BS		Fried Walter	10/1979	A
Es zogen drei Burschen wohl über den Rhein	BS	G-A-Chor	Werner Eisbrenner	27.5.1967	A
Freiheit, die ich meine (Gross)	Hans Tild, Orgel Horst Ramthor, Harfe	Tölzer Knabenchor	Fried Walter	15.–19.6.1973 München	A
Freut Euch des Lebens (Nägeli)	Instrumentalensemble	Tölzer Knabenchor	Fried Walter	17.–19.10.1975 München	A
Friesenlied – Wo die Nordsee-wellen	BS	Chor d. Dt. Oper Berlin	Fried Walter	10/1976 u. 1/1977	A
Gaudeamus igitur (Lahrer)	BS	Chor d. Dt. Oper Berlin	Werner Eisbrenner	7.12.1969	A
Goldene Abendsonne (Nägeli)	BS	RIAS-Chor	Werner Eisbrenner	17.12.1965	A
Gold und Silber	BS		Werner Eisbrenner	7.12.1969	A
Grün, ach Grün, wie lieb ich dich	BS		Fried Walter	10/79	A
Grün ist die Heide (Blume)	BS	G-A-Chor	Fried Walter	2.4.1966	A
Grüßt mir das blonde Kind vom Rhein (Heiser)	BS		Frank Fox	2.3.1965	A
Hab mei Wage vollgelade	BS	Chor d. Dt. Oper Berlin	Fried Walter	10/1976 u. 1/1977	A
Hab oft im Kreise der Lieben (Silcher)	BS		Fried Walter	10/1976 u. 1/1977	A
Heute wollen wir das Ränzlein schnüren (Schaad)	Studio-Orch. Köln	Männerchor Germania Siegburg	Fried Walter	11/1979 St. Augustin Sieg-burg	A
Hoch auf dem gelben Wagen (Höhne)	BS	Chor d. Dt. Oper Berlin	Fried Walter	10/1976 u. 1/1977	A
Hoch vom Dachstein (Seydler)	BS	G-A-Chor	Werner Eisbrenner	22.11.1971	A
Hört Ihr Herrn und laßt Euch sagen	Instrumentalensemble	Tölzer Knabenchor	Fried Walter	17.–19.10.1975 München	A

Komponist, Werk, Titel, Opus	Orchester/ Begleiter	weitere Mitwirkende	Dirigent	Datum, Ort der Aufnahme	Label
Horch, was kommt von draußen rein	BS	RIAS-Chor	Werner Eisbrenner	17.12.1965	A
Ich bin ein freier Wildbretschütz	Instrumentalensemble	Tölzer Knabenchor	Fried Walter	17.–19.10.1975 München	A
Ich ging durch einen grasgrünen Wald	BS		Fried Walter	10/1979	A
Ich ging emol spaziere	Instrumentalensemble	Tölzer Knabenchor	Fried Walter	17.–19.10.1975 München	A
Ich hab die Nacht geträumet	BS		Fried Walter	10/1979	A
Ich habe den Frühling gesehen	BS		Werner Eisbrenner	17.12.1965	A
Ich hab' mein Herz in Heidelberg verloren (Raymond)	BS		Werner Eisbrenner	6.12.1969	A
Ich kam von fern gezogen (Mania)	BS		Frank Fox	2.3.1965	A
Ich schieß den Hirsch	BS		Fried Walter	10/1979	A
Ich weiß nicht, was soll es bedeuten (Silcher)	BS	Chor d. Dt. Oper Berlin	Frank Fox	2.3.1965	A
Im Frühtau zu Berge	Studio-Orch. Köln	Männerchor Germania Siegburg	Fried Walter	11/1979	A
Im grünen Wald, dort wo die Drossel singt	BS	RIAS-Chor	Werner Eisbrenner	17.12.1965	A
Im Krug zum grünen Kranze (Reichhardt)	BS	Chor d. Dt. Oper Berlin	Werner Eisbrenner	13.12.1969	A
Im schönsten Wiesengrunde	BS	RIAS-Chor	Werner Eisbrenner	17.12.1965	A
Im Wald und auf der Heide (F. L. Gehricke)	BS		Fried Walter	10/1979	A
In der Pfalz (Benés)	Orch.		Adolf Wreege	25.2.1949	E
dto.	BS	Chor d. Dt. Oper Berlin	Frank Fox	2.3.1965	A
In einem kühlen Grunde (Glück)	BS	RIAS-Chor	Werner Eisbrenner	17.12.1965	A
In jedem vollen Glase Wein (Lob)	BS		Werner Eisbrenner	6.12.1969	A
Kein Feuer, keine Kohle	BS		Fried Walter	10/1979	A
Kein schöner Land	BS	Chor d. Dt. Oper Berlin	Fried Walter	10/1976 u. 1/1977	A
Komm lieber Mai	Instrumentalensemble	Tölzer Knabenchor	Fried Walter	17.–19.10.1975 München	A
Küselwind (Jöde)	BS	G-A-Chor	Fried Walter	2.4.1966	A
La Montanara (Ortelli)	BS	Chor d. Dt. Oper Berlin	Fried Walter	10/1976 u. 1/1977	A
Landerkennung (Grieg)	BS	Chor d. Dt. Oper Berlin	Fried Walter	10/1976	A

Komponist, Werk, Titel, Opus	Orchester/ Begleiter	weitere Mitwirkende	Dirigent	Datum, Ort der Aufnahme	Label
Lang, lang ist's her (Bayly)	BS		Werner Eisbrenner	17.12.1965	A
Mai ist gekommen, der (Lyra)	BS	G-A-Chor	Werner Eisbrenner	27.5.1967	A
Mit dem Pfeil, dem Bogen (A. Weber)	Studio-Orch. Köln	Männerchor Germania Siegburg	Fried Walter	11/1979 u. 3/1980 St. Augustin Siegburg	A
Mit Rheinwein füllt den Becher (Ries)	BS		Frank Fox	2.3.1965	A
Der Mond ist aufgegangen (Schulz)	BS	Wolfgang Meyer, Orgel	Wilhelm Schüchter	30.5.1965	A
Morgen muß ich fort von hier (Silcher)	BS	RIAS-Chor	Werner Eisbrenner	12.12.1965	A
Mosellied	BS		Fried Walter	10/1976 u. 1/1977	A
Nach der Heimat möcht ich wieder	BS	Chor d. Dt. Oper Berlin	Fried Walter	10/1976 u. 1/1977	A
Nun ade, du mein lieb Heimatland	BS	G-A-Chor	Werner Eisbrenner	27.5.1967	A
Nun leb wohl, du kleine Gasse (Silcher)	BS		Werner Eisbrenner	17.12.1965	A
O Abendlied, o Glockenklang	Hans Tild, Orgel Horst Ramthor, Harfe	Tölzer Knabenchor	Fried Walter	15.–19.6.1973	A
O alte Burschenherrlichkeit	BS	Chor der Dt. Oper Berlin	Werner Eisbrenner	13.12.1969	A
O Schwarzwald, o Heimat (Abt)	BS	G-A-Chor	Werner Eisbrenner	22.11.1971	A
O Straßburg	BS	Chor d. Dt. Oper Berlin	Fried Walter	10/1976 u. 1/1977	A
O Täler weit, o Höhen (Mendelssohn)	BS		Werner Eisbrenner	27.5.1967	A
O wonnevolle Jugendzeit (Lob)	BS	Chor d. Dt. Oper Berlin	Werner Eisbrenner	13.12.1969	A
Rheinlieder-Medley	Orch.	Het Volendams Operakoor	Dick Kuys	4/1980 Volendam	A
Riesengebirgslied (Blaue Berge, grüne Täler)	BS		Fried Walter	10/1976 u. 1/1977	A
Rose-Marie (Jöde)	NWD-Ph.	Bielefelder Kinderchor	Wilhelm Schüchter	26.1.1955 Bielefeld	E
dto.	BS		Fried Walter	2.4.1966	A
Rosestock Holderblühn	BS	Chor d. Dt. Oper Berlin	Fried Walter	10/1976 u. 1/1977	A
Rose weiß, Rose rot (Jöde)	NWD-Ph.	Bielefelder Kinderchor	Wilhelm Schüchter	26.1.1955	E
dto.	BS	G-A-Chor	Fried Walter	2.4.1966	A
Schlafe mein Prinzchen, schlaf' ein (Flies)	BS		Günther Arndt	10.3.1964	A

Komponist, Werk, Titel, Opus	Orchester/ Begleiter	weitere Mitwirkende	Dirigent	Datum, Ort der Aufnahme	Label
Schön ist die Jugend	Instrumentalgruppe	Tölzer Knabenchor	Fried Walter	17.–19.10.1975 München	A
Schwarze Augen	BS		Fried Walter	10/1976 u. 1/1977	A
Sehnsucht nach dem Rhein	BS		Fried Walter	10/1976 u. 1/1977	A
Steh' ich in finstrer Mitternacht	BS	RIAS-Chor	Werner Eisbrenner	12.12.1965	A
Stenka Rasin	BS	Chor d. Dt. Oper Berlin	Werner Eisbrenner	9.6.1973	A
Student sein, wenn die Veilchen blüh'n (Lob)	BS		Werner Eisbrenner	13.12.1969	A
Der Tausch – Du hast mein Herz gefangen (Jöde)	BS	G-A-Chor	Fried Walter	2.4.1966	A
Tief drin im Böhmerwald	BS	G-A-Chor	Werner Eisbrenner	21.11.1971	A
Verloren (Rosmarienheide) (Jöde)	BS	G-A-Chor	Fried Walter	2.4.1966	A
Verschütt (Jöde)	BS	G-A-Chor	Fried Walter	2.4.1966	A
Verstohlen geht der Mond auf	Instrumentalensemble	Tölzer Knabenchor	Fried Walter	17.–19.10.1975 München	A
Das Wandern ist des Müllers Lust (Zöllner)	BS	G-A-Chor	Werner Eisbrenner	27.5.1967	A
dto.	HR-Rdfk.-Orch.		Gotthard Welker	5/1982 Frankfurt	DEKONIA
Warnung (Licht)	BS	G-A-Chor.	Fried Walter	2.4.1966	A
Was bringen uns die Reben (Brandt)	BS	Chor d. Dt. Oper Berlin	Frank Fox	2.3.1965	A
Wegewarte (Es steht eine Blume – Jöde)	BS	G-A-Chor	Fried Walter	2.4.1966	A
Weißt du, wieviel Sternlein stehn	BS	Kinderchor	Werner Eisbrenner	12.12.1965	A
Wem Gott will rechte Gunst erweisen (Fröhlich)	BS		Werner Eisbrenner	27.5.1967	A
Wenn abends die Heide träumt (Jäger)	BS		Werner Eisbrenner	24.4.1970	A
Wenn alle Brünnlein fließen	BS		Fried Walter	10/1979	A
Wenn's Mailüfterl weht (Kreipl)	BS		Fried Walter	10/1979	A
Westfalenlied (Peters)	BS	G-A-Chor	Werner Eisbrenner	22.11.1971	A
Wer hat dich, du schöner Wald (F. Mendelssohn-Bartholdy)	BS	Chor d. Dt. Oper Berlin	Fried Walter	10/1976 u. 1/1977	A
Wer recht in Freuden wandern will (Klauer)	BS	RIAS-Chor	Werner Eisbrenner	17.12.1965	A

Komponist, Werk, Titel, Opus	Orchester/ Begleiter	weitere Mitwirkende	Dirigent	Datum, Ort der Aufnahme	Label
Wie lieblich schallt (Silcher)	BS		Fried Walter	10/1979	A
Wie's daheim war	NWD-Ph.	Bielefelder Kinderchor	Wilhelm Schüchter	17.1.1958 Bielefeld	E
dto.	BS	G-A-Chor	Frank Fox	16.1.1965	A
Winter (Über die Heide – Jöde)	BS	G-A-Chor	Fried Walter	2.4.1966	A
Wir lugen hinaus in die sonnige Welt (Ohlhanns)	BS	Chor d. Dt. Oper Berlin	Werner Eisbrenner	6.12.1969	A
Wir wollen zu Land ausfahren (Kurt von Burkersroda)	BS		Fried Walter	10/1979	A
Wo des Douro Wellen fließen	BS	Chor d. Dt. Oper Berlin	Werner Eisbrenner	9.6.1973	A
Wohlauf die Luft geht frisch und rein (Becker)	BS	G-A-Chor	Werner Eisbrenner	27.5.1967	A
Wohlauf in Gottes schöne Welt	BS		Fried Walter	10/1979	A
Wohlauf noch getrunken den funkelnden Wein	BS	G-A-Chor	Werner Eisbrenner	27.7.1967	A
Wütend wälzt sich einst im Bette	BS	Chor d. Dt. Oper Berlin	Werner Eisbrenner	6.12.1969	A
Zu Ingolstadt	BS	Chor d. Dt. Oper Berlin	Fried Walter	10/1976 u. 1/1977	A
Zu Regensburg	BS		Fried Walter	10/1976 u. 1/1977	A
Zwölf Räuber	BS	Chor d. Dt. Oper Berlin	Fried Walter	10/1976 u. 1/1977	A
Volksliedermedley (P. Alexander TV-Show)	Orch.	Peter Alexander	Heinz Kiessling	13.1.1969	A

Tenorlieder – Canzonen – Filmlieder – Unterhaltungslieder

Komponist, Werk, Titel, Opus	Orchester/ Begleiter	weitere Mitwirkende	Dirigent	Datum, Ort der Aufnahme	Label
Ach, ich hab in meinem Herzen (Schultze)	Schaumburger Märchensänger Orch.		Norbert Schultze	3./4.7.1955	E
dto.	RIAS-Kinderchor, BS		Werner Schmidt-Boelcke	23.10.1964	A
Addio (Tosti), ital. ges.	FFB-Orch.		Frank Fox	19./21./25. 11. 1957	E
Adieu, mein kleiner Gardeoffizier (Stolz)	BS		Heinz Alisch	16.–18. 5. 1974	A
Alle Sterne dieser Welt (Majewski)	Orch.		Wilhelm Schüchter	11.6.1955	E
Alle Tage ist kein Sonntag (Clewing)	Orch.		Wilhelm Schüchter	3.9.1954	E
dto.	BS		Werner Eisbrenner	20.1.1963	A
Das alte Lied (Love)	Orch.		Otto Dobrindt	19.11.1952	E
dto.	BS		Werner Eisbrenner	16.11.1962	A
Am Ort, wo meine Wiege stand (Hennig)	G-A-Chor, BS		Frank Fox	24.1.1965	A
An der Donau, wenn der Wein blüht (Strauß / Grothe)	G-A-Chor, BS		Robert Stolz	20.2.1969	A
Annabella (Grothe)	BS		Franz Grothe	28.5.1971	A
Auf der Heide blüh'n die letzten Rosen (Stolz)	BS		Robert Stolz	24.6.1963	A
Caro mio ben (Giordani)	Streichorch.		Wilhelm Schüchter	9.8.1952	E
dto.	BS		Wilhelm Schüchter	12.11.1962	A
Chianti-Lied (Winkler)	G-A-Chor, FFB-Orch.		Gerhard Winkler	13.4.1959	E
dto.	G-A-Chor, BS		Gerhard Winkler	9.6.1965	A
Core n'grato »Catari« (Cardillo)	BS		Fried Walter	1.6.1966	A
Da draußen in der Wachau (Arnold)	BS		Robert Stolz	20.2.1969	A
Da geh ich hinaus in den Wienerwald (Stolz)	BS		Robert Stolz	20.2.1969	A
La Danza (Rossini), ital. ges.	FFB-Orch.		Frank Fox	19./21./ 25.11.1957	E
Deine Liebe ist mein ganzes Leben (Mattes)	BS		Willy Mattes	28.5.1971	A
Deine Mutter bleibt immer bei dir (Rotter)	Nordwestdt. Philh.		Wilhelm Schüchter	16./17.1.1958 Bielefeld	E

Komponist, Werk, Titel, Opus	Orchester/ Begleiter	weitere Mitwirkende	Dirigent	Datum, Ort der Aufnahme	Label
Die Sonne geht auf (Meisel)	BS	Hans-Georg Arlt, Violine	Fried Walter	1967	A
Drei Rosen (Stolz)	BS		Heinz Alisch	16.–18.5.1974	A
Drei Sterne sah ich scheinen (Mackeben)	BS		Werner Eisbrenner	24.4.1970	A
Drunt' in der Lobau (Strecker)	BS		Robert Stolz	20.2.1969	A
Du bist die Welt für mich (Tauber)	Orch.		Wilhelm Schüchter	25.9.1953	E
dto.	BS		Werner Eisbrenner	23.10.1964	A
Du bist mein Maskottchen gewesen (Stolz)	BS		Heinz Alisch	16.–18.5.1974	A
Du warst für mich der schönste Liebestraum (Bochmann)	BS		Fried Walter	13.–16.4.1977	A
Eine bleibt dir immer treu (Heymann)	BS		Frank Fox	24.1.1965	A
Ein Freund, ein guter Freund (Heymann)	G-A-Chor, BS		Fried Walter	1.6.1966	A
Eine kleine Frühlingsweise (Dvorak)	BS		Fried Walter	1.6.1966	A
Eine Liebe ohne Ende (Winkler)	BS		Werner Eisbrenner	4.5.1969	A
Ein Lied geht um die Welt (May)	G-A-Chor, BS		Fried Walter	1.6.1966	A
Einmal im Mai (Stolz)	BS	Margit Schramm	Robert Stolz	20.9.1964	A
Einmal von Herzen verliebt sein (Kreuder)	BS		Peter Kreuder	1966	A
Ein Walzer für dich (Meisel)	G-A-Chor, BS		Fried Walter	24.6.1967	A
Erinnerung an's Märchenland (Eisbrenner)	BS		Werner Eisbrenner	4.5.1969	A
Erinnerung an Sorrent (de Curtis), dtsch. ges.	Orch.		Frank Fox	19./ 25.11.1957	E
dto., ital. ges.	Orch.		Frank Fox	19./ 25.11.1957	E
dto., dtsch. u. ital. ges.	BS		Fried Walter	13.–16.4.1977	A
Es gibt eine Frau, die dich niemals vergißt (Cowler)	Nordwestdeutsche Philh.		Wilhelm Schüchter	16./17.1.1958 Bielefeld	E
Es wird im Leben (May)	BS		Fried Walter	10/1978	A
Es wird in hundert Jahren wieder so ein Frühling sein (Dostal)	BS		Nico Dostal	30.4.1964	A
Ekstase (Canne)	BS		Werner Eisbrenner	20.1.1963	A
Florentinische Nächte (Dostal)	BS		Nico Dostal	30.4.1964	A

Komponist, Werk, Titel, Opus	Orchester/ Begleiter	weitere Mitwirkende	Dirigent	Datum, Ort der Aufnahme	Label
Der fröhliche Wanderer (»Mein Vater war ein Wandersmann«)	Schaumburger Märchensänger Orch.		Norbert Schultze	3./4.7.1955	E
dto.	RIAS-Kinderchor, BS		Werner Schmidt-Boelcke	23.10.1964	A
Frühling in Sorrent (Winkler)	BS		Gerhard Winkler	9.6.1965	A
Frühling in Wien (Stolz)	BS		Robert Stolz	20.2.1969	A
Frühlingsreigen (Fleischmann)	Orch.		Werner Eisbrenner	22.5.1957	E
Frutti di mare (Winkler)	Männerchor, FFB-Orch.		Gerhard Winkler	16.5.1956	E
Für dich allein (Die Rose nimm) (Geehl)	BS		Fried Walter	13.–16.4.1977	A
Funicula, funicula (Denza), ital. ges.	G-A-Chor, FFB-Orch.		Frank Fox	19./21./ 25.11.1957	E
dto.	G-A-Chor, BS		Fried Walter	1.6.1966	A
Glocken der Heimat (Bochmann)	G-A-Chor, BS		Werner Eisbrenner	24.4.1970	A
Granada (Lara)	G-A-Chor, FFB-Orch.		Werner Eisbrenner	21.10.1960	E
dto.	BS		Fried Walter	10/1978	A
Gute Nacht, du mein herziges Kind (Abt)	BS		Fried Walter	21.6.1968	A
Gute Nacht, du mein holdes süßes Mädchen (Meyer-Helmund)	BS		Fried Walter	21.6.1968	A
Gute Nacht, Mutter (Bochmann)	BS		Frank Fox	24.1.1965	A
He, Borro, he (Winkler)	Schöneberger Sängerknaben, FFB-Orch.		Gerhard Winkler	16.5.1956	E
Heimat (Strecker)	BS		Werner Eisbrenner	24.4.1970	A
Heimatlied »Wer die Heimat liebt« (Böhmelt)	BS		Werner Eisbrenner	24.4.1970	A
Heimweh (»Always«) (Berlin), dtsch. ges.	Orch.		Adolf Wreege	25.2.1949	E
dto., engl. ges.	Orch.		Adolf Wreege	25.2.1949	E unveröff. Schall-platte, 78er
dto., dtsch. ges.	BS		Fried Walter	1.6.1966	A
Heute lacht der Sonnenschein (Möller)	Schaumburger Märchensänger Orch.		Norbert Schultze	3./4.7.1955	E
Heute nacht oder nie (Spoliansky)	Orch. Harry Hermann		Harry Hermann	2/1955 Hamburg	AC

Komponist, Werk, Titel, Opus	Orchester/ Begleiter	weitere Mitwirkende	Dirigent	Datum, Ort der Aufnahme	Label
dto.	BS		Werner Eisbrenner	22.6.1963	A
Heut' ist der schönste Tag in meinem Leben (May)	BS		Werner Eisbrenner	22.6.1963	A
Hörst du den Walzer der Nacht (Eisbrenner)	BS		Werner Eisbrenner	4.5.1969	A
Hundert volle Gläser	G-A-Chor, BS		Franz Grothe	28.5.1971	A
Ich erinnere mich gern (Loewe / Walter / Franke)	Sinf.-Orch. Graunke		Fried Walter	7/1983 München	A
Ich glaube immer noch an Liebe (Schultze)	G-A-Chor, BS		Norbert Schultze	28.5.1971	A
Ich glaube nie mehr an eine Frau (Tauber)	BS		Werner Eisbrenner	6.2.1968	A
Ich hab' so Sehnsucht nach der Heimat (Jarczyk)	Knabenchor, FFB-Orch.		Herbert Jarczyk	4./5.11.1960	E
Ich küsse Ihre Hand, Madame (Erwin)	BS		Fried Walter	1.6.1966	A
Ich liebe dich (Stolz)	BS	Melitta Muszely	Robert Stolz	23.6.1963	A
Ich liebe dich, nur dich allein (Profes)	Orch.		Wilhelm Schüchter	2.7.1954	E
Ich liebe die Welt (Stolz)	BS		Robert Stolz	5.11.1967	A
Ich liebe euch, ihr zauberhaften Frau'n (Carste)	Orch.		Hans Carste	1.7.1954	E
Ich sing mein Lied für alle schönen Frau'n (Dostal)	BS		Nico Dostal	28.5.1971	A
Ich sing mein Lied heut' nur für dich (Stolz)	BS		Robert Stolz	26.6.1963	A
Ich weiß auf der Wieden (Benatzky)	BS		Robert Stolz	20.2.1969	A
Ich werde jede Nacht von Ihnen träumen (Kreuder)	BS		Peter Kreuder	24.3.1966	A
Ideale (Tosti), ital. ges.	BS		Werner Eisbrenner	14.11.1962	A
Immer und ewig (Kreuder)	BS		Peter Kreuder	24.3.1966	A
Immer wieder will ich euch fragen (Schultze)	Sinf.-Orch. Graunke		Fried Walter	7/1983 München	A
Im Prater blüh'n wieder die Bäume (Stolz)	BS		Robert Stolz	6.6.1967	A
In meiner Heimat wird es jetzt Frühling (Hildach)	BS		Werner Eisbrenner	24.4.1970	A
In mir klingt ein Lied (Chopin / Melichar)	Orch.		Werner Eisbrenner	22.5.1957	E
dto.	BS		Fried Walter	13.–16.4.1977	A

Komponist, Werk, Titel, Opus	Orchester/ Begleiter	weitere Mitwirkende	Dirigent	Datum, Ort der Aufnahme	Label
In Wien hab ich einmal ein Mädel geliebt (Stolz)	BS		Robert Stolz	5.11.1967	A
Keine ist so schön wie die Eine (Dostal)	BS		Nico Dostal	28.5.1971	A
Komm in den Park von Sanssouci (Stolz)	BS		Heinz Alisch	16.–18.5.1974	A
Lächeln meiner Mutter (Fox)	BS		Frank Fox	24.1.1965	A
Lang, lang ist's her (Schultze)	BS		Frank Fox	24.1.1965	A
Laßt uns die Stunde genießen (Kattnigg)	BS	Günther Gürsch, Klavier	Fried Walter	10/1978	A
Launisches Glück (Bürger / Strauß)	G-A-Chor, FFB-Orch.		Werner Eisbrenner	21.10.1960	E
Leben! Ich trinke dir zu (Schmalstich)	BS		Fried Walter	10/1978	A
Das Leben ist schön (Winkler)	Orch.		Wilhelm Schüchter	2.7.1954	E
Der Lenz (Hildach)	Orch.		Wilhelm Schüchter	4.2.1953	E
dto.	BS		Werner Eisbrenner	14.11.1962	A
Leutnant warst du einst bei den Husaren (Stolz)	Rosi-Singers, BS		Heinz Alisch	16.–18.5.1974	A
Der Liebe Freud und Leid (Winkler)	Männerchor, FFB-Orch.		Gerhard Winkler	17.5.1956	E
Lieb mich und die Welt ist mein (Ball)	BS		Fried Walter	11.6.1968	A
Die Lieder der Heimat grüßen dich (Jarczyk)	Knabenchor, FFB-Orch.		Herbert Jarczyk	4./5.11.1960	E
Das Lied ist aus (Stolz)	BS		Robert Stolz	20.9.1964	A
Mädchen mit dem roten Mündchen (Dostal)				4.5.1969	A
Mädel ich bin dir so gut (Enders)	BS		Frank Fox	2.3.1965	A
Mama (Bixio)	BS		Frank Fox	24.1.1965	A
Maria, Mari! (di Capua)	FFB-Orch.		Frank Fox	19./21./ 25.11.1957	E
dto.	BS		Fried Walter	13.–16.4.1977	A
Mattinata (Frühlingserwachen) (Leoncavallo), dtsch. ges.	gr. Orch.		Frank Fox	19./ 25.11.1957	E
dto., ital. ges.	Mandolinenorch. Napoli, FFB-Orch.		Frank Fox	19./ 25.11.1957	E
dto. dtsch. ges.	BS		Werner Eisbrenner	9.6.1973	A
Mein Herz ruft immer nur nach Dir, oh Marita (Stolz)	BS		Robert Stolz	26.6.1963	A
Melodia con passione (Mattes)	BS		Willy Mattes	28.5.1971	A
Mütterlein (Winkler)	Bielefelder Kinderchor, Nordwestdeutsche Philh.		Wilhelm Schüchter	17.1.1958 Bielefeld	E

Komponist, Werk, Titel, Opus	Orchester/ Begleiter	weitere Mitwirkende	Dirigent	Datum, Ort der Aufnahme	Label
Musik für dich (Neumann)	BS		Werner Eisbrenner	22.6.1963	A
Mutterhände (Winkler)	Nordwestdeutsche Philh.		Wilhelm Schüchter	16./17.1.1958	E
Mutter ich weiß, was die Liebe ist (Fox)	G-A-Chor, BS		Frank Fox	24.1.1965	A
Mutterlied (Bixio)	G-A-Chor, BS		Frank Fox	24.1.1965	A
Musikant, Musikant, wo ist deine Heimat (Stolz)	BS	Hans Georg Arlt, Violine	Heinz Alisch	16.–18.5.1974	A
Negerwiegenlied (Clutsam)	Chor d. Dt. Oper Berlin, BS		Werner Eisbrenner	9.6.1973	A
Ninon (Kaper / Jurmann)	BS	Hans Georg Arlt, Violine	Fried Walter	1.6.1966	A
Noch sind die Tage der Rosen (Baumgartner)	BS		Fried Walter	11.6.1968	A
Nur einmal blüht im Jahr der Mai (Heiser)	Tölzer Knabenchor, Orch.		Fried Walter	17.–19.10.1975 München	A
Nur um dich zu lieben (Stolz)	BS		Heinz Alisch	16.–18.5.1974	A
Ob blond, ob braun (Stolz)	BS		Robert Stolz	23.6.1963	A
O mia bella Napoli (Winkler)	G-A-Chor, BS		Gerhard Winkler	9.6.1965	A
O Mutter du, ich liebe dich (Grieg)	BS		Frank Fox	24.1.1965	A
O sole mio (di Capua), ital. ges.	FFB-Orch.		Frank Fox	19./21./ 25.11.1957	E
dto.	Chor d. Dt. Oper Berlin, BS		Werner Eisbrenner	9.6.1968	A
La Paloma (Yradier)	Orch.		Werner Eisbrenner	23.4.1954	E
dto.	G-A-Chor, BS		Werner Eisbrenner	24.4.1970	A
Parlez-moi d'amour (Lenoir), franz. u. dtsch. ges.	BS		Werner Eisbrenner	6.2.1968	A
Die Post im Walde (Schäffer)	G-A-Chor, BS	Johann Gedan, Trompete	Fried Walter	11.6.1968	A
Sag beim Abschied leise Servus (Kreuder)	BS		Robert Stolz	20.2.1969	A
Sag ja, eh' die Nacht vergeht (Stolz)	BS		Robert Stolz	17.10.1965	A
Sag' mir »Aufwiedersehn« (Kattnig)	BS	Günther Gürsch, Klavier	Fried Walter	10/1978	A
Santa Lucia (Cottrau), ital. ges.	Chor, gr. Orch.		Frank Fox	19./25.11.1957	E
dto., dtsch. ges.	Chor, gr. Orch.		Frank Fox	19./15.11.1957	E
dto., ital. ges.	Chor d. Dt. Oper Berlin, BS		Werner Eisbrenner	9.6.1973	A
Schenk mir dein Herz heute Nacht (Stolz)	BS		Robert Stolz	26.3.1963	A
Schenk mir dein Herz, Lucia (Winkler)	FFB-Orch.		Gerhard Winkler	17.5.1956	E
Schiwago-Melodie (Jasse) »Weißt du wohin«	BS		Fried Walter	13.–16.4.1977	A
Schlaf ein, mein Blondengelein (Freire)	BS		Werner Schmidt-Boelcke	20.1.1963	A

Komponist, Werk, Titel, Opus	Orchester/ Begleiter	weitere Mitwirkende	Dirigent	Datum, Ort der Aufnahme	Label
Schön ist jeder Tag, den du mir schenkst, Marie Luise (Meisel)	G-A-Chor, BS		Fried Walter	1.6.1966	A
Seemannslos (Petrie)	G-A-Chor, BS		Fried Walter	11.6.1968	A
La Serenata »Vola o Serenata« (Tosti)	FFB-Orch.		Frank Fox	19./21./ 25.11.1957	E
Sei gegrüßt, du mein schönes Sorrent (Waldmann)	G-A-Chor, BS		Fried Walter	11.6.1968	A
So ein Tag, so wunderschön wie heute (Olias)	Chor d. Dt. Oper Berlin, BS		Fried Walter	10/1976	A
So klingt's in Dur und Moll (Stolz)	BS	Margit Schramm	Robert Stolz	5.6.1967	A
Die Sonne geht auf (Meisel)	BS		Fried Walter	24.6.1967	A
Sonne Italiens (Winkler)	Schöneberger Sängerknaben, FFB-Orch.		Gerhard Winkler	16.5.1956	E
Sonny Boy (Jolson)	BS		Fried Walter	1.6.1966	A
Spanish Eyes (»Rot ist der Wein«) (Kaempfert)	BS		Fried Walter	10/1978	A
Ständchen (Hell soll mein Lied) (Kattnig)	BS		Werner Schmidt-Boelcke	5.5.1969	A
Sterne, liebe Sterne (Schultze)	Schaumburger Märchensänger, Orch.		Norbert Schultze	3./4.7.1955	E
Sternennacht, ein Gläschen Wein, im Nu bist du verliebt (Stolz)	G-A-Chor, BS		Robert Stolz	18.10.1965	A
Still wie die Nacht (Bohm)	Orch.		Otto Dobrindt	19.11.1952	E
dto.	BS		Werner Eisbrenner	16.11.1962	A
Sweethart (Will you remember) (Romberg)	BS	Anna Moffo	Werner Eisbrenner	1.4.1971	A
Tarantella »Grazie-Grazie« (Schultze)	Schaumburger Märchensänger, Orch.		Norbert Schultze	3./4.7.1955	E
Tausend rote Rosen blühn (Meisel)	G-A-Chor, BS		Fried Walter	1.6.1966	A
Toreador (Winkler)	BS		Werner Eisbrenner	5.5.1969	A
Der Traum vom Glück (Dostal)	BS		Werner Eisbrenner	22.6.1963	A
Trinke nach dem ersten Gläschen unbedingt ein zweites Gläschen (Stolz)	G-A-Chor, BS		Robert Stolz	18.10.1965	A
Der Trompeter (Speiser)	BS	Johann Gedan, Trompete	Fried Walter	11.6.1968	A
True love (Porter)	Peter-Cornehlsen-Chor, BS	Anna Moffo	Werner Eisbrenner	29.3.1971	A
Toselli-Serenade (Toselli)	Orch.		Werner Eisbrenner	23.4.1954	E
dto.	BS		Werner Eisbrenner	9.6.1973	A

Komponist, Werk, Titel, Opus	Orchester/ Begleiter	weitere Mitwirkende	Dirigent	Datum, Ort der Aufnahme	Label
Turandot (Stolz)	BS		Robert Stolz	5.11.1967	A
Über's Meer grüß' ich dich, Heimat-land (Krome / Rotter)	G-A-Chor, BS		Werner Eisbrenner	24.4.1970	A
Und wieder geht ein schöner Tag zu Ende (Winkler)	Frauenchor, BS		Gerhard Winkler	9.6.1965	A
Unter dem Sternenzelt (Poland)	BS		Werner Eisbrenner	24.4.1970	A
Verbotener Gesang (Gastaldon)	Orch.		Wilhelm Schüchter	3.9.1954	E
dto.	BS		Fried Walter	11.6.1968	A
Vergiß mein nicht (de Curtis)	BS		Fried Walter	1.6.1966	A
Vorhang auf! (Winkler)	Männerchor, Orch.		Hans Carste	1.7.1954	E
Vor meinem Vaterhaus steht eine Linde (Stolz)	BS		Robert Stolz	24.6.1963	A
Wandern, ach wandern (Neuendorff)	G-A-Chor, BS		Werner Eisbrenner	27.5.1967	A
Wann schlägt für mich die große Stunde (Kattnigg)	BS		Fried Walter	10/1978	A
Warum lächelst du Mona Lisa (Stolz)	BS		Heinz Alisch	16.-18.5.1974	A
Weine nicht, o weine nicht, bricht eine schöne Frau dir das Herz (Stolz)	BS		Robert Stolz	17.10.1965	A
Wenn in Florenz die Rosen blühn (Winkler)	FFB-Orch.		Gerhard Winkler	13.4.1959	E
Werde mein (Schultze)	Orch.		Norbert Schultze	3./4.7.1955	E
Wien, Wien nur du allein (Sieczynski)	G-A-Chor, BS		Robert Stolz	20.2.1969	A
Wien wird bei Nacht erst schön (Stolz)	G-A-Chor, BS		Robert Stolz	20.2.1969	A
Willst du das Land meiner Träume sehn (René Kollo)	Sinf.-Orch. Graunke		Fried Walter	7/1983 München	A
Wo du hingehst, da will auch ich hingehen (Hildach)	BS		Werner Schmidt-Boelcke	30.5.1965	A
Wohin ist das alles, wohin (Stolz)	BS		Heinz Alisch	16.-18.5.1974	A
Das Zauberlied (Meyer-Helmund)	BS		Werner Eisbrenner	6.2.1968	A
Zwei dunkle Augen (Heins)	BS		Fried Walter	11.6.1968	A

GA = Gesamtaufnahme

Fernsehauftritte (Auswahl)

Titel der Sendung	Werk/Komponist/Rolle vorgetragene Titel	Sender	Datum	Ort	Regie	weitere Mitwirkende
Die Fledermaus (GA)	Die Fledermaus (Johann Strauß) (Alfred)	Reichsfernsehen	1944	Berlin		
Arien und Duette (Ital. / Frz. / Dtsch. gesungen)	Aida, La Traviata, Der Troubadour (Verdi); Die Afrikanerin (Meyerbeer); Don Giovanni (Mozart); Hoffmanns Erzählungen (Offenbach); Mignon (Thomas)	Europa-Film für US-TV	16.12.1950	Berlin		Maria Corelli
Cavalleria rusticana (GA)	Cavalleria rusticana (Pietro Mascagni) (Turiddu)	NDR (ARD)	18.4.1954	Hamburg	Herbert Junkers	Maria Kinasiewicz, Anneliese Rothenberger, Gisela Litz, Alexander Welitsch D: Wilhelm Schüchter
Fra Diavolo (GA)	Fra Diavolo (Daniel François, E. Auber) (Marquis)	NDR (ARD)	22.10.1954	Hamburg		Wilma Lipp, Ursula Zollenkopf, James Pease, Ernst August Steinhoff D: Wilhelm Schüchter
Das Lied meines Lebens		NDR (ARD)	29.12.1956	Hamburg		
Melodie der Welt		NDR (ARD)	13.11.1957 9.2.1958	Hamburg (Friedrich-Ebert-Halle HH-Harburg)		Anneliese Rothenberger, Rita Streich D: Spitz
Die schöne Galathee (GA)	Die schöne Galathee (Franz von Suppé (Pygmalion)	ORF	28.4.1958	Wien	TV-Fassung André Gervert	Renate Holm, Erich Kunz, Kurt Preger, Albin Skoda, Eric Frey, Fritz Muliar
Die Meistersinger von Nürnberg (1. Akt)	Die Meistersinger von Nürnberg (Richard Wagner) (Walther von Stolzing)	BR (ARD) Eurovision	21.8.1959	Bayreuth (Festspiele)	Wieland Wagner	Elisabeth Grümmer, Otto Wiener, Josef Greindl, Karl Schmitt-Walter, Eberhard Wächter, Elisabeth Schärtel D: Erich Leinsdorf

Titel der Sendung	Werk/Komponist/Rolle vorgetragene Titel	Sender	Datum	Ort	Regie	weitere Mitwirkende
Das Leben ist ein Karussell (Melodien von Eduard Künneke)	Ich bin nur ein armer Wandergesell (Der Vetter aus Dingsda); Immerzu singt mein Herz deinem Herzen zu (Die große Sünderin); Ich träume mit offenen Augen (Die lockende Flamme)	SWF (ARD)	28.–30.1.1960	Stuttgart	Michael Pfleghar	Monika Dahlberg, Christine Görner, Evelyn Künneke, Gretl Schörg, Ursula Schirrmacher, Benno Kusche, Harry Friedauer
Kleine Stadt ganz groß		HR (ARD)	10.6.1961	Offenbach		Hans-Joachim Kulenkampff
Begegnungen mit einem Sänger		SWF (ARD)	4.7.–6.7. u. 21.–25.7.1961	Hamburg/ Starnberg		
Musik erklingt		SFB (ARD)	28.–30. 8. 1961	Berlin	Redaktion: Dieter Finnern	Sari Barabas
Wenn ich König wär' (GA)	Wenn ich König wär (Adolphe Adam) (Zephoris)	SFB (ARD)	3/1961 Erstsendung 25.3.1962	Berlin	Werner Kelch	Stina-Britta Melander, Ursula Schirrmacher, Thomas Stewart, Georg Völker D: Ernst Märzendorfer (Chor u. Orch. d. Dt. Oper Berlin)
Der Liebestrank (GA)	Der Liebestrank (Gaetano Donizetti) (Nemorino)	ZDF	5.–25.2.1962	Berlin	Werner Kelch	Stina-Britta Melander, Lothar Ostenburg, Ludwig Welter D: Ernst Märzendorfer
Tiefland (GA)	Tiefland (Eugen d'Albert) (Pedro)	ZDF	4/1963	Berlin	Werner Kelch	Isabel Strauß, Angelika Fischer, Gerd Feldhoff, Ivan Sardi, Karl-Ernst Mercker D: Hans Zanotelli
Wien-Paris-Berlin		ZDF	8.9.1963	Berlin		Anneliese Rothenberger
Viktoria und ihr Husar (GA)	Viktoria und ihr Husar (Paul Abraham) (Stefan Koltay)	ZDF	1/1964	Hamburg		Margit Schramm, Johannes Heesters
Es muß nicht immer Schlager sein	div. Komponisten, Arien	SFB	9.3.–13. 3. 1964 11. u. 19.–22.10.1965 9.–11.8.1968	Berlin Berlin Berlin	Oskar Krüger	u. a. mit Sari Barabas, Erika Köth, Margit Schramm, Kurt Böhme, Willy Hofmann, Benno Kusche, Peter Minich, Hans Söhnker

Titel der Sendung	Werk/Komponist/Rolle vorgetragene Titel	Sender	Datum	Ort	Regie	weitere Mitwirkende
Der Zigeunerbaron (GA)	Der Zigeunerbaron (Johann Strauß) (Barinkay)	ZDF	24. 5.–28. 5. 1964	Berlin	Arthur-Maria Rabenalt	Elisabeth Hazy, Lotte Schädle, Hilde Konetzni, Elisabeth Schärtel; Benno Kusche, Karl Schmitt-Walter, Eberhard Wächter D: Robert Stolz
			18.8.–3.9.1964	Budapest		
Die fröhliche Weinlese		WDR (ARD)	17.9.1964	Düsseldorf	Fred Kraus	Margit Schramm, Monika Dahlberg, Harry Friedauer, Kurt Pratsch-Kaufmann, Willy Schneider, Ferry Gruber
Die fröhliche Weinprobe			7.5.1965	Köln		
Der fröhliche Weinkeller			12.11.1965	Köln		Am Stammtisch: Jupp Hussels, Paul Henckels, Arno Paulsen, Frank Barufski, Kurt Grosskurth
Melodien, die nie verklingen	Melodien von Robert Stolz	ORF	15.11.1964	Wien		Margit Schramm, Monika Dahlberg, Harry Friedauer
Zum blauen Bock		HR (ARD)	12.12.1964	Frankfurt		
			11.12.1965	Bad Soden-Allendorf		
			16.12.1967	Gießen		
			21.12.1968	Bad Orb		
			17.10.1970	Kassel		
			4.3.1972	Seeheim		
			27.10.1972	Stuttgart		
			26.3.1977			
Tosca (Auszüge)	Tosca (Giacomo Puccini) (Cavaradossi)	NDR (ARD)	20.2.–27.2.1965	Wien		Lisa della Casa, Benno Kusche
Berlin, wie es weint und lacht		ZDF	8./9.11.1965	Berlin	Hermann Lanske	Hedi Klug, Günther Pfitzmann D: Heinz Schreiter
Rendezvous mit Rudolf Schock		SFB (ARD)	18.–28.4.1966	Berlin	Ekkehard Böhmer	Wilma Lipp, Eva Kasper, Margit Schramm, Kurt Böhme, Willy Hofmann
Vergißmeinnicht		ZDF	30.6.1966	Berlin		Peter Frankenfeld
			18./19.12.1968	Köln		

Titel der Sendung	Werk/Komponist/Rolle vorgetragene Titel	Sender	Datum	Ort	Regie	weitere Mitwirkende
Franz Léhar – Ein Porträt in Liedern		WDR (ARD)	20./22./29.7. u. 1./5.8.1966	Köln	Günther Hassert	Rita Bartos, Christine Görner, Lucia Popp, Margit Schramm, Harry Friedauer, Willy Hofmann, Heinz Hoppe, Peter Minich, Friedrich Schoenfelder D: August-Peter Waldenmaier
Robert Stolz – Ein Porträt		HR (ARD)	4.3.1967	Wien	Alexis Neve	Lisa della Casa, Margit Schramm, René Kollo, Robert Stolz, Dietmar Schönherr
Was bin ich?		BR (ARD)	10.7.1967	München		Robert Lembke
Meine Melodie		SR (ARD)	17./18.10.1967	Saarbrücken	Truck Branss	u. a. Gloria Davy, Marianne Koch
			7.11.1968	Saarbrücken		
			21.11.1969	Saarbrücken		
Auf ins Metropol	Auszüge: Die Csardasfürstin, Die Zirkusprinzessin (Emmerich Kálmán), Friederike, Schön ist die Welt (Lehár)		30.1.–2.2.1968 8.2.1968	Berlin	Oskar Krüger	Hedi Klug, Guggi Löwinger, Margit Schramm
Galaabend der Schallplatte		SFB (ARD)	14.11.1968	Berlin (Eurovision)	Arne Arnbom	Grace Bumbry, Joan Carlyle, Sylvia Geszty, Gundula Janowitz, Edith Mathis, Anna Moffo, Kurt Böhme, James King, Giuseppe Taddei D: Erich Leinsdorf und Robert Heger
Peter Alexander serviert Spezialitäten		ZDF/ORF	20./21.1.1969		Ekkehard Böhmer	Ingeborg Hallstein, Marika Rökk, Gabi Jacobi, Heintje, Gunther Philipp D: Heinz Kiessling
G'schichten aus dem Theater an der Wien – Operette in Gold		WDR (ARD)	14.–18.3.1969	Wien	Fred Kraus	Brigitte Fassbaender, Erika Köth, Margit Schramm, Nicolai Gedda, Ferry Gruber, Benno Kusche, Karl Paryla, Peter Vogel.
Die Zirkusprinzessin (GA)	Die Zirkusprinzessin (Emmerich Kálmán) (Mister X)	ZDF	19.3.–28.3.1969 8.–11.4.1969	München / Salzburg	Manfred R. Köhler	Ingeborg Hallstein, Isy Orén, Jane Tilden, Peter Karner, Ernst-Fritz Fürbringer, Peter Frankenfeld, Harry Hardt, Ernst Waldbrunn. SO Graunke D: Werner Schmidt-Boelcke

Titel der Sendung	Werk/Komponist/Rolle vorgetragene Titel	Sender	Datum	Ort	Regie	weitere Mitwirkende
Giuditta (GA)	Giuditta (Franz Lehár) (Octavio)	ZDF/ORF	21./25.4.1970 1.–26.6.1970	Berlin Marbella	Günther Hassert	Teresa Stratas, Maria Tiboldi, Beate Hasenau, David Thaw, Joachim Hansen, Kurt Pratsch-Kaufmann, Friedrich Schoenfelder
Maske in Blau (GA)	Maske in Blau (Fred Raymond) (Armando Cellini)	ZDF	23.8.–17.9.1971	Berlin/Neusiedler See	Hermann Kugelstadt	Maria Tiboldi, Irene Mann, Gene Reed, Walter Gross, Lukas Amman, Harry Hardt SO Graunke D: Werner Schmidt-Boelcke
Der Opernführer	Auszüge aus »Lulu« (Alban Berg) (Alwa Schön)	ORF/ZDF	29.8.1971 (Sendetermin)	Wien		Anja Silja, Evelyn Lear, Carlos Alexander, Richard Holm, Marcel Prawy
Zauber der Operette		SFB	5.12.1971 (Sendetermin)		Oskar Krüger	Dagmar Koller, Gisela Litz, Brigitte Mira, Isy Orén, Margit Schramm, Kurt Böhme, Cesare Curzi, Peter Minich
Der Stargast: Rudolf Schock		SFB	3.–5.12.1973	Berlin	Oskar Krüger	Henno Lohmeyer
Treffpunkt Herz		ZDF	14.6.1975	Köln		Anneliese Rothenberger, Marika Rökk, Peter Alexander, Johannes Heesters, Heinz Rühmann, Hans Söhnker, Vico Torriani D: Heinz Kiessling
Musik ist Trumpf		ZDF	26./27.11.1976 16./17.12.1977	Berlin Bremen		Peter Frankenfeld
Ganz ohne Ungarn geht die Chose nicht (Ein Rendezvous mit Melodien von Emmerich Kálmán)		ZDF	5./6.4.1978 2./3.5-1978	Nürnberg Berlin	Eugen York	Grit van Jüten, Birgit Sarata, Rosemarie Stauder, Harald Juhnke, Charly Kálmán, Benno Kusche, Wolfgang Völz
Und die Musi spielt dazu (Melodien von Fred Raymond)		ZDF/ORF	19.12.–21.12.1981	Leverkusen	Ekkehard Böhmer	Marlène Charell, Cornelia Froboess, Elisabeth Kales, Margit Schramm, Peter Kraus, Peter Minich, Helmuth Wallner Musikal. Leitung: Gert Wilden

Titel der Sendung	Werk/Komponist/Rolle vorgetragene Titel	Sender	Datum	Ort	Regie	weitere Mitwirkende
Ein Abend im Dreivierteltakt		ZDF/ORF/SRG	16.8.1982	Saarbrücken	Ekkehard Böhmer	Renate Holm, Grit van Jüten, Tamara Lund, Jeanette Scovotti, Steven Kimborough, Benno Kusche, Josef Protschka, Siegfried Palm, Karl Schönböck
Das gibt's nur einmal – Noten, die verboten wurden		SFB (ARD)	5.2.1983	Berlin	Ekkehard Böhmer	Tamara Lund, Dagmar Koller, Caterina Valente, Hans Rosenthal, Frieder Stricker
Ich erinnere mich gern – Ein Abend mit Rudolf Schock		ZDF/ORF	13.–18.11.1983	Saarbrücken	Ekkehard Böhmer	Melanie Holliday, Renate Holm, Erika Köth, Birgit Nilsson, Ludwig Baumann, René Kollo, Josef Metternich, Karl Ridderbusch, der Tölzer Knabenchor, Sylvia Geszty, Heinz Kiesel, Konzertchor des Saarländischen Staatstheaters
Sing mit uns – Das große Wunschkonzert der Chöre		ZDF	28.–31.1.1985	Dortmund	Ekkehard Böhmer	Melanie Holliday, Anneliese Rothenberger, Ludwig Baumann, Heinz Hoppe, Steven Kimborough, Karl Ridderbusch
Erinnerungen an Rudolf Kattnig	Leise erklingen Glocken vom Campanile (Balkanliebe, Rudolf Kattnigg)	ORF	23./24.4.1985	Venedig		
Superhitparade der Operette		ZDF	31.5.–1.6.1985	Dortmund	Ekkehard Böhmer	Helen Donath, Melanie Holliday, Gwyneth Jones, Heidrun Kordes, Anna Moffo, Edda Moser, Helga Papouschek, Margot Werner, Ludwig Baumann, Wolfgang Brendel, José Carreras, Waldemar Kmentt, Barry McDaniel, Josef Protschka, Karl Ridderbusch
ARD-Wunschkonzert (3)	Freunde, das Leben ist lebenswert (Giuditta; Léhar) In mir klingt ein Lied (Chopin-Melichar)	WDR/ARD	20.–22.9.1984	Essen	Heinz Lindner	Anna Moffo, Dagmar Berghoff, Max Schautzer, Rudi Carell
Melodien für Millionen		ZDF	7.–10.11.1984	Hannover	Georg Martin Lange	u.a. Tamara Lund, Heidi Brühl, Dieter Thomas Heck, Heinz Hoppe
			2.4.1985	Berlin		Ludwig Baumann, Karl Ridderbusch

Filmographie
(soweit feststellbar)

Zusammengestellt von Herbert Holba

Die Jahreszahlen bezeichnen das jeweilige Uraufführungsdatum.
Erklärung der Abkürzungen: RS = Rudolf Schock, D = Deutschland, Ö = Österreich, R = Regie, D = Darsteller; der in Klammern gesetzte Name ist die Rollenbezeichnung.

1951
Es geht nicht ohne Gisela (D)
R: Hans Deppe
D: RS (er selbst), Rita Streich, Maria Corelli, Diana Eustrati, Eva-Ingeborg Scholz, Peter Mosbacher, Werner Finck, Hilde Sessak, Aribert Wäscher

1953
Du bist die Welt für mich (Ö)
R: Ernst Marischka
D: RS (Richard Tauber, Tenor), Annemarie Düringer, Wolfgang Lukschy, Richard Romanowsky, Dagny Servaes, Fritz Imhoff, Joachim Brennecke, Gerda Scheyrer, Helli Servi

1954
Horch auf die Musik (D)
R: Paul Gordon
D: RS (er selbst), Rita Streich, Diana Eustrati, Eula Beal, Gerhard Frei, Yehudi Menuhin, Jakob Gimpel, Jockel Stahl

König der Manege (Ö)
R: Ernst Marischka
D: RS (Fritz, Trapezkünstler), Teresa Stich-Randall, Dagmar Hermann, Otto Edelmann, Germaine Damar, Walter Müller, Helmut Qualtinger, Hans Putz, Heinz Conrads, Hans Richter

An jedem Finger zehn (D)
R: Erik Ode
D: RS (er selbst), Josephine Baker, Woody Herman, Mona Baptiste, Hans Albers, Erich Auer, Germaine Damar, Walter Giller, Loni Heuser, Werner Kroll, Cornelia Froboess

1955
Der fröhliche Wanderer (D)
R: Hans Quest
D: RS (Axel Wendt, Lehrer), Waltraut Haas, Willy Fritsch, Gunther Philipp, Paul Hörbiger, Helen Vita, Wolfgang Lukschy, Trude Hesterberg, Edith Schollwer, Wolfgang Neuss, Dagmar Schock

1956
Die Stimme der Sehnsucht (D)
R: Thomas Engel
D: RS (Stefan Berger, Tenor), Waltraut Haas, Christine Kaufmann, Mady Rahl, Werner Peters, Wolf Albach-Retty, Michael Ande, Wolfgang Müller, Friedrich Joloff

1957
Schön ist die Welt (D)
(n. d. gln. Operette v. Franz Lehár)
R: Geza von Bolvary
D: RS (Rudolf Halden, Kammersänger), Renate Holm, Mady Rahl, Rudolf Vogel, Herta Staal, Willy Millowitsch, Paul Löwinger, Sammy Drechsel, Eduard Köck, Bum Krüger

1958
Der Csardas-König (Die Emmerich-Kálmán-Story) (D)
R: Harald Philipp
D: RS (Janos Hegedüsh, Tenor), Gerhard Riedmann, Elma Karlowa, Sabine Bethmann, Richard Häußler, Camilla Spira, Alice Treff, Hubert von Meyerinck, Monika Dahlberg

Gräfin Mariza (D)
(n. d. gln. Operette v. Emmerich Kálmán)
R: Rudolf Schündler
D: RS (Michael, Gutsverwalter), Christine Görner, Gunther Philipp, Hans Moser, Lucie Englisch, Renate Ewert, Kurt Großkurth, Dick Price, Alice und Ellen Kessler

Das Dreimäderlhaus (Ö)
(n. d. gln. Singspiel v. Heinrich Berté)
R: Ernst Marischka
D: RS (Franz von Schober), Karlheinz Böhm, Gustav Knuth, Magda Schneider, Ewald Balser, Johanna Matz, Richard Romanowsky, Helmut Lohner, Erich Kunz, Eberhard Wächter, Lotte Lang

1960
Das große Wunschkonzert (Ö)
R: Arthur Maria Rabenalt
D: RS (er selbst), Carlos Thompson, Linda Christian, Edmund Purdom, Ingeborg Schöner, Lotte Lang, Massimo Giuliani, Rolf Olsen, Wiener Sängerknaben

Namenregister